·最新修订图文典藏版·

孙中山传（下）

宋庆龄题

尚明轩 著

金城出版社
GOLD WALL PRESS
·北京·

目　录（下）
Contents

第四章　殚精竭虑捍卫革命果实（1912—1919）

第一节　致力于建设事业 / 321
　　一、宣传民生主义和实业救国 / 321
　　二、组建国民党 / 334
　　三、建设美梦的破灭 / 346

第二节　艰难的"二次革命" / 354
　　一、"宋案"黑幕的侦破 / 354
　　二、"二次革命"的爆发和失败 / 356
　　三、成立中华革命党 / 365

第三节　传奇的爱情故事 / 375
　　一、从崇拜英雄到相爱 / 375
　　二、第一次"知道了恋爱的苦乐" / 383
　　三、有情人终成眷属 / 384

第四节　袁世凯的败亡 / 394
　　一、孙、黄分裂与复合 / 394
　　二、护国战争的爆发 / 400
　　三、再度专心搞实业建设 / 407
　　四、首次护法运动 / 416

第五节　求索，再求索 / 428
　　一、著书立说，规划建国宏图 / 428
　　二、改组中华革命党为中国国民党 / 440
　　三、二次护法运动 / 445

第五章　掀起国民革命高潮（1919—1925）

第一节　历史的转折 / 461
　　一、十月革命、五四运动的影响 / 461
　　二、革命思想的重要发展 / 475
　　三、完善三民主义 / 479

第二节　开辟国共合作之路 / 481
　　一、联合苏俄 / 481
　　二、联合中共 / 485

三、筹备改组中国国民党 / 489

第三节　首次国共合作 / 500
　　一、中国国民党第一次全国代表大会 / 500
　　二、发展三民主义 / 509
　　三、向往社会主义 / 522
　　四、黄埔建军 / 527
　　五、首次国共合作的积极捍卫者 / 539

第六章　呕心沥血献身国家和平统一（1924年前后）

第一节　"永绝反革命的根株" / 547
　　一、国共合作后的胜利斗争 / 547
　　二、平定广州商团叛乱 / 552
　　三、废除不平等条约 / 563

第二节　为谋和平统一离粤北上 / 576
　　一、北京政变 / 576
　　二、抱病北上 / 580
　　三、国家统一思想 / 587

第三节　巨星陨落 / 591
　　一、生命的最后时刻 / 591
　　二、三个遗嘱 / 597
　　三、举世哀悼 / 601
　　四、永恒纪念 / 614

结　语 / 627

附录一　孙中山年谱简编 / 635

附录二　参考文献 / 675

第四章

殚精竭虑捍卫革命果实（1912—1919）

第一节　致力于建设事业

一、宣传民生主义和实业救国

辛亥革命失败后，反动的逆流重新泛滥起来。在袁世凯及其继承者大大小小的军阀统治下，中国的情况一天比一天黑暗，人们看不见中国的出路在哪里。

面对这样艰难的情况，孙中山没有后退，他以坚韧不拔的革命精神，继续为谋求中国的自由平等而战斗，在斗争实践中寻求救国真理。他领导了讨伐南北封建军阀的斗争，又经历了一段艰难曲折、苦闷失望和漫长探索的过程。

1912年4月1日，孙中山辞去了临时大总统一职的时候，他并没有意识到革命已经遭到失败，相反，还认为他所领导的革命已经取得了很大的胜利。在《南京参

▲ 鉴于清帝宣布退位和袁世凯表示拥护共和，1912年2月13日，孙中山向临时参议院递交了辞呈。图为《临时大总统咨参议院辞职文》（局部）。

▲ 1912年4月1日，孙中山正式辞职。图为1912年时的孙中山。

议院解职辞》中，他说："三月以来，南北统一，战事告终，造成完全无缺之中华民国，此皆中国国民及全国军人之力所致。在本大总统受职之初，亦不料有此种之好结果。亦不料以极短之时期，而能建立如此之大事业。"①并充满信心地认为："在我们的前面，尚有大量的工作必须完成，俾使中国能以伟大强国的身份与列强并驾齐驱。"②因此，就想以在野之身，从事实业建设，使祖国臻于富强之境。他在一封复章太炎的信中就明确指出："文于国事，只知有役务，不知有权位，故于进退之际，行其当然，不假勉强。"③

孙中山表示"并非功成身退"，而要致力于社会改革，振兴实业，发展社会经济，"从中华民国国民之地位，与四万万国民协力造成中华民国之巩固之基础"。他放弃临时总统的职务，并没有放弃为巩固和建设共和国理想的斗争。

早在孙中山就任临时总统之前，他就认为："满清时代权势利禄之争，吾人必久厌薄。此后社会当以工商实业为竞点，为新中国开一新局面。""民生主义至今未少着手，今后之中国首须在此着力。"就在他解职的同一天，在南京同盟会会员为他举行的饯别会上发表演说时，又向同盟会会员们明确表示：他的"解职不是不理事"，而是致力于"比政治紧

---

① 《孙中山全集》第二卷，中华书局1982年版，第317页。
② 《致康德黎夫人函》，《孙中山全集》第二卷，中华书局1982年版，第231页。
③ 《复章太炎函》，《孙中山全集》第二卷，中华书局1982年版，第121页。

要的""民生主义"事业，并提出了今后准备全力以赴的奋斗目标。① 这篇演说，是孙中山处在一个新的历史阶段开始时，经过深思熟虑后发表的带有纲领性的讲话。他在这一演说中，错误地认为民族、民权两主义已"因清廷退位而付之实现"，"惟有民生主义尚未着手"，当前的要务是"社会革命"——实行民生主义。他重申社会革命的主要内容是"平均地权"，"若能将平均地权做到，那么社会革命已成七八分了"。并再次比过去更为明确地阐述了"平均地权"的必要性和方法。此外，他还提出"借外债以兴实业"和修筑铁路，与防止资本家垄断的主张。认为"国家欲兴大事业，而苦无资本，则不能不借外债"，"借外债以营不生产之事则有害，借外债以营生产之事则有利"。他对兴办实业充满信心，认为"从前为清政府所制，欲开发则不能，今共和告成，措施自由，产业勃兴，盖可预卜"。②

▲ 1912年3月10日，拒绝孙中山提出立都南京的袁世凯（前排左三）在北京宣誓就职。

① 《在南京同盟会会员饯别会的演说》，《孙中山全集》第二卷，中华书局1982年版，第318—324页。

② 《中国同盟会总理孙中山先生演说词》，南京大总统府印铸局年印本（参见《民主主义与社会革命》，载《孙中山选集》上卷，第84—89页）。孙中山的这篇演说很重要，它的前半部分后被译成法文，同年7月11日载于比利时工人党机关报——布鲁塞尔《人民报》（Le peuple）；又被译成英文，2月13日载于纽约《独立报》杂志（The Independent），题为《中国的下一步》（China's Next Step）；又被从法文转译成俄文，7月15日载于俄国布尔什维克报纸《涅瓦明星报》第17号，题为《中国革命的社会意义》。《涅瓦明星报》第17号同时还发表了列宁的《中国的民主主义和民粹主义》一文，对孙中山的这篇作品进行评论。

所以，他声明将以民国国民的身份，在未来的岁月中，专门从事社会实业建设活动。

孙中山认为，民国初建，"国基未固，势力衰微，是犹大病之后，不宜遽投剧剂"。①因此，孙中山让权时就对袁世凯以"小康期之"，希望政局"无大故"，使民国逐步得到巩固和进步。1912年8月间，孙中山去北京前致宋教仁的信，最能说明这时他的思想和主张："民国大局，此时无论何人执政，皆不能大有设施。盖内力日竭，外患日逼，断非一时所能解决。若只从政治方面下药，必至日弄日纷，每况愈下而已。必先从根本下手，发展物力，使民生充裕，国势不摇，而政治乃能活动。弟刻欲舍政事而专志于铁路之建筑。"②

正是为了这一目的，孙中山从解职总统后第三天，4月3日，就兴致勃勃地开始周游各省，进行有关民生主义和"社会主义"的宣传活动。他率领胡汉民等人，从南京先赴上海，继往武汉，再至福州、广州，最后又去华北各地，走遍半个中国，到过许多城市和农村，进行调查访问和参观。他在大江南北、黄河上下、珠江口岸，走到哪里都反复宣传他的民生主义和"社会革命"的主张，以及建设国家的设想，阐述"平均地权"和兴办实业、发展铁路及引进外资等政

▲ 1912年，孙中山等提出海南设省的构想，指出，"琼州宜改设行省，其理由有五"，即"巩固国防""启发天然富源""文化政策""国内移民殖民政策""行政之便宜"。图为《琼州改设行省理由书》（局部）。

① 《孙中山全集》第二卷，中华书局1982年版，第486页。
② 孙中山：《致宋教仁函》（残稿），《民主报》1912年8月22日。

▲ 为节制袁世凯的权力，南京临时政府决定袁世凯到南京担任临时大总统，为此组成以蔡元培、汪精卫为代表的南京临时政府迎袁专使团。图为迎袁专使团合影。前排左一汪精卫，左五蔡元培。

策问题，并提出一些在中国实现经济大发展和资本主义现代化的具体主张，希望中国能够富强起来，赶上和超过欧美国家；同时号召军民精诚团结，万众一心，建设新民国，使人民免除痛苦，得到幸福。

有人统计，孙中山在1912年至1913年初，共发表过58次讲演，其中专讲民生主义或涉及这个问题的就有33次。[①] 仅在1912年4月到该年年底九个月时间，孙中山在各地总共40多次演讲、谈话中，有关民生主义、社会主义、实业建设等问题就不少于25次之多。正如孙中山同年7月中下旬接见纽约《独立杂志》特约代表李佳白（R. G. Reid）所表示的那样，他当时正集中思想与精力，"从社会、实业与商务几个方面重建我们的国家"，"希望看到人民大众的生活状况获得改善，而不愿帮助少数人增植他们的势力，直至成为财阀"。[②]

当时，孙中山关于民生主义的演讲，在国外激进人士中引起热烈回应。他的演说部分内容被翻译为法文，又由法文译成俄文，并分别载于

---

① 王德昭：《孙中山先生革命思想的分析研究》，载《中国现代史丛刊》第二册，第201页。
② 孙中山：《中华民国》（*The Chinese Republic*），纽约《独立杂志》1912年9月英文版。转引自陈福霖：《美国〈独立杂志〉所刊孙中山先生的三篇著作》，《研究中山先生的史料和史学》，台北1975年版，第332页。

同年7月11日比利时工人党机关报——布鲁塞尔《人民报》和俄国布尔什维克报《涅瓦明星报》上。

同年4月中旬，孙中山在武昌各界民众露天大会的演说中，还建议建造长江大桥或凿通隧道，使武汉三镇连成一片。他越来越认为，振兴中国的唯一出路是发展实业，而建筑铁路则是"发展中国财源第一要策"，因为"实业之范围甚广，农工商矿，繁然待举，而不能废者，指不胜屈。然负之而可举者，其作始为资本，助之而必成者，其归结为交通"。但在交通中，若"无铁道，转运无术，工商皆废"。"故交通为实业之母，铁道又为交通之母。"① 因此，他决定首先就要抓交通建设，特别是从修筑铁路入手，来实现社会革命的愿望。

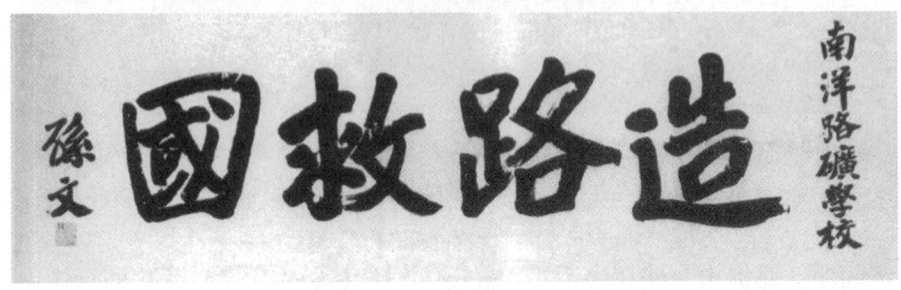

▲ 1912年，孙中山给南洋路矿学校的题词。

为完成这一设想，6月中旬，孙中山又专程去了上海，就这件事情同黄兴讨论和磋商，并且亲自草拟了一份修筑铁路的计划。在计划中，他为中国精心绘制了一幅雄伟的铁路建设蓝图，预定修筑南路（自南海至天山之南）、中路（自扬子江口达伊犁）和北路（自秦皇岛达蒙古乌梁海）三条沟通全国的主要铁路干线。

1912年夏，孙中山还准备到北京去一趟，"以觇人心之趋向"，并争取他的铁路建筑计划取得"参议院之赞同，政府之特许"。② 这时，老奸巨猾的袁世凯为了麻痹革命党人，巩固和扩大自己的权力，又再三邀请他北上会商国家的内政纲领。因此，孙中山在8月18日，自上海乘轮船经天津赴北京。

孙中山同月24日抵京后，袁世凯故意隆重地按国家元首的待遇接待，并对他百般地曲意奉承和推崇，极尽拉拢欺骗之能事。孙中山认为

---

① 《总理遗教》，中国国民党中央党部宣传委员会编印，第18—19页。
② 《论筹筑铁路事致宋教仁函》，《总理全书》上册，"函札"，台北1951年版，第318页。

▶ 1912年5月17日，孙中山出席商办粤路公司欢迎会时合影。前排右一为著名铁路工程师詹天佑，右二为容星桥。

既将政权让与袁世凯，且"民国大局，此时无论何人执政，皆不能大有设施"，主张"尽可使之负责"。在思想上准备加以支持，也就不再对袁世凯有所警惕。加以袁世凯表面上对他极为尊重，孙中山又缺乏和袁世凯这样奸诈的人物打交道的经验，所以很容易为他所欺骗。他与袁世凯刚会谈过两次，就对袁世凯大生好感，并以国家大局为重，立即发电报给上海的黄兴，认为对袁世凯"绝无可疑之余地"，敦促黄兴"千万先来此一行"，以实现南北"统一"。① 这样，黄兴也在9月11日来到北京。

孙中山这次在北京逗留将近一个月（25天），他同袁世凯晤谈了12次，且多为密谈，有时仅有袁世凯的秘书长等一二人在座。每次谈话自下午4时至晚10时或12时，有时一直谈到次晨两点钟。谈得非常融洽。所谈皆国家大事，包括铁路、实业、外交、军事等问题。袁世凯口口声声"以国家和人民为念"，对孙中山提出的每一项主张，几乎无不表示同意。

孙中山对于袁世凯的会谈甚为满意，被袁满口"民主""共和"的漂亮言词所迷惑，上了袁世凯甜言蜜语的当，把这个狡猾的大阴谋家误作好人，完全信赖了他。孙中山甚至天真地对袁世凯表示，支持袁世凯当10年总统，练精兵100万，声明自己辞去正式大总统候选人，不再投身政界，打算"10年不预政治"，"专求在社会上作成一种事业"，即建筑铁路的事业，以增强国力。袁世凯一听，正中下怀，兴奋地高

---

① 《孙中山致黄克强电》，《民立报》，1912年9月6日。

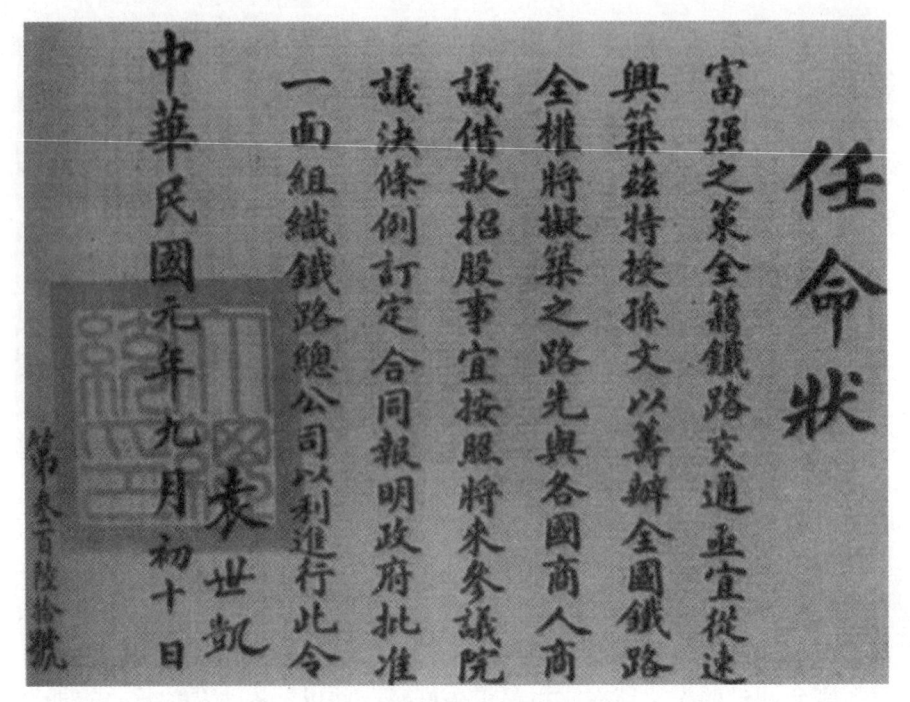

▲ 1912年，袁世凯给孙中山的任命状。

呼："孙中山先生万岁！"

　　孙中山一心为建设国家着想，舍弃了党派利益，不大过问同盟会的活动。掌握南方革命军军权的黄兴也认为南北既已统一，没有必要再保留大批军队，便于同年6月自动撤销自己担任的南京留守职务，强行遣散南京临时政府的军队，表示诚心拥护袁世凯。

　　随后，孙中山担任了全国铁路协会名誉会长，并在9月初正式接受袁政府授给的"筹画全国铁路全权"的任命，立志要在10年内修筑20万里铁路，"使中国全境，四通八达"，成为"全球第一强国"。不久，黄兴也接受袁政府委任的川粤汉铁路督办职务。

　　孙中山的铁路建设思想，早在1894年的《上李鸿章书》中已见端倪。他辞去临时大总统职后，将其作为实现民主主义的一部分，曾多次向外界宣讲筹划全国铁路的必要性及诸多益处。这时孙中山担任了中华民国铁道协会会长，又接受了袁世凯授予的督办全国铁路的任命，就更加认真地投入了筹建铁路的工作。他"不敢稍懈"，不辞辛苦地继续向全国各界宣传他的修筑铁路主张，并着手筹建组织机构。

为了专门从事社会实业活动，孙中山兴致勃勃地先后考察了华北、华中的北宁、津浦和胶济等铁路线，完成了全国各地铁路干线分布的设计工作。10月初回到上海，11月14日正式成立中国铁路总公司，又设立了铁路督办办事处，进行统筹安排，并着手筹措经费，积极进行统筹安排全国铁路的修建工作。

按照孙中山的设想，筹措资金可采取三种方式：一是与外国订立合同贷款，自行修筑；二是订立招股章程，成立中外合办公司，招股修筑；三是批给外国人修筑，期满或一定期限后，由我方采取有偿或无偿方式赎回，收归国有。同时，

▲ 1912年9月19日，孙中山与山西都督阎锡山合影。

特别提出借款要以维护国家主权为前提，规定了三条原则："一、不失主权，二、不用抵押，三、利息甚轻。"[①] 他曾就借款和招股工作做过一些努力，但未见成效。孙中山认为，由于我国的资金、人才、技术都很不足，不能不利用外资、外国人才和外国方法，即引进先进技术，所以，以第三种方式最为适宜。[②] 可是，他的这种主张得不到舆论的支持，甚至遭到责难。

这期间，孙中山还想依靠西方国家的投资，发展实业，振兴中国。为此，他于7月初，在上海和英国宝林公司签订了广州至重庆铁路借款合同。除此之外，筹办铁路的事业没有什么进展。

在1912年年底，孙中山在杭州特别欢迎会上，正式提出了"节制资本"一词。他把"平均地权""节制资本""铁路国有""教育普及"

[①] 《胡汉民自传》，《革命文献》第三辑，台湾1955年版，第61页。
[②] 参见居觉生（居正）：《辛亥札礼梅川日记合刊》，台湾1956年版，第80、105页。

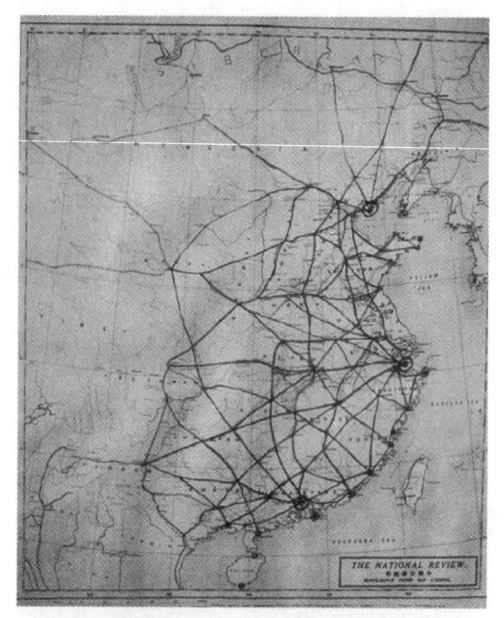

▲ 1912年,孙中山在上海勾画的铁路建设规划图。

列为民生主义的"四大纲"。这比同盟会时期又有所前进。在他看来,只要实行这"四大纲","我中华民国之国家",就会"一变而为社会主义之国家"。关于铁路建设,孙中山大胆地提出:在不损害主权的条件下,借60亿元外债,兴建20万里的铁路计划。当时民初名记者黄远庸讽刺孙中山是中国"第一个乐天派"。孙中山的确是乐观的,他说:"今日共和造成,措施自由,产业勃兴,盖可预卜。"他相当乐观地预期,"凡此所云,将来必有达此期望之日",那时国强民富,"家给人乐,中国之文明,不止与欧美并驾齐驱而已!"

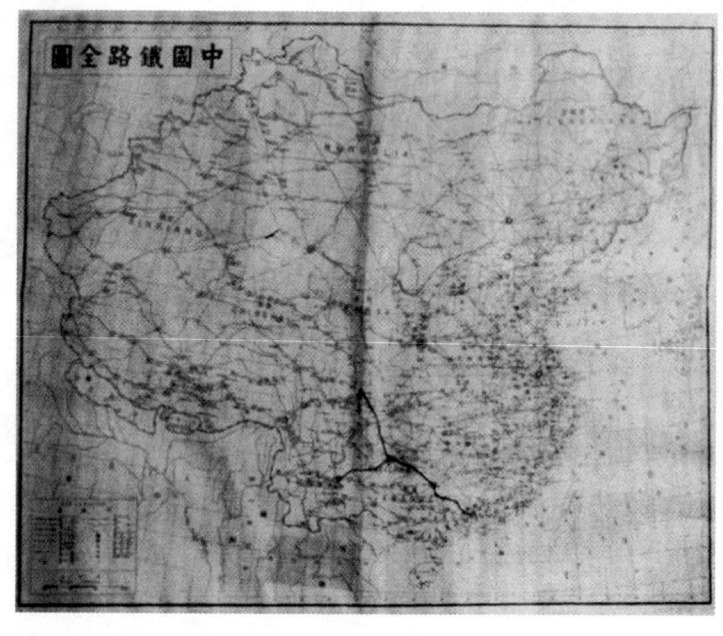

▲ 上海铁路公司悬挂的中国地图。

孙中山是伟大的民主主义者，又是主观社会主义者，把他的民生主义说成社会主义。他认为，"英美诸国社会革命，或须用武力；而中国社会革命则不需用武力"。中国没有出现垄断资本家和工人阶级尖锐对立，实行"社会革命"要容易得多。孙中山主观上认为，"一方面国家富强，一方面当防资本家垄断之流弊"。他认为他的民生主义就是"富强""防弊"的政策，又叫作"社会主义"或"国家社会主义政策"。他在上海、武汉讲演中说："并非反对资本，只反对资本家而已"，"资本家者，无良心者也"。他一方面表示了

▲ 1912年11月14日，中国铁路总公司在上海开办。图为孙中山在总公司事务所前留影。

对社会主义和贫苦群众的真挚同情，另一方面又表现出对垄断资本家的恐惧和仇视。他既要使中国富强起来，又企图避免欧美那样激烈的阶级对抗和革命，而要预防大资本家的垄断。

孙中山主张的社会主义，实际上是国家资本主义。他说："改良今日社会之组织"，"集产社会主义，实为今日惟一之要图"。"凡属生利之土地、铁路收归国有"，收益归公，"则大资本大公司尽为公有之社会事业，可免为少数资本家所垄断专制矣"。在他看来，"国为民国，国有何异于民有"。实行他的民生主义或"社会主义"，中国就变为"社会主义国家"了。

孙中山早在欧美时期曾对各派社会主义学说做过一番苦心研究。辛亥革命时回国，他带回"欧美最新社会主义名著多种"，要"广为鼓吹"。解职临时总统后，他被社会党聘请为名誉领袖，并应社会党邀请，在中国资本主义经济最发达、工人群众最集中的上海，连续三天演讲社会主义各派学说。他高度评价了马克思的《资本论》，高度评价了"工人者——人类之功臣"，但他仍主张亨利·乔治的单一税制，认为它是社会主义"精确不磨之论"。孙中山不仅向社会党，而且向各行各

▲ 孙中山到上海后，住在老朋友兼革命战友宋嘉树家中。图为宋嘉树。

业宣传民生主义与社会主义。十分有趣的是，他正如列宁说的以"独特的少女般的天真"，向资本家、商会和中国最反动势力的代表者袁世凯也宣传他的民生主义和社会主义。当时，他还不懂得只有在正确的政治改革和土地改革中，尽量发展农民群众的自动性、坚决性，才能寻找中国更新的途径。相反，孙中山放弃了革命手段和政治斗争，脱离了广大劳动群众，幻想与北洋军阀合作从事经济建设，"间接使政治基础臻于完固"。这当然是无法成功的。但是，孙中山在经过革命取得共和制之后，要想从事艰巨的社会经济改革，寻找中国"复兴"的道路，实现中国近代化，却表现了他忠诚谋国的苦心。孙中山不愧为一个伟大的民主主义革命家，他对苦难大众的深切同情，对改变中国社会经济落后面貌的急切心情，对"社会主义"的热切向往，都是可贵的高尚的思想。

孙中山在这一段时间中，为着"巩固中华民国，图谋民生幸福"而到处奔走呼吁，这和他在临时大总统任上没有一次谈到平均地权、民生主义成鲜明对照。这是孙中山一生宣传民生主义、社会主义最多的时期，也是他在推翻清王朝、建立共和后，幻想致力于和平建设的时期。

> 我们解决农民的痛苦，归结是要耕者有其田。
> ——孙中山

▲ 孙中山语录。

▲ 1912年12月，北京发行的民国邮票。

尽管如此，孙中山毫不气馁，为了进行民生主义等的宣传活动，他在短短的半年多的时间里，周游了大半个中国，先后到达保定、石家庄、太原、唐山、天津、山海关、济南、青岛、上海、江阴、镇江、安庆、九江、南昌、芜湖、杭州、松江等地，不辞辛劳地向各界宣传自己的筑路及国家建设主张。

孙中山致力于国家建设的这些活动，充分反映了他为祖国富强而斗争的强烈愿望，表现了他对被压迫、被剥削的劳动人民生活状况的真挚同情和关怀。在解职后的短短半年多时间里，他一心一意为"利国富民"而奔走呼号，全力以赴，充分表现出一个革命者不谋私利、不图

名位的高尚品质。当然，由于孙中山对社会政治现实缺乏正确的认识，在政权掌握在反动的袁世凯手中的情况下，他放弃政治，专心致志地从事建设事业的善良愿望，不可能得到任何支持，更不可能实现，其结果只能是枉费心机，事与愿违，建设美梦瞬间破灭。

从根本上说来，孙中山辞职后专注于经济建设的做法，是一个错误。因为鸦片战争以来的历史已经证明，没有一个安定的政治局面，没有一个独立、自由、民主和统一的中国，就不能发展工业，不可能有中国的工业化和富强，也就不可能有共和国的巩固。在半殖民地半封建的旧中国，在袁世凯这样的大买办、大地主的政治代表控制着政权的情况下，不首先以革命手段推翻这种反动统治，以为用退让可以换得一个平静、安定的环境来发展实业，这必然是一种幻想。孙中山"舍政事，而只专心致志于铁路之建筑"的想法和做法，只能是善良的愿望而已。

不过，孙中山的这些努力，也在一定程度上促进了中国资本主义的发展。辛亥革命后中国一度出现的兴办实业的热潮，是与孙中山的积极提倡和支持分不开的。

二、组建国民党

早在辛亥革命后，同盟会的组织由于妥协和各种遭遇，以及内外敌人的拉拢、瓦解活动，很快走向涣散，并发生了分裂，处于各自为政的状态。孙中山辞去临时大总统后，就不大过问同盟会的活动。由于中华民国成立，民主气氛高涨，"政党政治"一时成为热潮。当时作为同盟会实际负责人之一的宋教仁和部分同盟会员也热衷于实行政党政治和责任内阁，借以钳制袁世凯，在中国实行民主政治。为此，他们征得党魁，也就是政党政治赞同者孙中山和黄兴的同意，另组一个公开从事合法活动的新党，建立政党内阁。

长期以来，几乎所有论著中对1912年至1913年间国民党的组建与活动，都信之不疑地认为与孙中山无关，或说孙中山对这次组党"并不满意"，或言他仅是"勉强认诺"而已，对党事活动并未过问。然而，在对有关史料的整理中，却发现并非如此。国民党的组建与孙中山是颇有关系的。它实际上应视作是孙中山一生建党活动中的一个环节。

这次国民党从建立到另组中华革命党，总共存在不足两年。它在孙中山生平的组党活动以及整个中国国民党史中，虽然时间非常短暂，却也具有不可忽视的地位，既在一些方面反映了孙中山关于建党的思想，又明显地暴露了民主革命派领导革命斗争的弱点。

孙中山对组建国民党的态度、认识及领导作用等，究竟如何呢？

首先，组建国民党是历史发展的必然，孙中山审时度势而顺潮应势赞同改组。

近现代历史发展中的一个特点，是特定的阶级或阶层通过组织政党进行政治斗争，即"政党政治"。辛亥革命爆发后，在新的历史条件下，人们普遍认为此后中国也将像西方一样实行"政党政治"，因此，各个阶级、阶层、集团或个人纷纷表态，各种政治思想及主张杂然并陈，兴起了一股设会组党的热潮，先后成立了各式各样党派达三百有余，其中有明确纲领较为正式者也有三四十个之多。中国社会出现了历史上仅有的政党林立的局面。这些政党的组织者，绝大多数为旧官僚、政客、立宪派或实力派军人，他们网罗一些同类和同盟会内右翼或失意分子等，表面标榜着为统一中国、建设共和谋取人民福利而立党，实际上是利用组党作为达到拥护袁世凯的手段，与同盟会竞逐政权。

在这种政党蜂起的新形势下，孙中山和他领导的革命党人，为了巩固和建设新生的共和国，在1912年3月3日对同盟会进行了改组，从一个进行革命（即武装暴动）的秘密组织改变为从事合法的政治活动的公开"政党"。

同盟会改组后，由于规定的入会条件极宽，"凡国人已经成年，具普通知识，得为本会会员"，大批官僚政客、立宪党人纷纷涌入，虽使组织人数增加不少，但内部思想的混乱和严重的分裂情况有增无减，活动上大有江河日下之势，仍难以适应新的形势需要。在同年5月1日临时参议院议长的选举中，在袁世凯的分化下，偏右的共和党和统一共和党达成协议，导致同盟会的候选人张耀曾落选失败。与此同时，统一党与民社、国民协进会、民国公会、国民共进会等几个偏右政党，由于袁世凯的拉拢，于5月9日组成了共和党，提出"保持全国统一，采取国家主义""以国家权力扶持国民进步"和"以和平实利救国"的口号，竭力拥护袁世凯的"统一"，实际上依附于袁世凯，以对抗同盟会。共和党在议会拥有相当政治实力，并拉拢统一共和党人一起，处处对同盟会采取敌视态度，致使同盟会的主张经常遭到阻扼，对其活动和地位构成严重威胁。

面对袁世凯专政倾向日趋明朗化以及中间党派同袁世凯合流的严峻

▲ 1912年底,孙中山致电袁世凯,告将赴日考察并请速汇铁路开办费。

形势,以孙中山为首的革命党人为了避免"独裁之弊",要完成民主共和政治,就必须集结队伍,重新组合,建立一个较大政党,通过实行"政党内阁",与反动势力正面抗争,来维护和巩固民主共和国。

孙中山解除临时大总统职务后,一度耽耽在建设祖国的美梦,热衷于实业,醉心于铁路建设的筹划和奔走,而对政治斗争没有寄予应有的关注,对于袁世凯迈向窃国专制和反动势力日益增强的局势也缺乏清醒的认识。但是,也并非像后来所说的那样反对建立国民党,忽视"政党政治"的重要和作用,反之,他对政治运动的实际指导,亦是极力主张在中国建立政党政治的。从他当时倡导和鼓吹"政党政治"的情形考察,他赞同和支持组建国民党也是很自然的事情。

孙中山在1912年4月至1913年3月的一年间,曾就"政党政治"的种种问题发表了许多言论。

早在1912年4月初，孙中山就指出："当此共和时代。无论政党民党，有互相监督、互相扶持之责。政府善则扶持之，不善则推翻之。然现在我民党之势力，尚甚薄弱，恐未能达此目的。惟既具此心，不可不互相勉励，各谋进行，对于今后民国前途，获益匪浅。"① 并说："今日政党过多，亟谋联合，鄙人对于自由党极愿商榷政见。"② 7月间，他又明确提出："中国和所有国家一样，不管政府是民主的或是君主的，政党总是存在的，而且政府的指导权也总是从此一党转移到彼一党的。"孙中山认为："政党间的竞争也无可避免，……中国的党、社已经太多，最好他们能联合成两三个有力的大党。"③ 到国民党组成后，他更是大讲政党政治，强调"第一应研究者，即为政党内阁问题"。

孙中山认识到要建立民主共和政治不可以没有政党，指出：世界上的民主立宪国或君主立宪国，"无不赖政党以成立"。"政党者，所以巩固国家，即所以代表人民心理，能使国家巩固，社会安宁。"因此，"今日欲巩固中华民国，政党最为紧要"。他认为政党的基础巩固，则民国的基础自然巩固。他并把"政党政治"视为不但是革命党人所应追求的最高政治目标，而且也应该是一个标准的资产阶级共和国所要奉行的唯一的政治制度，说："是故政党政治，虽为政治的极则，而在国民主权之国，则未有不赖之为惟一之常轨者。"

他针对当时社会上一时掀起的组党热潮，提出搞政党政治，认为两党制较多党制更具有优越性，"一国政党之兴，只宜两大对峙，不宜小群分立"。因此，同盟会与其他六党合并，是为了使中国政党只存"进步、保守"派别，"以便政党竞争"，认为只有造成两党对峙，方利于竞争。

孙中山特别羡慕英、美的政党制度，称赞他们的政党政治是"世界上最完全政党之国"。他希望中国能"以英、美先进国之〔为〕模范"，实行两党制。在孙中山看来，"天下事非以竞争不能进步"，政治也是如此。因此，他赞成政党间进行政治竞争。视政党竞争是"绝好之事"，提出"一国之政治，必赖有党争（按：即政党竞争），始有进步"。

---

① 《在上海自由党的演说》，《孙中山全集》第二卷，中华书局1982年版，第343页。
② 《在上海自由党公宴上的演说》，《孙中山集外集》，上海人民出版社1990年版，第48页。
③ 《在国民党成立大会上的演说》，《孙中山全集》第二卷，中华书局1982年版，第408页。

如何进行党争？孙中山认为党争是有条件的，须在政见上争，不可在意见上争。即参加党争的政党都必须以国家利益为重，不论"或处于行政地位，或处于监督地位，总以国利民富〔福〕为前提"。他驳斥了党争为国家"不祥事"的谬论，指出政党之争不同于清朝末年的革命党、保皇党视若仇敌的斗争，"今各党之争，皆维持民国。以民国为前提，以民国为基础"，是促进国家政治进步的必要手段。此外他还主张建设好的政党组织，说："欲求有完全民国，必先有完全议院，必先有完全政党。"提出要"讲求政党应有之道德，研究政党应用之方针"等等。

甚至到了"宋案"发生后两月余的1913年6月，他对日本驻香港总领事今井谈话时，还依然提出实行议会政治的主张，说："现在这时候，国民党应该做的手段是争取议会，但选举大总统的时候比平时比较容易变质的议员多，结果我党之胜算极少。但袁世凯如果没有金钱的话什么也做不到的。而我党虽然贫乏，但志在千里，最后之胜利归于我党。"① 如此种种，表明孙中山在这一问题上，尽管认识和推行程度有异，却和黄兴、宋教仁同样是赞同甚至热衷于政党政治的。

这些论述，表明孙中山为使中国逐步进入近代民主政治轨道中所做的努力，它不仅对于民国初年防止和反对袁世凯专制独裁的实际斗争，促进中国政治的进步具有积极意义，而且还为丰富中国近代资产阶级政党理论作出了重要贡献。

孙中山正是基于对政党内涵和本旨以及政党政治的认识，并适乎当时客观形势的变化，从开始便赞成并支持组建国民党的。当同盟会为着实现"政党内阁"改组为国民党时，孙中山说："今则共和成立，我同盟会目的已达，并不能再言破坏。凡赞成共和者皆我良友，故须广为联合，以巩固共和；若仍坚持同盟会以前手段，是为守旧。故改组一事，今日为必要之事。"他与多数革命党人一样，当时把组建国民党视作是"时势所趋，不得不然"，并不存在"勉强认诺"或"并不满意"的情况。

国民党的组建，是当时政治形势的需要，是从事国家建设、巩固共和制度的需要，是历史发展的必然。黄兴当时对此所讲的话是符合实际的："今所以与各党合并而改称国民党者，盖将应时势之要求，为解决

---

① 日本外务省档案5—312、315，"支那南北冲突关系"卷。

建设问题之研究，自然之归结也。"① 孙中山正是顺应了这种潮流和趋势。

孙中山是组建国民党的发起人和支持者。

同盟会组建为国民党的实际工作，无疑是由宋教仁负责的。当时，孙中山的主要精力正放在他视为"比党务与政治问题更有兴趣"的"实业建国"方面，脱离政治活动，"无暇顾及党务"，而同盟会本部于4月25日迁到北京后，由担任北京政府农林总长的宋教仁（7月21日接替汪精卫任同盟会总务部主任干事）主持日常工作。宋教仁热衷于政党政治，他借此机会联络新旧各方，得以对党事作全面的考虑，因此，领导组建国民党的任务落到了宋教仁等人的肩上。

宋教仁一直醉心于欧美的议会政治，想通过议会道路在中国建设资产阶级共和国。他认为只要组织一个"强大真正之政党"造成两大党对峙的局面，通过参加竞选取得参议院的多数席位，建成实行民主政治的内阁，掌握政府的实权，就能够除去袁世凯的把持权力，将其引向宪政轨道，达到建设独立富强的资产阶级共和国的目的。因此，他为着组建一个"强大真正之政党"，全力投入了"纵横联合，扩充党务"的活动，"对于他党之赞助本会者极力联络之"。经过他的奔波联络，终于和政见相近的一些小党派洽商成功，为国民党的组建工作做了许多事情，实际上也就成为这项工作的主持者。仅就这方面来说，国民党的成立是由宋教仁促成的，也是符合实际的。但是，孙中山在这次建党活动中的作用是不能低估的。

（一）这次建党的发起人是孙中山。早在国民党组建前，孙中山、黄兴即电告北京同盟会本部宋教仁"提议改组"，"命与他党合并"；并函电磋商"与他党谋合并之方"。说明改组一事系孙、黄发起，由孙、黄、宋共同作出决策的。基于这样的事实，宋教仁当时便在《致各报馆书》中声明："此次国民党之合并成立，全出于孙、黄二公之发意，鄙人等不过执行之。"② 孙中山在1914年另组中华革命党时，也仍以"国民党理事长"名义明确宣称："新旧两党皆文发起。"③

（二）从同盟会与他党合并过程的事实考察，可以窥见孙中山在组

---

① 《在国民党鄂支部欢迎会上的演讲》，《黄兴集》，中华书局1981年版，第288页。
② 《民立报》，1912年9月10日。
③ 《致坝罗同志函》，《孙中山全集》第三卷，中华书局1984年版，第148页。

建国民党活动中的关键性作用。

同盟会组建政党之议,始于1912年5月间。最早与同盟会商议合并事的是"全国联合进行会",是在1912年5月中旬。全国联合进行会以"建设强固有力的中央政府及统一全国"为目的,由于感到其政纲与同盟会相似,遂与同盟会议定合并,除部分成员加入同盟会外,一切会员行动均置于同盟会宗旨、政纲及议决案范围之内。其时,孙中山在广州准备北上,他申明赴北京的原因之一,就是进行"调停党派"之事,说明他是在关注着组建政党的活动。

组建政党被正式写入议程,是7月16日同盟会本部举行的全体职员大会。会上,代理总务部主任干事魏宸组报告拟出的《改定名称组织完全政党案》,由于遭到许多人反对,决定提交全体会员大会讨论。五天后(即21日),同盟会召开夏季大会(全体会员大会)商议了改组政党,并选举宋教仁为总务部主任干事。当时,国内政治风云日趋紧张,北京出现了内阁风潮,宋教仁等人为掌握议会多数,更加积极联络友党以扩大党事,他们遂与在临时参议院拥有多数席位的统一共和党商议合并事宜。在谈判中,统一共和党提出合并三条件:(1)变更同盟会名义;(2)废去民生主义;(3)改良内部组织。宋教仁"将此三条件征得孙中山及黄兴之许可",然后由同盟会本部政事部主任干事张耀曾拟出党名、党纲及组织草案,于8月5日与统一共和党(国民公党亦参加)正式谈判。7日,三党代表开会,就党名、党纲达成最后协议。他们共同议定:改名国民党,以"巩固共和,实行平民政治"为宗旨;党纲为"保持政治统一、发展地方自治、厉行种族同化、采用民生政策、维持国际和平"五条;采用理事会议制,设理事七人,互选一人为理事长,并拟定孙中山、黄兴、岑春煊、蔡锷、吴景濂、张凤翙及宋教仁七人为理事。嗣国民共进会和共和实进会愿意加入合并,理事人选由七人增至九人,政纲不变。接着,北京同盟会本部于8月10日召开全体职员、评价员联席会议,听取宋教仁报告会商经过及合并条件,由于得到同盟会议员集团的广泛支持,合并组党问题以与会者绝大多数赞同而通过。宋教仁等立即在当天以同盟会本部名义将通过情况报告给孙中山和黄兴,请他们做最后的决定。

孙、黄接到电报后,均明确表示对改组"深为赞成",并于8月13日联名通电同盟会各支部征求意见:"文等以上列各条(按:指合并条件),与本会宗旨毫不相背,又得此多数政团同心协力,将吾党素所抱者见诸实行，此非独同人之幸，亦民国前途之福也。文等深为赞成。……特此通电贵支部，务求同意，以便正式发表。"①

8月11日，宋教仁等同合并各党召开筹备会议，商定了组党的组织细则等。13日，以中国同盟会等五党本部名义发布了组党的《国民党宣言》（稍后全国联合进行会也加入宣言）。至此合并工作基本完成，专等孙中山来北京主持成立大会。

孙中山于8月18日离上海乘"平安"轮北上，他途经烟台时在该地同盟会、社会党欢迎会上宣布："北京同盟会本部归并五党，宗旨相同，遂联络合并改组为国民党，以资进行政策"；并强调指出："此次同盟会与各党合并，即欲使国中只存二党，以便政界竞争。"当他24日抵京后，翌日国民党即正式举行成立大会。这一天，孙中山不顾旅途劳累连续参加了两个大会。他上午在同盟会本部欢迎会上再次阐述了组建国民党的目的，号召同盟会员对会外人应本"一视同仁，互相亲爱之宗旨，以巩固中华民国"。下午出席国民党成立大会，又发表了《解决民生问题》的演说，高度评价国民党的组建说："今日合五大政党为一国民党，势力甚为伟大，以之促进民国政治之进行，当有莫大之效果。"并把成立国民党视为"中华民国富强之嚆矢"，②充分肯定了同盟会改组国民党的积极意义。

稍后，孙中山又进一步赞誉国民党的组建，认为"其功与南北统一同"。③并满怀喜悦地期望："同盟会破坏于先，国民党建设于后，改数千年之旧惯，辟二十四〔世〕纪之新国，抚今思昔，最快平生。"④他还要求党员应该"以当年经营革命之精神，用温和和稳健之手段共谋建设民国之事业"。

（三）从国民党组建后孙中山所给予的实际支持考察，亦表明他是在力所能及地关注着党的活动。

孙中山与黄兴、宋教仁等九人在国民党成立大会上被选举为理事，9月3日，黄兴、宋教仁等七人推举孙中山为理事长。孙中山由于一直将注意力放在"从事实业"方面，又"行止无定"，不能长期留住国民党本部所在地的北京，不愿担任理事长一职，经过宋教仁等

---

① 《致同盟会各支部电》，《孙中山全集》第二卷，中华书局1982年版，第395页。
② 《在国民党成立大会上的演说》，《孙中山全集》第二卷，中华书局1982年版，第401页。
③ 《在上海国民党欢迎会上的演说》，《孙中山全集》第二卷，中华书局1982年版，第485页。
④ 孙中山：《致国民党诸先生函》，北京《民主报》，1912年10月14日。

力劝坚留,始行就职。他15日公开宣称:"承诸君不弃,又推鄙人为理事长,鄙人即感且惭。因一经任理事长,对于党中有许多义务,不能不尽。但路事甚为紧要,若双方并进,诚恐照料不周,推辞至再。后经党中在职诸君再三强劝,鄙人即不敢再辞。但党中事务纷繁,非一人力量所能办,尚望党中诸君合力担任。"孙中山在当天晚上,便以理事长身份召集国民党议员、理事、参议举行联席会议,商讨北京政府外交总长的人选问题,至深夜始散。16日,他又召开国民党理事会,就国民党的财政问题和对北京政府应采取何种态度等问题,与理事们进行了商议讨论。

孙中山在9月17日离开北京忙于铁路建设事业后,虽委托宋教仁代理理事长,他自己对于国民党事并非"一切不问,纯然放任",也非"仅仅停留在口头上"的支持,而是依然关注着党务工作。他在晋、鲁等地考察铁路和矿务结束返抵上海,10月4日立即就党务工作给北京国民党本部的领导人发一指示专函,强调指出:"政党作用,捐弃私人之小嫌,努力国家之要政,不尊一时之大权,而筹百年之安策。甚望诸公以立国之大计划、立法之大规模,与政务研究会切实讨论,发为政策,为议员之后盾,各省之模范,使天下人民知吾党谋国之深远,民心向顺,共和巩固矣。"并告知:"华侨同盟会对于本党改组,共襄赞成",要求"本部时与通讯,报告一切情况,勿使海外同志与内地相扞格,致生觖望之心,将来于党中经济不无补益"。对于国民党的组建工作,孙中山则或者通过讲演、谈说要求同盟会改组(如山西等地),或者用函电敦促同盟会改名(如南洋、上海等地),以推动国民党各地方支分部的建立。当上海国民党交通部由于职员选举发生问题使组建工作遭阻时,孙中山就"特依三党(按:指前同盟会、统一共和党和国民公党)之请,指定办事人30员,以谋党事之进行",稍后又委任陈其美等为名誉总干事,杨谱生等为名誉交际干事,迅速扭转了筹组僵局,组成了上海国民党交通部,并积极开展工作,成为当时党务活动成绩卓著的地区。与此同时,孙中山闻悉国民党特派员于德坤返黔组党惨遭杀害,立即一日数电,分致袁世凯和唐继尧等,要求"彻底根究,公平处决",表示了国民党理事长对党的斗争"不能漠视"的声援。

孙中山在国民党组建以后的言论,主要是宣传他的兴办实业这一重要主张,但对国民党的思想建设也经常发表意见。他认为:"凡一政党欲求发达,求长久,必须党员明白党义,遵守党德,不可以用欺骗手段逸出范围之外。"提出："政党出与人争，有必具之要素：一党纲，一党员之行为正当。"因此，要求在党争中注意党德，明确指出："政党之竞争，以道德为前提，所有政策，一秉公理，然后以之谋国，其国以强，以之谋党，其党以昌；若兢兢于势力之盛衰，则前清政府之势力，较诸革命党相去奚翅万万，而革命党卒告成者，公理所在也。"并告诫说："政党之争，在大端而不在细节，……今吾国政争，淆公私为一途，不顾舆论，不论是非。其事之出于他党也，虽至良之策，而反对维力；其事而出于本党也，虽极恶之政，而拥护维谨。甚至政见不合，波及私交，攻讦谗害，无所不为，党德至是，扫地以尽，前之以党救国者，今乃以党亡国矣。"① 他大力号召党员"此后更当以党事为己事，以国事为己事"。即使出国在日本访问期间，孙中山也仍然以国民党理事长身份论述党务，告诫国民党人"注意党纲党德"。这些意见，对刚刚建成的国民党的思想建设，必然起着重要的指导作用。

对于国民党本部的经费，党员方面仅有"入党须纳入党员费一元"的规定，收入有限，主要是靠领导人和担任行政主管的国民党员筹措。孙中山在筹措党的活动经费方面也煞费苦心，曾多次与战友等一起筹措设法接济或者托请他人给予赞助。他1912年冬致电黄兴说："近得北京本部消息，存款将尽。弟处将无从为力，望兄设法接济，以速进行。"黄复电云："弟处亦无法筹措，仍请密电梁燕孙再拨前款数万两接济。"梁士诒虽系袁世凯的党羽，却也是孙中山的同乡，孙中山前曾利用乡谊之情请其资助过国民党经费，这次又电请"转拨五万两交国民党本部收用"。仅就此来往的电文而论，显示出了孙中山对国民党经费问题的关注和支持。

1913年初国民党国会在议员选举中独占鳌头，获得重大胜利。孙中山虽在反不反袁的问题上和宋教仁存有颇大差异，却也感到十分欢欣和兴奋，认为"胜利归于我党"。他宣布政见要首先研究政党内阁问题，要首先研究好宪法，在其足迹所到之处，不论国内或在日本访问，都极力宣传"政党内阁"的主张，实际上有力地配合和支持了宋教仁角逐政权的政治活动。

当然，上述孙中山的诸项工作和活动，虽说明是支持国民党，但做

---

① 《在杭州共和、民主两党浙支部欢迎会上的演说》，《孙中山集外集》，上海人民出版社1990年版，第74—75页。

的是远远不够的。孙中山在《中国革命史》中总结过去的斗争经验时把"立党"置于革命事业中荦荦大者之首位，而在作为国民党的党魁时期，并没有认识到将党事放在压倒一切的重要地位，给予充分的重视。孙中山后来谈到对国民党的党事"一切不问"，而是"置身事外"的说法，从他在党中并未负起实际责任，尤其是对领导政争这一当时党务的重点几乎没有做什么工作而言，是符合实际的；若从他的支持国民党的活动和作用来说，则并非如此。

第三，孙中山一生的建党活动凡五次。在这五次之中，人们对组建国民党贬者甚多，尤其对国民党的党员成分和党纲有不少的批评。

孙中山这次所建者，不是"政党"的政党，而其他者都是革命党，不是政党。国民党只是为了扩张"党势"，争取多数，不择手段地广为吸收党员和发展地方势力，来者必纳，当时凡国会议员、内阁人员、各省代表和官员，大都挂名党籍，而挂名党籍者都无不在干事之列。例如，江苏省区"入党者旬月之间七八千人"；组织机构方面，本部职员近千人，各地交通部及分支部职员从数十人到数百人不等。当时全党的党员数目，限于资料难以确知，从"部分资料显示，有些分支部有数千党员，据此估计，全国应有数十万人"。这就从形式而言，确实是"范围日见扩张，势力固征膨胀"，声势十分浩大，并一度成为国会第一大党。但是，发展党员"不计品流之纯粹"，吸收了一大批官僚政客、立宪党人等，"龌龊败类，混迹其间"，使党的革命精神较比同盟会时代大为减退，甚至造成党人翻云覆雨及阋于墙而不能外御其侮的恶果，诚然是潜伏着党的组织解体、革命事业失败的危机。

在党的纲领问题上，《国民党规约》第二条所列五项党纲，显然只顾迎合与其他五党合并的需要而妥协迁就，抛弃了三民主义的革命思想，消除了同盟会秘密时期的"土地国有"的民生主义，削弱了革命性，妥协色彩更加浓厚了，使之与当时其他党派的纲领并无显著的区别。这是在当时特定的历史环境中，当同盟会的势力日益削弱不联合他党难以致胜的情况下，为适应议会斗争的形势而采取的不得已办法。虽然如此，"国民党政纲中的'厉行种族同化'属民族主义，'发展地方自治'属民权主义，'采用民本政策'属民生主义，三民主义的轮廓仍厘然可见"。尤其在《国民党宣言》中对"采用民生主义"的解释，说明它并没有真正"废去民生主义"。这表明国民党在一定程度上是延续着同盟会的宗旨的。特别是孙中山本人并没有放弃自己的理想，降低自己的政治纲领,这一时期,他在公众场合多次宣讲民生主义,并夙夜匪懈地通过办实业、筑铁路的途径,要使中国日臻富强,是坚持了原则的。孙中山对国民党几次嬗递所秉持的宗旨主义有个总的估价,他说:"吾党名称虽有因革,规则虽有损益,而主义则始终一贯,无或稍改。"① 事实上,兴中会以后包括国民党的各次改组,都显示了阶段性的历史意义,都程度不同地承袭着三民主义的宗旨,也都为中国革命作出了大小不一的贡献。

孙中山在这次建党中所以积极倡导"政党政治",是希望通过政党政治使中国走上"民主政治"的道路。这一主观愿望确实是良好的。但是,现实的中国又没有为这一理论提供政治、社会基础,并不具备建立政党政治的主客观条件。

国民党跃居优势的时间极为短暂。孙中山为首的革命党人从"宋案"的枪声中认清了袁世凯反革命的狰狞面目,决定诉之武力,以期先发制人。但孙中山发动"二次革命"所依靠的基本力量,仅是南方的国民党人,而国民党作为党的组织功能并未能发生任何作用,在整个革命过程中也没有显现党的组织力量。这次革命,由于发难地区偏于东南一隅,特别是国民党内部危机的爆发,在袁世凯的军事政治双重压力下,以讨袁为中心的"二次革命"不及两月以惨败而告终。孙中山被迫流亡日本。国民党同年11月遭袁世凯命令解散。

应该说,组建国民党是孙中山一生建党活动中失败的记录。孙中山在"二次革命"失败后,回顾了这段组建国民党的经历,经过深刻地反思,他接受了对国民党缺乏实施有效领导遭致一败涂地的教训,认识到在党的组织上必须重新下工夫,就决心从整顿党务入手,"发起重新党帜,为卷土重来之计"。孙中山说:"我鉴于这个失败,所以就另行组织中华革命党,以便实行我们所抱负的主义。"不过,孙中山在总结教训时把失败过多地归于党的组织涣散和毫无纪律,于组建新党中采取立誓约、按指印等一系列形式主义的手段,却又走到了另一个极端,倒向了民主的反面,给新党发展带来重大阻碍,致使其成为了一个狭隘的小团体。这也许是孙中山非始料之所及的。

---

① 《中国国民党宣言》,《孙中山全集》第七卷,中华书局1985年版,第2页。

三、建设美梦的破灭

孙中山为实现他的社会改革和经济建设的理想,于1913年2月11日,作为前总统、"全国铁路督办"偕同夫人卢慕贞、英文秘书宋蔼龄及随行人员马君武、戴季陶、宋嘉树、何天炯、袁华选等,乘"山城丸"号轮离开上海赴日本,进行访问考察。

在日本,孙中山受到"国宾"规格的盛大欢迎和接待。在四十多天的访问考察中,他先后到过神户、东京、名古屋、京都、奈良、大阪、福田、熊本等许多城市,参观考察了工厂、铁路、学校,并同日本的政治家、企业家、留日学生等进行了

▲ 1913年2月14日孙中山等人抵达日本东京。图为孙中山下火车时的情景。右一宋嘉树、右三马君武、右四孙中山。

广泛的交流和会谈,并拟争取日本在经济和技术上给予支持和帮助。他还想依靠西方国家的投资,发展实业,振兴中国。为此,又于同年7月初在上海与英国宝林公司签订了修筑广州至重庆铁路的借款合同。

2月14日,在随行的日本大阪《每日新闻》社记者与孙中山谈到将来还会被选为中国大总统时,孙中山说:"即使我被推选为大总统,也将辞,不就任。较之于就任总统,我更愿倾全力创建伊始之铁路建设事业。"他还兴致勃勃地向这位日本记者谈到了他筑造铁路的计划:"中华全国之铁路,应以粤汉为干线,而使其及早开通,然后及于其他。此乃发展之程序也。"

3月初,孙中山曾专门致电北京政府,请设立铁道院,以利于所从事的铁路建设事业。他说:"中国铁路公司设于上海,系为招资及筹备全国

▲ 1913年3月14日，孙中山参观川崎造船所码头时的情景。右起：川崎造船所成员四本万二、孙中山、郑祝三、何天炯、副社长川崎芳太郎、王守善。

铁路临时之设立，刻晤欧亚资本家对于中国二十万里铁路，多表同情，自应正式设立机关，以便进行。查欧美各国在交通专署外，设有铁道院，属于国务总理，此项机关应迅速筹备以为发展全国经济之先导。"

孙中山从日本经济的高速发展情况中，看到中国的未来。他计划着如何学习日本，并赶超日本、欧美先进国家。

当时，孙中山以在野的身份，运用自己个人的影响和号召力，专心致志地投身到建设国家活动中。他要"从事于社会革命"，实现"民生主义"理想，认为"如果不进行社会革命，则大多数人依然得不到生活的快乐和幸福"，"欲谋国利民富，其进行之方针，惟实行提倡民生主义"。他为此重大之事务"正操劳着，出国来到日本，筹办修筑铁路经费、引进外资发展实业、参观矿业教育军工等"，信心百倍地为实现"民生主义"富强民国而奔走。

可是，辛亥革命后同盟会内以宋教仁为代表的稳健派虽然也主张从事建设，但他和孙中山所说的教育和经济建设不同。他心目中的建设，主要是政治建设，即完善民国的议会民主制度。宋教仁在武昌起义之后，不顾严酷的斗争环境，急于实施议会民主制度，尤其是责任内阁制。在宋教仁的政治思想中，不具有孙中山那种以军事专政巩固新生政

▲ 1913年3月底，孙中山与黄兴等在上海横滨正金银行商讨兴建中日兴业公司时合影。前排左起陈锦涛、黄兴、孙中山；后排左一三井物产会社上少支店长藤濑政次郎，左二戴季陶。

权的思想，而是积极主张政党内阁。他于7月21日接替汪精卫出任同盟会总务部主任干事。由于孙中山、黄兴实际上不管党务，因此，宋教仁负有实际指挥同盟会本部工作的重任。宋教仁认为"同盟会分子复杂，本非政党组织，前此勉强改为政党，原非余之本意；且同盟会多有感情用事之举，尤非政党所宜出"。因此，他一度打算"另求同志，更组织一党"。① 后来，宋教仁虽然没有离开同盟会，但他一直企图甩掉党内的激烈派，改组同盟会，使之放弃武装革命时的组织方式，适应议会政治的要求，成为从事议会活动的政党。

宋教仁以为只要通过政党的合法活动，在国会里争取多数，就可以掌握实际权力，就能够实现民主共和国的方案。他鉴于当时同盟会在参议院中力量的削弱，以及着眼于未来的国会选举，又"图政治手腕制胜，力联他党为合组大党之计"，以便与共和党从事正常的议会政治竞争，争取政党内阁主张的贯彻。为此，他乘在陆徵祥组阁风潮中与统一

---

① 《与〈亚细亚日报〉记者之谈话》，《宋教仁集》下册，中华书局1981年版，第394页。

共和党形成的政治联盟，着手与统一共和党、国民公党、国民共进会、共和实进会、全国联合进行会等谈判合组大党事宜。

当时的中国，存在着根深蒂固的封建专制体制，在全无民主经验和训练的条件下，并不具备民主制的社会条件。民初的议会民主制度，只是一种弥补政治真空的暂时组合方式。而被评论为"议会迷"的宋教仁却热衷于西方议会民主、多党选举制度，鼓吹政党内阁、责任内阁，要在中国实行民主政治。他以为凭借这个新组建的国民党，就可以掌握议会多数，就可以和袁世凯争夺政权。为此，宋教仁在1913年初，奔波于长沙、武汉、上海、南京等地，发表演说，批评时政，大力宣传责任内阁制。他断然拒绝袁世凯用名利的拉拢和利诱，宣扬将总统改为没有实权的虚位领袖。宋教仁当时只有32岁，年轻气盛，言辞激烈，全身心地为成立政党内阁积极准备舆论，是一位年轻有为的政治家。

而袁世凯在窃国以后，进一步投靠帝国主义，并在"民国"这块招牌的掩护下，日益扩充他的反革命实力，加强反动官僚机构，制定反动法令；又在"统一"的幌子下，实行个人独裁，打击革命力量，解散一些地方革命武装，排挤和镇压一些革命党人。

1913年初，第一次国会举行选举时，国民党在众议院和参议院所得的议席占了绝对的多数，大获全胜，而袁世凯和几个御用政党则遭到惨败。从而使宋教仁政治前途如日初升，所到之处，欢迎会上无不人山人海。他满以为可以运用议会多数，制定一部采用内阁制的宪法，自己就可以出任内阁总理，掌握行政实权。

宋教仁一心一意埋头于议会运动，毫无应变的准备。他一直抱着政党内阁的理想，希望使民国的政治制度沿着议会民主的轨道完善起来。为了这一目的，他组织了国民党；也为了这一目的，他效法欧美日本资产阶级政客的手腕，周旋于各派政治力量之间，即使是与袁世凯的亲信赵秉钧，他也过从甚密，经常促膝长谈。他以为用这种稳健的手段，就可以达到自己的政治目的。宋教仁于1912年10月18日离京南下，一方面回家探望已近十年未见的老母，一方面部署国民党竞选事宜。他雄心勃勃地力争议会选举的胜利，以便把政权掌握在自己的手里。在长沙复选的前夕，他在国民党湘支部欢迎会上强调指出了国民党应负的政治责任："为今之计，须亟组织完善政府，欲政府完善，须有政党内阁。今国民党即处此地位，选举事若得势力，自然成一国民党政府。兄弟非小视他党，因恐他党不能胜任，故不得不责之国民党员。"

当各地国民党议会选举获胜的消息不断传来，肩负着与袁世凯争夺政权重任的宋教仁，竟被这种表面的胜利冲昏了头脑。他得意洋洋地着手部署组织国民党内阁。他在与湘督谭延闿、湖南民政司长仇鳌的谈话中表示，国民党在议会选举中已经取得了胜利，政党责任内阁制一定可以获得成功，他约请谭延闿出任新阁内务总长，并请仇鳌出任湖南代理都督。已经参加国民党的谭延闿当即表示同意。当时，程潜向宋教仁指出，国民党内部复杂，精神涣散，袁世凯依靠武力，专横独裁，"欲实行责任内阁制，不能无疑"。也有人提醒宋教仁要注意安全，但他都并不在意。

1月29日，宋教仁自长沙起程赴鄂，准备沿江赴沪，与黄兴商量国家大事后转赴北京。他在湖北除联络黎元洪和民社派之外，更安然进行"光天化日之政客竞争"。在汉口嘉宾楼关于中国国家前途和国民党的责任的演说中，他指出："自民国成立，迄今二载，纵观国事，几无一善状可述。"公开抨击了现政府，指责政府财政无计划，在外交危机中"歌舞太平"。效法欧美，抨击政敌，为自己的竞选制造舆论。对于宋教仁这种不符合中国实际政情的竞选活动，在武汉时谭人凤曾告诫他说："责任内阁现时难望成功，劝权养晦，无急于觊觎总理。"谭人凤告诉宋教仁，他获得秘密报告，会党头目应夔丞（即桂馨）在北京直接与政府交涉，领有中央巨款，要宋注意戒备。然而，宋教仁对这位革命老人的忠告并不在意，他说："责任内阁实应时势之必要，未便变其主张也。戒备之说，前在湖南，亦有以此言相勖者，实则蛇影杯弓之事也，请毋虑。"仍然没有提高警惕。2月12日，宋教仁离鄂南下，经浔、皖，于15日抵达上海，又出游杭、宁。他一路上发表演说，抨击时政，发扬政见，他把这个假共和的局面看得和真的一样，竟大模大样地进行公开的政治竞选活动，看不到幕后剑拔弩张的紧张局势。九江地区密布的战争乌云也没有能使他清醒过来。

老奸巨滑的袁世凯密切注视着国民党的动向，尤其是对于宋教仁。袁世凯并不是依靠议会来和宋教仁争权，而是采取直截了当的卑鄙办法，收买一些流氓特务一直跟踪着他。2月19日，宋教仁在国民党上海交通部的欢迎会上发表演说，再次抨击了袁世凯政府的外交政策和财政政策，指责这个政府是"不良政府"。他表示要延聘医生来进行挽救，而"延聘医生之责任，则在吾国民党也"，重申国民党决心实施政党内阁的政治体制，以便保证"将来建设一良好政府，与施行良好政策"。

上海是当时国民党政治势力汇集的中心地区，宋教仁在上海的演说，引起了袁世凯方面的特别注意。他们不能再沉默了。袁世凯政府中有人用匿名方式著论批驳宋教仁演说，投稿北京各报，为袁世凯政府辩护。匿名氏公然指责国民党说："库约（指俄蒙协约——引者）问题，实误于国民党。临时政府初成，国民党人实揽国务，总理以次，多半党员，凡诸施设，咨而后行。……一年以来，外交关系，悉国民党中主持。"匿名氏把财政问题的责任也归咎于南京临时政府要求巨款和同盟会以国民捐抵制外债的政策。匿名氏利用同盟会的参政和同盟会成员的复杂成分，来搅混水，要国民党承担行政责任。确实，同盟会——国民党表面上的参政，导致了混淆自己的政治面目的恶果。匿名氏以大地主大买办阶级特有的专横独裁思想，猛烈地诋毁宋教仁个人竞争总理的民主权利，他说："谓与总统有意见乎？吾见其运动内阁，当时媚事总统，惟恐勿至，水乳相溶，已无间隙。谓与现在执政有宿怨乎？吾见其运动内阁，当时款宴访问，几无虚夕。钝初交际能名，轰传流辈，声气相投，已无隔膜。然则其太息痛恨，力诋狂罢，正自有故……一以发泄旧愤，一以排挤旧人，夫然后目的可偿，总理可望。其手段奇，其用心苦矣！"① 显然，袁世凯方面对国民党竞争政权的活动再也不能容忍了。

月晕而风，础润而雨。宋教仁本应见微而知著，何况袁世凯方面的种种阴谋诡计，早已露出端倪，但他并没有觉悟过来，依然在用"堂堂之阵，正正之旗"，与匿名氏公开论战。一天，于右任、陈其美、杨思义在宋教仁处聚谈，据杨思义回忆，于右任对宋教仁说："这几天不再见有匿名氏的反驳了。"宋教仁靠在沙发上，仰天大笑着说："从此南人不复反矣。"语后，又狂笑不止。陈英士便插嘴说："钝初，你不要快活，仔细他们会用暗杀的手段来对付你的。"宋教仁更加狂笑地说："只有我们革命党人会暗杀人，哪里还怕他们来暗杀我们呢？"② 许多朋友来信告诉他有人尾随其后企图行刺，劝他多多注意安全。但宋教仁泰然处之，漫不经心，他认为："吾意异党及官僚中人未必有此，此特谣言耳。"然而，毫无信义的敌人，马上就要动手了。

当时，议会选举已经基本结束，袁世凯于3月19日发布命令，规定4月8日行民国国会开幕礼，议员遂纷纷北上集中。鉴于政局即将更

---

① 转引自宋教仁：《答匿名氏驳词》，《民立报》，1913年3月15日。
② 杨思义：《宋案见闻》，《辛亥革命回忆录》第8集，中华书局1982年4月版，第579页。

新,袁世凯也多次派人到上海请宋教仁进京商讨国事。时值津浦铁路南北段新近接轨通车,宋教仁正好乘火车应召赴京。3月20日,宋教仁临行前兴致勃勃至《民立报》社话别。徐血儿鉴于政权决斗在即,请宋教仁"慎重防卫"。宋教仁心地坦然,自信地说:"无妨。吾此行统一全局,调和南北,正正堂堂,何足畏惧,国家之事,虽有危害,仍当并力赴之。"

▲ 1913年3月20日,国民党代理理事长宋教仁被袁世凯派人刺杀于上海。图为宋教仁被刺后的情形。

是日夜10时,宋教仁在国民党人要人黄兴、于右任、廖仲恺陪同下,前往沪宁车站。宋教仁在候车室稍憩后,即前往剪票口准备进站。10时40分左右,宋教仁走向站口剪票口,车票尚未剪即响起枪声,他腰部中弹,大喊:"我中枪了,快捉凶手!"这时有三四个人狂奔出逃,其中一个因鞋滑跌倒,旋又跃起,遁入租界不知去向。于右任急忙叫车把宋教仁护送到了附近的铁路医院进行抢救。宋教仁自觉伤重难愈,嘱黄兴代笔,致电袁世凯,望袁世凯"开诚心,布公道,竭力保障民权,俾国家得确定不拔之宪法,则虽死之日,犹生之年"。延至22日凌晨,终因伤重不治逝世。临终前,他痛苦地感叹说:"我调和南北的苦心,世人不谅,死不瞑目矣!"这就是当时震动全国的"宋案"。

宋教仁之死,是一幕历史的悲剧。但这不是一幕慷慨壮烈的悲剧,而是一幕哀怨凄凉的悲剧。宋教仁之所以陷入这样一幕悲剧之中,是因为他既要与袁世凯争夺政权,又不敢于动用甚至不敢于去认真思索动用革命暴力的必要性和不可避免性,因而把胜利的希望单纯地寄托在合法的议会运动上,从而陷入了自我麻醉的状态。

至于中国民主革命中的稳健派的理论思想的错误还在于,他们不顾中国社会根本不存在实施议会政治的条件,试图照搬照抄西方胜利了的资产阶级国家的议会民主制度。他们教条式地从议会民主的抽象原理出发，而不顾斗争的实际形势。他们把民国、共和这些纸面上的、徒有其表的东西，当作实际的东西，再从这样一个错误的大前提出发，进行简单的形式逻辑推理，以此来指导自己的行动，这就使他们不了解敌情，分不清敌我。

宋教仁的被害，激起了全国人民的无比愤慨，也促使很多革命党人从"议会政治"或"实业救国"的幻梦中惊醒过来。孙中山则是最早从建设美梦破灭中破除幻想的一个。当时孙中山在日本的考察访问已经结束，正准备从长崎回国，在他于3月23日即将踏上"天洋"号海轮回国的时候，接到宋教仁被害的电报。他那振奋的面容立即变为悲痛。宋教仁被刺的枪声，把孙中山从埋头实业建设的幻想中惊醒过来。他对袁世凯的所作所为非常愤怒，"始幡然悟彼奸人，非恒情可测"，从血的教训中猛醒过来，彻底认识了袁世凯口蜜腹剑、阴险狡诈的凶恶嘴脸，认为其人"不是个东西"。

第二节　艰难的"二次革命"

一、"宋案"黑幕的侦破

1913年3月22日，宋教仁因勃朗宁手枪子弹弹毒发作，不幸逝世。事隔一天，上海公共租界巡捕房就在迎春坊、文元坊等处缉获主使刺宋的应桂馨及凶手武士英等人，并搜获凶器及其他罪证一批，很快使"宋案"的真相大白于天下。

一般说来，暗杀案件不易侦破，尤其是政治谋杀案更是如此，而"宋案"何以破案如此迅速呢？

原因一是，国民党人重视并竭力进行侦破；二是，取得了上海公共租界捕房和闸北警察局的协助。

国民党领导人十分重视"宋案"的侦破一事，他们在宋教仁逝世的当日，黄兴、陈其美就立即联名致函上海公共租界总巡捕卜罗斯和闸北警察局长龚玉辉，请协助缉拿刺宋真凶，应允"如能拿获正凶，即赏银一万元，以为酬劳"，"查清全案，即刻给银，决不食言"。陈其美还专门委派国民党员陈惠生等参加"宋案"的侦破缉凶工作。赏格一出，租界总巡捕房和闸北警察局迅即分派多名得力侦探，进行认真的查缉。

就在同一天，国民党人张秀泉报告了一个极为重要的情况：他的卫兵邓文斌在案发前数天曾被收买行刺某人，邓文斌没有答应。经了解，原来邓文斌与演戏的小连胜及字画商王阿发相熟。某日，王阿发告邓谓：刺杀一个人可得千元，又有官做，如万一被捕入班房，他们还保证不会出事，并征询邓愿。根据这些情况，巡捕房等立即布置追查王阿发，以便进一步弄清全部案情。

3月23日晨，邓文斌在法租界马德里609号找到王阿发后，假邀王晚上到三马路一旅馆中叙事。下午5时许，王阿发依约来到，张秀泉、陈惠生等说明原委，并晓以利害关系，劝说其认清形势，说明详情。王阿发受国民党人启发后，认识到宋教仁是爱国的革命党人，愿意说明事情的原委，并表示可以出来作证明人。据王说，上个月他到文元坊应公馆去做字画生意时，有位"应大人"问他是否认识有大胆的朋友，若有的话可以带来相见。王于是带了邓文斌去应公馆。其时，"应大人"取出一照片，说要刺杀这个人，问邓敢不敢去干。当邓表示不敢干后，应立即厉声交待说："你不干，但不许说出去，如果说了就要你的命。"王阿发还说记得那张照片背后有用铅笔写的三个字：宋渔父。

上海公共租界巡捕卜罗斯得知这些情况后，即电告法捕房于当晚派出巡捕同国民党人陈惠生等，赶到文元坊应公馆进行搜查。该公馆的主人就是王阿发所说的"应大人"应桂馨。此人系清末上海一大流氓，捐官候补知县。清廷垮台后，他一度混入上海军政府当谍报科长，又到南京临时政府卫队混过。后因行为不端被革职，返沪组织流氓团体共进会，投靠袁世凯，由内务部秘书洪述祖保荐，当上了江苏巡查长。当

▲ 1913年4月，国民党经过艰难的调查后，确认"宋案"的主谋是袁世凯。图为当时的报道。

时，应桂馨不在家中，依照其家人透露的去向，一部分巡警在迎春坊妓院，捉住了正陪某少将饮酒作乐的应桂馨。武士英当时不知应公馆出事，急忙回来报信，一进公馆即被扣下。陈惠生等人在应公馆搜查中，搜到手枪两支、函电等文字罪证多件。他们遂将应家嫌疑人犯16人带回法租界嵩山路捕房收押候审。稍后，其他几个同案犯也相继落网。

"宋案"正凶缉获后，案情真相很快大白。经审讯，武士英对受应桂馨指派、带凶徒四人至车站行刺宋教仁一事，供认不讳。应公馆搜获的大量密函密电，证明应桂馨是坐镇上海组织暗杀宋教仁的主使者，而从其与袁世凯北京政府内务总长赵秉钧、秘书洪述祖等人的来往电中，进一步证明"宋案"最大的主谋元凶是赵秉钧和袁世凯。这样，袁世凯这个大阴谋家的狰狞面目就彻底暴露了。

"宋案"的侦破，其意义远不止在于惩办正凶以祭宋教仁在天之灵，更主要的在于通过公布"宋案"真相的七八件罪证函，给国民党人和全国人民上了生动的一课，彻底将袁世凯奸诈凶残和贼喊捉贼的丑恶面目公诸于天下。

正是以"宋案"为契机，大多数国民党人从"胜利"和"南北合作"以及"政党内阁"与"议会政治"的幻梦中震醒过来。以孙中山为代表的国民党革命派从此消除了对袁氏的幻想与妥协心理，重新组织力量，拿起武器，进行反对袁世凯专制统治的斗争。从此，孙中山又踏上了坚决武装讨袁的战斗历程。从这点来看，"宋案"的侦破起了警钟木铎的作用，它唤醒国民党人为捍卫共和而战，以竟辛亥革命未完之功。

二、"二次革命"的爆发和失败

刺杀宋教仁是袁世凯发动内战的信号。"宋案"发生后，袁世凯便秘密下动员令和大借外债，决心以反革命武力消灭南方的国民党力量。袁世凯和一切反动派一样，"自己首先使用暴力，发动内战，'把刺刀提到议事日程上来'"。

在北洋军队急剧膨胀的同时，黄兴却致电袁世凯极力表白无意"恋据要津""拥兵自卫"，说什么"吾辈十余年，兢兢业业以求者，真正之和平，圆满之幸福。今目的已达，掉臂林泉，所得多矣"。大裁民军，只剩下三万军队。而袁世凯敢于发动内战，也是大得帝国主义财政支持的。4月26日袁世凯不惜出卖国家权益,以盐税和海关税担保,与英、法、德、日、俄五国银行团签署了2500万英镑的所谓"善后大借款"合同,以扩充反动军队,准备对国民党用兵,镇压革命。

关于这次借款,列宁曾指出:"中国的新借款被用于反对中国的民主派:'欧洲'拥护准备实行军事独裁的袁世凯。""整个欧洲的当权势力,整个欧洲的资产阶级,都是与中国所有一切反动势力和中世纪势力实行联盟的。""先进的"欧洲,掠夺中国,"帮助中国民主、自由的敌人!"[①]

"宋案"调查和袁世凯备战期间,中华民国第一届正式国会于1913年4月8日在北京召开了。国民党议员占了压倒性优势,参议院正副议长张继、王正廷和众议院委员长林森都是国民党人。资产阶级右翼议员、老立宪派汤化龙、陈国祥占据了众议院正副议长的席位。全部议员大多是三十几岁年轻人,四十几岁的较少,五十岁以上的更少,六十岁的只有三人。他们大多数被称为"新派"人物。袁世凯认真对付了这些"新派"议员,一方面授意梁启超、汤化龙等老君主立宪派等组成进步党,形成对抗国民党的国会中第二大党;另一方面对国民党议员采取分化政策,金钱收买和武力威吓是他两大手段。

未经国会通过的非法大借款案和政治谋杀的"宋案"真相发表后,国民党议员无不愤慨,纷纷攻击袁世凯政府。和国民党议会斗争相配合,4月13日国民党上海交通部于味莼园召开了宋教仁追悼大会,上下午参加者达四万人。会上许多人愤怒地痛斥反动残暴的"官僚派",其中吴永珊(吴玉章)指出:"政治革命非引起全国民之注意,不能成功。宋先生之被害,实为刺激国民政治革命之精神之机会。"追悼宋教仁的悲壮行动,形成一个颇有声势的抗议斗争。

但是,从整个局势看来,一向妥协的国民党,已经不能有力回击北洋军阀集团了。国会内进步党议员则站在袁世凯一边,提出对时局的主张:一、拥袁世凯为正式大总统为唯一候选人;二、大借款不能反对,只可监督用途;三、"宋案"靠法律解决。国会内部有袁世凯的御用进步党的破坏,国民党议员又相当多的是贪图利禄权势之辈,这使国会不可能有所作为。梁启超在《国会之自杀》一文中说:"八百员顽,攒动如蚁,汹汹扰扰,莫如所事。……法定人数之缺,日有所闻,休会逃席之举,实成故实。幸而开会,则村妪骂邻,顽童闹学,框攘拉杂,销此

---

① 《落后的欧洲和先进的亚洲》,《列宁选集》第二卷,人民出版社1972年版,第450页。

▲"宋案"的发生惊醒了孙中山的建设梦,孙中山不得不终止在日本的考察,提前回国。1913年3月25日,孙中山回到上海。图为当晚与黄兴等人商讨处理"宋案"及发动"二次革命"问题时合影。

半日之光阴,则相率鸟兽散而已。国家大计,百不一及。"他的那位尊师康有为,身在国会之外,也著文《国会叹》攻击国会,"议长逃于室,议员闹于堂,诈笑类小儿,乱暴类无赖"。他们固然是从右边恶意攻击,但多少也暴露了"议会政治"的破产。国民党在议会中没有能成为钳制袁世凯的重大力量。在袁世凯种种利诱、威吓和打击下,张继、王正廷等一部分议员逃往南方,大部分国民党议员被分化和收买,国民党第一大党的作用几乎全部消失。在京国民党议员相继组织了政友会俱乐部、相友会、癸丑同志、国会商榷会等小团体,他们借口"法律倒袁",赖在北京国会里,希望在北洋军阀刺刀下与进步党分沾一些利益。国会已完全被袁世凯控制了。

袁世凯和一切反动头子一样,是革命者不可缺少的反面教员。在1913年3月25日,孙中山从日本赶回到上海的当晚,就在黄兴寓所及时召开国民党一些骨干开会,商讨对策。他认为"事已至此,只有起兵。因为袁世凯是总统,总统指使暗杀,则断非法律所能解决。所能解决者，只有武力"。① 他提出采取"先发制人"的手段，在南方各省组织讨袁军，立即兴师讨伐，保卫新生的共和国。同时又揭露了袁企图通过借款发动反革命内战的阴谋，宣布借款违法，中国人民绝对不予承认。他还准备组织全国公民大会，提出救亡口号。很多报纸、省议会和群众团体亦群起响应，组织拒债会，反对袁世凯独裁卖国的勾当。国民党地方实力派江西都督李烈钧、安徽都督柏文蔚、广东都督胡汉民以及湖南都督谭延闿也致电反对大借款、抨击"宋案"。孙中山决心立即兴兵讨袁，重新举起民主革命的旗帜，挽救垂危的"民国"。

▲ 1913年7月22日，孙中山在上海发表宣言，号召讨袁。

但是，孙中山坚决以武力讨伐袁世凯的主张，遇到了国民党反袁军事准备未完成的不利情况，因而开始时并没有得到国民党上层领导人的普遍赞同。黄兴与大部分与会者则对武装讨袁缺乏信心，坚持要通过法律程序，查明真相，黄兴对孙中山说："民国已经成立，法律非无效力"，主张"法律解决"；② 胡汉民又以"时机未至"拒绝首先在广东宣布独立；陈其美等也以没有海军防守，"上海地方小，难与抗"，反对先在上海举兵独立。这时，在讨袁问题上，不仅国民党主要领导人之间存在严重分歧，就是国民党各省实力派也各怀心腹事，无法统一起来。所以，尽管孙中山一再敦促，多数革命党人仍犹豫不决。他们的迟

---

① 《孙中山选集》下卷，人民出版社1956年版，第477页。
② 《致黄兴书》，《孙中山选集》上卷，人民出版社1956年版，第96页。

▲ 1913年5月1日，安徽都督柏文蔚率先通电反对"善后借款"。5月7日，又与湘、赣、粤省都督谭延闿、李烈钧、胡汉民联名通电反对借款。图为柏文蔚。

▲ 1913年6月中旬，袁世凯下令免去柏文蔚、谭延闿、李烈钧、胡汉民担任的皖、湘、赣、粤四省都督职务，派兵南下。7月12日，李烈钧奉孙中山命在江西湖口起兵计袁，"二次革命"爆发。图为李烈钧。

疑不决和忍辱退让，使袁世凯的气焰益发嚣张。就在国民党内意见分歧、逡巡不进之时，袁世凯依仗着手中的军事实力和帝国主义的支持，于5月6日竟以政府名义下了一道"除暴安良"令，矛头直指国民党。北洋将领张牙舞爪，纷纷通电，诬蔑国民党"危害民国"，表示已"枕戈待命"。一切准备妥当，20日袁发表"传语国民党人"的长电："现在看透孙、黄除捣乱外无本领。左又是捣乱，右又是捣乱。我受四万万人民付托之重，不能以四万万人之财产生命听人捣乱。自信政治军事经验、外交信用不下于人……彼等若敢另行组织政府，我即敢举兵征伐之。"[1] 果然，6月9日借口李烈钧反对借款，不"服从政府"，免其江西都督职。接着又解除了胡汉民、柏文蔚的广东、安徽两省都督职务，并调集兵力，向南方的国民党人发起武装进攻，进逼九江，妄图一举消灭国民党人。

南方革命党人在袁世凯的北洋军已把屠刀架到脖子上，为大势所

---

[1] 白蕉：《袁世凯与中华民国》，上海人文月刊社1936年版，第49—50页。

迫，才接受孙中山武力讨袁的正确主张，不得不起兵应战。

7月上旬，"宋案"发生已经三个多月以后，孙中山在上海召开国民党会议，才最后决定兴师讨袁，发动"二次革命"。柏文蔚"当时意志消沉，未到上海参加"。12日李烈钧奉孙中山命，由上海转回江西，在湖口宣布起义，组织讨袁军，发布《讨袁檄文》。为保民主权利的"二次革命"（又称赣宁之役、癸丑之役）爆发了。

江西首先起义后，苏、皖、粤、湘、川、闽各省先后响应独立。7月15日，黄兴经孙中山等人"多方敦促，不得已，出为牺牲以全党谊"，勉强去南京逼江苏都督程德全独立，自任江苏讨袁军总司令，并敦促留在南京的柏文蔚接受安徽讨袁军总司令的委任状。孙中山在促令各地急起响应外，一再致电袁世凯，敦促其辞职，若"必欲残民以逞，善言不入……必以前此反对君主专制之决心"，坚决征讨之，"义无反顾"。

袁世凯派三路大军南下：第一路为段芝贵部，由京汉线南下进攻江西；第二路为冯国璋部，以张勋为先锋由津浦路直攻南京；第三路为倪嗣冲部，由汴梁经颍州、正阳关及太湖攻安庆。讨袁军方面，武汉及九江上游由李烈钧负责；津浦线方面由黄兴负责；颍州、正阳关、太湖方面柏文蔚负责。是时湖南程潜部亦集中进窥武汉，使敌人不敢长驱东下。战事并非绝对不可为的。

7月18日广东、安徽两省宣布独

▲ 湖南都督谭延闿。

▲ 7月18日，陈其美在上海通电讨袁，任讨袁军总司令。图为陈其美。

第四章　殚精竭虑捍卫革命果实（1912—1919）

361

立，20日福建宣布独立，22日上海国民党组织讨袁军，25日湖南宣布独立，8月4日重庆宣布独立。这些省份虽然宣布独立，但各省内部意见不一。江苏都督程德全、福建都督孙道仁、湖南都督谭延闿本身就不主张独立，只是迫于形势，而不得不宣布的；彼此之间互不统属，没有统一的领导与部署，大都缺乏实力。

这月中下旬，孙中山多次发表宣言和通电，声讨袁世凯反对革命的种种罪行，阐明这次讨袁斗争的正义性，坚决要求袁引咎辞职，否则，将以过去"反对君主专制之决心"来推翻他的反动统治，一定义无反顾。

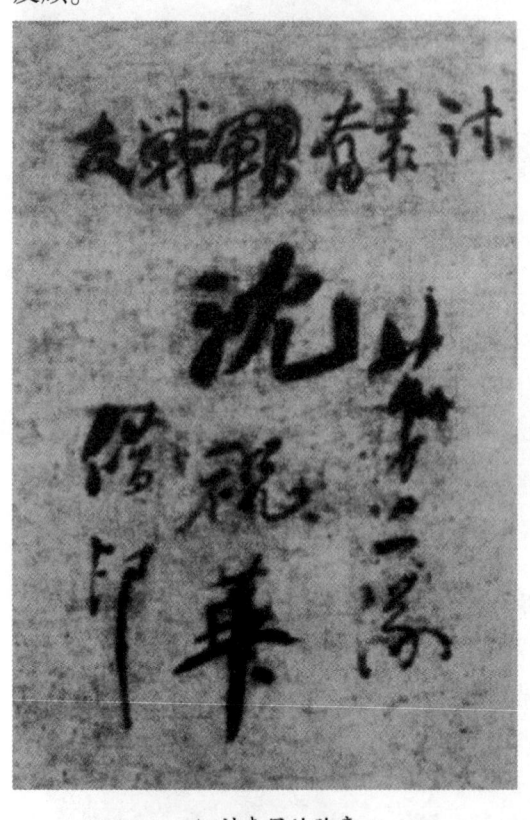

但是，战争打响后，战场的形势对革命党人非常不利。投入战争的各省革命军队，既是仓促上阵，又无统一的部署指挥，在咄咄逼人、攻势猛烈的北洋军队进攻面前，明显处于劣势。另外，帝国主义者又积极支持袁世凯。德国还派了军官，出动了军舰，帮助北洋军作战。至于国民党，原本就缺乏讨袁的决心和准备，这时更加处于涣散的状态。他们没有也不可能去广泛地发动和组织群众投入这次革命战争。所以，南方各省讨袁军同实力比自己强的北洋军乍一交火，就处于被动挨打的境地，难以招架北洋军的反扑。7月25日湖口失陷，8月18日南昌失陷。黄兴于7月29日由于前方兵败而出走。9月1日，南京被依附袁世凯的封建军阀张勋攻陷。其他独立各省份情况更差：上海方面组织起来的讨袁军不久瓦解；江苏都督程德全在宣布独立后便溜往苏州，通电反对讨袁；8月6日安徽师长胡万泰被袁世凯收买倒戈，宣布取消独立；8月9日，福建取消独立。8月12

▲ 讨袁军的胸章。

日、9月12日，湖南、四川也先后宣布取消独立，先后一一陷落于军阀之手。至此，"二次革命"从起兵不到两个月就完全失败了。资产阶级革命派掌握的地方政权全部丧失，北洋军阀势力则进一步扩张到整个长江流域。"二次革命"虽然是孙中山发动的一次武装反袁斗争，是维护资产阶级民主共和制度的一次努力，但是宣布独立的七省打算不同，行为不统一，有的动摇妥协，投机观望，先后宣布取消独立；有的内部分歧，涣散无力，很快瓦解。特别是国民党已放弃了同盟会在辛亥革命前的革命纲领，得不到人民群众的拥护。而帝国主义却在政治经济各方面全力支持袁世凯，进步党和旧官僚对袁世凯镇压"二次革命"又大卖力气，在国会中通过"讨伐"案。所有这一切主客观原因，造成了"二次革命"的失败。"二次革命"失败后，孙中山、黄兴等人逃亡国外。他们在自己缔造的"中华民国"里，连立足之地也不存在了。

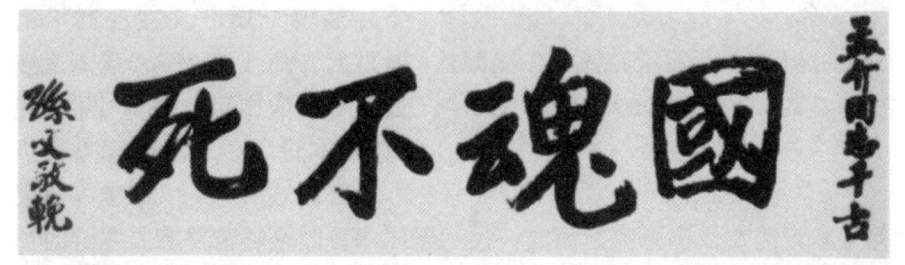

▲ 孙中山为"二次革命"中殉难的安徽讨袁军第一支队长张汇滔（字孟介）写的挽悼。

1913年的讨袁战斗，孙中山等人所谓的"二次革命"（史称"癸丑之役"，又称"赣宁之役"），虽然远远说不上是真正的革命，没有得到广大群众的支持，但它是民国成立后的第一次南北战争，是维护民主共和国的第一次武装反袁斗争，实际上可以说是辛亥革命的继续。曾几何时，领导过一次伟大的辛亥革命，在亚洲第一个建立共和制国家的资产阶级革命派，遭到了彻底失败。袁世凯的武力统一政策一时取得了成功。除桂、黔、川、滇四省尚为地方军阀盘踞外，南方其他各省都成了北洋军及其附庸的征服地。全国进入了北洋军阀最黑暗的统治时期。

"二次革命"是孙中山策动和组织的，他重新举起革命民主派的旗帜，"为巩固共和战，为表示国民反对专制战"。这是保卫辛亥革命的成果，抵抗北洋军阀反革命暴力镇压的义战。从这个意义上说，"二次革命"是辛亥革命的继续。任何革命都不能一下子就取得最后

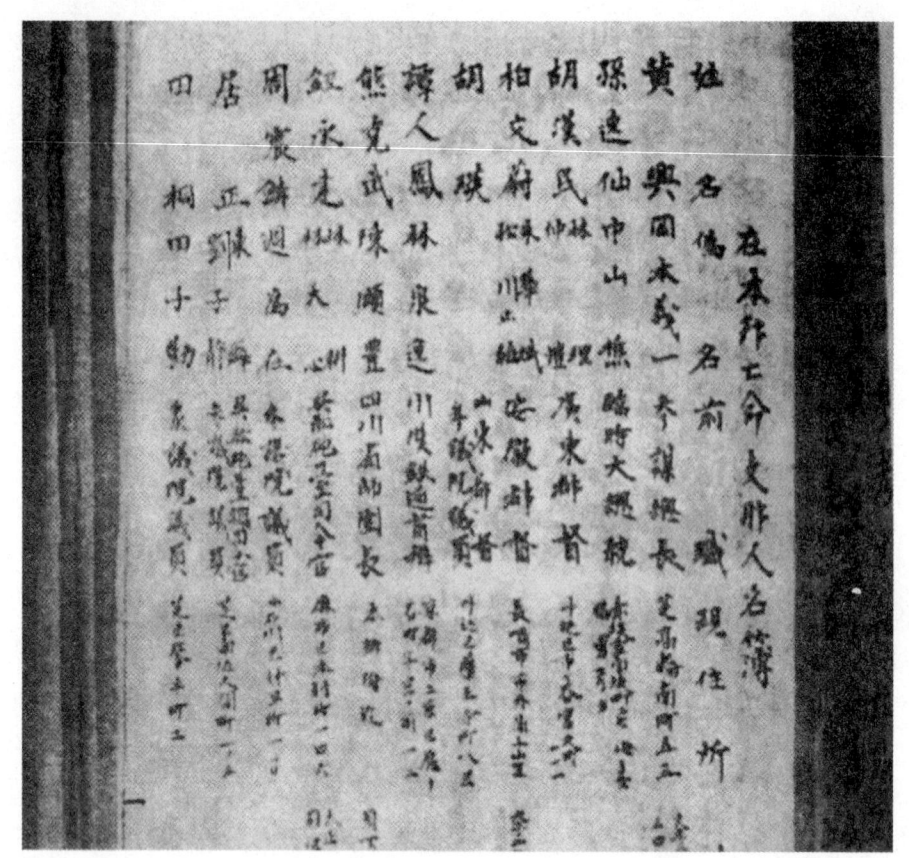

▲ 日本警方掌握的流亡日本的革命党人名单（局部）。

胜利，往往第一次革命成功，至少要第二次革命胜利来巩固。可惜，孙中山发动的"二次革命"，由于革命已经退潮，国民党的涣散瓦解，党员脱离领袖，阶级脱离政党，政党严重脱离群众，在帝国主义支持下的袁世凯武力进攻面前，惨遭失败。这次斗争的失败，标志着辛亥革命的最后失败。

辛亥革命和"二次革命"的亲历者何遂在回忆录中反映他那时痛苦的心情："我们一行人出发东渡了。当轮船缓缓地开出吴淞口外，我回首望苦难深重的祖国，依然风雨如晦。多少年梦寐系之的一次革命，就这样失败了。"① 这不也正是民国的缔造者竟在民国无立足之地的孙中山的心情吗？

---

① 何遂：《辛亥革命亲历纪实》，《辛亥革命回忆录》第一卷，中华书局1962年版，第496页。

不过，从孙中山个人来说，自他就任临时大总统到二次革命失败的这段时间，是他革命生涯中经历复杂、大起大落的一个阶段，既有胜利的喜悦，也有失败的懊恼。在这期间，他曾有过事后令他痛悔不已的"一个巨大的政治错误"——将临时政府的领导权让给了袁世凯。以后又埋头实业建设，对袁世凯建立独裁政治的罪恶企图，缺乏应有的警惕，使革命再次遭受挫折。应该指出，由于主客观的原因，一个人的一生之中，要一点不犯错误几乎是不可能的，尤其是领导一场伟大的革命运动，难免会有些失误，问题在于一旦发现自己犯了错误，能否及时醒悟和纠正。孙中山的伟大，正是体现在他始终站在时代的前列，敢于正视错误，能够不断地总结经验，吸取教训，改正缺点，坚持不懈地为实现自己明确的革命目标勇往直前。"宋案"发生后，他是革命阵营中，第一个从对袁世凯的幻想中清醒过来的，又第一个提出了武力讨袁的正确主张。在"二次革命"失败后，虽然革命阵营内部弥漫着一片失败的情绪，但孙中山仍毫不气馁，对革命前途充满信心。他很快就号召革命党人，"既不可以失败而灰心，亦不能以困难而缩步。精神贯注，猛力向前，应乎世界进步之潮流，合乎善恶消长之天理，则终有最后成功之一日"，表现了一个革命者奋斗不息的伟大气魄。

三、成立中华革命党

1913年7月29日，黄兴因战事失败，南京取消独立。8月2日，孙中山偕胡汉民乘轮离开上海，希望前往广东坚持战斗。但广东内部不稳，广东都督陈炯明派人于半道劝阻，孙中山被迫转道再次流亡日本。

"二次革命"失败后，同年11月，袁世凯悍然下令解散国民党，革命党在国内已无法进行合法活动，一时无力再举义旗。战败亡命的革命党人，一些不坚定的慑于袁世凯淫威，看不到革命的前途，在国内者脱离党籍，转投他党或卖身于袁世凯；逃亡国外者受不了困苦颠连，变志他图。以黄兴为代表的一部分革命者，虽然仍要反袁，但认为目前袁势高涨，须暂时忍耐，伺机再动，但言十年后再图革命。这种思潮在流亡者中很有影响。总之，他们的处境十分困窘，反袁惨败给他们心理上罩上了一层厚厚的阴云。

当时的情形，正如孙中山在《中华革命党宣言》中所述：革命党

人"意见分歧，或缄口不谈革命，或期革命以十年，种种灰心，互相诟谇"。① 但是，面对着垂头丧气的革命党人和中外反动势力，孙中山毫不气馁，对革命前途仍充满信心。他耐心地鼓励革命党人振作起来，恢复同盟会时期百折不挠、屡仆屡起的革命精神，继续为革命事业而奋斗。

这年年底，孙中山又专函通告南洋的革命党人，鼓起勇气，再往直前，并慨然表示：作为革命者"虽石烂海枯，而此身尚存，此心不死，既不可以失败而灰心，亦不能以困难而缩步"，只要精神贯注，猛力向前，"应乎世界进步之潮流，合乎善恶消长之天理，则终有最后成功之一日"。② 他眼光远大，信心百倍，坚定地认为，即使己身一生不能完成革命，四亿中国人民也必然会闻风兴起，把革命伟业进行到彻底胜利。

在如何度过当前困难，去迎接胜利的问题上，孙中山对辛亥革命的道路进行了反思。他认为最大的教训是缺乏一个足以担当革命征途的政党。他说："曩同盟会、国民党之组织，徒凭主义号召同志，但求主义之相同，不计品流之纯糅。故当时党员虽众，声势虽大，而内部分子意见分歧，步骤凌乱，既无团结自治之精神，复无奉令承教之美德，致党魁则等于傀儡，党员则有类散沙。迨夫外侮之来，立见摧败，患难之际，疏如路人。"基于这种情况，他决志"纠合同志，宣立誓约，组织机关，再图革命。蕲以牺牲之精神，尽救国之天职"。就是说，要组织一个有统一意志、严格纪律、坚持革命的政党。

从此以后，孙中山为了夺取胜利，又开始了艰苦的斗争历程。他对"二次革命"的失败进行了反思和总结。鉴于国民党的复杂、涣散，没有战斗力，孙中山召集流亡东京的部分革命党人，总结经验，检讨得失，计划集结革命力量，策划"三次革命"。他认为，继续开展革命的首要一着，就是要建立一个比国民党纯洁的、有信仰、有纪律的新党，而后才能重振旗鼓进行革命。

1913年9月，孙中山在日本开始筹备组织政党的工作。经过半年多的积极筹划，建立新党的工作基本完成。

---

① 《中华革命党宣言》，黄季陆编：《总理全集》中册，"宣言"，成都近芬书屋1944年版，第18页。

② 邓泽为编：《孙中山先生二十年来手札》卷二，广州述志公司1927年影印版。

▲ 1914年7月8日，孙中山在东京主持召开中华革命党成立大会，担任总理。图为中华革命党本部之印和总理之印。

中华革命党突出"革命"二字，是孙中山身处逆境而革命精神仍然昂扬的表现。1903年，孙中山在保皇党势焰披猖、必须奋起争夺檀香山阵地时，曾将重建的革命组织取名"中华革命军"；同盟会成立时，孙中山曾提议在同盟会之前冠以"革命"二字；1908年，同盟会内部闹分裂，他又曾愤而准备另组"中华革命党"以取代涣散的同盟会。到此时，正式以此命名新党，其目的就是鉴于袁世凯"将拨专制之死灰而负民国之负托"；而国民党已四分五裂，再无法承担反袁重任，因而寄望于新建的党，以扬辛亥革命时期推翻清朝封建专制政府的精神，以"雪癸丑之耻，竟辛亥革命之功"。无疑，这是必要的、正确的。它显示了孙中山对既定革命目标的坚定不移和为它的实现而百折不挠的革命意志。

1913年9月27日，即许多革命党人还在国内奋斗或在亡命途中，逃亡海外党人也喘息未定之际，孙中山就在东京吸收了第一批党员，他们只有五个人，即：王统、黄元秀、朱卓文、陆惠生、马素。1913年10月，陈其美、戴季陶等22人在东京宣誓入党，张人杰（静江）、蒋介石在上海宣誓入党；11月，邓铿等57人，12月，夏重民等113人在东京入党，陈德出等六人在大连入党。途经日本赴美的林森及海外人士也陆续入党。

1914年6月22日，在东京召开了中华革命党第一次党员大会，到会者有八省逃亡日本的党人，孙中山被选为总理。7月8日，中华革命

367

党在东京筑地精养轩召开成立大会，正式宣告成立。到会者三百余人。孙中山在会上宣誓加盟，正式就任总理职务。并发布《中华革命党成立通告》，号召党员"协力同心，共图三次革命"。

接着，他公布了手书的《中华革命党总章》，规定党的宗旨为"实行民权、民生两主义"，以"扫除专制政治，建设完全民国"，并以反袁作为革命的目标。在宪法颁布前，"一切军国庶政，悉归本党党员完全负责"。并规定按入党时间的先后，将党员分为首义、协助和普通三种，各有不同的政治权利，即在起义以后到宪法颁布的时期内，首义党员有参政执政的优先权利，协助党

▲ 1914年孙中山在日本留影。

员有选举权和被选举权，普通党员只有选举权。入党者都要按指印、立誓纸，绝对服从总理。他要以自己为中心建立一个绝对服从自己指挥的战斗的党，最终为在中国建立五权宪法的民主国家开辟道路。许多革命党人因反对这个规定而拒绝加入。

中华革命党本部之组织，分为总务、党务、财政、军事和政治五部，总务部长为陈其美，党务部长为居正，军务部正副部长为许崇智、邓铿，政治部正副部长为胡汉民、杨庶堪，财政部正副部长为张静江、廖仲恺。设支部于国内外各地，国内支部专事组织武装讨袁，海外支部负责筹款。中华革命党坚持武装斗争，把在国内的军事活动作为主要工作内容。

孙中山在极端艰难的情况下，力图集中力量清除积弊，重组新党，再举革命，当然是正确的。但是，他没有把袁世凯的反动和他赖以生存的帝国主义和封建主义基础联系起来，没有认识到帝国主义和封建主义是中国人民最主要的敌人，因而把政治纲领和斗争目标仅仅局限在"反袁"和实现"共和"这种比较表面的层次上，没有提出反对帝国主

义和封建主义的彻底纲领。在当时民族危机深重（特别是日本帝国主义的疯狂侵略）的情况下，仅仅把斗争局限于"反袁"，只是为了恢复辛亥革命以后建立起来的那种极不彻底的"共和"制度，就会掩没了救亡的旗帜，把真正的民族敌人——帝国主义轻轻地放过去了。而帝国主义便利用孙中山及其革命党人不敢反帝的弱点，不遗余力地支持袁世凯政府继续镇压革命运动，使得革命党人的斗争处处惨遭失败。

特别是在组织工作中有严重缺点，建党所执行的组织要求和办法，充满封建行帮结社的气息，而缺少革命政党的活力。比如，错误地按入党时间先后，在党员中划分三种等级，并各享有不同的政治待遇的规定，使党员脱离普通群众，形成特殊阶层。又比如，要入党者宣誓服从孙中山个人，并为强调要依靠对他一人的忠诚，而采取了在誓约上加按指模等形式主义的手段，显然是违背了自由、平等的原则，近似专制的家长制。这些都与孙中山所主张的自由平等精神相违背。

黄兴对此提出异议，希望孙中山改正要求党员在誓约上按指模的做法，而且不要"以权利相号召"，不要依据入党先后，把党员分成"首义""协助""普通"三等，分别定为"元勋""有功""先进"公民。

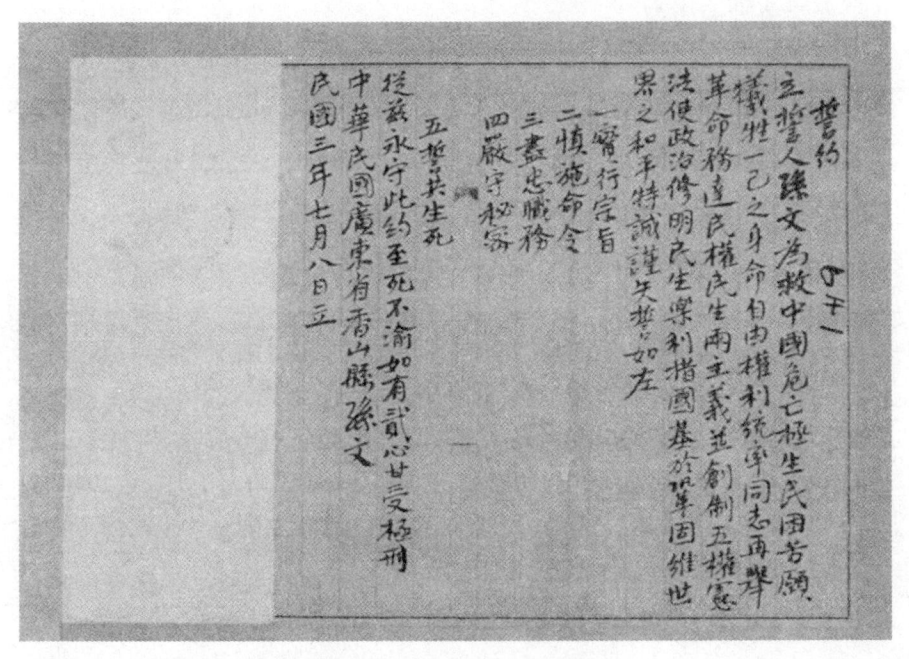

▲ 孙中山加入中华革命党的誓约书。

许多革命党人对孙中山的组党主张提出了不同意见,对孙中山拟草的章程提出了修改意见。黄兴曾劝告孙中山:誓约上"附从孙先生再举革命"一词和盖指模一事,"前者不够平等,后者迹近侮辱",恳切地期望纠正过来。

孙中山仍然坚持己见。6月3日,孙中山在给黄兴的信中又说:"弟终以为欲建设一完善民国,非有弟之志,非行弟之法不可。兄所以既异,不肯附从,以再图第三次之革命,则弟甚望兄能静养两年,俾弟一试吾法。若兄分途并进,以行暗杀,则殊碍吾事也……此后彼此万不谈公事,但私交上兄实为我良友,切勿以公事不投而间之也。"

战友间的不和,既是自我损耗的开始,也是敌人进攻的良机。正直的革命党人十分忧伤,日本友人也为解决他们之间的矛盾,多次奔走调停,但都没有成功。

萱野长知在《中华民国革命秘笈》一书中写道:"孙中山提议组织绝对服从领袖的党,黄兴则反对领袖专政,他们之间发生了冲突。萱野想调停一下矛盾,跟孙中山一齐访问黄兴,那时黄兴一步也不相让,两人感情所激,有时高声惊动四壁。晚餐后再激论,直至夜深,争论最后几乎变为争吵而破裂。"

笃实的黄兴,是"一个党一个领袖"论者。他始终认为中国革命党只有一个领袖,领袖就是孙中山。但当孙中山主张中华革命党只有一个"党魁",党员必须绝对服从"党魁"的时候,反对最力的又是黄兴自己。

黄兴致函孙中山,陈述整顿党务意见说:"若徒以人为治,慕袁氏之所为,窃恐功未成而人已攻其后,况更以权利相号召乎?……弟窃思以后革命,原求政治之改良,此乃个人之天职,非为一公司之权利可相让渡可能包办者比。"他建议"从根本上做去",认真总结,分清是非,"尽披露于国民之前,庶吾党之信用渐次可以恢复。又宜宽宏其量,受壤纳流,使异党之有爱国之心者有所归向。夫然后合吾党坚忍不拔之士,……组织干部,计划久远,分道进行,事有不统一者未之有也"。不能不承认,黄兴的批评与建议,有许多是合理的。

其结果,使这个新党成为具有宗派色彩的人数寥寥的小团体。据中华革命党原始党员名册的不完全统计,从1913年9月至1914年7月,党员仅有692人,严重地脱离了人民群众。正像孙中山后来总结改建中华革命党的教训时所说:"从前在日本,曾经想改组,未能成功,就是

▲ 中华革命党党证。

因为没有办法。"①

孙中山通过总结"二次革命"的失败，进一步明确了掌握军队的重要，他指出："国事未定，则吾人须有不可侮之实力，质言之，即是武力"；要"以武力去彼（按：指袁世凯）凶残"。② 中华革命党本部组成后，孙中山着重抓武装斗争的工作，同年9月，他仿照1905年亲自为同盟会制定军事规章办法，又亲自为中华革命党拟定了《革命方略》，并花费两个半月的时间同廖仲恺、胡汉民、田桐、居正等讨论组织革命军等问题。但他实际上又没有去组织军队，反袁的主要方式是采取局部暴动。1914年在江苏南通、奉天本溪、浙江杭州和广东惠州、增城、博罗、广州等地的起义，都是属于利用"少数人之激烈心理，

---

① 《列宁逝世演说》，《孙中山选集》下卷，人民出版社1956年版，第536页。
② 《致邓泽如及南洋同志书》，载邓泽如编：《孙中山先生廿年来手札》卷三，广州述志公司1927年印版。

逞一时之愤，或一部之力"的小暴动，故"终归无效，徒自减杀其势力"。①

1915年夏末，孙中山举行了本部各部长会议，决定组织中华革命军，先后派出了各省区的军事负责人，并令陈其美、居正、胡汉民、于右任分别组成中华革命军东南军（上海）、东北军（青岛）、西南军（广州）、西北军（陕西三原）四个总司令部，分派干部到江苏、浙江、广东、山东、陕西等地区去组织反袁斗争。

1914年至1916年，中华革命党在反对袁世凯复辟帝制的斗争中是比较坚决的力

▲ 1914年11月17日，孙中山在东京留影。

量，也积极组织了一些小规模的武装斗争，曾经一次接一次地点燃起反袁的烽火，百折不挠地进行坚决的艰苦奋战。到1915年10月以后，反袁的武装起义更进入高潮，上海、广东、山东等地出现了不少不惜抛头颅、洒热血的英勇斗争事迹。他们起到了当时反袁斗争的先锋作用，唤醒人们为冲破袁世凯黑暗专制统治而起来斗争。不过，在这些反袁的实际行动中，这部分人的所谓军事行动，也只是在各地联络旧军队，收买退伍军人和土匪，组织暴动，或进行暗杀，也就是说系通过金钱的作用，"利用土匪，运动军队去打倒袁氏"，走的仍然是辛亥革命前不发动广大人民群众、单纯军事冒险的老路。所以，他们在反袁的斗争中虽仍很坚决，但先后在湖南、江苏、浙江、广东等省各地所组织的一些小规模的武装起义没有什么大的成效，并均相继以失败告终。

尽管如此，中华革命党虽由于主客观不利因素，没有得到很大的发展，但它仍算是一个全国性的民主政党。从1914年4月至1916年4月

---

① 黄兴：《致谭人凤集函》，载《近代史资料》，1962年第一期。

28日，孙中山共发出委任状79次，受任干部八百三十多人。党员确数虽无统计，有人估算，起码在两三千人以上。南洋和欧美华侨聚居较多的大埠原国民党支部，大都遵令改为中华革命党支部，或者接受中华革命党本部意旨办事。初步统计，计有43个支部、164个分部。在内地，赣、粤、鄂、滇、苏、豫、皖、陕、浙、桂、湘、甘、鲁、东三省、黔、闽、川各省也先后建立了支部或分部。孙中山自称该党乃秘密结社性质，而非政党，当系指结党方式。而究其主义、纲领系承同盟会之绪，并补国民党之不足，体现了民主革命的要求，更体现着反袁大方向，是当时唯一揭举并坚持武装反袁旗帜的政党。而其成员有一定数量，分布地区又相当广，影响也较大，实际上已充当各地反袁斗争的先锋。所以袁世凯把孙中山和中华革命党人作为必须铲除的首敌，对内三令五申，厉行防范和镇压；对外反复交涉，不惜出卖国家主权，图谋驱除和消灭革命党人。

孙中山定的中华革命党党纲，确实缺乏足以动员广大群众奋起反袁的内容，中华革命党人也未能深入发动群众。但是，这个党纲毕竟恢复了同盟会原有而后被国民党忽略的实现民权、民生主义的革命主张，制

▲ 1915年9月25日，孙中山与即将回国举行反袁革命的同志合影于东京国民社。前排右起：田桐、廖仲恺、居正、胡汉民、孙中山、陈其美、许崇智、郑鹤年、邓铿。

第四章 殚精竭虑捍卫革命果实（1912—1919）

定了前所未有的详尽的《革命方略》，这对于一些热心民主革命的革命者是有吸引力的。1914年1月，湖南国民党人邹永成、王道于日本东京发起组织的以锄除专制、巩固共和为宗旨的"民义社"，于7月在湖南郴县举事，失败后其志未夺，集体加入了中华革命党。就是农民起义首领白朗，有如前述，也推崇孙中山，假孙中山名义号召群众，并在自己的布告中，痛斥"袁世凯狼子野心，以己意为法律，仍欲以帝制自为"，显示了孙中山等革命党人所给予的民主革命影响和革命人民的一种思想趋向。

　　孙中山领导中华革命党反对袁世凯的斗争，艰苦备尝，一再陷入巨大的困境之中。但是，孙中山和中华革命党的武装反袁斗争，在"二次革命"失败后的中国大地上掀起一阵阵波澜，带动和推进了反袁斗争高潮的到来。

　　"无量金钱无量血，可怜换得假共和。"辛亥革命前后的风暴飙起飚落，令人困惑不解，共和的精神在哪里？怎样才能取得胜利？革命的迭遭失败，使孙中山经受了强烈的震动。

第三节　传奇的爱情故事

一、从崇拜英雄到相爱

来之不易的辛亥革命的果实，竟落入专权卖国的袁世凯这个奸人之手；中华革命党所组织的反袁武装斗争，又接二连三地惨遭失败，使流亡日本的孙中山深受打击，备尝艰辛，再度陷入危难逆境之中。一种很少有过的孤独感，像阴云一样笼罩在他的心头。正处在这非常危难和孤独的时刻，一位年轻美貌又聪慧绝人的姑娘走进了孙中山的生活。她就中国20世纪的伟大女性宋庆龄。

孙中山与宋庆龄是怎么结合的？为什么宋庆龄以双十初度的芳龄，甘愿爱上一个年龄比自己年龄大一倍多且正在过着流亡艰苦生活的孙中山？

宋庆龄与孙中山的结识，得缘于她的父亲宋嘉树（宋耀如）。宋嘉树是孙中山早年进行革命活动的同志和朋友。宋嘉树与孙中山的交往，过去一般认为是开始在1894年春季，即孙中山为了谋求民富国强，偕陆皓东北上上书李鸿章时，途经上海而结识的。然而，孙中山在1912年4月17日《致李晓生函》中云：宋嘉树乃是"20年前曾与陆烈士皓东及弟初谈革命者，20年来始终不变……弟今解职来上海，得再见故人，不禁感慨当年与陆皓东三人屡作终夕谈之事"。[①] 据此，再结合1892年陆皓东曾到广州与一些人有过交往，宋嘉树到广州有可能通过陆皓东与孙中山联系的推断，他们二人结识的时间要比1894年为早，应是在1892年间前后。

---

① 《孙中山全集》第二卷，中华书局1982年版，第342页。

当时，宋嘉树虽在担负传教士和实业方面的工作，但他同情民主革命事业，是国内最早一批聆听孙中山宣传革命道理者之一，并开始从事革命的活动。他在1895年，曾致电孙中山，劝其回国组织武装起义。1903年夏，又积极支持过反帝爱国的拒俄运动。据《苏报》记载：当上海教会进行拒俄活动时，"在美华书馆演说者以宋君耀如为最著，大旨谓耶教救国有自由之权，今俄人夺我之地，我欲自保，并非夺人之地也。教友能结团体，如日方新，有蒸蒸直上之势云云"。① 此外，他对孙中山的革命活动也给予过物质上和精神上的支持和援助。稍后，他就被孙中山吸收加入了中国同盟会，参加了民主革命运动，并成为孙中山的热情支持者和挚友。

在宋庆龄童年时代受孙中山影响的问题上，有的著作中记载说：当时孙中山经常访问宋庆龄的父亲，共同探索救国道路，畅谈反清革命，同她们姐妹和弟弟们也常常见面，"孙每每来到上海，都住在宋家。孩子们把他看作自己家中的一员"，"当作叔叔来看待"。② 并说，正是通过一些谈话和日常的接触，孙中山的为人和革命精神，在宋庆龄幼小的心灵里留下了深刻的印象，她深受孙中山革命思想的影响等等。从目前已公开的资料来看，这些说法却是缺乏史料的支撑，它显然是不可信的，实际上是不可能的事。据《中国革命运动二十六年组织史》《兴中会革命史要》等书中所述，孙中山为着上书李鸿章，于1894年春偕陆皓东离广州经湖南由长江东下，到达上海。他在上海期间，就上书李鸿章事走访郑观应、王韬等后，于6月间便离开上海到达了天津。就目前所见各种历史资料来看，孙中山从1893年1月宋庆龄出生之日起，至辛亥革命后1912年自国外返回祖国止这段时间中，他到达上海共有两次。这第一次到上海，他是专门为着疏通投谒李鸿章的门径之事，并且停留的时间不是很久；再一次是1900年8月28日，他从日本横滨抵上海，于翌日上岸，寄寓于日本人经营之旭馆。当时孙中山曾往访英国驻沪领事，由于上海方受自立军失败之影响，戒备甚严，英领事劝其速离去；孙中山也深感在上海难以活动，即离岸登船，并于9月1日离开上海返日本。他在岸上时间总共不过两三天。所以，这两次孙中山也不可

---

① 《苏报》，1903年5月25日。
② ［美］项美丽（Emily Hahn）：《宋氏姐妹》（*The Soong Sisters*），香港1941年英文版，第38—39页。

能到宋嘉树家中许多次，因之，不会发生"孙每每来到上海，都住在宋家"之事；而且，当时宋庆龄还仅仅是个一岁多的婴儿和七岁幼小的儿童，焉能同孙中山有多少谈话和接触，并在她幼小的心灵里对孙中山留下深刻的印象呢？某些与史实相左的戏剧性的描述是不可据之立论的。

实事求是地说，少年时代宋庆龄所以有进步和爱国思想，基本上是得之于宋嘉树的教诲，间接受到了孙中山的影响，是孙中山留给宋嘉树的影响移植在宋庆龄身上开花结果，而不是直接受孙中山影响之所致，实则是通过父辈们的言谈活动对孩子们的情感和思想产生深刻影响而来。宋庆龄除在幼年时见过孙中山这一位不凡的来访者，随着她的成长，孙中山始终是宋家言谈中的英雄。这样，孙中山的为人和革命精神便逐步在其心灵中留下深刻的印象。后来，进一步发展到宋庆龄对孙中山非常爱戴和仰慕，视为了不起的革命英雄，并深受他革命思想的影响，常对人说要像孙中山那样生活。美国人斯宾塞在《三姐妹——中国宋氏家族的故事》一书中这样的记述：宋庆龄曾经说过，"我一想起孙先生所讲的话来，就忘了一切——家庭、学校等等。我一点也不为自己担心，我却担心着中国"。① 还说，不能忘记中国，也不能忘记孙中山所说的那些话，"如果忘记了，人生就失去意义"。这说明孙中山对宋庆龄成长中的思想影响是颇深的。

1912年初，中华民国临时政府成立后，热情洋溢的爱国者宋庆龄正在美国求学。她对孙中山领导的辛亥革命的胜利，感到由衷的高兴，在收到她父亲寄来的新国旗——五色旗时，立即撕掉学校中的清朝龙旗，踩在脚下，然后把新的旗帜挂在墙上，并高呼"打倒专制！高举共和的旗帜！"欢庆辛亥革命的胜利。同年4月，她在威斯里安女子学院校刊上发表《20世纪最伟大的事件》一文，高度评价辛亥革命的伟大意义。文章说：辛亥革命"这一非常光辉的业绩意味着四万万人民从君主专制制度的奴役下解放了出来，这一制度已持续了四千多年；在它的统治下，人民毫无'生活、自由和对幸福的追求'可言。这一业绩也标志着一个王朝的覆灭，这个王朝所进行的残酷的剥削和自私自利，使得一度兴盛的国家，沦于极度贫困。推翻满清政府就是铲除了一

---

① ［美］斯宾塞（C. Spencer）：《三姐妹——中国宋氏家族的故事》（*Three Sisters: The Story of the Soong Family of China*），纽约1939年英文版，第22页。

个充斥野蛮的习俗道德败坏的朝廷"。还明确指出:"革命已给中国带来了自由和平等——每个人的两项不可剥夺的权利,为争取它们,许多高尚英勇之士献出了生命。"

但是,辛亥革命的胜利果实,很快被反动的封建买办势力的代表袁世凯篡窃了。孙中山发动武装讨袁的"二次革命"失败以后,袁世凯下令通缉孙中山、黄兴、廖仲恺、谭人凤等,大肆搜捕革命党人。孙中山被迫于1913年8月初东走日本。当时,宋嘉树夫妇和宋蔼龄(担任孙中山的英文秘书)随同孙中山也流亡到了日本。宋嘉树协助孙中山进行革命活动,并参加了帮助其处理英文信件的工作。

这年的春季,宋庆龄在美国威斯里安女子学院毕业。6月,她结束学生生活,满怀革命理想离美归国。为了探望父母亲,也为了会见孙中山,决定在回国途中路过日本。她离开美国前在给她的老师的信中说:"我们不久就要踏上归国的旅途了。此地有一位崇拜孙博士的人士托我带给他一盒加利福尼亚的水果。而且,我还将作为一个幸运的使者,带给他一封私人信件。"

1913年8月29日,满怀革命激情的宋庆龄抵达日本横滨。父亲宋嘉树到码头迎接。

她是这年6月离开梅肯城北上,经波士顿,横穿美国大陆到达加利福尼亚的旧金山,然后假道檀香山赴日本的。为什么用了这么长时间呢?

原来,她本拟回上海探亲,到了加利福尼亚伯克利时,收到父亲来电,要她"推迟行期"。因为宋嘉树要追随孙中山流亡日本。宋庆龄就在伯克利耽搁了两周,住在姨丈温秉忠的一个大学时的朋友家里。这个朋友是当时中国驻旧金山的代理公使。于是,在主人的热情安排下,宋庆龄大大享受了一番"高等华人"优裕的生活乐趣,"到处观光,也去舞会和剧场",并作为"主宾"出席中国学生招待会等等。在檀香山,她又驱车到山区观光,尽情领略了热带海岛上美丽的风土人情。她说:"真美,那些树木和鲜花我从未见过。我还吃了极好吃的水果,它的名字听起来很怪。土著人很肥胖,穿着胸衣似的衣服……"

总之,她对友人说这些日子她过得"很愉快",但她并非乐而忘忧,而是时刻惦记着苦难中的祖国人民。她向往的是献身于祖国的解放事业。虽然她已经感觉到这种生活将是十分艰苦的,如她在上述谈到旅途愉快生活的同一封信中所写:"国内的局势变得严重起来,我们也许得在日本逗留一段时间,因为连'不许插手'的上海也乱了。"但是她表示自己有这个思想准备,说"我不在乎这个!"

必须指出,在当时,宋庆龄若要躲避国内动乱而又艰苦的生活,留恋西方优裕舒适的环境,而在美国找一个工作,并在那里长期居住下来,是件轻而易举的事(当时不少高等华人正迁居美国),而且宋庆龄本来也有继续在美国再读一两年书的打算。但是,她却选择了回国的道路。这是何等崇高的情怀!在她漫长的人生道路上,第一次表现了她"富贵不能淫,贫贱不能移"的高贵品质。

▲ 1913年夏,宋庆龄在美国大学毕业。图为宋庆龄大学毕业照。

她原以为因国内政局动乱,父亲及全家是特地到日本来迎接她的,在日本逗留的时间不会很长,因此让友人回信的地址写"上海余杭东路628号C"。当时她怎么也没有想到,她竟在日本一住就是两年多,而且在那里坚实地打下了她一生奋斗的基础:献身革命,并与孙中山结合。

1913年8月29日,满怀革命理想的宋庆龄在日本横滨登陆。第二天晚上9时50分,就由父亲和姐姐陪同到孙中山寓所拜访。这是宋庆龄成年后与孙中山的第一次见面。她怀着仰慕和崇敬的心情,激动地向孙中山致意,并将所带的一箱革命同情者送的加利福尼亚水果和一封私人信件面交给他。

当时,孙中山领导的革命事业正处于困境,许多革命党人或者意志消沉,或者投降分裂,跟随在身边的同志不多,宋嘉树虽然正患肾病,却仍坚持为孙中山处理英文信件。由于不宜像日本方式那样长时间盘腿席地而坐写作,宋嘉树就让宋庆龄帮助他,并且很快就教会女儿协助孙

中山工作。

9月16日以后,宋庆龄在父亲和姐姐的陪同下频繁出入孙中山的寓所。据日本外务省档案记载,到25日的十天中,共有八次之多,并与国民党要人张继、马素等接触。显然,宋庆龄正在熟悉为孙中山担任秘书的工作。

1914年3月27日,孙中山腹痛,宋庆龄与宋蔼龄曾到寓所进行护理。5月24日开始宋庆龄单独前往,两姐妹同去的次数日渐减少。6月以后,宋蔼龄因为准备与孔祥熙结婚,宋庆龄开始为孙中山承担更多的秘书工作,几乎天天都去孙中山的寓所。9月,由于宋蔼龄回上海结婚离开了工作岗位,经孙中山同意,宋庆龄正式接替姐姐,担任他的英文秘书。

这期间,孙中山总结"二次革命"的失败教训,正重新进行扎扎实实的工作:在东京创办《民国》杂志,鼓吹反袁;设立政治学校,培养干部;召开中华革命党第一次大会,加强革命领导机关。另外,孙中山还频繁地致函或派遣干部与国内及海外各地革命党联系,指导党务,建立武装及筹措经费、军械等各项事宜;在江苏、浙江、广东、山东、江西等地发动了一些武装起义和暗杀活动。由于没有发动广大人民群众,只是由少数人去进行军事冒险,因此这些小规模的反袁武装斗争,都接二连三地失败了。孙中山在革命征途中,再度陷于逆境,处在非常艰难困苦的时刻。

在这危难的时候,孙中山得到了宋庆龄的巨大支持和鼓舞。她积极地帮助孙中山工作,把所有整理文件、处理函电、提供资料、经管革命经费以及其他许多繁重的日常工作,都担负起来,并且完成得很出色,逐步成为孙中山革命事业上离不开的助手。孙中山对她非常信赖,把所有机要的通讯密码统统交她保管,还将一切对外联络工作也让她承担。他们在繁重的革命的工作中,配合甚为默契。通过同孙中山频繁的工作接触,宋庆龄进一步受到他高尚品德和革命精神的感召和熏陶,提高了对中国革命的许多现实问题和理论问题的认识,大大增强了革命的信心和积极性。她与孙中山在一起工作时,常常感到心中燃烧着一种火热的激情。她意识到自己正在献身于一个历史性的伟大目标。她当时的心情,正像她写给在美国读书的宋美龄的信中所表述的:"我从没有这样快活过。我想,这类事就是我从小姑娘的时候起就想做的。我真的接近了革命运动的中心。"① 她还曾默默地自言自语说："我能帮助中国，我也能帮助孙先生，他需要我。"② 而孙中山在武装反袁斗争中不断遭受的挫折和流亡海外的痛苦和孤寂，也从宋庆龄的帮助和照顾中得到鼓舞和安慰。热爱祖国和献身革命事业的共同理想，使他们在患难中建立了深厚的战友情谊，并且开始默默地相爱。

宋庆龄在东京工作了一段时间后，就回上海探视因病已回国的双亲。此后，她曾几次来往于东京和上海。1915年初，在一次准备归国时，她和孙中山谈到他们的结合问题。孙中山对此十分慎重，要她多考虑一些时候，并征得父母亲的同意后再作决定。宋庆龄表示，要是不为一件伟大的事业而生存，生命是没有意义的；她就梦想着有一天能和他生活在一起，献身于革命事业。她坚定地对孙中山说："经过长期、慎重的考虑，深知除了为你、为革命服务，再没有任何比这更使我愉快的事。……我愿意这样献身于革命。"③ 宋庆龄对个人的婚姻问题有胆有识，完全是自己做主，决心要和孙中山一起生活和工作。

▲ 孙中山的秘书与伴侣宋庆龄

对于宋庆龄来说，爱慕孙中山主要是为了革命，崇拜英雄，爱情是次要的。

后来，美国记者斯诺在与宋庆龄有了多年友谊后，曾问她："你能确切告诉我吗？你是怎样爱上孙博士的。"

"我当时并不是爱上他，"她慢条斯理地说，"而是出于对英雄的景仰。我偷跑出去协助他工作，是出于少女的罗曼蒂克的念头——但这是

---

① ［美］斯宾塞：《三姐妹——中国宋氏家族的故事》，纽约1939年英文版，第151页。
② ［美］斯宾塞：《三姐妹——中国宋氏家族的故事》，纽约1939年英文版，第157页。
③ ［美］斯宾塞：《三姐妹——中国宋氏家族的故事》，纽约1939年英文版，第159页。

一个好念头。我想为拯救中国出力，而孙博士是一位能够拯救中国的人，所以，我想帮助他。"①

除了志同道合之外，在生活上，他俩在一起的时候也是融洽而愉快的。孙中山的房东梅屋庄吉的义女冈本梅子回忆他俩在她家生活情况时说：

"晚饭以后，大家都到客厅里。我弹起钢琴，母亲演奏小提琴。"

"宋庆龄也弹钢琴，而且一边弹，一边用漂亮的女高音独唱。"

"在她独唱的时候，当时还是小孩子的妹妹千势子在屋里来回走动。"

"孙文先生叫着'小孩'，便把妹妹抱起，把手指放在嘴上'嘘……'，示意别出声，一边认真地注视着宋庆龄的脸。"②

1915年6月，宋庆龄特地为自己的婚事回上海征求家人的意见。但这件事却在宋家引起了轩然大波，遭到全家的强烈反对。她的母亲倪珪贞更感到惊异。他们一致认为这门亲事是极不合适的，并提出了双方年龄差距过大、孙中山家中有妻子卢慕贞和三个子女等种种"理由"加以反对。他们众口一词地劝说宋庆龄放弃这个不切实际的念头，并对她施加压力，将她软禁在家中，不许和外人见面。宋庆龄毫不为亲人们的意见和压力所动摇，她坚定不移地陈述自己的意见，指出孙中山伟大的革命事业需要自己，她愿意和他生活在一起，帮助他工作。她在写给宋美龄和宋子文的信中，明确地说："自己仅有的欢乐，只有和孙博士在一起工作时才能获得。我情愿为他做一切需要我去做的事情，付出一切代价和牺牲！……"③

使宋庆龄尤其不能容忍的是，全家不仅反对她与孙中山结合而软禁她，还为她匆匆忙忙地另择门婿，企图包办她的婚姻。为此，宋庆龄不得不断然采取了离家私奔的激烈行动来对抗。这件事，后来她曾向安娜·路易斯·斯特朗亲口讲述过。1927年5月，斯特朗在武汉与宋庆龄相处了一段时间，她回忆：有一次宋庆龄笑着告诉我，她是怎样反抗家庭包办的婚姻，从而震动了上海的上流社会——"因为像我这种家庭的女孩子是从来不解除婚约的，并且私奔到日本，和孙博士结合"。④

---

① ［美］埃德加·斯诺：《复始之旅》，新华出版社1984年8月版，第103—104页。
② ［日］车田让治：《国父孙文与梅屋庄吉》，日本东京六兴出版社1975年版，第285页。
③ ［美］斯宾塞：《三姐妹——中国宋氏家族的故事》，纽约1939年英文版，第179页。
④ 李寿葆、施如璋主编：《斯特朗在中国》，三联书店1985年版，第15页。

二、第一次"知道了恋爱的苦乐"

"二次革命"后孙中山流亡日本，处境相当艰难。日本政府先是千方百计拒绝他入境居留，后来虽然勉强同意孙中山居留，但却派巡查跟踪，日夜监视。孙中山住处不准"出户庭一步"，"户门紧闭，中国人往谒者，概行谢绝"。日本的特务、警察四处跟踪、盯梢。孙中山的一举一动都在他们的严密控制下，不仅革命活动无法开展，而且连简单的生活也难以维持。孙中山在致函邓泽如及南洋国民党人中谈到当时在日窘境："不特目前无进行之款，即同志中衣食亦多不能顾者"。在如此艰难困苦的条件下，宋庆龄来到孙中山身边，给孙中山以巨大的支持和帮助。她积极为孙中山起草文件、处理函电、提供资料、管理经费，以及从事革命党人的联络工作，成为孙中山的得力助手。艰苦的生活磨炼人的意志，朝夕相伴、思想交流滋生了感情，两人默默相爱了。他们是那样心心相印，情投意合。孙中山也发现自己已经离不开宋庆龄了。

当宋庆龄回国后，孙中山完全变了样，经常陷入沉思状态。他原是个爱读书的人，现在则经常打开着书本，眼睛却凝视别处，心猿意马，甚至不思饮食。

房东梅屋夫人很担心，问他是不是身体不舒服？饭菜不喜欢吃？他只是回答："您别在意！"房东觉得这样下去怎么行？索性直率地问孙中山："您不是患了相思病了吧！"他沉默一会儿回答说："事情是这样的，我忘不了庆龄，遇到她以后，我感到有生以来第一次遇到爱，知道了恋爱的苦乐。"

他向她透露了心中的矛盾和苦闷。他说到因为自己为革命奔走、长期亡命在外而与之分居的卢夫人时，觉得她为了养育孩子，付出了辛劳，自己不应该有那种心情。但是，他又无法扑灭胸中燃烧着的对宋庆龄的爱情。梅屋夫人为孙中山那种青年人般的热情所惊奇。

孙中山最后终于下决心与妻子卢慕贞分离，与宋庆龄结婚。梅屋夫人提醒他，与年龄相差如同父女的宋庆龄结婚，会折寿的。他却说："不，如果能与她结婚，即使第二天死去也不后悔。"梅屋夫人被孙中山的真诚所感动，于是决定帮助他操办婚事。

1915年3月，孙中山把原配夫人卢慕贞从澳门接到东京，协商办理分离手续。

在与宋庆龄一起工作并了解宋庆龄对他的爱慕心情以后，饱受了多年孤独之苦的孙中山，又燃烧起对爱情和家庭生活的渴望。由于这种新的渴望不仅无损于他所从事的革命事业，反而有助于他的工作，所以他对宋庆龄的感情很快就远远超过曾为他养育了三个孩子的卢夫人。于是，他不得不与卢夫人办理分离手续。当时孙中山是采取分居协议办法处理这件事的，名曰分居，实为离婚。此后，卢慕贞独居澳门，孙科等子女仍奉养一切。应该说这在当时历史条件下，是为顾全卢慕贞的社会地位而采取的一种较为妥善的办法。因为当时中国的社会习俗，丈夫主动与妻子分离名曰"休妻"，妻子便被一般人视为"弃妇"而丧失社会地位。孙中山在致康德黎函中，用"divorce"（脱离、分离）一词，也说明他与宋庆龄结婚前便已与前妻离婚。孙中山处理这一问题的态度是严肃、负责的。

三、有情人终成眷属

孙中山与卢慕贞离婚后，就积极着手准备与宋庆龄的婚事。一方面由梅屋夫人陪同到商店采购家具；另一方面特请香山县同乡朱卓文和他的女儿慕菲雅（Muphia，宋庆龄童年时的好友）去上海迎接宋庆龄。

10月中旬，宋庆龄会见了朱卓文父女，阅读了他们带来的孙中山的急信。信中请宋庆龄与朱氏父女立返东京，面谈要事。朱卓文还向她口述了孙中山与卢慕贞协议分离的经过，出示了二人签署的离婚协议书，还说他是离婚的证明人之一。

宋庆龄为此深受感动，如她后来所回忆：起先我"不知道他已经办了离婚手续，并且想同我结婚。他解释他担心不这么做，我就被称作他的妾，这个丑闻就会损害革命，我同意了。我从未反悔"。[①]

就这样，宋庆龄不顾家庭的反对和朋友们的劝阻，也毫不考虑与家庭决裂的后果，欣然接受孙中山的函邀，毅然离家出走，偕同朱卓文父女一同潜赴日本，回到孙中山身边。用她自己的话来说，那天晚上，"我从窗户里爬了出来，在女佣的帮助下逃了出来"。[②]

10月24日下午1时10分，孙中山怀着激动的心情亲自开着汽车到东京车站迎接宋庆龄。

[①②] ［美］埃德加·斯诺：《复始之旅》，新华出版社1984年版，第104页。

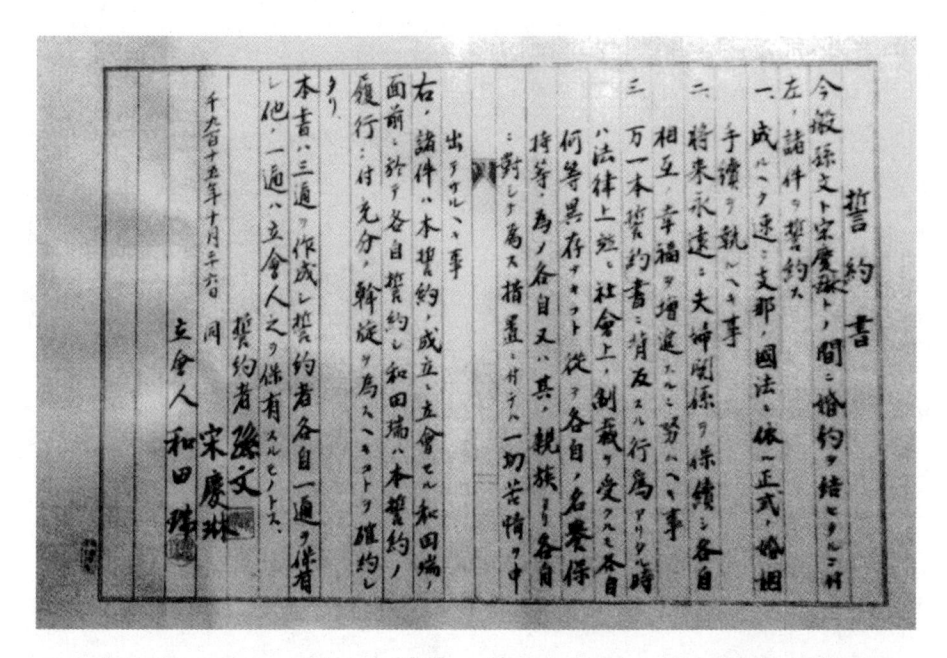

▲ 1915年10月25日，孙中山与宋庆龄结婚。图为孙中山与宋庆龄婚姻《誓约书》。

第二天上午，宋庆龄与孙中山十分愉快地到牛込区袋町五番地日本著名律师和田瑞家中办理手续，在知友廖仲恺和山田纯三郎等数人前举行结婚仪式。① 他们委托和田瑞到东京市政厅办理了结婚登记，并由这位律师主持签订了婚姻《誓约书》。该书原文是日文，译文如下：

誓约书

此次孙文与宋庆琳之间缔结婚约，并订立以下诸誓约：

一、尽速办理符合中国法律的正式婚姻手续。

二、将来永远保持夫妇关系，共同努力增进相互间之幸福。

三、万一发生违反誓约之行为，即使受到法律上、社会上的任何制裁，亦不得有任何异议；而且为了保持各自之名声，即使任何一方之亲属采取何等措施，亦不得有任何怨言。

上述诸条誓约，均系在见证人和田瑞面前各自的誓言，誓约之履行亦系和田瑞从中之协助督促。

---

① 宋庆龄1981年1月审阅尚明轩著《孙中山传》二稿所书内容。

本誓约书制成三份：誓约者各持一份，另一份存于见证人手中。

　　　　　　　　　　　誓约人　　孙　文（章）
　　　　　　　　　　　同　上　　宋庆琳
　　　　　　　　　　　见证人　　和田瑞（章）
　　　　　　　　　　　千九百十五年十月二十六日①

　　1962年，中国历史博物馆从私人手中征集到这份《誓约书》的原件，请宋庆龄亲自鉴定。她当时通过秘书作了口头答复，加以肯定。1980年3月18日，宋庆龄又亲笔签署："此系真品。"并作了几点说明：

　　第一，誓约书上日期为10月26日，是按照日本当时风俗以双日吉利而写的。结婚日期实为10月25日。

　　第二，由日本名律师和田瑞到东京市政府办理登记手续后所签法律上的誓约书。

　　第三，在誓约书上用"琳"字，是因为"琳"字较"龄"字书写容易。

　　第四，当时宋庆龄没有刻图章，所以誓约书上未盖章。

　　第五，抗日战争时，存在于上海孙中山故居的孙中山与宋庆龄的婚姻誓约书两份，已为日本军阀掠去，可能这份就是其中之一。

　　孙中山与宋庆龄签订婚姻《誓约书》、办完法律手续后，当天下午，就到大久保百人町350番地（即今新宿区百人町二丁目23号）的梅屋庄吉家举行茶点宴会，作为公开的结婚典礼。

　　结婚典礼在梅屋家的二楼大房间举行。在正面二间的壁龛前面，八折金凤屏风，辉煌耀眼。左右两边是中国造的红木高低架，架上的青瓷大花瓶里插着盛开的菊花。

　　午后，客人相继来到，总共有五六十人。其中有执掌日本政权的政界人士，有真诚地同情和支持中国革命的日本志士，也有当时表示同情孙中山、却企图在中国革命的进程中实现各自目的的人物。他们是：犬养毅、宫崎寅藏、萱野长知、头山满、内田良平、古岛一雄、小川平吉、杉山茂丸、寺尾亨、佐佐木安五郎等等。接着，孙中山和宋庆龄坐汽车到来。

---

① 原件藏国家博物馆，影印件及译文载《文物天地》1981年第2期。

宋庆龄戴着大花边帽，穿着一件粉红和淡绿花图案的裙子，衬裙透出白色，手里拿着一束花，显得十分俏丽动人。孙中山和她手拉着手进门来到达中庭，由等待在那里的照相馆的摄影师从各个角度摄下他们的倩影。

客人们走过来，向他们表示祝贺，然后大家围坐在新婚夫妇的两侧，接着就举行婚礼。由房东梅屋夫妇充当媒人，新郎、新娘喝了梅屋夫人斟的交杯酒后，犬养毅唱了《祝福歌》。这以后，头山满站在中间，孙中山和梅屋、宋庆龄和梅屋夫人，分别喝了结为义兄弟、义姐妹的交杯酒后，酒宴开始了。

11月5日，头山满在上野精养轩主持有十多人参加的招待会，宣布了孙中山与宋庆龄结婚的消息，招待会上展示了结婚仪式上客人围

▲ 1916年4月24日，孙中山与宋庆龄在东京合影。

着新郎、新娘所摄的照片。孙中山一些真诚支持中国革命的日本朋友，为孙、宋的结合感到由衷的高兴。

但这桩婚事，却遭到孙中山的亲朋和战友中大多数人的反对。他们议论纷纷，都认为很不妥当。早在他们结婚之前，孙中山的朋友们曾开会讨论，并派一个"代表"去说服他。但这个"代表"会见孙中山之后，竟一时说不出话来。孙中山问这个朋友，你有什么苦恼？这个朋友未发一言，就借故告辞了。中华革命党中的战友们，曾派遣代表、发出书信，对孙中山进行"说服"，胡汉民、朱执信还当面向孙中山"诤谏"，要求他取消这个打算。孙中山毫不客气地对他们说："展堂、执信！我是同你们商量国家大事的，不是请你们来商量我家庭的私事。"[①]

---

① B.马丁（Martin）：《孙逸仙传记》。转引自傅启学：《国父孙中山先生传》，台北中央文物供应社1983年版，第347—848页、第345页。

所以孙、宋结婚时，除廖仲恺、何香凝和陈其美外，中华革命党人都没有出席他们的婚礼。

对于各方面的阻挠和反对的舆论，孙中山毫不理睬，他坦率地对一些反对他同宋庆龄结婚的同志说："我不是神，我是人"；"我是革命者，我不能受社会恶习惯所支配"。他义无反顾地表示："我爱我国，我爱我妻。"① 这些肺腑之言，表示了一个革命者对待爱情、婚姻的光明磊落和坚贞负责的态度。

孙中山、宋庆龄在十分孤立的情况下，只有廖仲恺夫妇热诚地支持并衷心地祝愿他们幸福。廖仲恺、何香凝在孙、宋结婚时，曾领着儿女梦醒和承志，全家一起登门贺喜。说明孙、廖这两家人深厚的战友情谊，他们无论在革命或生活上都是相通的。廖氏姐弟是第一次见到宋庆龄，从此宋庆龄对待他俩一直亲如子侄。

非难还来自宗教方面。孙中山与宋庆龄都是基督徒，基督徒们认为他俩违背了基督教的婚姻观。"据说，他俩结婚以后，基督徒们都不太高兴。但没有同他俩断绝关系，也没有阻止他们参加基督徒的集会。过去基督徒们常常拿孙中山作宣传，鼓励人们信教；此后则很少提到他的名字了。"②

其实，基督徒是无理指责孙中山的这桩婚事的，正如美国学者雷脱里克（H. Restarick）在《孙逸仙，中国的解放者》中指出的："从人性说，他对于曾受高等教育、有完善性格、又了解他的女子发生爱情，是一件人人易知的事……就事实观察，他的再婚，同基督教美国千千万万男女的行为，在本质上并没有差异。"③

当然，反对最强烈的自然是宋庆龄的父母了。宋嘉树发现女儿逃跑后，立即和妻子倪珪贞怒气冲冲地乘坐太平洋邮船公司的客轮追赶到日本。可是，已经晚了，孙中山与宋庆龄的婚礼已举行完毕。

后来宋庆龄向斯诺谈到她与孙中山结婚问题时说："我父亲到了日本，狠狠地说了他（孙中山），企图解除婚姻，理由是我尚未成年，又未征得父母的同意。他失败了，于是就与孙博士绝交，并和我脱离了父女关系！"④

孙中山在东京的住所房东梅屋庄吉的女儿千势子回忆那天的情景

---

① 《孙中山轶事集》，三民出版公司1926年版，第167页。
②③ 傅启学：《国父孙中山先生传》，台北中央文物供应社1983年版，第348页。
④ [美]埃德加·斯诺：《复始之旅》，新华出版社1984年版，第104—105页。

是：宋嘉树站在大门口，气势汹汹地叫喊："我要见抢走我女儿的总理!"梅屋庄吉夫妇很担心，他们刚要走出去劝解宋嘉树，孙中山挡住他们说："不，这是我的事情。"说着走向门口。梅屋庄吉还是不放心，就跟在孙中山的后面。孙中山慢悠悠地走到大门口的台阶上站着，稳稳地说："请问，找我有什么事？"突然，暴怒着的宋嘉树"刷"地跪在地上说："我的不懂规矩的女儿，就拜托给你了，请千万多关照！"然后在门口的三合土上磕了几个头，头都快蹭到地上了。就这样，他回去了。①

几个月后，宋嘉树同他的老朋友传教士步惠廉谈到这件事时，用一句话发泄了他的极度痛苦："比尔，我一生中从来没有这么伤心过，是我自己的女儿和我的最好的朋友给害的。"

然而，宋庆龄的父母毕竟是受过西方民主精神熏陶、有见识明事理的人。当他们看到孙、宋已经结婚而无可挽回时，就只好承认事实，与女儿、女婿和解了，至少在表面上是如此。如埃米莉·哈恩所说："宋氏一家尽管对此非常恼火，但他们并未张扬出去。姐妹之间曾经一度互不理睬，宋夫人也未停止横加指责，然而局外人士对此却一无所知。宋嘉树并没有因为女儿的行动而动摇了自己的信仰，他仍然一如既往地为孙中山、为祖国的未来尽心尽力。"罗比·尤恩森也说："宋耀如当了自己的老朋友和同辈人的岳父，感到难为情，但他还是孙中山的朋友，继续在政治上同他共事。"所以，宋嘉树说同孙中山和他的党"断绝一切关系"，以及同宋庆龄"脱离父女关系"，只是一时的气话而已。

事实上，宋嘉树夫妇回国后，还为女儿结婚补送了一套古朴的家具和百子图缎绣被面的嫁妆。这一份嫁妆，被宋庆龄视为最珍贵的纪念物，一直珍藏在身边，保存得十分完好。

宋庆龄违抗父母之命并且私奔到日本与孙中山结婚，起初对她父母的刺激和打击是很严重的。宋嘉树曾要求日本政府阻止他俩结婚，但没有成功。宋嘉树为此病情加重，回国后便病倒在青岛。这时他十分痛苦和孤独，宋子文、宋美龄在美国，宋蔼龄在山西生孩子，只得把女婿孔祥熙叫去作陪。宋庆龄十分热爱父亲，因为婚事而不得不违抗父亲，使她一直感到内疚和痛苦。晚年她对人提起此事还说："我爱父亲，也爱孙文。今天想起来还难过，心中十分沉痛。"

---

① ［曰］车田让治：《国父孙文与梅屋庄吉》，第293页。

然而，国内的许多年轻人却对孙、宋婚事非常赞成。这个消息甚至传到了地处大西南的四川。当地拥护孙中山的学生"为自己的领袖娶了这样一位非凡的姑娘而热烈欢呼"。他们一致认为，宋庆龄能够帮助孙中山制定进步纲领，同时还能协助他进行改革。在饱受几千年封建礼教之苦的年轻人眼中，甚至还把孙、宋的结合看成是对旧礼教习俗的挑战和追求个性解放的象征。这种完全符合西方人观念的习俗，在四年后五四运动中成为一种时髦。许多有文化的男女青年都因不满家庭包办的婚姻而重结良缘。所以王安娜后来在她写的《中国——我的第二故乡》中评论说：孙、宋结合，使年轻一代"深为感动"，"庆龄成了新的自由和理想的化身，成了中国妇女解放的先驱"。

不管人们的毁誉褒贬，孙中山与宋庆龄婚后的生活是幸福的。宋庆龄在婚后不久给美国同学安德逊（A. Anderson）的一封信中，曾充分表述了她同孙中山结婚的欢乐心情，信中说："婚礼是尽可能的简单，因为我俩都不喜欢繁文缛节。我是幸福的。我想尽量帮助我的丈夫处理英文信件。我的法文已大有进步，现在能够阅读法文报纸，并直接加以翻译。对我来说，结婚就好像是进了学校一样。不过，没有烦人的考试罢了。"①

婚后，宋庆龄继续担任孙中山的私人秘书，成了孙中山工作上的亲密伙伴。为了帮助丈夫做更多的工作，她不仅学习了法语，而且开始学习密码。不久，她负责处理孙中山所有的密码和译码工作。

同样，孙中山也对婚后的生活极为满意。三年以后，即1918年10月17日，他在给自己的老师英人詹姆斯·康德黎（James Cantlie）的信中这样写道："我的妻子，是受过美国大学教育的女性，是我的最早合作者和朋友的女儿。我开始了一种新的生活。这是我过去从未享受过的真正的家庭生活。我能与自己的知心朋友和助手生活在一起，我是多么幸福！"②

宋庆龄和孙中山的结合，是中国近代革命史上的一个重要事件，它对宋、孙二人的革命生涯都产生了重大影响。此后的岁月证明，这桩婚事对孙中山最后十年的革命活动具有积极而深远的意义；而对于宋庆龄革命的一生来说，则始终是一个巨大的推动力。这一对夫妇，实在可以

---

① ［美］项美丽（Emily Hahn）：《宋氏姐妹》，香港1941年英文版，第97—98页。
② 《致康德黎函》（英文），载《国父全集》第5册，台北1974年版，第416页。

称为伟大的革命伴侣。

宋庆龄一直极为珍视她与孙中山结婚的日子，甚至在六十多年之后，回忆起这一天的时候，仍激动地说："10月25日，在我的生活中，这一天是比我的生日更重要的日子。"①

宋庆龄与孙中山的结合，是一对理想一致、心灵相通的佳偶的结合，双方都获得了真正的幸福。

根据心理学家的研究，一个人如果在正常的情况下经历了完整的爱情的所有自然阶段，则只有一届青春期，不可能或很难再次产生爱情。但爱情的发展受到扭曲，则可以产生第二届青春期。

对孙中山来说，他早年与卢夫人的结合，乃是"父母之命，媒妁之言"的婚姻，根本谈不上爱情。他长期流亡国外，从来没有体验过真挚的爱情生活。突然，年轻、活泼、端庄的宋庆龄出现了，她把整个身心都奉献给孙中山，对他的事业寄予无限热情，尤其是深切地理解他的宏图大略、愿望和理想，并情愿与他同甘共苦。宋庆龄的到来，像一颗火星点燃了孙中山的生命之火。他"感到有生以来第一次遇到爱，知道了恋爱的苦乐"。过去那种寂寞无奈的生活一去不复返了。革命挫折、心灵创伤、生活艰难等等，都可能从宋庆龄的帮助和抚慰下得到补偿。正如一位外国人所指出的："孙中山有了宋庆龄这样的革命事业上的杰出助手做终身伴侣，这使他有了新的活力和新的希望。这位新夫人，尽了她最大的努力，千方百计减轻丈夫的负担，实际上她一直担当着他的秘书的重任，她慢慢了解到他们结婚的幸福，从前的不满也烟消云散了。"② 孙中山也掩藏不住自己幸福的心情，坦率地说他从此"开始了一种新的生活。这是我过去从未享受过的真正家庭生活。我能与自己知心朋友和助手生活在一起，我是多么幸福"。

孙中山仿佛找回了逝去的青春岁月，与宋庆龄的结合成为推动他振奋的动力之一。他举起"反袁"和护法的旗帜。三次在广东建立革命政权。他撰写了一部全面论述中国经济建设的专著——《实业计划》，为灾难深重的中华民族制订了一个宏伟的实现中国近代化的建设方案。他晚年毅然改组国民党，提出了"联俄、联共、扶助农工"三大政策，实现了第一次国共合作，推动了北伐，促进了第一次国内革命高潮，为

---

① ［日］仁木富美子：日文版《宋庆龄选集》译后记。
② ［美］林百克著、徐植仁译：《孙逸仙传记》，上海三民图书公司1926年版，第58页。

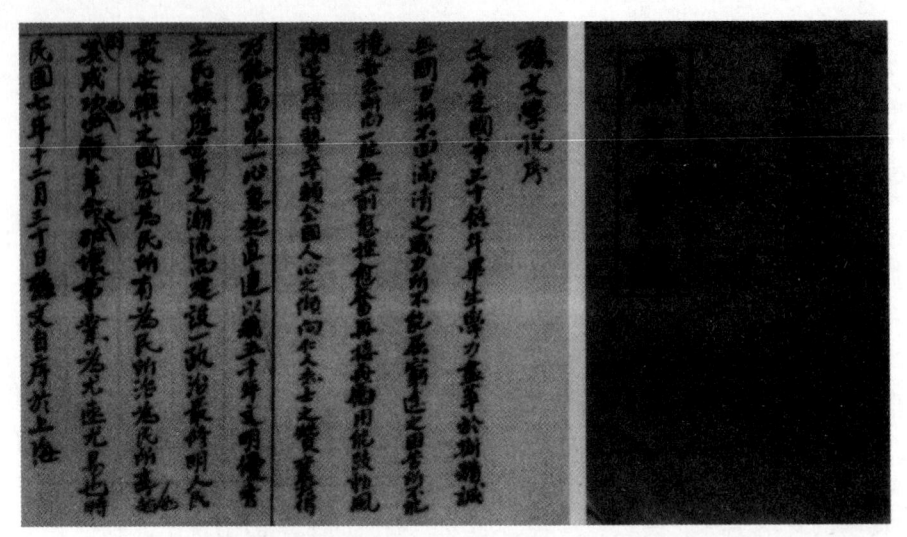

▲ 孙中山题赠宋庆龄的《孙文学说》封面及扉页。

中国人民的民族解放事业建立了不朽的光荣业绩。

对宋庆龄来说,她与一位伟大领袖结成伴侣,终于找到了人生的归宿。从此,她抛弃了优裕、舒适、安定的生活,过着艰难困苦而又动荡不安的日子,走上了献身革命的道路。她盼了好多年,终于实现了自己的愿望——"真的接近革命运动的中心",并把革命目标同"亿万群众的幸福"联系在一起。她把整个身心都投入到革命斗争中去。袁世凯复辟帝制,她协助孙中山起草《第二次讨袁宣言》,进行口诛笔伐。十月革命胜利后,她遵循孙中山的指示,加紧学习俄文和德文,为联系苏俄及学习十月革命的经验打下基础。她与朱执信一起帮助孙中山起草了致列宁和苏维埃的电文,终于打通了这两位巨人的沟通渠道。五四运动爆发,她代孙中山起草了学生无罪的援救电报,要求释放被捕学生和工商界代表。陈炯明叛变,她"再三婉求"孙中山先行撤退,自己留下掩护,随时准备牺牲。国民党改组期间,有些右派分子以为宋庆龄年轻可欺,对她软硬兼施,妄想通过她来影响孙中山,当即遭到宋庆龄的"义正词严的拒绝"。凡此种种说明了,孙中山每一个重大革命行动,宋庆龄都追随其后,并始终成为他的坚决支持者和忠实执行者。

还有,需要特别提出的是,关于孙、宋二人间的关系,决非是一方面的,而是密切地双向关系,双向影响。孙中山是宋庆龄的导师、战友、同志和丈夫,给宋庆龄以最初的严格意义的政治启蒙,引导她进入民主革命的激流;宋庆龄则是孙中山的学生、助手、同志和妻子,对他的思想和实践也予以积极的影响。孙中山之所以能够在"艰难顿挫"中"屡仆屡起",在捍卫共和国的复杂艰巨政治斗争中,特别是在晚年改组国民党,向新三民主义转变的重大发展中,宋庆龄的作用,是不容忽视的。

宋庆龄以"孙夫人"的特殊身份,参与了孙中山最后十年的革命实践活动,与其并肩战斗,相互影响和促进;孙中山逝世后,她继承和发展了孙中山的事业和原则,使它与新的历史进程融会贯通,赋予孙中山思想以时代精神,使孙中山的旗帜长期蕴涵着生命力和凝聚力。在宋庆龄单独生活的56年期间,一直活跃在中国近现代政治舞台上,她是第一、第二次国共合作的积极支持者和推动者,又是联系和团结中国各种不同政治力量的桥梁。在崎岖坎坷的革命道路上,她威武不屈,富贵不淫,贫贱不移,紧随着历史潮流勇猛前进,成为新中国缔造者之一,并奋力投身于新中国的建设事业。在争取世界和平以及妇女儿童事业上的成就,更是举世赞誉,作出了不可磨灭的贡献。

第四章 殚精竭虑捍卫革命果实(1912—1919)

第四节　袁世凯的败亡

一、孙、黄分裂与复合

　　孙中山和黄兴从 1905 年结识后，成为了多年并肩奋斗的革命战友。他们之间真诚合作，极力维护革命党人的团结，领导人民推翻帝制，成为共和国的缔造者。孙中山与黄兴，虽然存在出身、经历、性格和气质的差异，但他们互相尊重，合作共事，尤其是黄兴十分尊重孙中山的革命领袖地位，在长期斗争中他们结下深厚的友谊。正如 1915 年 3 月孙中山致黄兴函中所说："20 年间，文与公奔走海外，流离播迁，同气之应，匪伊朝夕。"① 从同盟会成立时起，经过多次武装起义，到南京临时政府成立，黄兴都是孙中山的最得力助手。显然他们之间并不存在什么路线斗争和重大政治分歧。

　　1913 年"二次革命"失败后，孙、黄之间由于产生重大分歧而分手了。这到底是什么原因造成的呢？

　　首先，是出于所谓"理想家"与"实际家"的消极舆论的影响。早在武昌起义前，同盟会内部如谭人凤、宋教仁等就有"孙氏理想，黄氏实行"而推崇黄兴的看法。辛亥革命的高潮中，这种舆论已经相当普遍地传播到同盟会内外，动摇着、危害着孙中山的威信。反动势力和资产阶级立宪派借此挑拨孙、黄关系，打击孙中山。陈其美在孙、黄分裂后，致黄兴的一封长信中指出："夫谓足下为革命实行家，则海内无贤无愚莫不异口同声，于足下无所损。惟谓中山先生倾予理想，此语一入吾人脑际，遂使中山先生一切政见不易见诸施行。迨至今日，犹有

---

　　① 《致黄兴书》，《孙中山选集》上卷，人民出版社 1956 年版，第 97 页。

持此言以反对中山先生者也。"① 应该承认，"孙氏理想，黄氏实行"，反映了一定的实际情况。也正因为如此，他们在过去的斗争中，由于互相合作，取长补短，发挥了领导革命的重大作用。"不图革命初成"，这种"理想"与"实际"的舆论恶性发展起来，大多数革命党人赞成黄兴的"实际"，而排斥孙中山的"理想"，认为孙中山"理想太高，不适中国之用"。南京临时政府时期，竟达到"众口铄金，一时风靡"的程度。孙中山后来说："是以予为民国总统时之主张，反不若革命领袖时之有效而见之施行矣。"孙中山任临时大总统时，黄兴作为主要助手做了大量工作，所谓"诸事皆克强做主"是事实。孙中山一向主张的"革命方略"没有实行，在与袁世凯的斗争中被迫一再妥协，不断受挫，他更感到"忝为总统，乃同木偶"。他痛恨许多革命党人不听他的主张，也就不免迁怒于大多数革命党人所拥护、赞赏的黄兴，这就埋下了分裂的种子。

其次，是由于同盟会改组为国民党与实行"政党政治"的分歧。孙中山解职总统时，在政治上是较为悲观的，认为"革命主义，无由贯彻"，对袁世凯期以"小康"，主张退为在野党，从事社会改革，经营实业，对同盟会改组为国民党，进行"政党政治"，组织"责任内阁"是比较消极的。而宋教仁一派则相信资产阶级议会政治，坚持成立"责任内阁"，因此积极推行同盟会合并其他中间党派，建立国民党。孙中山虽然被推为国民党的理事长，但同盟会时的总理制改变了，他的民生主义被抛弃了，他的思想指导地位和领袖地位实际上被否定了。孙中山以"理想派"而在党内失势，日益孤立。对宋教仁等的这一切活动，孙中山是消极被动的，而黄兴则是支持的态度。这显然加大了孙、黄之间的潜在分歧。

第三，就是所谓"武力讨袁"与"法律解决"的公开分歧。宋教仁被刺的真相大白，孙中山从日本回国立即主张兴兵讨袁。黄兴手中已无军事实力，"动摇于战与和之间"。他周围的国民党将领"皆主慎重，以避袁氏凶风"，对黄兴影响甚大。黄兴认为"南方武力不足恃"，主张"法律解决"。孙中山明确指出："总统指使暗杀，则断非法律所能解决。所能解决者，只有武力。"经过多次会议，反复争论，意见仍然不能统一起来。孙中山十分气愤党内这种严重右倾和缺乏起兵讨袁的勇

---

① 陈其美：《致黄兴书》，《中国国民党史稿》第一篇，商务印书馆1944年增订版，第266页。

气。国民党内和主要领导人之间的严重分歧公开了。

总结"二次革命"失败的原因,孙中山认为"非袁氏兵力之强,实因党人心之涣散",尤其是"当时颇以公(指黄兴)言为不然,公之不听"。1915年3月孙中山致黄兴信中指责说:

> 文以此时本拟亲统六师,观兵建康,公忽投袂而起,以为文不善戎伍,措置稍乖,贻祸匪浅。文雅不欲于兵戈扰攘之秋,启兄弟同室之阋,乃退而任公。公去几日,冯张之兵联翩南下。夫以金陵帝王之都,龙盘虎踞,苟得效死以守,则大江南北,决不致闻风瓦解。……乃公以饷绌之故,贸然一走,三军无主,卒以失败。①

孙中山对黄兴先是坚持"法律解决",继而反对他亲赴南京指挥军事,后又"贸然一走",置三军于不顾,"非常失望"。因此,孙、黄等先后抵日本,战友重逢,检讨"二次革命"失败原因时,意见分歧。黄兴认为"失败之主因……乃正义为金钱权力一时所摧毁,非真正之失败"。孙中山则认为,"由于党员不听命令"而失败,并"意指克强,刻责无已"。

孙中山愤恨"同党人心之涣散"而遭惨败的心情是可以理解的。但他对黄兴"刻责无已"显然过分了,不利于分清是非,团结同志,吸取应有的教训。

平心而论,在当时的情况下,无论孙中山还是黄兴,都无法改变"二次革命"的结局。这次失败无非是辛亥革命失败的继续,是革命党人一再妥协、涣散以至力量瓦解的必然结果。不过,孙中山主张"'宋案'发生之日,立即动兵"与黄兴幻想"法律解决"相比较,显然是高出一筹,正确得多。如果按孙中山立即兴兵讨袁的主张,"宋案"和大借款案激起的群众反袁情绪显然是对讨袁的有利因素,而且"海军也,上海制造(局)也,上海也,九江也,犹未落袁氏之手。况此时动兵,大借款必无成功,②则袁氏断不能收买议员,收买军队,收买报馆……及借款已成,大事(势)已去,四都督已革……"就被动多了,

---

① 《致黄兴书》,《孙中山选集》上卷,人民出版社1956年版,第96页。
② 这一点孙中山的判断未必正确,也表明他对帝国主义存在幻想。

失败更加迅速了。①

"二次革命"及其后对失败原因检讨，成为孙、黄两派分裂的主要原因。

最后，在孙中山坚决抛弃国民党，建立中华革命党时，要求党员绝对服从"党魁"个人，并在誓约上加盖指模，最终地使这两位多年战友分手了。他们的许多同志和宫崎寅藏等日本友人，多次奔走调停，都没有成功。黄兴周围的原同盟会、国民党军事将领都拒绝参加中华革命党。其中一部分人组织"欧事研究会"，"拟公推克强为领袖"，同孙中山公开分裂。黄兴对"加入中华革命党要打指模印，无论如何不能同意"，但"为避免党内纠纷，决计到美游历"。6月27日，黄兴宴请孙中山叙别，孙中山赠联："安危他日终须仗，甘苦来时要共尝。"

孙、黄分道扬镳了。这对孙中山领导反袁斗争是一个重大损失，也使他苦心经营起来的中华革命党失去一大批较有实力和社会影响的同志。

后来，随着革命形势的发展，孙、黄两人又重新联合在一起了。

当时，以孙中山为代表的革命党人面对袁世凯的倒行逆施，及时并尖锐地揭露了袁世凯这个巨奸大憝的专制复辟和卖国面目，从而进一步警醒了世人、唤起革命人民奋起反袁的热潮。

从1914年起，孙中山屡颁文告，揭露袁世凯背弃国会、约法，"窃国拥兵，帝制自雄"；号召革命者加入中华革命党，"协力同心，共图三次革命"。1914年5月，孙中山在东京创办《民国》杂志，主要是宣传反袁。当袁世凯掀起尊孔、复古、称帝的逆流时，孙中山也约略感到思想建设的重要性和迫切性。他在1914年秋制定的《中华革命军大元帅檄》严厉谴责袁世凯大肆屠杀革命党人的同时，"祭天祀孔，议及冕旒"；指出"袁贼妄称天威神武之日，即吾民降作奴隶牛马之时"。当袁世凯以承认"二十一条"来换取日本对他称帝的支持时，孙中山等革命党人又多次发通告、写文章，以各种方式对袁世凯的卖国勾当和复辟帝制的阴谋进行揭露，指出袁世凯承认"二十一条"后必将称帝，日本政府亦趋向袁世凯，中国革命更处于存亡关头；强调"以救国为前提者，要以舍去夫己反（按指袁世凯）之外而别无方法"。孙中山等的上述宣传，对于澄清人们糊涂观念、进行反袁斗争是有积极作用的。

---

① 毛注青：《黄兴年谱》，湖南人民出版社1980年版，第247页。

孙中山的武装反袁，以及袁世凯的进一步倒行逆施，促进了各阶层反袁力量的聚结，有利于反袁联合战线的形成。

以孙中山为首的中华革命党和以黄兴为代表的另一批老同盟会员在组党和反袁策略、步骤上有分歧，但他们都具有继续反袁的要求。1913年底到1914初，两派共同创设旨在培养反袁骨干的浩然庐和政法学校，就是这一体现。此后，虽然发生孙、黄组织上的分裂，黄派曾有停止反袁，一致对外的错误主张，陈炯明等更在南洋对中华革命党"多所抨击"，但黄兴仍然推崇孙中山。

黄兴在旧金山时候，有人来信挑拨他和孙中山的关系，怂恿他另行组党。黄兴气愤地回答："党只有国民党，领袖惟孙中山，其他不知也。"

李书城在回忆录中记述了黄兴在美国的活动：

"从美国西部到东部，凡华侨聚居的地方，黄先生都被邀去作了访问。各地华侨同胞除开会欢迎外，并拟筹集款项送给黄先生作革命活动的经费。黄先生每到一处，除了说明旅外侨胞历来帮助革命，贡献很大，向他们表示感谢之外，并评述袁世凯背叛民国的事实，鼓励华侨继续奋斗，共同打倒袁世凯。他并嘱华侨同胞将筹集的款项直接汇寄东京交孙先生支配，声明他自己这次是来美暂居，不需要侨胞资助。他每与侨胞谈及孙先生时，都表示很尊敬孙先生，从未讲及他自己与孙先生在党的改组问题上的意见分歧，因为他惟恐因此使侨胞热爱祖国的情绪受到影响。"

黄兴始终都在揭露和反对袁世凯，而且认识到反袁政治革命"应乎时""顺乎人"，势在必行。不过，黄兴尚不赞同立即进行武装讨袁。所以孙中山于1915年3月函责黄兴所持徘徊、观望、缓进的态度。黄对孙的批评仍保持缄默，未作答复。随着袁世凯承认"二十一条"、并加紧称帝步伐之后，黄派也猛然悔悟，赞成立即武装讨袁。在南洋和美洲的同志如冯自由、林森、张继、叶独醒等都为孙、黄两派的重新合作而进行工作。孙对此深为嘉许。他在1915年7月8日给林森、黄兴等主持和参加的美洲国民党恳亲大会的贺电，以"亲仁善群"勖勉。8月，他在给南洋革命党人叶独醒的信中也指出："吾人于此，惟有一致猛向前进。党内手足，岂复有意见之可言。足下能见其大，力予消融，竟收良果甚可喜也。"他还派人到东美"联络同志，协力救国"。

1916年5月20日，孙中山给从美国到了日本的黄兴写了一封长信，请宫崎滔天转达。他在信中阐述了最近的国情和自己的主张，委托黄兴在日本借款购买军械，期望他早日回国共商国是："兄与弟有十余年最深关系之历史，未尝一日相迕之感情，弟信兄爱我助我，无殊曩日，此一成否，关系全局……望兄以全力图之。事有把握，仍企来沪一行，共商进行各事。"

这正是黄兴所盼望的。

两年来，黄兴身在美国，内心却无时无刻不惦记着中国革命。为了使革命党人互相支持，互通信息，他在日本马关设立办事处，传递昆明、东京、美国之间的消息。1915年9月底，黄兴接到蔡锷将赴西南发难的密信，认为反袁的时机已经成熟，立即与各派反袁势力联系，要求互相支持，确定联络唐继尧作为实现各派团结的基础。他对唐继尧说："蔡锷来滇，只借滇军讨袁，不为都督，不留滇，到即率兵出发。"

与孙中山相应和，黄兴也派遣或敦促本派同志回国武装讨袁。10月，他派长子黄一欧回国参加起义，并写信给孙中山表示："三次革命的发难时机已届成熟，如有所命，亟愿效力。"到这时，包括陈炯明在内的大部分原革命党人都赞同并投入反袁武装斗争。他们纷纷潜回滇、川、黔、桂、粤等省进行活动。居正奉孙中山之命到山东举义时，鉴于"他党并起，有如乱麻"，请黄兴回国出任指挥，黄兴虽未行，但表示："兴虽衰废，当竭力所能及，以图补助。"实际上，两派尽管还有矛盾，但军事合作在1916年后已在一些地方以不同形式出现了。1916年1月，中华革命党人朱执信，与打着护国军旗号的陈炯明所部，几乎在惠州等地同时揭竿而起，并肩反袁；陈其美和钮永建在上海也在同谋起义。李烈钧、章士钊、覃振等还先后加入中华革命党。

1916年5月9日，黄兴从美国抵达日本。当天致电袁世凯，斥责其称帝叛国罪行，敦促他悔过引退。12日，黄兴又通电全国各界，指出"此次讨逆，出于全国人心，理无党派意见，更无南北区域之可言。今既谊切同仇，务希协力策进，贯彻主张，速去凶顽，共趋天轨。"

孙中山和黄兴经过一段暂时的分手，这一对革命老战友又重新携起手来了。

孙、黄的重新联合，当然是对民主革命事业大有好处的佳话。它为当时反袁形势所必需的更广泛的联合提供了基础。在当时普天同愤的各爱国民主阶层人士中，由以稳健、温和为其特点的黄兴一派出面联系各种较为保守的反袁势力，比孙中山一派更易着手。欧事研究会在袁世凯

称帝活动加剧时，已加紧与被袁世凯驱散的国内国民党温和派相结合，已然成为反帝制的一种势力，并由此与进步党和西南实力派携手，还和因权力之争与袁世凯离异的段祺瑞、冯国璋等北洋将领达成某种默契，形成了一个比较广泛的反对袁世凯帝制自为的联合阵线，因而就很快地掀起了反袁护国运动的高潮。

二、护国战争的爆发

孙中山的婚事一告结束，他便更紧张地投入了反对袁世凯复辟的斗争。

早在孙中山在日本逐步展开反袁斗争时，袁世凯在国内就已大力加强他的独裁统治。1913年10月，以暴力胁迫国会选举他为正式大总统。1914年5月，他废除《临时约法》，颁布了一部新"约法"，又进一步把自己变成终身大总统。可是他的野心还不满足，一心想当皇帝，梦想恢复封建君主专制制度。为了取得日本侵略者的支持，他大量出卖国家主权，于1915年5月公然接受日本提出的旨在灭亡中国的"二十一条"，投靠帝国主义。之后，他在1915年12月12日便公然宣布恢复君主制度，自称为"皇帝"，还恬不知耻地说什么："民之所欲，天必从之。"接着，他便在居仁堂接受文武百官的朝贺，大封群臣，把北洋将领都封以公、侯、伯、子、男等爵位，改总统府为"新华宫"，把民国五年改为"洪宪"元年，又刻了五颗金印，做了两件龙袍，将封建的卿、大夫、士的等级制度以及清朝的仪式、礼节大规模地恢复了起来，准备在1916年元旦正式"登基"做皇帝。

袁世凯把自己讲的"拥护共和政体，反对君主专制"的诺言，一笔勾销，甚至连"中华民国"的空招牌也一脚踢开，公然改称"中华帝国"。

但是，凡属倒退行为，结果都和主持者的原来的愿望相反。当袁世凯和他的爪牙们，正在忙着筹备"登基"大典的时候，愤怒了的全国军民发出了怒吼，迅猛地兴起了反袁护国的浪潮。

孙中山早在袁世凯指使党羽组织"筹安会"搞帝制活动时，就在号召和组织革命力量讨伐袁世凯方面进行了一系列的工作。

1915年夏，孙中山委派吕志伊（字天民，原同盟会评议员，中华

▲ 1915年12月底，袁世凯在北京自封洪宪皇帝。图为登基后穿着皇袍的袁世凯（中）。

革命党领导成员之一）"由日回滇，秘密运动军队"，策划反袁；① 9月1日，他亲自领导中华革命党人在东京集会，声讨袁世凯，反对复辟帝制；同月18日，又指示中华革命党党务部发布第10号通告，再次揭露袁世凯复辟帝制的罪恶行径，并派人赴南洋各地筹措讨袁经费；12月，发表了《讨袁宣言》，痛斥袁世凯"背弃前盟，暴行帝制"的种种罪行，坚决表示"誓死戮此民贼，以拯吾民"，呼吁一切"爱国之豪杰共图之"；② 1916年5月，又发表了《第二次讨袁宣言》，再次揭露袁世凯"伪造民意，强迫劝进"，竟"推翻民国，以一姓之尊而奴视五族"，并号召全国人民起来进行反袁斗争，粉碎帝制复辟，重建民国。③

与此同时，孙中山还致电各省讨贼义军协同作战，要"各方同志，取一致行动"，"集群力，猛向前进，决不使危害民国如袁逆者，生息

---

① 邹鲁编著：《中国国民党史稿》第四册，中华书局1960年版，第1058页。
② 黄季陆编：《总理全集》中册，"宣言"，成都近芬书屋1944年版，第20页。
③ 《第二次讨袁宣言》，《孙中山选集》上卷，人民出版社1956年版，第100—103页。

于国内"。①

孙中山领导着中华革命党在各地联络军队，组织暴动，部署起义，坚决地讨伐独夫民贼袁世凯。但是，如前所述，他只进行了一些零散的军事冒险活动，而没有在人民的反袁、反复辟的斗争中起组织和领导作用。

当时，西南地区的新军阀唐继尧（同盟会员，后堕落为滇系军阀头子），在滇军广大反袁官兵坚决反袁的推动下，秘密进行着反袁的筹备工作。

护国讨袁战争，是从云南护国军开始的，而云南的护国军，又是在孙中山亲自部署并派得力干部发动下建立起来的。在整个护国反袁斗争中，孙中山除向全国人民及时发出讨袁宣言和通电檄文，揭露袁世凯恢复帝制的阴谋，指明斗争的目标，还具体组织和领导中华革命党人在鲁、豫、苏、浙、闽、粤、赣、湘、鄂、川、陕、滇等省不断发动起义，掀起了轰轰烈烈的三次革命（孙中山称二次讨袁战争是三次革命）的高潮。所以，讨袁斗争的胜利，与孙中山坚持斗争，进行艰苦的组织和发动工作是分不开的。

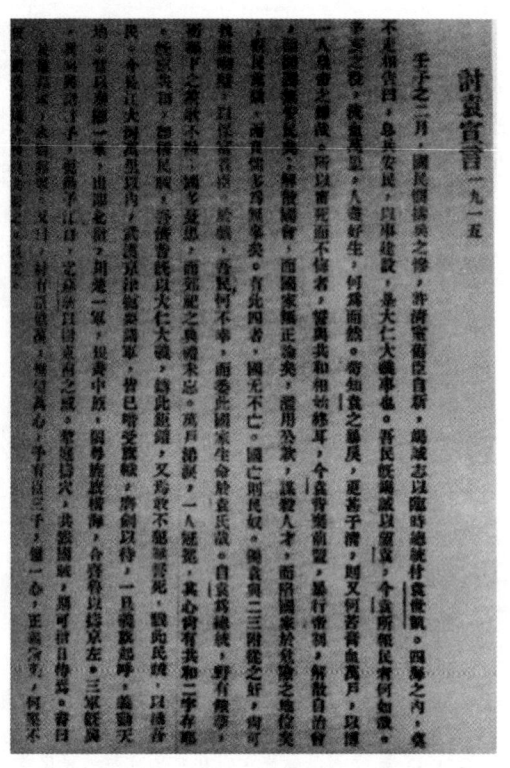

▲ 1915年12月底，孙中山为反对袁世凯称帝发布的第一次《讨袁宣言》（局部）。

在这一时期革命党人组织发动工作，要数云南最有成效。这里的军政骨干，多数参加过辛亥革命，富于革命思想，有较浓的民主共和意识，对袁世凯的复辟活动疾恶如仇，早就在酝酿着反袁斗争。中华革命党云南支部负责人吕志伊受孙中山的派遣，到云南秘密从事反袁的组织发动工作。他在云南军政界发展了一批中华革命党党员，为云南护国起

---

① 邹鲁编著：《中国国民党史稿》第四册，中华书局1960年版，第1065—1066页。

▲ 1915年12月23日，在李烈钧、李根源等国民党人策动下，唐继尧致电袁世凯，要求取消帝制，严惩祸首，并限于24小时内答复，但未得袁世凯的回应。图为唐继尧。

义作了思想上、组织上、干部上的准备。吕志伊给孙中山的报告中说："时滇中反对帝制最激烈者……秘密在余处会议数次，决定四项办法：一、要求唐氏（指云南将军唐继尧）表示态度……"

12月17日，奉孙中山之命，前江西都督李烈钧偕同熊克武、方声涛、但懋辛等革命党人潜抵昆明，策动起兵讨袁。护国战争酝酿阶段孙中山已派李华英从东京前往北京与蔡锷联系，动员蔡锷南下反袁；同时，又通过革命党人张孝准以老同学身份与蔡锷联系，希望他到东京共商讨袁计划。

蔡锷（1882—1916年），原名艮寅，字松坡，湖南宝庆人，是一个具有民主革命情愫的爱国将领。他毕业于日本士官学校，于1904年回国后，先后在广西、云南新军中任职，对革命党人的活动表示同情并予以赞助。武昌起义爆发后，他参加重九昆明起义，被推选为云南军政府都督。但由于他思想上的尚武精神，以及他在辛亥革命后期待"建造一强固有力之国家"，主张大权"收集中央"，曾一度拥戴袁世凯，支持镇压二次革命。后来筹安会的出笼，使蔡锷完全看清了袁世凯复辟帝制的狰狞面目，下定了反对帝制复辟的决心："袁氏叛逆，以致强邻生心，内乱潜滋。在这千钧一发之际，我们不得不负重而行了。"他在筹安会发表成立宣言的第二天，设计乔装搭乘晚班火车离开北京，历经艰险回到昆明。

云南的民众和中下军官是拥护反袁的，但唐继尧和一些高级将领却犹豫不决。经过蔡锷的大力宣传和劝导，照亮了坚定者的眼睛，鼓舞了中立者的斗志，扫除了犹豫者的徘徊气氛，将领们终于表示一致反袁，挽救共和。

1915年12月25日，云南首先宣布独立，爆发了蔡锷领导的、以具有民主革命情绪的中下层军官为骨干的护国战争（也称"护国运动"），讨伐袁世凯。他们以反对袁氏复辟帝制、捍卫共和制国体为宗旨，组织"护国军"，以唐继尧为都督，以蔡锷、李烈钧（革命党人）、唐继尧分任一、二、三军总司令，分兵三路向四川、贵州、广西进军，讨伐袁世凯。

　　在全国人民热烈支持下，护国军和各地反袁军经过艰苦战斗，击败了北洋军。贵州、广西、广东、浙江、湖南、四川、陕西等省相继响应，纷纷起义，参加护国讨袁。接着，全国各地及海外华侨也纷纷发表宣言、通电，进行声讨，宣布袁贼"叛逆罪恶，已不容诛"，护国烈火在全国熊熊燃烧，迅速形成一个声势浩大的讨袁运动。

▲ 1915年12月25日，与唐继尧发表护国通电、誓师讨袁的蔡锷。

　　在这种情势下，袁世凯的心腹将领也开始分裂。1916年5月22日和29日，四川的陈宦和湖南的汤芗铭先后宣布独立。袁世凯这才感到大事不好，"无可奈何花落去"，在举国群起的反对下，他早在3月22日已经被迫下令取消帝制，妄想依靠北洋军队保持总统权位。护国军坚持要他下台，并联合滇、黔、两广等省反袁势力，于5月1日成立两广护国军都司令部，岑春煊为都司令，梁启超为都参谋，李根源为副都参谋。8日成立军务院，独立各省军事长官为抚军，唐继尧为抚军长，岑春煊为抚军副长，梁启超为政务委员长。军务院是大地主大资产阶级改良派、西南军阀与一部分资产阶级右翼、国民党军人联合反袁组织，它宣布"指挥全国军政"，在政治上起了同袁世凯政权相对抗的作用。

▲ 在全国人民的声讨和护国军顺利进军的形势下，1916年3月22日，袁世凯被迫宣布取消帝制。为庆贺讨袁运动取得的初步胜利，4月9日，孙中山、宋庆龄、廖仲恺（后排左二）、何香凝（前排右三）等在日本与友人集会合影。

这个由唐继尧、岑春煊、梁启超为首的军务院完全排斥了孙中山及其中华革命党。孙中山这时还只能提出"维持约法"以"维持民国"，没有提出明确的革命纲领。他领导的中华革命党在广东、山东、上海等地开展坚决的反袁武装斗争，继续为中国独立民主而奋斗，但严重脱离群众，不能肩负起反袁斗争的领导责任，只充当了配角。

袁世凯的倒行逆施，外受帝国主义各国之警告，内遭全国人民之唾弃，终于招致众叛亲离，天怒人怨，楚歌四起，在举国亿万人民一片讨伐声中，于1916年6月6日羞愤而死，结束了他罪恶的一生。袁世凯复辟帝制的失败和最后的垮台，是全国人民反抗斗争的结果。他代表着反动腐朽阶级的利益，所作所为极不得人心，逆历史潮流而动，必然为人民所唾弃。

孙中山领导的辛亥革命，促成民主思想的高涨，在反袁斗争中仍有其积极影响。他在反袁斗争中提出的"誓殄元凶"的志愿终于实现。

历史的潮流是不可抗拒的。独夫民贼袁世凯仅仅当了83天的短命

▲ 1916年5月，孙中山发布的讨袁檄文。

皇帝，就在亿万人民唾骂声中连同他那昙花一现的"洪宪帝国"，一起滚进了历史垃圾堆。

在孙中山的号召下，由中华革命党参与发动的护国运动，反映人民群众的要求，得到广大群众的支持，取得了粉碎袁世凯复辟帝制的胜利，使辛亥革命创立的中华民国得以复生，具有进步的历史意义。但是，这个运动只以打倒袁世凯而告终，只是共和制度的形式恢复了。但是代之袁世凯而起的段祺瑞统治，仍是帝国主义支配下的封建军阀专制统治，并没有丝毫改变中国半封建半殖民地的境况。护国运动之后，在中国形成了北洋军阀控制中央政府和西南军阀实行割据的局面，中华民国仍然是空有其名。从旧民主主义革命整个过程来看，孙中山的所谓"第三次革命"仍然是一次失败。

为什么孙中山的中华革命军起义最早，反袁最坚决，而成为配角，蔡锷的护国军起义较晚，内部派系复杂，反而成为反袁的主流呢？

首先，是护国军提出一个简单而鲜明的口号——"护国"，维护辛亥革命由孙中山手创的共和国，反对袁世凯窃国、卖国、复辟，代表了人民的意愿。正是人心向背起了决定性作用。而孙中山的中华革命党，还是那一套的"实行民权、民生两主义",没有鲜明的旗帜和具体的内容,号召力是不大的。其次,护国军建立了广泛反袁统一战线,实现了一切反袁力量的大联合,包括暂时的和动摇的势力。护国将领中,以蔡锷为中心,包括前同盟会、国民党、进步党和反袁军阀官僚,在反袁这一点上是一致的。而孙中山及其中华革命党存在严重的宗派主义排他性,他的许多老战友、追随者如李烈钧等大都参加了护国军,与蔡锷合作。最后,护国军有地盘有军队,拥有一定实力并扩而大之,产生重大影响。而孙中山在国内无立足之处,在各地发动的十几次暴动,大多失败。山东的中华革命军是成绩最好的,袁世凯死后交出二千多支枪,被北洋军阀改编了。孙中山指示中华革命党发出通告:"袁贼自毙,黎大总统依法就职","推翻专制,重造民国"的目的已经达到,各地起义军的军事行动一律结束。孙中山两袖清风,没有保留一点军事力量。

旧国会和民元约法恢复了,孙中山又认为"现在民族、民权已达到目的",准备实行民生主义了。在革命征途中取得一个正确的认识是不易的,在孙中山的奋斗史上,难免还要走一段曲折的道路。他在以后的岁月中,继续展开了同封建军阀的斗争,为建立一个名副其实的共和国而奋斗不息。

三、再度专心搞实业建设

袁世凯死后,帝国主义各国在中国失去了一个共同的走狗。他们为了争夺中国,划分势力范围,就要进一步扶植新的走狗,于是各自扶植一部分军阀充当自己的代理人,中国在政治上出现了极端混乱的局面。

北洋系统的军阀是清朝末年由袁世凯建立的封建、买办性的反革命武装政治集团,在袁世凯死后,它分裂成许多派系。其中主要的有:皖系、直系、奉系三大派系。袁世凯编练北洋新军的重要助手、在新军中历任三、四、六镇统制的段祺瑞(字芝泉),是安徽合肥人,以他为头子的军阀集团,被称为"皖"系,控制了北京的中央政权,投靠的是日本帝国主义;历任北洋新军要职,着重督练北洋军事学堂的冯国璋(字华甫),是直隶(今河北)河间人,以他为头子(冯死后以曹锟、吴佩孚为头子)的军阀集团,被称为"直系",盘踞长江流域,投靠的是英、美帝国主义;担任奉天督军兼省长的张作霖(字雨亭),是奉天(今辽宁)海城人,以他为头子的军阀集团,被称

"奉系",成为东北三省的土皇帝,投靠的也是日本帝国主义。西南地区一些参加护国战争的将领蜕化为新军阀;在南方的军阀中,势力较大的有滇系军阀唐继尧、桂系军阀陆荣廷。此外,还有山西的阎锡山、徐州一带的张勋等小军阀。同时,各省、各地区涌现出大大小小的地方军阀,利用中国分散的农业经济,各自割据一方,分别投靠不同的帝国主义国家,彼此厮杀,互相争夺,"政事兵乱,无年无之"。因此,捍卫共和国的斗争并没有结束。

起初,美帝国主义支持非北洋派出身的黎元洪继任总统,由日本帝国主义的走狗、皖系军阀头子段祺瑞充当国务总理,掌握北京政府的实权。黎、段上台不久,他们之间就各以不同的国际势力为背景,争权夺利,演成了"(总统)府、(国务)院之争"。到1917年春,"参战"问题成了双方争执的焦点。段希望通过"参战"取得日本更多的实力支持,坚决主张对德宣战;而依靠国会支持的黎元洪以美国为外援,表示反对。后来,美、英为了排挤亲日势力,支持总统黎元洪免去了段祺瑞的总理职务。段祺瑞便在日本的支持和策动下,积极反扑,于同年7月1日导演了一幕上演仅12天就草草收场的张勋复辟的丑剧。而后段祺瑞又利用全国人民反对复辟的声势,赶跑张勋,恬不知耻地以"再造共和"的元勋自命,再次当了总理,把持着北京政府的实权。帝国主义对中国的争夺,已随着中国政局的变化,采取了更露骨的极力扶植各自势力范围的军阀,以图谋达到分割中国或通过操纵中国政权的办法来主宰中国的目的。

这时候,孙中山已经50岁了。他及其追随者便根据形势的发展,

▲ 1916年6月7日,黎元洪在袁世凯死后继任总统。图为黎元洪照。

又展开了对封建军阀的斗争。不过，他虽然觉察到混乱的中国帝制余孽还十分嚣张，隐忧未息，但他手中经费困难，革命派的力量十分薄弱，并且内部意见分歧，组织分散，无法与北洋政府相对抗，加上各界都期望和平，没有办法突破辛亥以来的运动方式。孙中山领导的运动陷入了困境和停滞状态。只有陈独秀等少数比较年青的革命者开始注意真正的广泛的国民运动，企图摆脱老一辈革命者的英雄模式，发动了新文化运动。

孙中山的理想，是建设独立富强的民主共和国，他称之为第二、第三次革命，就是为着恢复辛亥革命在中国开创的民主共和制度，其斗争目标则仅仅是局限在反对袁氏一人。他强调"国家安危，人民生死，胥系于袁氏一人之去留"。并提出："除以武力取彼凶残外，凡百可本之约法以为解决。"认为推翻了袁世凯，一切均可迎刃而解，民主共和国也就能够顺利建立起来。

当时国民党的许多人，包括黄兴在内，以及护国军务院的唐继尧、陆荣廷、岑春煊等，均认为只要恢复约法和国会就可以万事大吉。当然，唐继尧等还有一个军阀割据的思想，约法、国会云云，并非其最后目的。孙中山同他们是有所不同，但他当时看得也是不高的。孙中山在此前一直非常重视总统、国会、宪法这些资产阶级共和国的象征，把《临时约法》和旧国会视为"民国"的重要标志，认为它们是辛亥革命胜利的产物，是民国的保证和"命脉"。后来，他还说过这样的话："国于天地，必有与立，民主政

▲ 1917年7月1日，在北京拥戴清废帝溥仪复辟的军阀张勋。

治赖以维系不敝者，其根本存于法律，而机杼在于国会。必全国有共同遵守之大法，斯政治之举措有常轨；必国会能自由行使其职权，斯法律之效力能永固。"① 孙中山对民主共和制度，对议会政治，确实到了非常崇信的地步。所以，在《临时约法》和旧国会恢复以后的措施，就几乎和辛亥革命后让位给袁世凯时的情况相同。他又认为"现在民族、民权已达目的"，决定"不争政权"，极力倡导"地方自治"，准备着手搞实业等，以实行民生主义。

孙中山在袁世凯自毙后的次日，便充满信心对上海某记者说："吾对于今日之时局，颇具乐观。"明确指出："袁死之后，中国果然可以大治否？果然可以不乱否？若今后南北各执政者能一秉至公，尊重约法，拥护共和，去其争权夺位之私心，革其武人干政之恶习，以爱国之真诚，和平之精神，致力于奠定国基，建设国政之事业，则袁死而中国真可大治。此实吾国民在历史上、世界上之惟一光荣，使世界各国认识我中华民族，为爱国的文明民族，使国内政治上执权者，皆知为恶必无善果，而树一国民道德、政治道德之规范，更为中国永久的幸福也。"② 正是基于如此的认识。孙中山主张迅速恢复《临时约法》与旧国会，以解决国事。他于6月9日发表了《规复约法宣言》，指出与袁非有私怨，"为其坏约法，叛民国，是用讨之"；"今袁氏则既自毙矣，凡百罪孽，宜与首恶之身俱尽"。因此，当前拯救时局之道无他，"规复约法，尊重民意机关，则惟一无二之方"。③ 同时，电请黎元洪刻不容缓地恢复约法，尊重国会，"与国民共事建设"。

当时，孙中山视为"最迫切的愿望，是和平与秩序的恢复"。所以，他集中精力从各方面为实现此一愿望而努力。

首先，他命令各地革命党人罢兵息战，"为诸军倡"，其他一切依法律解决，以实现国内的和平。在此后的两个多月中，孙中山连续向山东、广东、福建、四川等省及香港、东京等地的中华革命军领导人或将领，如居正、朱执信、吴大洲、薄子明、石青阳、陈中孚、朱霁青、吕子人、尹锡武、赵中玉等人发出电报、通告或函札达15件之多。这些

---

① 《辞大元帅职之通电》，《孙中山全集》第四卷，中华书局1985年版，第471—472页。
② 《某民党首领之谈片》，上海《民国日报》，1916年6月8日。
③ 上海《民国日报》，1916年6月9日。

函电的内容，主要分为三类：一是通知袁死，"内外情势大变"，命令各省起义军应即停止一切军事行动，政治问题静候黎元洪解决。二是通知"推翻专制，重建民国"之目的已经达到，催促早日结束军事，解散武装，转而从事生产建设，"以昭信义，固国本"。并提出"破坏既终，建设方始，革命名义，已不复存"，今后"对于政府，国民监督指导，则其责任有不容诿避者"。三是为了表示恢复和平的真诚，对不赞同解散革命军队的将领进行训诫说服工作。指出："典兵者要当以大局为念，急图收束、解散，以轻负担而安地方"；"不得固执己见，与政府再生冲突，致贻扰乱争权之诮"。甚至电告居正："各军如不依令解散，即脱离关系。"

对孙中山解散各省中华革命军命令，当时许多中华革命军将领和从军华侨队战士持有异议，他们不赞同轻易地放下武器，自行解除武装。为此，孙中山除一再发布"急办收束"命令，强行解散外，并通过演说及函电进行解释动员。他说："今者袁死黎继，我辈革命之目的物不存，则革命军亦无从继续"，"解散之事，实出于万不得已"。针对反对解散者指出："人多以为各省当袁氏死时，我革命军尚有多数军队，何不留之以为维持共和制之和，而解散之？此实由于顺应国民心理。苟执政者已赞成共和，我军自应解散。若谓解散之后，恐共和亦随之而倒，此则逆料执政者之不诚，今日我辈不能如是也。惟有顺大势之所趋，暂为监视，不必虑各省军队已散，将来难集也。"又说："假如今日不解散，其数不过十万，华侨队不过千数百人，其力未必能谓之无敌。惟以心力护此共和，则效力远胜于武力。"他甚至反对很多侨胞提出仍留军籍学习军事的要求，认为在这种新的形势下，"我党不争政权"，学习军事实已无用，力促他们早日返回侨居地去。正是根据孙中山的命令，居正、吴大洲于8月5日专赴济南，与山东将军张怀芝代表商定军队改编问题。12月中旬，中华革命军东北军在山东潍县、高密、昌乐等县部队，交出枪支被北洋军阀编遣，并通告取消了东北军名义。至于广东、福建等省的革命军，也都先后结束和解散。孙中山没有保留一点军事实力。

孙中山希冀放下武器，以换得和平和秩序的恢复。而结果只是鼓励并便利了北洋军阀扑灭革命的力量，造成他无一兵一卒、两手空空的局面。

其次，宣布中华革命党停止活动，表明个人将以在野身份专门从事

建设事业。孙中山指出："今者共和再造,建设之事,不容再缓",今后应该尽国民一分子的义务,"与国人共谋建设"。他决定："一方面结合在野同志,取监督政府主义;一方面筹措工商事业,以图国利民富。"①

孙中山7月间指示中华革命党本部发出的通告中,已指示下属"一切党务亦应停止",认为中华革命党也不需要再存在了。此后,他批答友人来函时,对取消革命党事阐述得非常明确,如:"中华革命党自袁氏一死之后,约法恢复,国会召集,即行取消矣。今后国中无大变乱,弟则决意不问国事。盖今后想无有野心家矣,则维持现状,以使政理从渐而进,国内大有人也。"② 又如,"袁(死)之后,本党已将余款解散党人,并取消本党名义,此后已无共同之约束",③ 等等。至于今后怎样整顿党务工作,孙中山并无通盘安排的考虑,只是笼统指出"将来如何改组,有何办法,应征求海内外各支、分部之意见"后再定,造成中华革命党本部及所属机构在相当一段时间中工作停顿,组织松散,不再是领导革命事业的核心力量。

在从事建设事业方面,孙中山在1916年10月自述道："自宣布罢兵以后,即拟着手实业,以期振兴国产,杜绝漏卮。初念先办银行,以为各种实业倡,惟兹事体大,资本须巨,章程须备,规模又须宽敞,现正在计划中。"他为创办银行及农垦诸事,曾呕心沥血地进行过许多工作,如向国内外征集资金、搜集财经资料、规划方案及向北洋政府请拨北方土地等,但均未能收到预期的效果。

第三,本着息事宁人态度,与北洋政府黎元洪、段祺瑞合作。孙中山赞同黎元洪继袁担任大总统,视此事"良为国庆"。他对段祺瑞也抱有幻想,认为："曩者段曾为逆党所不容,此时或能与民军相互提携,亦未可料。"因此不反对其担任国务总理,称颂段祺瑞可担任起"扶危定倾""经武图强"事业,寄望他"翊赞当机,不为莠言所惑,重陷天下于纷纠"。为表示支持与合作,特应他们的电邀,于6月中旬委肖萱、叶夏声二人为代表,派到北京共同筹商善后问题。还一反辛亥革命后坚辞袁世凯授予大勋位的做法,接受黎元洪为笼络他而颁授的大勋位,并

---

① 孙中山:《致美洲中华会馆函》,《中央党务月刊》,第4期。
② 《批今后决意不问国事》,《国父全集》第四册,台湾1973年版,第437页。
③ 《批某某函》,《国父全集》第四册,台湾1973年版,第182页。

于1917年1月16日在上海正式举行了大勋位证书授予仪式。

当时，孙中山和全国人民都在庆幸胜利之余喁喁望治，渴望有个稳定的政治局势，能过安居乐业的和平日子。所以，他认为社会动荡和战争的时代将告结束，国家必将步入和平建设阶段，从而殷切期望真正的民主共和，使祖国臻于太平盛世的境地。

在发表的《规复约法宣言》中，孙中山阐明对于时局的主张，并提出了今后的奋斗目标。指出："文志在共和，终始不二。曩者以袁氏叛乱，故誓为民国翦灭巨凶，今兹障碍既除，我国人当能同德一心，共趋致治之正轨，文亦将尽国民一分子之义务，为献替之刍荛。若夫曩日宣言，所谓袁氏未去，当与国民共任讨贼之事；袁氏既去，当与国民共荷监督之责，不使谋危民国者复生于国内。则今犹是志，亦愿与国人共勉之也。"这篇宣言所阐述的此一内容，可以说，是支配孙中山此后实际行动的指导思想。孙中山从护国运动结束到护法运动发生前的全部活动，基本上是在这种思想指导下的产物。

从袁世凯自毙以后，孙中山在1916年7月中旬后的40天里，于其足迹所到的上海、杭州、绍兴、宁波、江浙各地，对参、众两院议员及各界名流、新闻记者、商会职员等人们，连续发表了九次演说，宣传民生主义，特别侧重讲述地方自治、直接民权问题，大力提倡地方自治，将其作为今后的"建设方针"。

孙中山所找到的救国方案，是早已过时的美、法资产阶级民主政治的模式。他认为按照这一模式便能够使中华民国名实相符，所以，极力主张学习他们建立地方自治。指出："法、美两国能日臻强盛，要以注意地方自治为根本。回忆欧州〔洲〕人，初至美州〔洲〕，即在大西洋沿岸组织自治团体，建设自治机关。如现在之侨寓上海者，亦有各种自治的局所。迨脱离英国范围后，即组织联邦国家。法国自拿破仑被放圣希列拿岛后，几经破坏。建筑共和国家后，亦极注意地方自治。可见人民欲筑国家，须先将地方自治建设完备。"① 而"民国建设后，政治尚未完善，政治之所以不完善，实地方自治未发达。若地方自治既完备，国家即可巩固"。并郑重地说："地方自治者，国之础石也。础不坚则国不固，观五年来之现象可以知之。"他强调"民为邦本"，认为要打算建立一个"永不倾仆"的中华民国，就"必筑地盘于人民之身上"；

---

① 孙中山：《在浙江省议会的演说》，上海《民国日报》，1916年8月20日。

然后，再群策群力，"努力向前，拆去破屋，改筑新屋，庶几可享安乐"。

孙中山多次提出"以地方自治为建国基础"，他说："欲民国之巩固，必先建其基础。基础不必外求，当求诸全国国民之心中。国民而身受民权之庇护，识其为无上光荣，则自必出死力以卫民权，虽有拿破仑在国中，亦莫吾毒也。然如何而能使国民知民权为无上之光荣乎？……其道必自以县为民权之单位始也。"① 为此，"今后当注全力于地方自治"，而"至自治已有成绩，乃可行直接民权之制"。他在演说中，以美国、瑞士的地方自治及直接民权为例，作了理论的阐述，并详细说明了推行地方自治的办法，指出如"欲行此制，先定规模。首立地方自治学校，各县皆选人入学，一两年学成后，归为地方任事。次定自治制度，一调查户口，二清理地亩，三平治道路，四广兴学校"，② 等等。

孙中山关于地方自治的探索，说明他愈来愈意识到"代议制"的缺点，希图在民主共和政体中，找到一种能够弥补代议制缺点的政治制度，用来达到建立真正的中华民国。

在倡导地方自治的同时，孙中山又专门从事《民权初步》（原名《会议通则》）的撰述。他在该书自序中，说明著书目的在于"教吾国人行民权第一步之方法"，借此"固结人心，纠合群力"，以建设民国。

孙中山认为："共和建国，虽已五稔，所以中经离乱几至复坠者，类由人民玩视国体，如秦越人之视肥瘠，漠不相关。"③ 正由于过去"民权未张，是以野心家竟欲覆民政而复帝制"。④ 因此，他提出"今后民国前途的安危若何，则全视民权之发达如何耳"。至于民权如何能够发达，认为须"从固结人心，纠合群力始；而欲固结人心，纠合群力，又非从集会不为功。是集会者，实为民权发达之第一步"。在他看来，"倘此第一步能行，行之能稳，则逐步前进，民权之发达，必有登峰造极之一日……苟人人熟习此书，则人心自结，民力自固"，从而国家必可富强，"十年之后必能凌驾欧美之上之也"。⑤

在长达20章的《民权初步》一书中，孙中山详细地阐述了资产阶

---

① 孙中山：《在沪尚贤堂茶话会上的演说》，上海《民国日报》，1916年7月16日。
② 孙中山：《在沪举办茶话会上的演说》，上海《民国日报》，1916年7月18日。
③ 孙中山：《致美洲中华会馆函》，《中央党务月刊》第4期。
④ 《〈民权初步〉序》，《孙中山选集》，人民出版社1981年版，第383页。
⑤ 《〈民权初步〉序》，《孙中山选集》，人民出版社1981年版，第385—386页。

级民主制度中有关集会的种种细则，如"原则""条理""习惯"和"经验"等，希望借以促进"民权之发达"，建设国家。他所阐述的这些并非民主政治的关键，但它在当时军阀政客们把社会政治生活中的民主因素剥夺殆尽的情势下，应该说还是具有一定的积极意义。但是，他所设想的仅是一些"议学"知识等，根本没有考虑到如何依靠群众推翻真正妨害民主政治的帝国主义和封建军阀的统治问题。

孙中山急切地准备举办实业等来建设国家，但袁死后并未能建立一个可以发展生产的安定环境，所出现的却是非常混乱的政局。中国依然处在帝国主义和封建军阀统治的黑暗局面下。正如孙中山稍后所指出的那样："夫去一满洲之专制，转生出无数强盗之专制，其为毒之烈，较前尤甚。于是而民愈不聊生矣！"

当时，在北洋政府中总揽中央大权的是段祺瑞，黎元洪没有实权又不甘心做政治傀儡。内阁成立不久，他们就各以不同的国际势力为背景，争权夺利，演成了"府院之争"。到1917年春，"参战"问题成了双方斗争的焦点。段祺瑞希望通过"参战"取得日本更多的贷款和军火，扩张势力，极力主张对德宣战；而依靠国会支持的黎元洪以美国为援，反对参战。孙中山自开始就反对参战，主张中国保持中立立场，以免使国家"投之不测之渊"。他多次向参众两院、国民党国会议员及段祺瑞等发出函电，反对参战，并为明辨利害，造成反对参战的舆论，还于2月口授要点给朱执信，着其撰成《中国存亡问题》一书。该书分为十部分，从国家与战争的关系、战争的性质、参战的利害、中国自身的地位和实力以及外交得失和帝国主义的对华政策诸方面，来论述中国为要救亡图存，决不应该参战；至于加入协约国的条件可自外交斗争去取得，也不必参战，必须"以独立不挠的精神，维持严正之中立"。当段祺瑞派王宠惠持函到上海会见孙中山，企图疏通他改变对参战的态度时，孙中山复函重申参战的弊害，坚决反对加入战团，警告段要"悬崖勒马"。

到5月初，当国会讨论对德宣战案时，段祺瑞效法袁世凯故技，唆使暴徒组成的"公民团"胁迫国会必须通过参战提案，激起国会停议此案。段祺瑞便纠合以皖系军人为骨干的督军团逼迫黎元洪解散国会，黎元洪在亲英美各派支持下罢免了段的总理职务。随后，段祺瑞又在日本的支持和策动下，积极反扑，于同年7月导演了一幕为期仅12天的张勋复辟丑剧。当段祺瑞再次担任国务总理以后，承袭了袁世凯的全部

反动政策，大量出卖国家主权，并公然抛弃《临时约法》和旧国会，另行成立了由各省军阀代表组成的临时参议院。

国会遭到破坏、张勋复辟及段祺瑞等的种种倒行逆施，造成国家的情况一天比一天坏。孙中山建设国家的良好愿望，随着接踵而来的这些事实而落空。他对封建军阀的认识，也随着段祺瑞独裁面目的日益暴露而逐渐明晰。孙中山在幻想破灭后，对国内政局开始有了清醒的认识，明确指出："今日法律已失制裁之力，非以武力声罪致讨，歼灭群逆，不足以清乱源，定大局。"

孙中山特别不能容忍的，是段祺瑞解散国会、废弃约法，认为这是对民国的最大背叛，如果听之任之，"则数十年革命事业之成绩，固全被推翻，而将来国家根本之宪法，亦无从制定"。因此，他决心为捍卫共和和维持约法，同毁法横行的北洋军阀与复辟势力进行坚决的斗争。

▲ 以"讨逆"（张勋）之名宣布自任国务总理的段祺瑞。

从护国运动结束到护法运动发生，时间仅仅一年。但是对孙中山来说，仍是一个不容轻视的重要阶段。在这一阶段，孙中山通过曲折、艰辛的实践总结教训，醒悟到在争取和维护民主共和的事业上，幻想依靠北洋军阀是不切实际的，需要继续采用暴力革命的方式，推翻祸国殃民的军阀统治，建立起巩固的政权，才能贯彻救国救民的初衷。

四、首次护法运动

如前节所述，护国运动只推倒了一个袁世凯，作为资产阶级上层的政治代表进步党倒向了北洋军阀，掌实权的段祺瑞在假共和的招牌下实行的是新军阀统治。他承袭了袁世凯的全部反动政策，步袁世凯的后尘，大量出卖国家主权，并蛮横地毁弃《临时约法》，拒绝召开国会，妄图用武力统一中国，建立独裁统治，既专横，又暴虐，仍是一个"谋危民国者"。中国大地完全成了军阀横行的世界。

孙中山对北洋军阀嚣张、跋扈、破坏民国的行径，表示了强烈的不满，要坚决维护共和的制度。早在1916年5月，他对国内政局已有清醒的认识，提出斗争"不徒以去袁为毕事"，要反对一切"谋危民国者"，现在他目击袁氏死后的国家又变乱迭生，虎狼遍地，国不成国，激起了极大的义愤。他经过苦心的摸索，醒悟到在争取和维护民主共和的事业上，幻想依靠北洋军阀是不切实际的，需要继续采用暴力革命的方式，推翻祸国殃民的军阀统治，建立起巩固的政权，才能贯彻救国救民的初衷。因此，当1917年7月段祺瑞重新窃夺中央政权并公然抛弃《临时约法》和旧国会时，他立即高举护法斗争的旗帜，决心"荷戈援袍，为士卒先，与天下共击破坏共和者"，正式踏上了用武装斗争的形式反对封建军阀的道路。

当孙中山决定对北洋军阀进行武力讨伐之后，首先提出建立护法基地和组织新政权的斗争形式和策略。

早在1917年6月间，孙中山多次与当时在上海的海军总长程璧光磋商，运动海军参加斗争，并为其筹措经费30万元充作护法军饷，从而得到海军的赞助。海军必须有它所凭借的基地。孙中山原想用海军"谋取江、浙沿海地方为根据，始谋上海，不果；继谋宁波，亦不果。"又亲赴舟山，"谋与镇守使顾乃斌据舟山，……议不协"。迨张勋复辟事件发生，一度考虑设护法基地于上海，曾与唐绍仪、程璧光、章太炎等会商，议定迁"民国政府"至上海，请黎元洪南下继续行使总统职权，督促全国讨逆，但江苏督军冯国璋公开声称不得以上海作为海军讨伐民国叛逆的根据地，淞沪护军使卢永祥、浙江督军杨善德甚至严密监视程璧光和海军的行动；并且上海是帝国主义势力集中之地，外交动辄受制，护法力量难以立足，也非理想之地。而当时，西南的滇、桂系军阀为维护个人的统治也反对段祺瑞解散国会、废弃《临时约法》，同桂系发生矛盾的广东省长朱庆澜派人邀请孙中山去粤组织政府，驻粤滇军中的民主革命派将领张开儒也通电赞同护法，力求迁都广州。孙中山经考虑再三，"默观时势，江河流域已为荆棘之区，惟西南诸省，拥护共和，欢迎国会"，"为民国干净土"，有利于护法运动的发展，因此，决定"托根广州"，返回他过去曾长期从事革命活动的故乡，而选择了广东作为护法根据地。

为了筹建新的护法基地和政权,孙中山先生两次派出代表胡汉民等到广州、南宁诸地联络讨逆护法力量,同西南诸省军政首领磋商护法大计,又发电邀请国会两院议员"全体南下,自由集会,以存正气,以振国纪",并决定亲自南下接洽。他于7月6日偕廖仲恺、朱执信、何香凝、章太炎等人乘"海琛"号军舰由上海启程,途经汕头、虎门等地,于17日抵广州后,不辞劳苦地进行了大量的联络和组织工作,树起了护法的旗帜,呼吁各界奋起共同为拥护约法而斗争。

在孙中山的护法号召下,程璧光首先发表拥护约法宣言,提出"拥护约法,恢复国会,惩办祸首"的三项主张,宣告海军独立,并率领海军第一舰

▲ 由于段祺瑞拒绝恢复约法,拒绝召开国会,孙中山南下广州,举起"护法运动"的旗帜。图为1917年7月17日孙中山抵达广州后的留影。

队九艘军舰自吴淞口开赴广东,8月5日全部抵黄埔。接着,滞留在天津、上海的国会议员相继南下,至8月中旬抵广州者已达一百五十余人。海军和国会议员的南下,壮大了护法运动的声势,鼓舞了人们的斗志,促使孙中山加紧组建政府的工作。他提出采用"国会非常会议"的名称以弥补到粤国会议员不足法定人数的规定,并于8月25日至9月1日召开了国会非常会议。在会议所通过的《中华民国军政府组织大纲》中规定:组织军政府的目的"为戡定叛乱,恢复《临时约法》",宣布"《临时约法》效力未完全恢复之前,中华民国行政权由大元帅行使;大元帅对外代表中华民国"。并选举孙中山为大元帅,唐继尧、陆荣廷为元帅,负责行使军政府职权。

9月10日,孙中山在广州河南士敏土厂就中华民国陆海军大元帅职,发表宣言和就职布告,表示要誓志"攘除奸凶,恢复约法,以竟

▲ 广州海陆军大元帅府外景。

元年未尽之责,雪数岁无功之耻"。[①] 护法军政府的成立,是孙中山联络各界护法力量的初步成果,标志着建立起了一个同北方段祺瑞卖国反动政权针锋相对的新政权,开始了此后孙中山领导的长达五六年之久的护法运动。

护法运动要达到什么目的?孙中山在7月南下后的两个多月中,于连续发表的13件宣言、命令、通电、演说和谈话里,对这一问题分别作了详略不一的阐明。其内容集中起来,主要有以下两点:

(一)坚决维护"主权在民"的最高原则,坚持民主法治,反对军阀"以个人私欲代替法律"的"人治"。

孙中山指出:"正式国会成立之后,民国之主权已确定属于人民全体,而革命乃告厥成功,即国体始能卓立。""中华民国之约法,明定主权在人民全体。"并指出:昔在帝制专重君权,今改共和专尊民意。民意之不可抗,犹过于君权之莫敢违。皇皇国会,为全国人民之代表。国会曰可,即主权者之所可;国会曰否,即主权者之所否。所以,"国是之定于共和,主权之属于人民",是神圣不可侵犯的。但是,辛亥革命后六年以来,袁世凯、段祺瑞这些军阀,"虽号称共和,而心实不承

[①] 《军政府公报》第一号,广州1917年印本。

▲ 1918年3月,孙中山与大元帅府职员合影。前排左起:周应时、蒋介石、邹鲁、冯自由、徐谦、宋庆龄、孙中山、林森、黄大伟、邵元冲、胡汉民、廖仲恺。

认人民为主权者",推行的却是封建独裁统治,结果造成"民不聊生,国无宁岁"。他认为"推原祸始,皆执政者营私乱法之所致",所以特别强调"国家治乱一系于法"。孙中山痛斥段祺瑞"等法律于弁髦,视国事如儿戏","阳托反对帝制,而阴行反对约法",借此"以天下自私","实为共和之蟊贼,人民之大憝,此而不讨,国何以存?"并明确提出:"吾人今日之所争者,非为攘夺政权也,实为拥护民国根本之约法。"他宣称进行护法,就是要"剪除暴逆,纳举国之人于法轨,以自进于文明";就是要"讨灭伪政府,还我约法,还我国会,即还我人民主权为职志"。[①] 并号召全国人民奋起,共同拥护已完全享有之主权,为争取"民主""法治"而斗争。

(二)要求实现真共和,反对假共和。

由于辛亥革命后,在广大人民群众的头脑里确立了民主共和国的观念,曾自称为"天子"的皇帝在人民心目中成了非法的东西,逼得共和国的敌人,也装扮成共和制度的拥护者,在假共和的招牌下推行专制

---

① 《明正段祺瑞乱国盗权通令》,《孙中山全集》第四卷,中华书局1985年版,第209页。

主义。因此，护法运动实际上是民主与专制之战，亦即孙中山所说的"真共和与假共和之争"。孙中山指出：共和政治已成为时代潮流，是任何力量都不能抵挡的，至于"中国共和垂六年，国民未有享过共和幸福，非共和之罪也；执共和国政之人，以假共和之面孔，行真专制之手段也"。所以，"今日变乱，非帝政与民政之争，非新旧潮流之争，非南北意见之争，实真共和与假共和之争"。① 他一再揭露段祺瑞假共和的真面目，指出其"以伪共和易真复辟，其名则美，其实尤窳"，它的祸害是"犹甚于真复辟"的。并指出：这些"戴上假面目的"之"假共和"，与"吾侪之真共和相混，致人民不能判别"，故此辈最为可恨。他要求人们"认定真共和与假共和，若不分真假，以后万无进步……今日国民责任是在拥护共和，有一分子责任，即尽一分子力，要除尽假共和，才有真共和出现，才有幸福可享"。②

应该说，孙中山为了改变当时"军阀之专横"，"国势之日蹙"的局面，坚持"主权在民"的最高原则，提倡真正的共和政治，藉以为国民求生路和为国家谋独立富强，这种良好的愿望和动机，是应该肯定的。他在1917年中国旧民主主义革命即将结束、新民主主义革命尚未开始的特定历史条件下，能够提出"假共和"的问题，并不惜和假共和者决裂，倡导"护法"，以约法和国会为武器，用资产阶级民主法制、共和精神，反对北洋军阀的独裁专制统治，拥护《临时约法》并为其能发生法律效力而斗争，是具有进步意义的，而且是必要的一场斗争。这场斗争，实质上是中国走复辟封建专制还是建立民主共和道路的问题，它关系着国家民主与专制命运的大事。"护法"，在中国旧民主主义革命尚在进行之时，不失为一面进步的民主旗帜，因而能够得到一切进步力量的拥护和支持，使护法斗争的烽火在短短几个月内发展到中国西南的一些省份，影响颇大。但是，孙中山把一切祸患均归之约法和国会不存在所致，没有能找到真正的社会祸根；他组建新政权的目标，也仅是"戡定叛乱，恢复《临时约法》"，以"约法效力完全恢复、国会完全行使职权时废止"，没有更多的政治内容，即没有进一步提出当时广大人民群众的迫切要求，缺乏鲜明的彻底的反帝反封建内容。而《临时约法》在北洋军阀几年来的任意践踏下，已不被人们所重视，所

---

① 《孙中山全集》第四卷，中华书局1985年版，第114页。
② 《孙中山全集》第四卷，中华书局1985年版，第113页。

谓"国会",已成为政客们争逐名利、卖身分赃的活动场所,在全国人民中声名狼藉。"护法"已经不是一面鲜明的旗帜,它不能鼓动人心,不为人所重视,也起不到动员广大革命人民的作用,所以得不到人民群众的积极参加和支持,结果只能成为一个孤立的政治运动。

不仅如此,孙中山要采用暴力革命方式进行护法运动,却面临着诸多的困难:

首先,他缺乏可信赖的依靠力量。早在护国运动结束时,孙中山已经命令各地中华革命军先后结束和解散,使其在讨袁斗争中聚结起来的一些军事力量丧失殆尽,他手中没能保留一点军事实力。因此,孙中山认为:"欲争回真共和以求福利者,必须有二大伟力,其一为陆军,其二为海军。鄙人密查大势,确知非得强大之海陆军为国民争回真共和,则无以贯彻吾人救国救民之宗旨。"因此,他在争得海军总长程璧光和第一舰队司令林葆怿率海军第一舰队南下后,便把主要精力用于联合西南各省宣布"自主"的军阀,以求争取到陆军力量的支持来进行护法。

孙中山把西南最强的实力派滇系唐继尧和桂系陆荣廷的部队视为"义师",倚为护法的力量。9月1日,国会非常会议选举孙中山为大元帅,唐继尧、陆荣廷为元帅。孙中山"冀二三君子同德协力,共赴大义"。孰知这伙"君子"们是一些具有强烈地方性的封建军事集团,他们从来不尊重民意和法律,心目中无所谓约法与国会,根本不明白什么是大义。他们和孙中山所坚持的护法主张大相径庭,表面上所以附和护法主张,不过是"项庄舞剑",真正用意只是为了维护各自的地盘和权利,或者企图利用孙中山作为沽名钓誉的幌子,借以增大其"自主"的声势,便于同北洋政府进行权位交易,达到割据的目的。唐继尧所梦寐以求的是吞并四川,将川、滇、黔三省据为自己的势力范围,坐稳"西南王"的宝座;陆荣廷的本意则在把粤、桂、湘、闽四省据为自己的"独立王国"。但段祺瑞要坚持用"武力统一"西南诸省,动员北洋军队向湘、川进军,挑拨川军攻击滇军,这就侵犯了他们的利益。唐继尧以段祺瑞相欺太甚,陆荣廷亦有唇亡齿寒之惧,这样才出现了共同对抗段祺瑞和以拥护约法为名的局面。他们并非真正为护法而反对段祺瑞,陆荣廷更不愿自己头上有一个护法军政府,受孙中山的节制。正如孙中山后来认识到的:"盖近时号称护法诸军,其名称虽极正大,实则皆为权利之争。"

貌合神离的唐继尧、陆荣廷,对孙中山领导的护法运动,一开始就离心离德，多方进行抵制和破坏。早在孙中山刚刚举起护法旗帜时，依附桂系的岑春煊就图谋阻挠和破坏海军参加护法，幸得孙中山及时地排除掉这个障碍；当孙中山在广州筹建军政府时，陆荣廷、陈炳焜等又不断耍弄阴谋诡计，将拥护孙中山的广东省长朱庆澜排挤出省，破坏广东省议会省长选举，甚至连孙中山选定士敏土厂作为大元帅府都予阻挠，使其不能及时有办公地点。但孙中山挺然不屈，坚持在广州成立了军政府。在军政府成立后，陆荣廷公开反对另组政府，主张"总统复职"，并通电全国声明，"以后广东无论发生何种问题，概不负责"。陈炳焜则明确表示：广东"不能担负军政府和非常国会的经费开支"。唐继尧也通电拒绝接受元帅职。孙中山为促进局面的开展，一再让步，委曲求全，多次派专使分别赴滇、桂劝驾，迭发函电敦促"义师"支持，并加委唐继尧为川、滇、黔三省靖国军总司令，也始终没有打动唐某之心。军政府任命的六个各部总长及参谋总长，除陆军总长张开儒外，都因与滇、桂系的关系，而逡巡不肯就职。最高领导机关实际成为一个空架子，只靠孙中山独立撑持。当时就有人指出："不先谋兵力，何军政之可言？不先执财政，何兵力之可集？试问空空洞洞一军政府之名义，岂可以号召天下耶？……今欲以孤立无与之身，借联络手握财政、兵权之骄将而统一之，直理想而已。"[1] 事实正是如此，桂系军阀陆荣廷盘踞广东，"握两粤全部之实力"，他专横跋扈，极力排挤其他异己势力，根本不把在法律居于其上的军政府放在眼里。孙中山名为军政府大元帅，实际上军政大权操于桂系之手。曾任军政府参军的吴铁城追忆当时的情况说："那时候以广东来说，客军麇集，膨胀他们的部队，至少扩大他的编制和番号；没有地盘的觊觎地盘、抢地盘，有地盘的保守地盘、扩大地盘，至少是刮地盘之皮。而无所不用其极。豺狼一群，不听指挥。"[2] 造成军政府有"政府"而无"军"，成了一个寄人篱下的"空头政府"。在当时各种发言权与发言力量，几乎全与实力的强弱成正比例的情况下，军政府力量单薄，它"既无实力，无以发言"。孙中山局促在广州一隅，无饷无兵，无械无地，且"权日蹙，命令不能出府门"，陷于俯仰随人的困境。

其次，财政上所遭受的困难，也是护法军政府面临的最大难题之

---

[1] 《夏寿华致孙中山书》，《夏思痛先生遗著》，抄件第1号。
[2] 《吴铁城先生回忆录》，台北1957年版，第52—53页。

一。孙中山原以为财政经费没有问题，曾乐观地说："款项筹措，不必过虑；况各省原有缴解中央之额，政府成立，当然照常解交应用，而外洋华侨亦皆乐于赞助。故兄弟以为财政问题，甚易解决也。"事实上，广东及西南护法诸省的当政者均明确表示，不愿解交原送北京的税款转交给军政府，也不另外拨给活动经费。军政府本身既无经济来源，为谋自存，孙中山不得不千方百计进行筹款。他拟有《军事国内公债条例》及《承购公债奖励办法》，经国会非常会议通过，派人到各地和华侨中募捐，但由于军政府活动范围有限，收获不大；还曾计划向外国借款以应付财政困难，但广东省各种资源均被桂系控制，不愿交给军政府作为抵押，也无法实现；又曾向驻粤的海关税务司交涉和力争，领取到数目不多的盐税余款，充作国会经费；唯一所恃者仅靠华侨捐款，财政极为竭蹶。因此，军政府内部一切经费开支只有百端节省，从孙中山到大小职员，每月仅有的"零用20元"，也难以保证。

孙中山处在非常恶劣的困境中，备尝艰辛，深感护法事业之艰难，然而为国民争回真共和的信念毫不动摇，毅然坚持要讨伐北洋军阀。9月间，他支持和推动粤、桂、湘三省组成联军，以广西督军谭浩明任总司令。10月6日，他组织了一次颇有声势的北伐，联军和北洋军鏖战于湖南衡山、宝庆一带，护法战争开始。此后，双方互有胜负，不久即处于相持状态。当时，孙中山受到各地护法军纷纷兴起的鼓舞，曾制定了一个粤、桂、湘、黔、川诸路军队同时出动，会师中原，直捣北洋军阀巢穴的计划。由于滇、桂军阀的阻挠和破坏，北伐计划无法实现。

当孙中山被桂系军阀威逼得喘不过气来时，逐步认识到有军则有权这个严酷的现实，决定建立一支真正属于自己的军队，作为军政府的支柱。他为建立一支革命军队，从8月下旬起，以极大努力同桂系军阀进行了许多回合的斗争，直到12月初，艰难交涉达三个多月之久，最后才从陈炳焜手中争到省长公署的二十营警卫军约八千人，但又以不能驻在广州为条件。孙中山总算建立起一支粤军，任命陈炯明统率，以"护法援闽"名义开入闽南。由于这支粤军远在闽南，所以对军政府来说，还是等于没有武力。

孙中山决心编练一支军政府直接管辖的部队，他以军政府的名义建立了"招抚局"，派专人到各地招募"绿林豪杰"和"退伍兵丁"。陆荣廷对此"大怒，以孙干涉军政，着莫（荣新）立函孙取消该局，否则强硬对付"。莫荣新更是阴险狠毒，"所派至各地之募兵委员，多为莫荣新所驱逐逮捕，甚至杀害"；此外，他在1918年1月2日，还诬蔑担任大元帅府警卫的连排长多人，"概指为匪，遽行枪决"。孙中山对桂系军阀的放肆迫害愤慨至极，忍无可忍，于1月3日晚，不顾艰危，登上炮舰，亲自指挥海军炮轰观音山广东督署，给了莫荣新一次严重警告。这次行动，虽然由于没有得到程璧光及陈炯明、李福林等部的支持和配合，未能给莫荣新以致命打击，但是却重挫了桂系军阀的反动气焰，表现了孙中山为保卫民主政治而敢于斗争的大无畏革命精神。

正是由于桂、滇系军阀的破坏，财政上的困窘，以及政党组织工作和外交工作上得不到帝国主义国家的承认为合法

▲ 西南军阀为保护各自权益，排挤孙中山，于1918年5月初将大元帅制改为政务总裁合议制，选举岑春煊、唐继尧、陆荣廷、林葆怿、唐绍仪、伍廷芳、孙中山为军政府政务总裁，逼迫孙中山辞大元帅职。图为七总裁之首的岑春煊。

政府，不予支援的弱点等，造成孙中山忍辱负重、苦心经营的护法运动，对外一筹莫展。而在炮击督军署事件后，内部和桂系军阀的矛盾更是日益尖锐和加深。桂系军阀于1918年1月进行策划要成立"中华民国护法各省联合会"，取代军政府。这一阴谋由于孙中山及各方面人士的反对，虽未能得逞，但已经正式发出了赶走孙中山的信号。之后，陆荣廷、唐继尧等西南军阀加紧策划推翻孙中山和军政府活动，并同直系军阀沆瀣一气，更积极地酝酿南北停战议和。孙中山坚决反对南北议和，曾庄严宣称："舍恢复约法及旧国会外，断无磋商之余地。"他为坚持护法的原则，同西南军阀的议和活动虽进行了不懈的斗争，也无力扭转大局。4月10日，国会非常会议第十七次会议通过改组军政府的《中华民国军政府组织大纲修正案》，把军政府大元帅制改为总裁合议制，进一步剥夺了孙中山的职权，使他无立足之地。稍后，选举唐绍

▲ 孙中山虽被选为七总裁之一，但手无一兵一卒，护法无望，因而于5月4日通电辞职。图为他在5月4日发表的辞职通电（部分）。

仪、唐继尧、孙中山、伍廷芳、林葆怿、陆荣廷、岑春煊七人为总裁，并以政学系头子岑春煊为"主席总裁"的军政府，将是以桂系军阀为实际的掌权者，军政府成为了西南军阀的政治交易所。对此，孙中山愤怒至极，当5月4日国会非常会议悍然通过改组军政府决议的会议散会后，孙中山极为忧虑地叹道："数也，复何言。"他既痛恨西南军阀的专横跋扈，而本身又无力反击，"为维持个人人格计，为保卫国家正气计"，便决然立即向国会非常会议提出辞去大元帅职的咨文，并于同月

21日，怀着"时变亟矣""国将不国"的沉重心情，黯然离粤赴沪，结束了他的首次护法运动。

首次护法运动的失败，使孙中山感到非常悲愤和痛苦。他费了很大气力进行的反段护法斗争，只勉强支撑了不足一年，历尽坎坷，由于孤立无援，"徒为亲厚所痛，仇雠所快"，使他终于不得不退出当时的军政府。

事实的教育，使孙中山认识到西南军阀和北洋军阀与人民革命相敌对的共同本质，他们都是护法运动的大敌，"其所以治兵西南者，迹彼用心，只欲分中央专制全国之权，俾彼得专制于二三行省"。① 从而使他得出这样一个结论："吾国之大患，莫大于武人之争雄。南与北如一丘之貉。"② 所有大小封建军阀都是革命的敌人，绝不可能帮助革命党人实现共和国的理想。

这次护法运动，自1917年7月孙中山离沪南下筹组中华民国军政府，正式揭起"护法"义旗始，至1918年5月孙中山被西南军阀排挤，辞职离粤北上止，时仅10个月。尽管如此，孙中山在这段时间里同北洋政府以及护法队伍中的南方军阀进行了英勇的斗争，还是沉重打击了北洋的统治，是一场关系到国家民主与专制命运的斗争，是有进步意义的。这场斗争，在当时情况下，也是必要的。并且，这场运动促使孙中山在复杂的斗争中加深了对中国社会和中国社会力量的认识，加深了对帝国主义的认识，积累了有益的知识，为此后他的思想变化作了初步准备。孙中山正是在正反两方面的经验教训中，不断吸取革命的思想养分，才逐渐形成了后来的三大革命政策的思想，完成了一生中的伟大的转变。

---

① 《辞大元帅职后通告海内外同志书》（1918年8月30日），《国父全集》第三册，台湾1973年版，第567页。

② 孙中山：《辞大元帅职通电》，《中国国民党史稿》第4册，商务印书馆1944年增订版，第1085页。

第五节　求索，再求索

一、著书立说，规划建国宏图

民国初年到首次护法运动失败这段时期，在中国近代史上正处在一个新旧交替而又青黄不接的转折关头，历史现象异常错综复杂。控制中央政府的反动军阀像走马灯一样不停地更换，地方军阀势力各自称雄一方，为所欲为。

这时，南北大小军阀在各自的帝国主义指使下，互相攻击，争夺地盘。自1912年以后，几乎年年有战争。全国烽烟遍地，到处响着军阀混战的枪声。连年内战，使国家经济遭受严重破坏，给人民带来无穷的灾难。1914年，全国陆军45.7万人，到1918年增加到85万人，五年间扩军近一倍。北京军阀政府为了支付庞大的军费，任意增加赋税，横征暴敛，敲骨吸髓地压榨人民。从1912年到1919年，盐税和烟酒税增加了三倍，印花税增加了六倍。许多地方预征田赋，如四川某些县竟预征到二三十年之后。人民的财产生命遭受到极为残暴的掠夺和蹂躏。1917年，南北军阀在湖南大混战，皖系的湖南督军傅良佐发布戒严令，剥夺人民群众集会、结社、居住、通讯等一切自由，宣布交战时可以随意破坏"人民的动产、不动产"。皖系军阀张敬尧在1918年进入湖南平江城后，野蛮地屠杀人民，宣布"三日不封刀"。至于直系、桂系等军阀对人民所进行的迫害，也同样残酷。这次南北军阀在湖南的大混战，双方动员几十万兵员，打了一年多，战区人民经过南北两军轮番烧杀，被焚掠一空，造成百里无人烟。其他如四川、广东等地人民因军阀战争所遭受的祸害，同样也是惨重的。在封建军阀统治下，广大中国人民，挨冻受饿，朝不保夕，苦难重重，无法生活下去。

孙中山回到上海后，住在环龙路（今南昌路）63号，两个多月后迁到华侨集资购赠的莫利爱路29号（今香山路7号，孙中山故居纪念馆）住宅。当时，他的处境十分孤立，陷入了极大的苦闷之中。孙中山目睹国家情况一天比一天坏，大小军阀混战不已，人民生活痛苦不堪；又看到黄浦江上横行无阻的是帝国主义的军舰和轮船，马路上耀武扬威的是帝国主义的军队和警察，矗立着的许多高楼大厦都是帝国主义或军阀们的商行，外滩公园（今黄浦公园）门口一块"中国人、狗和自行车不准入内"的帝国主义侮辱中国人民的牌子。他面对着此情此景，忧心如焚，实在有说不出的痛苦。

孙中山为革命奋斗几十年，其结果却如他自己所说的："革命主义未行，革命目的未达，仅有民国之名，而无民国之实。"这时，孙中山同北方军阀决裂了，同南方军阀也分道了。他一心追求的是救国真理，要在中国建立民主政治。但是，要实现这个理想，应该怎么办呢？应该依靠什么人？联合什么？走什么样的新道路呢？特别是过去几十年一再遭受失败的原因何在？应该如何去总结失败的经验教训以利前进呢？孙中山感到苦闷，也感到孤独。他开始了艰难的探索。

上海莫利爱路29号，位于法租界的一条宁静的马路，路边植着绿叶茂密的法国梧桐。在这马路的东头路南的第三个门就是29号。这是一座西式花园别墅，进大门走过庭院是一幢深灰色的两层楼房。外墙上布满了爬山虎、紫藤。楼向阳处，是一片正方形草坪，三面围绕着四季常青的常青、香樟及玉兰等树木和花圃。楼下，一间是会客厅，一间是餐室。楼上，有藏书室、兼办公用的读书室、卧室、浴室和招待客人的住室。书室内，四壁图书琳琅满目，中外政治、经济、历史、地理、法律书籍，应有尽有，就连楼梯角下、过道旁也放有书橱和书籍。这是一所最适于俭朴生活的孙中山与宋庆龄居住的精致而不华贵的住宅。有一位菲律宾友人拜访孙中山夫妇后，描述其中陈设是"半为中式，半为西式，惟出于孙夫人之美术的布置，颇觉中西折中，幽美可观。客厅中置一钢琴，盖示其家主妇之雅好音乐也"。

在这所房子里，孙中山静坐深思，为了使自己在政治上能够紧随时代潮流，适应革命的需要，决心从理论和实践上再进行新的探索，以总结革命几经周折的经验和教训，寻找引导中国革命胜利、求得民族解放，以及使中国在国际上取得平等地位的道路。

联合、依靠西南军阀进行护法斗争的失败,给孙中山上了重要的一课。自辛亥革命以来,孙中山先后进行了"二次革命"、护国战争、护法运动等重大斗争,结果完全落空,每况愈下。他怀着痛苦的心情,回顾民国以来的七年历史说:"夫去一满洲之专制,转生出无数强盗之专制,其为毒之烈,较前尤甚。于是而民愈不聊生矣!溯夫吾党革命之初心,本以救国救种为志,欲出斯民于水火之中,而登之衽席之上也;今乃反令之陷水益深,蹈火益热,与革命初衷大相违背者,……午夜思维,不胜痛心疾首!"①

在南北军阀的黑暗统治下,割据混战,"国家的情况一天比一天坏,环境使人们活不下去"。②孙中山感到未来渺茫,"孑然无助",承认自己"对于时局问题,实无具体解决办法",只能"杜门养晦,聊以著述自娱",几乎完全陷于绝望。他只希望专心著书,来"启发国民","唤醒社会"。

从1918年5月至1920年11月这一段时间里,孙中山深居简出,苦心研究,发愤闭门著书。他试图从理论上总结几十年革命的经验教

▲ 孙中山所著《建国方略》的三个组成部分:《孙文学说》《实业计划》(英文版)和《民权初步》。

---

① 《孙中山选集》上卷,人民出版社1956年版,第104—105页。
② 《孙中山选集》合订本,人民出版社1981年版,第1359页。

训，并进而写出个人新设想的建设祖国的宏伟蓝图和远景规划，写成了《孙文学说》和《实业计划》两书，连同1917年写成的《民权初步》合为《建国方略》这部重要著作。① 此外又写了《〈建设〉杂志发刊辞》《八年今日》和《〈战后太平洋问题〉序》等多篇文章。这时是孙中山从事著述的最集中、最重要的时期。《建国方略》和他的《三民主义》讲演，同是孙中山在思想方面的贡献，也是研究他的思想的最主要文献。

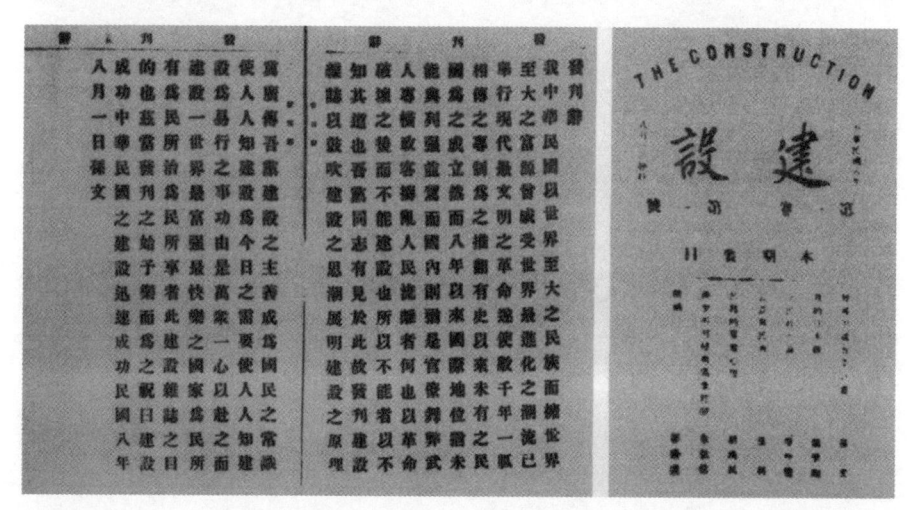

▲ 1919年8月，根据孙中山的指示意见，廖仲恺、朱执信在上海创办《建设》杂志，以宣传革命党的建设思想。图为《建设》杂志封面和孙中山撰写的发刊词。

孙中山毕生奋斗的最高目标就是振兴中华。他是因爱国而革命，革命则是为着建设新的国家。他所倡导的革命建设，有社会、物质和心理三方面的建设，总的体现在他撰写的《建国方略》这部巨著里。这部书是孙中山的重要代表作之一，是他关于政治、经济、哲学思想方面的力作，也是他提出的一部关于中国近代化事业的重要巨著。

《民权初步》，最早名称叫《会议通则》（即《建国方略》之三"社会建设"）。这是一本介绍民主政治的初阶的启蒙读物，全书分5卷20章158节，内容很丰富。首冠"自序"，书后附"结论"及"章程并规则之模范"。

---

① 《民权初步》《孙文学说》《实业计划》鼎足而立，构成《建国方略》。《民权初步》是译自《西国议学之书》的《会议通则》，孙中山以此教人民集会的方法。

▲1930年,有关部门根据孙中山在《建国方略》中提出的经济建设目标绘制成的《孙总理实业计划图》,从交通、商港、铁路、矿业、农业、森林等诸方面展示了孙中山关于经济建设的远大理想。

孙中山在"自序"中指出,撰书目的在于"教吾国人行民权第一步之方法"。认为中国人民的"一盘散沙"状态并非"天生使然",乃是"专制有以致之也",即"集会有禁,文字成狱,偶语弃世"所造成的。至于袁世凯的复辟,根本原因在于"民权未张"。显然,这是对封建专制主义的抨击。

孙中山指出:"今后民国之安危如何,则全视民权之发达如何耳。民权何由而发达?则从固结人心,纠合群力始;而欲固结人心,纠合群力,又非从集会不为功。是集会者,实为民权发达之第一步。""倘此第一步能行,行之能稳,则逐步前进,民权之发达,必有登峰造极之一日。苟人人熟习此书,则人心自结,民力自固。"①

在该书中详尽地论述了有关集会的"原则""条理""习惯"和"经验",以及集会、结社、议事、动议、讨论、选择、表决等秩序和

---

① 《会议通则》自序,上海中华书局1917年版,第1—3页。

操作细则，这些虽只是涉及民主社会建设的纯粹技术性环节，却实是程序民主中实体民主的前提和条件。孙中山希望借此促进"民权之发达"，建设国家。他所阐述的这些，虽非民主政治的关键，但对长期"受集会之厉禁"的中国人民来说，也具有一定的启蒙作用。特别是他根据中国的情况，而把国民民主政治意识的养成与社会进步、国家富强问题紧密联系起来的思路，是很可贵的。

过去长期以来，对《民权初步》一书缺乏恰如其分的评价。其实，它并非毫无实际意义的繁琐哲学，在当时军阀官僚们把社会政治生活中的民主因素剥夺殆尽的情势下，是具有一定积极意义的，是改造国民性的初步尝试。它集中体现了民权主义中"主权在民"的基本原则和民主自治的基本精神。它是针对国民长期处于封建专制主义之下，从无民主参政议事、民主集会结社意识可言的落后状况，为广大民众即将进入民主参政议事所必须具备的基本规范的精心建构。这只是孙中山的民主政治思想的雏形。

孙中山希望通过践行《民权初步》，养成民主参政集会结社的自治意识和文明习惯，促进人的现代化。它虽具有积极意义，也产生了一定的社会影响，但限于当时的时局要彻底贯彻实行是不可能的，若以此作为改造社会现状的手法，更是一种过于简单化的空想。实际上真正妨害民主政治的并非是人们缺乏"议学"知识，而是帝国主义和封建势力的统治。

《孙文学说》，又名《知难行易的学说》（即《建国方略》之一的"心理建设"）是孙中山著述中最近于纯哲学著作。它比较集中地论述了认识论（知、行关系）的问题。孙中山以"能知必能行""不知亦能行"为命题，归结为"知难行易"，"有志竟成"。全书以大量篇幅着力于打破中国几千年来"知之非艰，行之惟艰"的传统观念，树立"行之非艰，知之惟艰"的新观念。书中以饮食、用钱、作文、建屋、造船、筑城、开河、电学、化学、进化等十事为例，证明了人们的实践具有广泛的可能性，"行艰"是错误的。《孙文学说》中所举的例证并不完全正确，但他试图从理论上探索以往失败的原因，批判了"知之非艰，行之惟艰"的保守、退缩等消极思想。为什么"当满清之世，予之主张革命也，犹能日起有功，进行不已；惟自民国成立之日，则予之主张建设，反致半筹莫展，一败涂地？""不能乎？不行乎？不知乎？"孙中山的结论是："吾知其非不能也，不行也；亦非不行也，不知也；

倘能知之，则建设事业，亦不过反掌折枝耳。"① 孙中山认为，行在先而知在后，知是从行中得来的，所以行易知难。人生下来就会吃，无须教就能行；但关于饮食烹调的学问，则必须经过长期实践才能获得。这种行先知后、知由行中获得的观点，显然是唯物主义的。他还认为"不知亦能行"，要敢于实践，敢于革命和建设，把知行学说作为鼓舞人们努力奋斗的思想武器，是具有重大的进步意义的。

孙中山的知难行易学说，毕竟和马克思主义认识论不同。他过分强调知难，抬高知而贬低行，割裂了知行本身的辩证关系，不能不终于倒向唯心主义。他反复强调改造心理的重要，夸大人的心理作用，把革命成败归结于"心之为用"，"心"是"万事之本源"。他说："满清之颠覆者，此心成之也；民国之建设者，此心败之也。"这就不可能正确总结过去胜利和失败的原因和经验教训。因而，既不能认清中外反动派的本质，也看不到广大人民群众的巨大的物质力量。他把人分成"先知先觉""后知后觉"和"不知不觉"三等，强调先觉者的作用是必要的，但轻视广大人民的实践，把群众视为"阿斗"是十分错误的。"先知先觉者"脱离广大人民群众，不能不是孙中山无数次失败的根源。

在《孙文学说》中，他说："先知先觉者，为创造发明"；"后知后觉者，为仿效推行"；"不知不觉者，为竭力乐成"。这是孙中山一贯思想的概括，关于"知"的思想贯彻于他的全部学说和主张。他以先知先觉者对"知"的自信，而要施行"训政"，要求对他个人的服从；服从他和他的主义，就是服从他主张的革命。但是，他作为一"先知先觉者"，却有很强的责任感，这使他虽屡遭挫折而不丧失进取精神。

《孙文学说》全书——特别是第八章"有志竟成"中，对过去的革命经验教训——尤其是辛亥革命失败的教训，按照他当时的认识和理解做了比较系统的总结，从而为以后的思想发展提供了积极因素。

《孙文学说》连同孙中山后来的《军人精神教育》（阐述对于哲学基本问题——物质与精神的看法）和《民权主义》（提到世界起源论和人类起源论的问题）等著作和讲演，集中反映了孙中山的哲学思想。在这些著述中，孙中山热情地宣传了达尔文的进化论思想，并以大量的自然科学知识为依据，较为详细地阐述了他的唯物主义哲学思想。物质派生精神，行先知后，是孙中山唯物主义哲学思想的基石，科学进化论

---

① 《孙中山选集》上卷，人民出版社1956年版，第105—106页。

则是他的哲学思想的理论基础。孙中山的哲学思想是丰富的，他的唯物主义哲学体系基本上是完整的。然而，他的社会历史观，即"民生史观"，则是二元论和唯心论的。

孙中山的哲学思想，是与他的革命斗争密切联系着的，是为他所领导的民族民主革命提供理论根据的。孙中山的唯物主义哲学思想，在中国哲学史上占有重要的地位，是我们要批判继承的一份优秀遗产。

《实业计划》（即《建国方略》之二的"物质建设"），集中地代表了孙中山的经济建设思想，是一部十分重要的著作。它最为系统地阐述了孙中山关于中国在经济上走向现代化的总体构想。孙中山怀着彻底改变中国落后面貌，跻身于世界近代强国之林的斗志豪情，通过摸索、调查并参照外国经验，根据中国的具体情况，制定了使国家富强的宏伟蓝图。孙中山终极目的，是要建设以大工业为中心的全面现代化的新中国。

《实业计划》用英文写成，原名 The Internatinonal Development of China。书中阐述了开发中国实业的途径、原则和计划。孙中山深感中国要富强起来，必须改变当时落后的经济状况，因此就要花很大的力气开发中国的富源，发展中国的实业，进行"工业革命"。他把这个问题视为"此后中国存亡之关键"。书中提出了十项庞大建设计划：一、交通之开发；二、商港之开辟；三、建设全国铁路系统和新式街市；四、水利之发展；五、设立冶铁、制钢、造士敏土三大工厂；六、矿业之发展；七、农业之发展；八、蒙古、新疆之灌溉；九、于中国北部及中部建造森林；十、移民于东北、蒙古、新疆、青海、西藏。他在所设计的建设新国家的大计划中，把铁路和公路的建设、水路的修治、商港和市政建设放在首位，作为优先发展的部分。计划修建 10 万英里（即 16 万公里）的铁路，提出以七大铁路系统，共计 106 条路线的规划，把中国的沿海、内地和边疆连接起来；修建遍布全国的公路网，建成 100 万英里的公路；在中国北、中及南部沿海，各修建一个"如纽约港"那样世界水平的大海港：北方大港、东方大港及南方大港以及许多新的商埠；开凿、整修全国的水道和运河，治理内河交通和兴修水力、电力事业，大力发展农、林、牧业；建立和发展包括钢铁、煤炭、石油、电力、机械制造、有色金属、水泥等在内的大工厂、大企业，并把垦荒、采矿、冶铁、炼钢等放在突出的地位，全面开采煤、铁、石油、有色金属和非金属矿产；大力倡导用机器和科学方法改良耕地，实现农业生产

的现代化，并且大规模移民开垦边疆，提出了化兵为工的意见，主张将裁撤的兵士，"以为筑港建路及开发长城的沿线地方之先驱者"；还要建立和发展纺织，食品加工等多种轻工业等等。

▲ 孙中山在《实业计划》中规划的北方大港面貌图。

孙中山认为："中国实业之开发，应分两路进行：一、个人企业；二、国家经营是也。凡夫事物之可以委诸个人，或其较国家经营为适宜者，应任个人为之，由国家奖励，而以法律保护之。……至其不能委诸个人及有独占性质者，应由国家经营之。"其意图是要建立以国家资本为主，私人资本为辅的经济体制模式。而其发展的原则是："（一）必选最有利之途，以吸外资；（二）必应国民之所最需要；（三）必期抵抗之至少；（四）必择地位之适宜。"[①]

要实现如此宏大的计划，所需要的资金、人才、方法从哪里来？早在民国初建，他在北京记者招待会上的演讲就说："我无资本，利用外资"；"我无人才，利用外国人才"；"我无良好方法，利用外人方法"。在《实业计划》中他进一步提出吸收外资："凡诸工业国，其资本有余者，中国能尽数吸收之。"

稍后，1920年，孙中山在另一篇关于实业计划的文章中说：

"吾国既具有天然之富源，无量之工人，极大之市场，倘能借此时会，而引用欧美战后之机器与人才，则数年之后，吾国实业之发达，必能并驾欧美矣。

[①]《建国方略》，《孙中山选集》上卷，人民出版社1956年版，第192页。

"惟所防者，则私人之垄断，渐变成资本之专制，致生社会之阶级，贫富之不均耳。防之之道为何？即凡天然之富源，如煤、铁、水利、石油等，及社会之恩惠，如城市之土地、交通之要点等，与夫一切垄断性质之事业，悉当归国家经营，以所获利益，归之国家公用。如是，则凡现今之种种苛捐杂税，概当免除，而实业陆续发达，收益日多，则教育、养老、救灾、治病及夫改良社会，励进文明，皆由实业发展之利益举办，以国家实业所获之利，归之国民所享，庶不致再蹈欧美今日之覆辙，甫经实业发达，即孕育社会革命也。此即吾党所主张民生主义之实业政策也。凡欲真正国利民福之目的者，非行此不可也。"

▲ 孙中山勾画过的京汉铁路图。

孙中山详细探讨了利用外资、外才和外国技术过程中带有技术性的问题，特别强调主权必须操在中国人手里，不旁落于帝国主义者手中。他说："惟发展之权，操之在我则存，操之在人则亡。"①

《实业计划》是一个以国家工业化为中心的，使中国人民经济全面现代化的大规模建设规划。它气魄宏伟，包含着孙中山关于经济建设的一系列理论观点、方针政策和步骤方法，其目的是要把贫穷落后的半封建、半殖民地的中国，改造为资本主义强国。

孙中山对于中国经济向现代化发展的思考，早在1894年他在《上李鸿章书》中就已开始，到民国建立以后便进行了更为具体而实际的筹划。在第一次世界大战结束后他着手制定《实业计划》时，对这一

---

① 《建国方略》，《孙中山选集》上卷，人民出版社1956年版，第186页。

▲ 孙中山手迹。

问题至少已认真研究了四分之一个世纪。

该书实际上是孙中山经过大量理论与实际调查材料的精心准备,对世界各国特别是中国自身经济发展的经验教训反复思考和积极探索,将自己长期以来形成的对外开放、利用外资、振兴实业、发展国民经济的认真总结的结晶。它最为系统地阐述了孙中山关于中国在经济上走向现代化的总体构想。再联系到孙中山在辛亥革命前后所倡导的改革开放、自主创新、鼓励留学生创业等言论和思想,可归纳为五个方面:(1)对外开放;(2)利用外资;(3)独立规划;(4)主权在我;(5)创造精神。

孙中山的这些主张,显然是第一次世界大战前后中国民族资产阶级希望加速实现经济现代化,促使中国富强起来的反映。它是符合当时中国社会生产力发展的客观要求,是有进步作用的。当然,孙中山所追求的经济现代化是属于资本主义现代化范畴,但是,它却是结合中国国情的、具有中国特色的资本主义现代化,而不是对西方资本主义工业化的生搬硬套。改革开放30年来,中国由于实行了开放政策,积极吸引外资,使这部著作早就提出的类似主张被发掘出来,并获得肯定的评价。

孙中山的《实业计划》,只是"实业计划之大方针,国家经济之大政策而已",其上述的这些构思、议论和设想,尽管其中还有脱离实际之处,有颇大比重的理想化或空想的部分,但是,更值得人们惊异的是他对经济发展中许多重大的关系关键问题的洞见。因此,就既非梦想,亦非全是空想,只不过当时的社会历史条件不允许把它付诸实践罢了。

实践有力地证明,孙中山发展国民经济的思想,是符合当时中国社会生产力发展的客观要求的,是有进步作用的,它不仅给后人留下了一份富有价值的启示和激励，而且在今天对于我们仍具有重要的启发和借鉴作用。

孙中山主观上把实现他的现代化看为"社会主义"，造福全国人民，实际只能是资本主义的现代化，资本主义的国有化，资本主义经济的发展。但是，他在经历了无数挫败之后，仍然为祖国富强、改善人民生活、改变中国的落后状况而呕心沥血，精心设计，顽强奋斗，这是伟大爱国者的十分可贵的思想。

总的来说，孙中山在上述的这些著述里，试图从理论上总结几十年革命的经验教训，并进而写出自己所设想的建设祖国的宏伟蓝图、远景规划，提出了一整套建立民主共和国的理论、方针和策略。这表现出孙中山不断追求真理的革命实践精神和对中国民主化、工业化的强烈愿望。其中他还满怀信心地说明了中国必然会随着时代潮流而进步，一跃而走上富强之路。孙中山说："以此至大至优之民族，据此至广至富之土地"，"中国人经受数世纪之压迫，现已醒觉，将起而随世界之进步，现已在行程中矣"。并且豪迈地断言：中国"千百年前已尝为世界之雄矣！……是中国今日欲富强则富强矣，几有不待一跃之功也"。当然，孙中山这个期间的著述，尽管主观上是力图变革现状，探索出中国的新的途径，但由于种种局限，在他的书中也有不够正确或消极的东西。例如：在《孙文学说》中，他对心理改造的重要，再三反复地申述，夸大个人的心理作用，而看不到人民群众的伟大的物质力量。他把人分为三等：先知先觉、后知后觉和不知不觉。强调少数先知先觉者的作用，而轻视广大劳动人民的实践；并从而引申到认为四万万中国人民是无能的"阿斗"，而少数的"先知先觉"者是"诸葛亮"。在《实业计划》中，他有依赖帝国主义援助来实现中国近代化的幻想，等等。

孙中山领导的旧民主主义革命，经过三十多年的实践，终于陷入绝境的事实，恰好证明在帝国主义时代的半殖民地半封建国家里，从西方学来的资产阶级民主主义思想武器，已经不可能引导任何真正的革命走向胜利。旧民主主义的道路在中国是行不通的，建立资产阶级共和国，只是一种幻想。

孙中山沉痛地回顾着辛亥革命以来一再遭受的挫折和失败，摸索着继续前进的方向和道路。

二、改组中华革命党为中国国民党

为了更好地适应潮流，争取革命胜利，孙中山隐约地觉察到过去的革命方式不能适应当前的革命形势，所以他在五四运动发生的同年10月，将中华革命党正式改组为中国国民党（加上"中国"二字，以表示有别于1912年的国民党），使该党由秘密而公开，以适应五四运动后的国内急剧变化的形势，接纳当时的爱国青年入党。

早在第一次护法运动失败后，1918年6月孙中山抵达上海时，为了把国民党的主力从海外转移到国内，他便开始筹划扩张党务，重订党章，以促党务的发展。8月30日，他在《通告海外革命党人书》中说："归沪而后，益感救亡之策，必先事吾党之扩张，故亟重订党章，以促党务之发达。"至此，中华革命党在国内的影响已经微弱到了极点，孙中山不得不向原国民党的各派势力妥协，以求团结更多的力量。于是，宣布恢复国民党的名义。事实上，中华革命党恢复国民党名义后，国民党作为一个政党的活动很少。

▲ 中国国民党总理孙中山所用的各种印章文字。

1919年10月10日，中华革命党正式定名为中国国民党，并公布新党章《中国国民党规约》。在这之前，国民党的名称在国内并不统一，除有中华革命党、国民党、中国国民党等名称外，还有的地方称中华国民党，而且党章不一。所以，1919年10月10日颁布该党规约时，才明确"从前所有中华革命党总章及各支部通则，一律废止。所有印章、图记，一律照本规约所定，改用中国国民党名义，以昭统一，而便进行"。① 民国元年国民党是由中国同盟会等五个党合并而成的；中国国民党则由中华革命党演变而来。因此，除原中华革命党的党员外，新入党的党员，仍须依据《中国国民党规约》履行手续。

当时，中国国民党"设本部于上海，总理全党事务"，本部设总务、党务、财政三部。孙中山委任居正为总务主任，谢持为党务主任，廖仲恺为财务主任。

▲ 中国国民党本部之印。

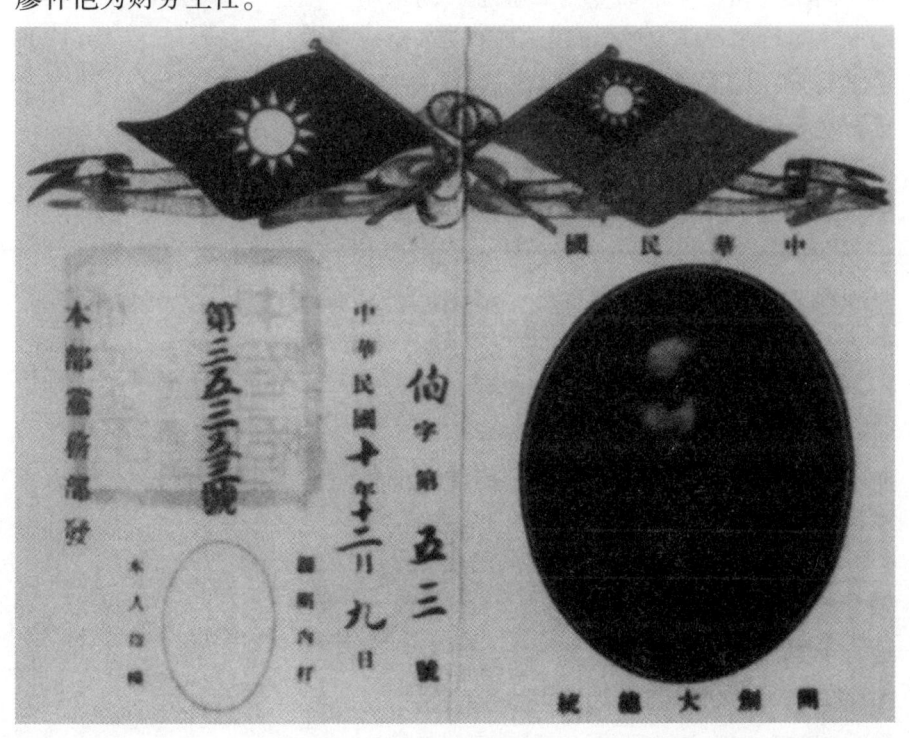

▲ 中国国民党党证。

---

① 《孙中山全集》第五卷，中华书局1985年版，第127页。

《中国国民党规约》共八章32条，在第一章《总纲》中明确规定："本党以巩固共和、实行三民主义为政纲。"这是一个重大的变化。三民主义是民族主义、民权主义和民生主义的总称，它是孙中山针对19世纪末、20世纪初，中国社会所面临的民族解放、民主革命、社会变革三个历史任务，并着力于解决这三项任务而提出来的民主革命的政治思想纲领。但是，除《中国同盟会总章》提出的："本会以驱除鞑虏，恢复中华，创立民国，平均地权为宗旨"，已经含有三民主义内容外，其他时期的党章，比如在国民党和中华革命党的章程中，均未明确提出实行三民主义这个宗旨。辛亥革命成功之后，在国民党内普遍存在这样一种观点，认为清朝统治已经被推翻，民族问题已经得到解决，因而今后只解决民权、民生两个主义就行了，在政治纲领中不必再提民族主义了。基于这样一种错误认识，在《国民党规约》《中华革命党总章》中，均不提民族主义。

辛亥革命后，还要不要再提解决民族主义的任务，孙中山本人也曾一度认为民族主义"因清廷退位而付之实现"，革命党的主要任务只剩下民权、民生主义，所以担任了"全国铁路督办"。后来，他认识到没有民主，没有真正的共和，国家不可能富强起来，于是又提出为民争权的任务。所以，1914年，他亲手制定的《中华革命党总章》，只提"以实行民权、民生两主义为宗旨"，没有提民族主义。然而，孙中山的思想是随着时代潮流的发展而前进的，为了民

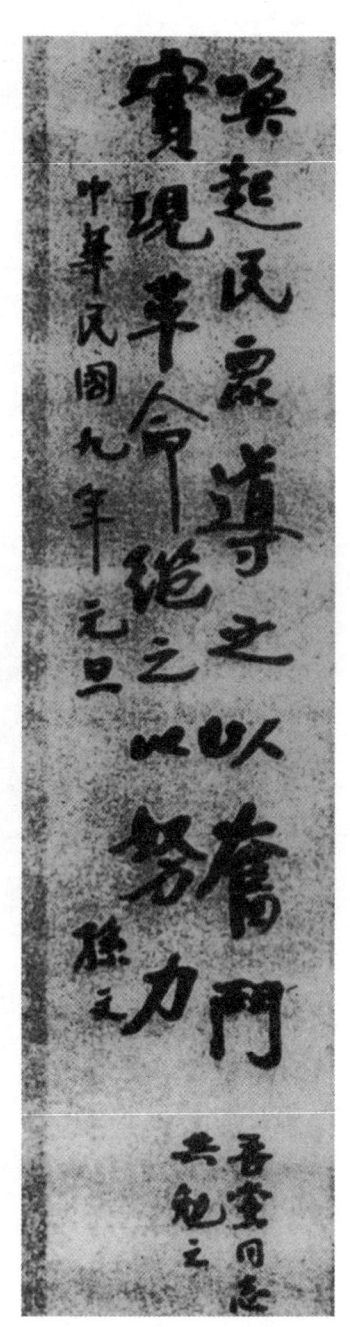

▲ 1920年1月1日，孙中山给全体国民党党员题写的勉词。

族利益，国家的前途，总是在追求真理，修正错误。这一点，在他的革命斗争实践中是显而易见的。而且越是到他的晚年，这个特点越突出。他在所代表的那个阶级利益许可的范围内，做了很大的努力，力求冲破资产阶级的局限，找到救国救民的道路。

辛亥革命后，孙中山面临十分困难、十分复杂的局面。由于袁世凯窃夺政权后，中华民国名存实亡，使民族问题呈现出异常惨淡的景象：帝国主义列强依然骑在中国人民头上，残酷地榨取广大群众的血汗；封建军阀政府则实施大汉族主义的反动民族压迫政策，少数民族仍旧受着歧视和排斥。为了巩固共和政体，孙中山在苦闷彷徨中，同帝国主义支持下的军阀独裁集团，进行了长期的艰苦的斗争。在长期失败的教训中，他更加认识到思想必须适应新的形势。这个变化表现在他对国内外重大事件的态度上，而国内外的重大事件也给他思想上的转变以很大的促进。俄国十月社会主义革命的胜利和中国五四运动的爆发，使孙中山在"孑然无助"的困境中，看到了光明的未来。他赞扬十月革命的胜利，钦佩列宁领导的成功，早在1918年初，他在致列宁的贺电中说："十分钦佩，并愿中俄两国革命党团结共同斗争。"他支持五四运动，认为以青年学生为发轫的这场运动定会为"最有价值之事"。这时，孙中山寓居上海从事《建国方略》的著述，总结过去的经验和教训，尽管在长时间里他没有完全认清帝国主义的反动本质和真面目，进而旗帜鲜明地提出反对帝国主义的响亮口号，并使民族主义发展为指导民族解放运动的政治纲领，但他毕竟对民族主义的理论和实践作出初步的检验，明确提出反帝主张，并将这方面的成果体现在《中国国民党规约》中。他说："当初同盟会还只明白民族主义，拼命去做；……其实民族主义也没有做完。"所以如此，是因为认识上出现偏差："有人说：'清室推翻以后，民族主义可以不要。'这话实在错了。即如我们所住的租界，外国人就要把治外法权来压制中国人，这还是前清造成的恶因。现在清室虽不能压制我们，但各国还是要压制的，所以我们还要积极地抵制。"这里，孙中山在否定先前一度持有的民族主义"因清廷退位而实现"的片面认识的同时，表明他日益认清帝国主义是中华民族的大敌，开始产生反对帝国主义的思想，并写入党章。毋庸置疑，这个观念变化虽然是肤浅的，但是非常可贵的。

中华革命党改组为中国国民党以后，孙中山多次强调提高对党的认识，明确党的任务，发展壮大党的力量，加强党的思想建设和提高党的

素质的重大意义。他突出强调党的巨大作用首先在于创建民主国家，没有中国同盟会就没有中华民国。他说："中华民国何以成？以有同盟会。故从前同盟会开始不过数十人，一两年后就发展到若干万人，所以到了辛亥年，一举就成功了一个中华民国。但是那年武昌起义后，12月间我到上海，有一种很可怪的空气，此空气为何？即是一班官僚某某等及革命党某某等人所倡言的'革命军起，革命党消'是也。当时这样言论的空气充塞四周，一倡百和，牢不可破。我实在是莫名其妙，无论如何大声疾呼，总唤不醒。所以后来革命党的失败，都是在这句话上面，这是我们大家不可不彻底觉悟的。"[1] 孙中山号召全党认真总结辛亥革命后失败的教训，以提高对党的作用的认识，增加党的观念，彻底肃清"革命军起，革命党消"的消极影响。

孙中山明确提出中国国民党还要继续革命，打倒旧官僚军阀，为建立一个真正共和国而奋斗。并且重申革命的目标在于："服膺于革命主义，黾勉力行，以达革命的目的，而建设一为民所有，为民所治，为民所享之国家。"[2] 他说："现在的中华民国只有一块假招牌，以后应再有一番大革命，才能够做成一个真中华民国。"所以"我们的责任，以后就在造成一个真中华民国"。"真中华民国由何发生？就是要以革命党为根本。根本永远存在，才能希望无穷的发展……我们中华民国算是一棵大树，我们革命党就是这树的根本，所以我们要格外留意，将根本好好培植。""党事为革命源起事业，革命未成功时要以党为生命，成功后仍绝对用党来维持。所以办党比无论何事都要重要。我常劝人要立志做大事，不要立志做大官。"[3] 孙中山强调的"大事"，就是实现三民主义，创建一个真正的共和国。

为了完成党所肩负的重任，孙中山接着指出，必须加强思想建设。他说："党所重的是有一定的主义；为要行一定的主义，就不能不重在人。""我们要造法治国家，只靠我们同党人的心理。党之能够团结发达，必要有两个作用：一是感情作用，二是主义作用。""诸君切勿以为党事无足轻重，诸君如将党办得坚固，中华民国亦就坚固了。""现在办事要义：第一，须知党事为重，遇事就要办理，万不可稍有延滞，

---

[1] 《孙中山全集》第五卷，中华书局1985年版，第262页。
[2] 邹鲁：《中国国民党史稿》第一篇，中华书局1960年版，第287页。
[3] 《孙中山全集》第五卷，中华书局1985年版，第262—263页。

因为光阴比什么都贵。一件事早一刻办,就早一刻收效果。第二,形式与精神并重,形式完备后,才能振起精神……第三,我们以后要注意培养人才与延揽人才,将来种种事业,非有多数的人才莫可。"①

那么,怎样才能把国民党建设好呢?孙中山强调指出,必须实行以三民主义为宗旨。他说:"我们造一个党,是因为要把我们的主义和目的贯彻到底。""所以我党就要以三民主义为宗旨、五权宪法为目的,合拢这两条来做革命。""三民主义缺一不可。这是确定不能改易的。"②

孙中山关于政党的意义和任务以及健全党务方面的言论,充分体现了民主主义政治观念,作为反对封建专制的产物,在当时的社会政治思想领域当然有着不容忽视的进步意义和积极作用。

总之,在十月革命和五四运动以后,孙中山对许多问题开始有新的认识,思想比以前有所进步。特别是他从多次失败的教训中,深刻地意识到过去自己所凭借的军阀力量是根本靠不住的,并且看到"大多数人又起而革此少数人之命",已是当时"不可抑遏"的世界潮流。因而他相信,将来"必致政权归于平民而后已"。于是,他认为要拯救中国,一方面要组织力量坚持"护法"斗争,"恢复合法国会",实现真正共和政体;另一方面,更重要的是"重新开始革命事业,以求根本改革"。根本改革怎样去做呢?他说:"南北新旧国会,一概不要它,同时把那些腐败官僚、跛扈武人、作恶政客,完完全全扫干净它","从新创造一个国民所有的新国家"。在这段时间的演讲中,他还放弃了一些曾经主张过的,比如"教育救国""实业救国""地方自治"等不完全符合实际的思想,明确提出:今后"改造中国的第一步只有革命",只有通过革命才能建造出"比现在的共和国家还好得多"的共和国。这是中国民族资产阶级的杰出代表在俄国十月革命和中国五四运动后作出的难能可贵的反应。

三、二次护法运动

五四运动后高涨的革命形势,不仅在思想上促进了孙中山新的觉醒,而且在行动上坚定了他再度南征,重建广东革命根据地的信念。

---

① 《孙中山全集》第五卷,中华书局1985年版,第262—263页。
② 《孙中山全集》第五卷,中华书局1985年版,第290、393、394页。

当1918年6月孙中山离粤回到上海时，护法军政府在桂系军阀把持下，虽已无护法之实，但广东这块地方却被他们盘踞着。孙中山一心要在中国建立民主政治，为了继续护法反对北洋军阀的罪恶统治，便决定首先摧垮桂系军阀，夺取和巩固广东这块民主革命的根据地，进而完成民主革命事业。

这一次，孙中山把打倒桂系的希望寄托在他亲手培植起来的"援闽"粤军身上，对"此军实行护法，再造共和，实所厚望"。这支有两万多人的军队的总司令陈炯明，也是他任命的。孙中山期望这支军队能打开一个局面，为他撑腰争气。

在"首次护法运动"一节中，曾提及"援闽"粤军，是孙中山1917年底，以极大努力从粤督陈炳煜等手中争到省长公署的二十营警卫军为基础建立起来的。那时他在广州受桂系军阀威逼，深感必须有自己的军队，便任命陈炯明为总司令，并抽调一些党员和军事干部分任各级领导。开始约八千人，以护法援闽名义开入闽南，向福建方向求生存和发展，后来发展到两万余人。

长期以来，出于诸多原因，陈炯明在中国近现代史上是一位充满争议的人物。历史资料说明，陈炯明是个颇具民主思想的人，其所作所为有异于一般军阀。他在辛亥革命后主政广东时期，曾推行严禁烟赌、改革教育及发展经济等措施，提倡新文化运动，支持中

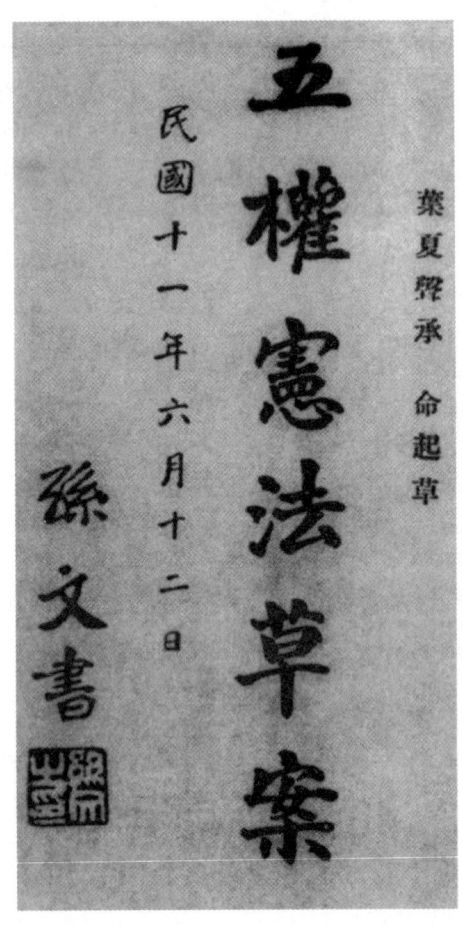

▲ 1921年3月20日，孙中山在广东省教育会作"五权宪法"的专题演说，次年委托叶夏声起草《五权宪法草案》，主张立法、司法、行政、弹劾、考试"五权分立"。

共领导的工会组织和所办的机关报《广东群报》，推行地方自治，致力于要把广东建设成为全国的模范省。但另一方面，他主张保境安民，推行地方自治，反对广东介入军阀内战；还倡导联省自治，反对中央集权和武力统一。这些就与孙中山的建立护法政府和联合奉皖军阀北伐直系军阀的策略存有分歧，二者完全背道而驰，致最终酿成政争升级而兵戎相见。

而当时，孙中山是把这支部队视为最可靠的革命武力，对陈炯明也认为是"可资依靠"的"革命将领"。他倾全力装备这支部队，并将国民党的军事人才如邓铿、许崇智等配备在这里，甚至批准全体官兵均宣誓加入国民党，期望他们成为革命军。他要倚靠它达到革命的目的。

1920年六七月间，孙中山特派朱执信、廖仲恺等前赴漳州敦促陈炯明回粤讨伐桂系，但陈迟疑不决。后在桂系准备向闽进犯，使援闽军受到直接威胁时，陈炯明才于8月12日誓师回粤，分兵三路出发进攻桂军。在孙中山的大力支援和广东民军纷纷响应下，仅经过两个多月的战斗，就打败盘踞广东的桂系军阀，驱逐了岑春煊、陆荣廷等，全面攻克广东。

11月25日，孙中山应粤军许崇智的请求，偕伍廷芳、唐绍仪等离开上海重返广州。29日，他在广东军民欢迎声中，重新组成军政府，宣布继续执行护法职务。过去因受压迫而离粤的部分国会议员，经过国会迁滇、迁渝等颠沛流离后，纷纷响应孙中山的倡议，也于此时相继返粤，准备重新召开国会非常会议。

这时，孙中山并不满足偏安一隅。他已认识到光举起护法旗帜，"断断不能解决根本问题"，不可能实现真正的民主共和。说明他在艰苦奋斗中其思想又向前迈进了一步——主张建立正式政府。因为"护法不过矫正北政府之非法行为，即达目的，于中华民国亦无何裨益。况护法乃国内一部分问题，对内仍承认北京政府为中央政府，对外亦不发生国际上地位之效力"。①所以，要达到"完全成功，要平定西南，巩固民国基础，必须建立正式政府"。因此，孙中山建议国会议员迅速组织正式政府，以取代北洋军阀控制下的北京政府，并号召广东军民给予赞助。

1921年1月1日，孙中山在军政府演讲时说："此次军政府回粤，其责任固在继续护法，但余观察现在大势，护法断断不能解决根本问

---

①② 上海《民国日报》，1921年1月11日、3月8日。

▲ 广州各界20万人集会游行欢庆孙中山就任非常大总统情景。

题。吾人从今日起,不可不拿定方针,开一新纪元,巩固中华民国基础,削平变乱。方针维何?即建立正式政府是也。"所以他主张:应"仿南京政府办法在广东设立一正式政府,以为对内外之总机关"。1月12日,国会在广州召开。孙中山在会上建议,取消总裁合议制的军政府,选举总统,建立正式政府。

与此同时,国内外要求成立正式政府及选举总统的呼声也越来越高。英属、美属、荷属各埠华侨纷纷以国民党名义拍发电报,请求选举总统;国内各社团则召开国民大会,拥护组织正式政府。

1921年4月7日,国会非常会议参众两院联合会在广州举行,出席会议的议员共220人,通过《中华民国政府组织大纲》,并选举孙中山为非常大总统。接着,撤销了军政府,孙中山于5月5日宣誓就任中华民国非常大总统职,准备要用一个权威的政府将革命进行到底。这是孙中山第二次在广东建立政权。

孙中山就任非常大总统当天,发表《对外宣言》,指出:"北京政府已不为国人所公认,彼之幸存,不过据有历古建立之国都,因而得外国之承认,1913年,国会组织之民国政府,曾经友邦之承认,本政府亦为此国会所组织者,应请各友邦政府援此先例,承认为中华民国惟一

▲ 1921年5月5日,孙中山就任非常大总统时与军政人员合影。

之政府。"并明确广州政府对外方针是"抱开放门户主义,欢迎外国之资本及技术"。并及时致电北京政府的傀儡总统徐世昌,促其"即日引退,以谢国人"。

孙中山就职后,任陈炯明为内务总长兼陆军总长,伍廷芳为外交总长,唐绍仪为财政总长,汤廷光为海军总长,李烈钧为参谋总长,马君武为总统府秘书长,廖仲恺为财政次长,伍朝枢为外交次长,徐谦为司法部长。他在《就大总统职宣言》中指出:"际此拨乱返治之始,事业万端",希望全国人民"各尽所能,协力合作",共同来促进国家的繁荣富强。他阐述了今后的建设方针,表示要"竭志尽诚以救民国,破除障碍,促成统一,巩固共和基础"。[1]

当时,孙中山感觉前景光明起来,便着手整顿内政。他制定颁布了一系列改革吏治、保障人民权利、发展经济的法令和措施。例如:他鉴于广东"财力疲困",主张裁员减政,号召大家"少做官,多做事";[2]并制定了文武官吏任职宣誓条例,要求官员正直供职,不得受贿,希图借以形成廉俭风尚。又命令废止袁世凯时期遗留下来的镇压人民的有关

---

[1] 上海《民国日报》,1921年5月21日。
[2] 上海《民国日报》,1921年4月16日。

刑法及《治安警察条例》，颁布了工会法，承认劳动者有集会结社权、同盟罢工权、团体的契约缔结权等;① 并支持工会，对广东的工人运动采取优先赞助的态度，明确指出民生主义应恢复工人人格和增进工界幸福。② 还声援被北京政府迫害的北京八校教职员和学生，支持知识分子对北洋军阀的斗争，③ 并饬令外交部向英国交涉，保护南洋华侨教育等等。

不过，孙中山当时的主要目标，是要进行北伐，即用武力打倒军阀，"削平变乱"，统一全国，以便实现民主共和。为了这一目的，就须首先消灭在广西的桂系残余势力，以免它为患广东，成为北伐的后顾之忧。因此，他于6月27日，命令粤、赣、滇、黔各军出兵讨伐陆荣廷等，并任命陈炯明为"援桂"总司令，分兵三路攻袭桂军。

当时，宋庆龄和何香凝都参加了这次讨桂战争。她们在广州发动妇女组织"出征军人慰劳会"（会址设在总统府内），宋为会长，何香凝担任总干事。广东、广州各界妇女团体报名参加的十分踊跃。她们率领会员们四处奔走，向社会各界筹集经费和慰劳员；并带领慰劳队到一些伤兵医院慰问伤兵，还亲赴广西梧州前线进行慰问讨桂部队，给了官兵很大鼓舞，增强了战斗力，并在早期的中国妇女运动中，为妇女参加社会工作，支持革命战斗部队树立了榜样。

▲ 1921年7月24日，孙中山与宋庆龄在广州"出征军人慰劳会"开会前留影。

由于孙中山亲自督师，将士用命，百姓支持，讨桂战争捷报频传。8月4日，粤军攻占了广西首府南宁。13日，攻克了桂林。9月

---

① 李大钊等《为革命的德莫克拉西提案》，《少年中国》第三卷第十一号，第78页。
② 上海《民国日报》，1921年4月19日。
③ 上海《民国日报》，1921年6月8日。

30日，夺下了桂系军阀的最后据点龙州。陆荣廷、谭浩明逃往越南河内。桂军多半投降，广西回归护法政府的管辖范围。在短短三个月来时间，出征军队统一了两广。

统一两广后，孙中山决定出师北伐，实现统一全国的计划。1921

▲ 1921年10月10日，孙中山与政府官员在非常大总统府举行纪念辛亥革命10周年庆祝活动时合影。

年10月8日他提请非常国会通过了北伐案，15日即乘军舰巡视广西，准备北伐。北伐军共三万余人也同日出发。12月4日到达桂林，孙中山立即着手组建北伐大本营，派廖仲恺负责筹划财务，邓铿负责组织警卫部队，派陈炯明回广州筹办后勤供应，计划先取湖南，再大举北上。

孙中山把北伐大本营设在桂林独秀峰山麓的王城。这里是元、明两朝藩王的故宫，也是清代乡试的贡院和民国初年的省议会（今广西师范大学院内）。这里有一座钢材建筑的大礼堂，是桂林当时唯一的一座礼堂，市民称它"铁房子"。孙中山利用空余时间，还在这座礼堂里连续对各界群众作了三民主义的讲演和关于"知难行易"哲学的阐述，受到桂林人民的热烈赞誉。

1922年1月间，孙中山把北伐军组成七个军团，共四万余人，并基本编制完成，待命出发。2月3日，他以大元帅名义颁发动员令，命令各军分路出师北伐。由李烈钧率领滇、黔、赣各军为第一路，兼攻赣

第四章　殚精竭虑捍卫革命果实（1912—1919）

451

南和鄂东；由许崇智率领本部粤军为第二路，联合湘军直攻武汉。不过10天时间，北伐军前锋部队已经分别进入湖南境内。

这时，北方政权已落在直系军阀曹锟、吴佩孚的手里，而由于军阀间的利害矛盾，奉、皖两系又形成了密约联盟共同倒直的局面。在这种

▲ 1921年12月4日，孙中山抵达桂林，在桂林独秀峰下的桂王府建立北伐大本营。图为北伐大本营旧址。

情势下，孙中山便联系段祺瑞和张作霖，企图借助他们的力量配合讨伐直系军阀，"以成戡乱之功，完护法之愿"。

可是，留守广东的陈炯明对孙中山的北伐命令，不但阳奉阴违，并和湖南督军赵恒惕结成反对孙中山的联盟，宣称保境息民，避免战乱，公开拒绝北伐假道，使入湘计划受阻。孙中山被迫于4月8日回师广东，改设大本营于韶关，准备改道北伐。

5月4日，孙中山在广州下令北伐，表示将"亲履行间，扫除政治上之黑暗与罪恶，俾国家统一，民治发达"。

5月6日，孙中山离开广州亲赴韶关督师。宋庆龄偕红十字会员多人同行。8日，孙中山任命李烈钧为北伐军总司令，许崇智为总指挥，并发布总攻击令。纪律严明的北伐军随即分为三路，一直向江西进击，沿途秋毫无犯。江西是直系在华南统治力量最薄弱的省份，一经北伐军

进攻,即迅速溃败。6月13日,北伐军攻占了江西南部的重镇赣州,直系军阀陈光远弃职逃蹿。

接着,北伐军乘破竹之势,前锋又进至吉安,威胁省会南昌,整个江西指日可以平定。此时,革命军的声势大振,革命形势非常好。

但是,历史的进展常常不能尽如人意。也就在革命形势大好之际,由于孙中山、陈炯明二人政见矛盾的日趋激化,加上处理上失于理智,双方的火药味越来越浓,终使矛盾升级,关系崩溃。陈炯明作出了"冒天下大不韪之举",在广东内部竟发生了叛乱。

陈炯明虽然是个老革命党人,也有些新思想、新作风,但他所依托的军队,其素质和其他军队并无多少区别。他早在率领"援闽"粤军回到广州后,就成为广东军政大权的实际控制者。他一心一意要经营这块地盘,大谈"联省自治",宣传"保境息民",反对孙中山组织正式政府,反对选举总统,认为孙中山的北伐是孤注一掷、盲目冒进之举,更是强烈地予以反对。他想方设法处处阻挠、破坏孙中山的革命活动,千方百计地将孙中山架空。保存既得利益,是辛亥革命以后,许多国民党人官僚化、军阀化的基本原因。

▲ 1922年5月,孙中山偕宋庆龄在韶关督师时的情景。

1922年初,孙中山的北伐计划屡受挫折。因为陈炯明反对北伐,也就是缺乏后勤的可靠保障,孙中山不得不督师回粤,下令罢免陈炯明的广东省长兼粤军总司令等职,孙、陈矛盾进一步激化。之后,陈炯明更进而同英帝国主义和直系军阀曹锟、吴佩孚勾结,从暗中反对革命发展到公开叛乱。

6月间,当孙中山从韶关前线回到广州后,陈炯明于3月21日用卑鄙手段在广九车站暗杀了坚决拥护孙中山的粤军第一师师长邓铿;6月14

日,又以"领歉"和"有要事相商"为名,电邀廖仲恺去惠州;廖刚步入东莞县石龙就被陈炯明逮捕扣押。接着其部属叶举、熊略召开军事会议商讨迫害孙中山的军事部署,并于16日清晨2时突然发动武装叛乱,以4000人围攻总统府(在观音山麓前,原为清新军督练公所,今广州中山纪念堂),并悬重赏20万元擒杀孙中山。他们先在全城密布岗哨,断绝交通,占领各要害机关;然后将孙中山在观音山住所粤秀楼团团围住,准备用大炮、机关枪一起轰击。

16日凌晨1时,粤秀楼上已听到远处有集合号音;不久,连部队的嘈杂声都能听到了。孙中山从卧室出来,命卫士准备防范。林树巍、林直勉和陆志云三人又急速跑来,力劝孙中山离开粤秀楼。孙中山说:"竞存胆敢作乱,我便要负平乱之责。如力不足,惟有一死,以谢我四万万同胞。"林直勉等见事态危急,又知孙中山决不肯躲避,遂由几个人用力强挽着孙中山离开粤秀楼。马湘和黄惠龙请求跟随保卫。孙中山说:"你们不必跟随,什么危险我都不怕。你们要坚守粤秀楼。明天我若不回来,马湘带夫人到家中暂避。"

▲1922年6月16日,广东新军阀陈炯明发动武装叛乱,炮击观音山粤秀楼和孙中山大总统府。图为陈炯明。

说毕,孙中山就被林树巍、林直勉、陆志云拥着离开了粤秀楼。后来马湘护卫宋庆龄到黄埔才知道孙中山脱险的经过是这样的:孙中山离开粤秀楼后,他们穿过叛军包围,由小路到达德宣路,即见有许多陈炯明部队向总统府进发。当走到惠爱路,正欲横过马路入桂香街时,被陈军的哨兵拦阻,不准通过。林直勉指着孙中山对他们说:"我的母亲患了重病,所以不得不深夜请来这位医生到家里诊治。"但他们仍不许通过。林直勉又说:"我们住在高第街,你们如不信,就请一齐和我们到家里看看。"哨兵看见孙中山穿了一件白夏布长衫,戴一副墨黑眼镜,十足像个医生，就让他们通过了。及到靖海路，又遇陈部叛军，孙中山态度非常从容镇定，叛军没有怀疑，便又安然通过了。从此一直沿长堤走到海珠海军总司令部，再乘小电船到了黄埔。随即走到停泊在长堤天字码头附近的楚豫舰避难。他的许多著述手稿及同列宁通电、通信的宝贵的底稿，和其他来往函电，仓促中遭到毁弃。孙中山在军舰上手拟电稿，号召各军讨平陈逆。稍后，移驻永翔舰。当天下午，卫士马湘等护卫着宋庆龄冒着密集的弹雨炮火，也化装逃出了总统府，并于18日转赴黄埔登上军舰与孙中山会见。

第二天，孙中山转登永丰舰（后改名为"中山"号），召集舰队官兵，号召讨伐叛逆，决定"由舰队先发炮，攻击在省叛军，以示正义之不屈，政府威信之犹在"；然后"还驻黄埔，以俟北伐诸军之旋师来援，水陆并进，以歼叛军"。于是，他率领海军各舰由黄埔向广州进发，经车歪炮台驶至白鹅潭，命令各舰发炮向大沙头、沙河、观音山等处射击，叛军纷纷逃窜。但因魏邦平所部旅长陈章甫受叛军收买，未能遵照孙中山的命令策应海军，以致失去时机，各舰只好仍驶回黄埔。

▲ 陈炯明炮击总统府时，孙中山在卫士和林树巍、林直勉等掩护下，化装脱险后初登楚豫舰，旋登永丰舰指挥平叛。图为孙中山坐镇指挥反击陈炯明叛军的永丰舰。

6月29日，在宁波家中接到孙中山电报的蒋介石，到达广州，登上永丰舰，与孙中山会面。孙、蒋两人"谈近日事及各方情况，至夜分乃已"。蒋介石随即接受了孙中山交付的海上指挥权。正是通过此次与孙中山的共同战斗，蒋介石从此成为孙中山最信任的助手之一。

在永丰舰上，孙中山一直随舰移动于珠江上长达55天，盛暑鏖战，精神体力消耗极大，然而临危不惧，坚定勇敢，亲自率领各舰和部分陆军讨伐叛逆，向陈炯明叛军进击。6月19日，他还电令李烈钧、许崇智等入赣的北伐部队迅速班师回粤，镇压叛乱；并派副官马湘赴香港，筹措粮食、燃料及军费，准备坚持战斗到底。

陈炯明叛乱后，先是悬重赏捉拿孙中山；随后，又多次密谋杀害孙中山。这些阴谋失败后，他在帝国主义和直系军阀的指使下，还发出通电要孙中山下野。7月间，处于责难声中的陈炯明一再委托负责广州卫戍任务的魏邦平和岭南大学校长钟荣光等出来调解，要求"和解"，都被孙中山凛然拒之。孙中山立场坚定，严词拒绝，始终不向叛军妥协，他表示"宁为玉碎，不愿瓦全"，坚持要斗争到底，讨平叛乱。

▲ 1922年6月，北伐各军奉命回师讨陈，但因兵员和武器供应等原因，各军讨陈战斗均告失利。图为北伐军第二军司令许崇智。

陈炯明叛乱消息传出后，激起了广大人民群众和海外正直人士的义愤，纷纷表示反对和声讨。海军全体官兵发出通电，讨伐陈炯明；广州黄埔附近农民一千余人组成义勇队，协同海军保卫黄埔；广州电力、自来水和铁路等行业工人举行联合罢工，要求叛军撤出广州；旅居美国、古巴和曼谷等地华侨先后发出通电，声援孙中山讨伐叛逆。陈炯明的叛逆行为非常不得人心。

但是，由于陈炯明得到帝国主义者的帮助，在军事力量对比上占着优势，他用鱼雷大炮向孙中山的座舰猛烈攻击；同时，又使用大量金钱收买海军，结果海圻、海深、肇和三只大型军舰升火起锚，离黄埔港悄悄开走。北伐军回师后，从7月10日至29日，与叛军激战于韶关和翁源一带，因长期征战，疲惫不堪，弹粮供给困难，在陈炯明和直系军阀的前后夹攻下，遭受重大挫折，不得不分途向江西、湖南边境退却。

孙中山在反击叛军近两个月后，闻知北伐军回师援救受挫，孤军无援，讨陈已无法支撑，认为继续留在海上于事无补，决定离粤赴沪。他于8月9日午后，怀着无可奈何的沉重心情，乘英舰"摩轩"号离开广州，经香港再到上海。他领导的第二次护法运动又告失败。

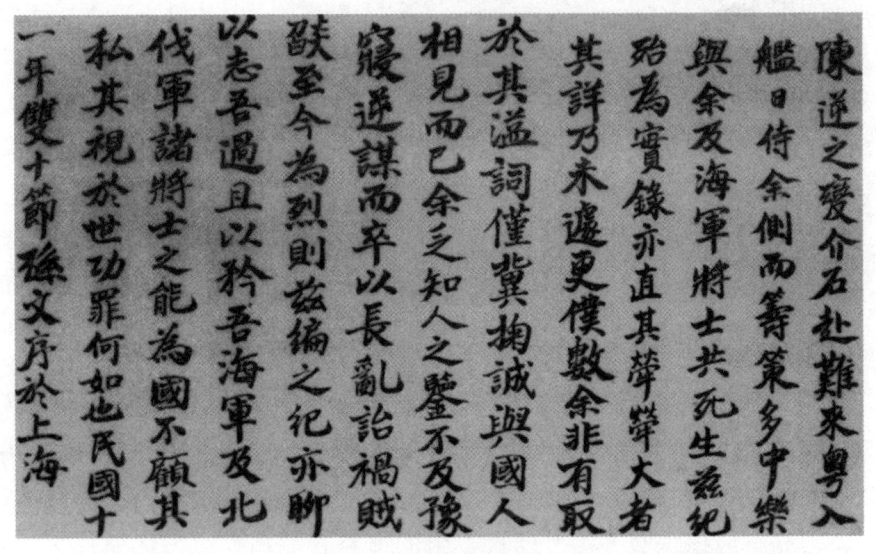

▲ 1922年10月，孙中山为《孙大总统广州蒙难记》一书所写的序言。

陈炯明叛乱，是孙中山一生中所遭受的最惨重的一次失败。他过去历次的失败，毕竟是失败于敌人；而这次失败，完全想不到"祸患生于肘腋，干戈起于肺腑"，相从十余年的部属，竟要置他于死地，而且其手段阴险狠毒更胜于外部敌人。9月18日，他在上海发表《就陈炯明兵变始末及未来计划告国民党同志书》中，详尽地陈述了陈炯明叛乱的经过，将陈的罪行向全国说明。孙中山心情沉重地说："我率领同志为民国而奋斗，已三十年了。中间出死入生，失败次数甚多。但失败之惨酷，没有大于这次的！"当时，他还认识不到军阀产生的根源以及他遭受失败的真正原因，以为只是"任用非人"所造成的。他自我检讨说："我缺乏知人之明，没有能及早察觉陈贼的叛逆，最后造成了大的祸害。"

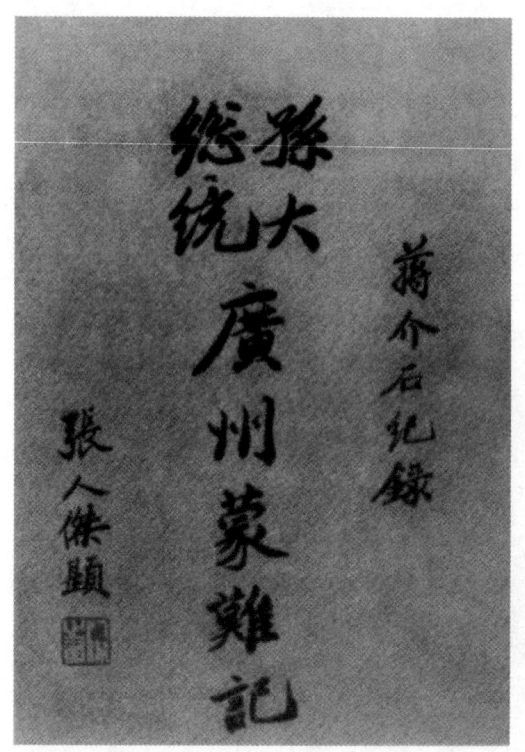

▲ 蒋介石撰写的介绍陈炯明叛变及孙中山平叛经过的《孙大总统广州蒙难记》一书封面。

孙中山为革命奋斗三十多年，其结果却如他自己所说的："革命主义未行，革命目的未达，仅有民国之名，而无民国之实。"第一次护法运动，同北方军阀决裂，也同南方军阀分道；第二次护法运动，祸生肘腋，亲手扶植的部属变成新军阀，从内部下毒手。两次护法运动的结局——特别是后一次的惨败，给了孙中山极大的教训。他痛定思痛，对过去的道路作更多的回顾和反省。孙中山觉悟到要实现救国救民的理想，只有依靠真正的革命力量，过去单纯地利用一个军阀去打倒另一个军阀，是一条惨痛失败的道路；老办法应当彻底改变，必须寻求新的力量，走新的道路。

但是，应该怎么办呢？拯救中国的道路在哪里？应该依靠什么人？联合什么人，走什么样的新道路呢？孙中山需要找寻答案。

第五章

掀起国民革命高潮（1919—1925）

第一节　历史的转折

一、十月革命、五四运动的影响

正当孙中山沉痛地回顾辛亥革命以来一再遭受挫折和失败，发愤专心著书，苦苦地寻求新出路的时候，国际国内形势发生了重大变化。

俄国十月革命以后，列强共同控制中国的局面被打破了，对中国革命十分有利。1919年震惊中外的"五四"反帝反封建爱国运动，包括学生、城市资产阶级和小资产阶级、工人阶级等广泛的社会阶层都参加到行列中，显示着中国人民的觉醒，表明了辛亥之后中国社会的进步，国民革命的条件正在趋于成熟。

1921年7月，中国历史上发生了另一件意义深远的大事——中国共产党宣告成立，从此使中国革命有了正确的组织者和领导者，更把中国革命引向了新的时期。

孙中山怀抱着救国救民的凌云壮志，长期从事民主革命运动，又对社会主义学说，特别是对马克思主义及各国社会主义运动有相当深刻的了解，所以，他满腔热情地欢迎对革命有利的新变化。他迅速地对列宁领导的俄国社会主义革命表示真切同情和热烈支持，并以深邃的政治远见，从十月革命中看到了新世纪的曙光，从而给自己带来了"大希望"。苏维埃国家诞生初期极其艰难的历程，显示着自身确是被压迫民族革命运动可以信赖的盟友。他真诚地欢迎和向往这次革命，把它看成人类伟大希望的诞生，渴望从那里找到推进中国革命的办法。而对于五四运动，孙中山敏锐地发现这个运动具有不同于辛亥革命的新特点，更有力地启迪、鼓舞和推动着他往前迈进的步伐。

1917年11月9日，即十月革命爆发的第三天，在孙中山指导下的

《民国日报》，就用大字标题率先作了报道，还不断刊载赞扬和积极评价十月革命的文章。1918年元旦，又发表了欢迎十月革命胜利的社论，把这次革命视为希望所在。

孙中山站在民族主义者的立场上欢迎十月革命，希望革命后的俄国成为中国民族解放事业的真诚同盟者。尽管当时他对十月革命的性质和成就还缺乏深刻的理解，但对列宁及其人民顽强的斗争精神和胜利由衷钦佩。

当时，孙中山密切注视着苏维埃国家的内外情况。他为了开辟革命新局面，开始考虑和苏俄建立联系，1918年1月就曾指出："此后我国形势，应注重于西北。若俄国现在之革命政府能稳固，则我可于彼方期大发展也。"① 3月时，又以同样意图嘱咐四川靖国军总司令、代省长黄复生，指出："将来对俄关系，不可不预注意于西北边。"② 指示他出师西北，以打通便于和苏俄取得联系的通道。同年夏季，正当世界上各种反动势力一致疯狂地诅咒和诬蔑年轻的苏维埃国家的时候，孙中山在上海却代表南方国会亲自给列宁与苏维埃国家发去贺电，祝贺十月革命胜利，表示对俄国革命党所进行的斗争"十分钦佩，并愿中俄两党团结共同斗争"。③ 这份贺电表达了中国人民对苏俄人民的友好和祝贺的心意，也表明了中国人民的觉醒和孙中山的进步。列宁见信后，高兴地赞誉这封信为"东方的曙光"，他委托苏俄外交人民委员会委员齐契林复信给孙中山，感谢他的贺电，向孙中山这位"中国革命的领袖"致敬，并强调共同进行斗争的必要性。④

孙中山的拥护者朱执信，对俄国十月革命的成功，也怀着向往的心情，对中国革命增加了胜利信心。他连续写了多篇政论文章，如《革命党应该如何？》《匈俄苏域政府的兵》《兵的改造与其心理》等，站在资产阶级民主主义者立场上，热情地赞颂列宁、布尔什维克和赤卫军，并希望以当时苏俄的劳动军为榜样，建立一支"有主义"的部队。为此，他特地翻译了列宁颁布的苏俄《劳动军法规》，进行宣传，还准备

---

① 邵元冲：《广州护法日志》，《建国月刊》第12卷第六期，1935年6月。
② 《致黄复生嘱讨逆及对俄应注意西北边电》（1918年3月13日），《国父全集》第五册，台北1989年版，第42页。
③ [苏]叶尔马舍夫：《孙逸仙》，莫斯科1964年俄文版，第211页。
④ 孙剑晨译：《与孙中山交换的外交信件》，《史学译丛》1958年第三期，原载苏联《国际生活》1957年第11册。

认真钻研列宁的革命理论。

　　1919年5月4日，由北京学生为"外争国权、内惩国贼"抗议巴黎和会继续瓜分中国而爆发的五四爱国运动，震惊中外，它不仅埋葬了巴黎和会与威尔逊之流所宣扬的"公理""永久和平"之类的谎言，也给正在进行的南北议和一个致命的打击，南北军阀此呼彼应地镇压爱国学生运动，更进一步暴露了他们卖国虐民的嘴脸，扩大了他们同人民在争取和平统一问题上的根本分歧。而孙中山则深受鼓舞和启发，表示真诚的同情和支持。他盛赞爱国青年"激发天良，誓死为爱国之运动"，并"以革命思想为将来革命新事业之预备"，"实为最有价值之事"，热烈地相信它"倘能继长增高，其将来收效之伟大且久远者，可无疑也"。

　　当五四运动爆发时，正值孙中山第一次护法运动失败后，避居上海，闭门埋头著书立说，试图从思想理论上启发民智，唤醒多数人民。但他同时也关心社会政治现状，指导国民党人鼓动、组织民众爱国运动。5月初，在上海民众中正努力工作的国民党人陈汉明函告孙中山说，南京华侨学生代表大会议决：电请各方争回青岛，维持国权，请予

▲1919年5月4日，北京大学等校学生反对巴黎和会和日本攫取德国在山东侵略权益的示威游行，"五四"反帝反封建爱国运动爆发。这一反帝爱国运动波及到全国各地。图为北京学生示威游行情景。

赞助。孙中山见信后批示："由邵元冲代答奖励；此间有一分之力当尽一分之力也。"据目前能见到的史料看，这是孙中山最早表述的要全力赞助五四运动的明确态度。

5月12日，孙中山的秘书给陈汉明写了回信。按照孙中山的意图，首先赞扬了北京学生的爱国举动，同时鼓励陈汉明等国民党人说："此次外交急迫，北政府媚外丧权，甘心卖国，凡我国民，同深愤慨。幸北京各学校诸君奋起于先，沪上复得诸君共为后盾，大声疾呼，足挽垂死之人心而使之觉醒"，此举最有价值。接着，信中阐明了孙中山的态度："中山先生同属国民一分子，对诸君爱国热忱，极表同情，当尽能力之所及以为诸君后盾。日来亦屡以此意提携同人，一致进行。"信的最后又明确指示说："尚望诸君乘此时机，坚持不懈，再接再厉，唤醒国魂。民族存亡，在此一举，幸诸君勉力图之！"①这封复信，不仅明确表述了孙中山的态度，而且阐述了国民党要人的主张，显示出当时国民党内对五四运动态度的高度一致性。这对众多国民党党员来说，无疑将产生很大影响。

孙中山深深受到五四爱国运动爆发的鼓舞，他在上海多次接见全国学生联合会代表，热烈支持和鼓励学生们的斗争，并参加了上海爱国学生的集会，在会上发表了热情赞助学生运动的演说，还写信给天津学生联合会，赞扬青年学生的正义行动。

孙中山打电报给南北军阀控制的政府，积极营救因参加爱国运动而受迫害的学生和被捕的工、学界代表，对群众的革命斗争采取欢迎和支持的态度。他及时营救遭北京政府逮捕的学生，在第一时间里打电报给段祺瑞，要求"释放被捕学生"。②由于孙中山的努力和其他各界人士的支持，特别是广大群众的团结斗争，北京政府被迫于5月7日释放全部被捕学生。7月中旬，孙中山又通电广东政府，要求立即释放被捕工人、学生代表，并指出："盖民气以愈激而愈烈，若专持威力，横事摧残，不惟粤人之所共愤，亦即全国之所不容也。"③谴责桂系军阀支配下的广东政府镇压革命群众运动。

在一次群众大会上，一个北京大学的学生在发言中，指名批评说：

---

① 《孙中山全集》第五卷，中华书局1985年版，第54页。
② 许德珩：《纪念与回忆》，《人民日报》，1956年11月11日。
③ 黄季陆编：《总理全集》下册，"电文"，成都近芬书屋1944年版，第164页。

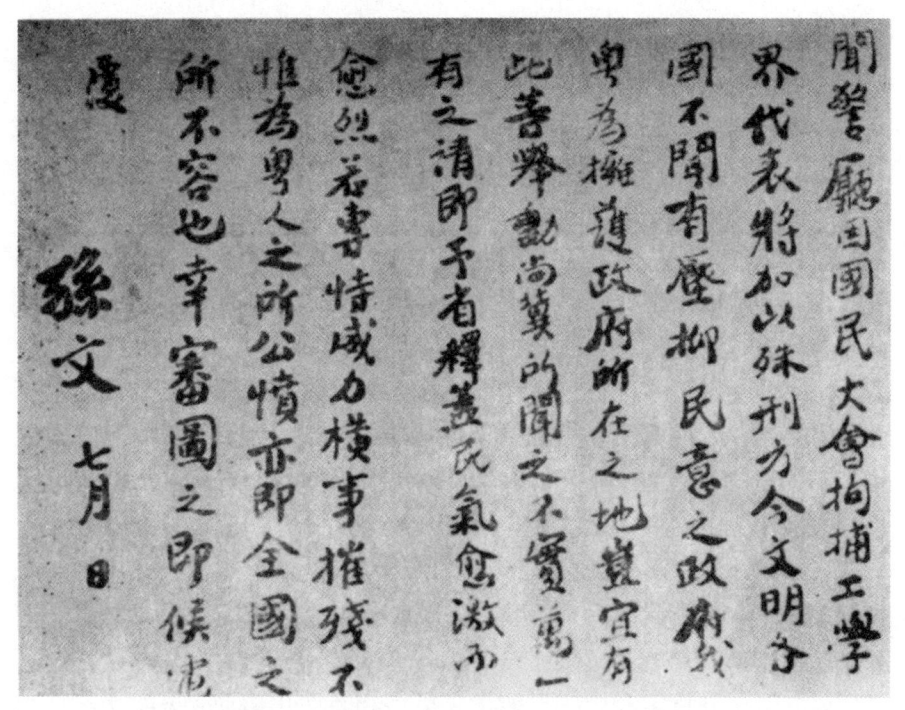

▲ 广东学生与工人也参加了五四爱国运动，但受到当局的镇压。图为1919年7月孙中山要求广州当局释放被捕工人和学生的电报。

"孙中山先生的革命，算不上革命。他的革命仅仅是把大清门的牌匾换作中华门，这样的革命不算彻底，我们这次要作彻底的革命。"与会的孙中山听了不但没有生气，而且带头热烈鼓掌。会后，他还向该学生恳切地说："我所领导的革命，倘早有你们这样的同志参加，定能得到成功。"① 五四后，北京等地学生纷纷成立学生联合会，各地学生代表相继集会于上海筹备成立全国学生联合会，孙中山赞同学生组织起来，扩大学生运动。全国学生联合会在上海正式成立，孙中山给予经济上支持，并应邀到学生联合会讲演，他帮助学生分析巴黎和会，介绍十月革命情况，鼓励青年斗争。这一时期，他还多次邀请学生代表到他的寓所谈话，热情地接见他们，赞扬青年的爱国热忱，并对他们寄予莫大的希望。他曾语重心长地对代表讲："中国的希望就寄托在你们这般青年人的身上。"11月10日，全国各界联合会在上海成立，孙中山又派代表

---

① 金毓黻：《五四运动琐记》，载中国社会科学院近代史研究所编：《五四运动回忆录》（上），中国社会科学出版社1979年版，第331页。

出席讲话，支持群众的爱国斗争。

特别值得提出的是，孙中山对五四运动和新文化运动给予高度评价。他在五四运动一个多月后，即6月18日，就提出："试观此数月来全国学生之奋起，何莫非新思想鼓荡陶镕之功！"① 次年，即1920年，他专向全党发出以下的号召：

"自北京大学学生发生五四运动以来，一般爱国青年，无不以革命新思想为将来革新事业之预备。于是蓬蓬勃勃，发抒言论。国内各界舆论，一致倡同。各种新出版物，为热心青年所举办者，纷纷应时而出。扬葩吐艳，各极其致，社会遂蒙受绝大之影响。虽以顽劣之伪政府，犹且不敢撄其锋。此种新文化运动，在我国今日，诚思想界空前之大变动。……倘能继长增高，其将来收效之伟大且久远者，可无疑也。""故此种新文化运动，实为最有价值之事。"②

在中国，如此迅速地高度评价五四运动和新文化运动，孙中山应是第一人。而这也就是他后来重新考虑革命的道路和重新解释三民主义以引起党人思想变化的新契机。

孙中山充分肯定和赞扬五四学生运动和新文化运动，并给予热情地支持，除他本人的言论、文字反映他的态度外，1919年至1920年间，他领导的如《民国日报》等报刊的许多言论，代表了他的意见和主张。尤其在"三罢"开始后的6月8日，戴季陶、沈玄庐、孙棣三等国民党人创办了《星期评论》周刊；同时，孙中山又委派朱执信、廖仲恺、胡汉民等国民党要人开始筹办《建设》杂志，创刊号于8月1日问世。上述两大刊物，较多地宣传马克思主义的部分观点和全民政治理论，影响之大，进步之程度，都是当时中国社会上不多见的。尤其是《星期评论》，创刊于"三罢"斗争中，注重鼓吹工农民众的实际运动，对五四运动的深入发展和取胜，有直接推动作用。罗家伦在《五四的真精神》一文中说，孙中山"对时代的适应和把握到底比别人高明而有魄力。所以新文化运动一发动，他就在上海创办《建设》杂志，以积极的方案相号召，而令干部同志办《星期评论》，完全用语体文，俾与北大几个有力量的刊物相呼应"③。

---

① 《复蔡冰若函》，《孙中山全集》第五卷，中华书局1985年版，第66页。
② 《致海外国民党同志书》，《孙中山全集》第五卷，中华书局1985年版，第209—210页。
③ 转引自王德昭：《孙中山先生革命思想的分析研究》。

五四爱国运动的发展，给孙中山以巨大影响。这种影响，随着时间的推移，越到后来看得越清楚，明显地促进了他晚期思想的变化。

这些影响，表现在下述四个方面：

首先，五四运动促使孙中山进一步认清了帝国主义和封建军阀的反动面目，推动了他反帝反封建民主思想的发展。

孙中山在领导革命过程中，长期对帝国主义抱有幻想。辛亥革命时期，他发布了对帝国主义妥协的《临时大总统告友邦书》，希望以此换取帝国主义的同情和支持。"二次革命"时，他提出"联日"反袁主张，幻想依靠日本帝国主义打倒投靠英美帝国主义的袁世凯。护法斗争时，他又致函日本首相寺内正毅，劝告日本帝国主义不要支持"以武力破约法、毁国会"的段祺瑞，希望日本政府对中国能"表示援助正义之态度"等等。孙中山对国内封建势力的认识，也是不明确的。辛亥革命时期，把斗争的矛头仅仅指向清王朝，而没有看到它所代表的整个地主阶级，因此把革命果实让给了袁世凯。袁世凯死后，又幻想通过与北洋军阀政府谈判维护约法，恢复国会，实现共和政治，以及依靠一部分军阀反对另一部分封建军阀进行护法斗争。护法战争失败后，孙中山被迫由广州回到上海，这时他思想虽然十分苦闷，但他的"救国之心，未尝少懈"。他开始专心著书，致力于革命理论的研究，总结经验教训，企图从失败中探索救国救民的新道路。他在《孙文学说》自序中回顾了民国以来的革命斗争，虽然认识到加强革命理论宣传对于推行革命运动的重要作用，但是他并没有总结出革命一再失败的根本原因。在改造中国的问题上，仍然认为护法斗争是唯一可行的道路。1919年5月，他在《护法宣言》中说："须知国内纷争，皆因大法不立。在法律，国会本不能解散，若不使国会复得完全自由行使其职权，则法律已失其力，……今日言和平救国之法，惟有恢复国会完全自由行使职权一途。"

可是，在北洋军阀统治下，《临时约法》早已被践踏，所谓"国会"也已被摧残，在这种形势下，设想通过维护约法，恢复国会以实现"真共和"，岂不是与虎谋皮！

正当孙中山在探求救国真理的迂回艰巨进程中，五四运动爆发了。五四运动揭露了帝国主义的侵略本质和反动军阀的媚外卖国罪行，尤其是对日本帝国主义在山东问题上狰狞面目的揭露和巴黎和会骗局的戳穿，激起了全国人民对帝国主义和封建军阀的无比义愤，使人们认识到帝国主义和封建军阀是中华民族和中国人民最凶恶的敌人。五四运动使孙中

山在总结不断受挫的经历的基础上，进一步认清了帝国主义和军阀的反动面目。他开始抛弃对日本帝国主义的幻想，认为日本帝国主义是侵略中国和东亚的罪魁祸首。他说日本政府"深忌中国之强，尤畏民党得志而碍其蚕食之谋，故屡助官僚以抑民党，必期中国永久愚弱以遂彼野心"。①他谴责日本政府"专以援助反动党排除民主主义为事"。明确地指出："此后吾党之患，仍在日本军阀政策。"因此，他提出必须同日本帝国主义进行坚决的斗争。他说，中国问题"解决的关键"就是"废除二十一条款"。他极力反对中日直接交涉山东问题，主张必须以"抵制日货及其他断绝经济关系之法"，对付日本。他号召革命党人"一定要打到一个人不剩，或者二十一条款废除了，才歇手"。这充分表现了孙中山与日本帝国主义斗争到底的决心和勇气。这一时期在他领导下的《星期评论》等刊物上，也对巴黎和会进行了猛烈的抨击。认为和会是"强国的会议"，所标榜的"自由""正义""人道""民权自决"等等，都是"虚伪的宣示"，指出那些强国政治家的根本观念，仍旧不外"强权即正义"，因此，靠"国际联盟"来改造世界，则是"一种空想"。

　　孙中山对国内封建势力的认识，也有明显的进步。"五四"后，他连续发表了《改造中国之第一步只有革命》《救国之急务》《八年今日》等讲演和文章。从这些言论中，我们可以看到他开始认识到中国革命的敌人不单是清朝皇帝、袁世凯、段祺瑞等几个反动头子，而是一个集团。他在批判过去革命的不彻底时说："八年以来的中华民国，政治不良到这个地位，实因为单破坏地面，而没有掘地底陈土的缘故。"他说这些陈土就是官僚、军阀和政客。他沉痛地追述了辛亥革命以来的中国现实社会是破坏"一专制政治"，而"有三专制政治起而代之"。他进而指出：中国祸乱的根源在于政客、官僚和军阀的"捣乱"，"政客不死，祸乱不止"。"要建筑灿烂庄严的民国，须搬去这三种陈土，才能建立坚固的基础来。"他把斗争的矛头直接指向了中国反动政治集团。孙中山认识到中国革命的敌人是一个反动集团，这是他反封建民主思想发展过程的一个飞跃。

　　基于上述认识，他提出"根本解决"中国问题的办法是革命。关于如何救中国，孙中山在一次对学生讲演中分析了流行一时的"教育救国""实业救国"和"地方自治"等主张，他认为不打倒腐败的官僚

---

① 1915年5月20日《孙文学说》出版时该书所附《陈英士致黄克强书》的按语。

统治，想从教育、实业以及地方自治入手改造中国是办不到的。对于"教育救国"，他说："假使我们培养一个青年，费巨额金钱，俾受一种完全教育，官吏有时竟因嫉视新人物的心理置诸死地"，因此，"教育救国"不行。兴办实业也不行，他说："辛亥以后，多数华侨，热心回国经营实业，因官吏索贿过重，致中途灰心。从这点看，从实业上改造起，也是没有希望的。"至于"地方自治"，更不行。他指出："现在官僚，何尝愿意人民有自治的能力？大家只需看地方自治经费，统被他们挥霍尽净，致自治不能举办。"他认为"以上三种，固是改造中国的要件，但不能认为是第一步的方法"，第一步的方法，"只有革命"。即"南北新旧国会一概不要它，同时把那些腐败官僚、跋扈武人、作恶政客完完全全扫干净它……重新创造一个国民所有的新国家，比现在的共和国家还好得多"。孙中山此时开始改变救国的方法只有"护法"一途的观点，认为救国"所可采者惟有两途"：一为"维持现状"，即恢复合法国会，"令它自由行使职权"；一为"根本解决"，即"重行革命"。并且他逐渐对"护法"产生怀疑。他说："护法一途，已有步步荆棘之象"。而且"护法断断不能解决根本问题"。因为"护法不过矫正北政府之非法行为，即达目的，于中华民国亦无若何裨益。况护法乃国内一部分问题，对内仍承认北京政府为中央政府，对外亦不发生国际上地位之效力"。他因此努力建立"正式政府"，重新开始革命事业，以求根本改革。

五四运动促使孙中山开始认识到帝国主义与封建统治集团互相勾结的密切关系。辛亥革命前，孙中山虽然已经清楚地看到中国所面临的"强邻环列，虎视鹰瞵"的危险局面，他却把这种局面的出现完全归罪于清王朝统治的无能。他认为如果中国人"发奋自雄"，打倒腐败清王朝统治，"西人将见好于我不暇，遑敢图我"。可是清王朝被推翻

▲ 奉系军阀张作霖由于与直系军阀吴佩孚的矛盾，于1922年初主动与主张讨伐吴佩孚的孙中山接近。图为张作霖。

第五章 掀起国民革命高潮（1919—1925）

469

后，中国的形势并没有好转，而且比清朝时更坏。正如孙中山所说："夫去一满洲之专制，转生出无数强盗之专制，其为毒之烈，较前尤甚。"他对这种局面感到十分痛心，但是却没有认识到这正是帝国主义分裂政策的结果，是帝国主义勾结中国的封建势力联合统治中国造成的。五四运动后，由于群众对帝国主义本质和军阀卖国罪行的揭露，孙中山在总结革命多次失败的基础上，逐渐认识到北京政府完全是被帝国主义控制的卖国政权。他说："此等军阀已完全为要求此卖国条约之势力所支配。"而且这个政权无论在政治上、经济上都得到帝国主义的支持，他们之间是"主子"和"奴才"的关系。他说："列强仍然在政治上和财政上支持一些土皇帝和军阀。其中有一个是过去的胡匪头子，叫张作霖。他名义上是

▲ 1922年春，张作霖之子张学良呈赠孙中山的题照。

满洲军队的统帅和督军，但实际上是北京'政府'所听命的主子。而他本人却又在一切重大的、与日本有关的事情上听命于东京。因此，可以正确地断言：在与日本切身利益有关的一切重大政策问题上，北京实际上是东京的工具。"①

由上可见，孙中山此时虽然还没能从本质上认清帝国主义和中国的封建势力，因而没有也不可能提出反帝反封建的纲领，然而，五四运动却使他对中国革命的某些基本问题产生了新认识，这些都为他后来接受

---

① 《孙中山选集》上卷，人民出版社1956年版，第435页。

共产党的帮助，抛弃对帝国主义的幻想，走上坚决反帝反封建的革命道路准备了条件。

其次，五四运动促使孙中山开始改变他的群众观。

孙中山长期以来进行革命活动的主要方式是在有限的群众范围内搞单纯的军事暴动。和所有的资产阶级革命家一样，他不能依靠广大劳动群众，认为他们都是"不知不觉的人"，是只能做"最简单的事"的"阿斗"。因此，他从来没有想以劳动人民为主体进行革命斗争，他所依靠的是少数"先觉之士"。辛亥革命运动中，虽然也曾发动和联系过会党和新军，这也只是因为"先知先觉之士"的"发明"必须有"不知不觉者"的"竭力乐成"，"才能够做成功"。因此，武昌起义成功后，各地普遍发生了鲁迅通过阿Q所说的"革命党人不准人民革命"的事情。"二次革命"、护国反袁战争中，由于单纯军事暴动不断遭到失败，他又依靠西南军阀进行护法斗争。可是，在半殖民地、半封建的中国，不依靠广大工农群众，是无法打倒奴役中华民族、推行封建专制政治的帝国主义和封建势力的。正如列宁所说："要革命，但又不进行'群众性的革命斗争'，这是不可能的。"孙中山就是既不能发动广大劳动群众，又要建立独立、民主、自由的中国，这就成了他所领导的革命一再失败的根本原因。直到五四运动前，他曾多方面总结过失败的原因，但始终没有认识到脱离广大工农群众是使革命屡遭失败的根本原因。

五四运动中，英勇的青年学生和工人群众走上街头，他们以新的方式、新的规模向帝国主义和封建势力展开了坚决的斗争，形成了全国规模的反帝反封建的革命风暴。尤其是工人阶级的罢工斗争，显示了巨大的革命威力，震撼了帝国主义和封建军阀的统治，迫使反动政府不得不罢免三个卖国贼的官职，拒绝在巴黎和会上签字。群众运动的革命浪潮激荡着整个中国，也给孙中山以很大震动。他从群众坚决反帝反封建斗争中受到鼓舞，看到了人民群众的力量，他开始重视群众性的政治斗争。"六五"上海工人大罢工，立即引起孙中山的注视。6月22日，他和戴季陶的谈话中虽然说"工人没有知识"，但要用"三民主义的精神"去"指导他们"，"要做指导社会的工夫"。1920年11月，他应邀出席上海机器工会成立大会，并发表讲演，鼓动工人"欲贯彻民生主义，非在官僚手中夺回民权不可"。对青年学生运动，尤为重视。他说："试观今次学生运动，不过因被激而兴，而于此甚短之期间，收绝

伦之巨果,可知结合者即强也。如使诸君即时以正当方法结合,要求在国会政治之下,回复诸君自己之权,吾敢断言诸君之必成功也。"① 他从学生运动中看到了组织起来的强大力量,并进而想借助群众运动的力量来实现自己的政治主张。他说:"若诸君于此举足轻重之际,来助我主张,予信北京政府从此不能更拒绝吾人也。"② 1921年,孙中山第二次回广州重组政府后,更注意推行保障人民权利的政策,1月23日,广东军政府下令废止镇压人民的《治安警察条例》。孙中山对广东工人运动表示赞助。4月18日,他在广东教育会对工人发表演说,阐明民生主义应恢复工人人格及增进工界幸福。由于孙中山的同情和支持,广东一时成为全国工人运动最活跃的地区,1922年5月1日,中国劳动组合书记部得以在广州召开第一次全国劳动大会。这一时期,他对被北京政府迫害的教师表示十分同情。1921年6月7日,他致函北京八校被迫辞职的教职员,指出:"在伪政府之下,决无教育发展希望,况复摧残至此",并欢迎全体来粤。事实表明,五四运动促使孙中山对待群众和群众运动的态度开始了可贵的转变。

值得提出的是,在孙中山的战友中,朱执信比当时一般资产阶级革命派看得更远一些,他不但提出了"国家之中最有力者为人民,人民所归向者,始谓之实力"③ 这一卓越的见解,而且随着时代革命思潮的影响,逐渐认识到来自下层革命群众的力量。他说:"我以为中国的革命是难免的。工人的力量是一天增加一天。"又说:"离了农工的帮助,学界也没有真正的力量。"④ 他把日益增长的"工人的力量",视为中国革命"难免"的因素。他发出"运动乡下人爱国才有用"的呼声,鼓励青年学生到农村发动农民参加爱国运动。他还赞扬当时革命知识分子参加"打倒孔家店"的斗争。当然,他用以观察和论述社会问题的基本观点,仍然没有超越民主主义思想体系。

孙中山对朱执信是极为赞佩的,长期倚为重要助手。朱执信的这些进步的思想言论,对于孙中山的群众观自然也会产生一些积极影响。

再次,五四运动推动孙中山更重视革命理论宣传工作。

"五四"前,孙中山在《孙文学说》自序中,已经阐明了加强革命

---

① ② 《孙中山选集》上卷,人民出版社1956年版,第47页。
③ 《所谓实力派之和平》,《朱执信集》下册,上海建设社1921年版,第541页。
④ 《野心家和劳动阶级》,《朱执信集》下册,上海建设社1921年版,第666页。

理论宣传的重要性。他认为民国以来的建设"所以一无成就",重要原因之一是革命党人于"革命宗旨,革命方略","信仰不笃,奉行不力",受了"知易行难"错误理论的影响。他说:"知易行难"之说,"予生平之最大敌也!其威力当万倍于满清。夫满清之威力,不过只能杀吾人之身耳,而不能夺吾人之志也。乃此敌之威力,则不惟能夺吾人之志,且足以迷亿兆人之心也。"他认为正是这种错误思想作祟,瓦解了人们的斗志,从而使革命后的建设事业"一败涂地"。因此他在第一次护法失败后,奋笔疾书,批判"知易行难"理论,提出"知难行易"学说与之相对立,期望以此学说武装人们头脑,"以破此心理之大敌,而出国人之思想于迷津",清除革命党人畏难情绪,振奋革命精神,"建设一政治最修明、人民最安乐之国家"。

五四运动爆发,促进了他这一思想的发展。孙中山没有认识到五四运动发生的深刻的经济、政治背景,而认为运动之所以爆发,完全是由于新思想作用的结果。他说:"此数月来全国学生之奋起,何莫非新思想鼓荡陶镕之功?"① 进而提出:"吾党欲收革命之成功,必有赖于思想之变化。"这种看法固然是片面的,然而他看到了新思想的宣传对社会发展的促进作用,则是一大进步。因此,孙中山在五四后,一方面坚持撰写《建国方略》,希望以革命理论"启发国民",建设真正的民治国家;另一方面则积极创办刊物。1919年6月间,他派戴季陶、沈玄庐等人创办《星期评论》《民国日报》副刊《觉悟》,和北京出版的战斗性很强的《每周评论》等期刊相呼应。8月,又派朱执信、廖仲恺等创办《建设》杂志。孙中山还亲自为《建设》杂志写《发刊词》指出:"八年以来,国际地位犹未能与列强并驾,而国内则犹是官僚舞弊,武人专横,政客捣乱,人民流离者,何也?以革命破坏之后,而不能建设也……故发刊'建设杂志',以鼓吹建设之思潮,展明建设之原理,冀广传吾党建设之主义,成为国民之常识。"② 五四运动,推进了孙中山进一步重视思想理论宣传工作。

最后,五四运动促进孙中山对社会主义苏联的向往。

五四运动,是在俄国十月革命影响下爆发的。十月革命的胜利,给世界被压迫人民和被压迫民族指明了解放的道路。十月革命后的第

---

① 《孙中山年谱》,中华书局1980年版,第243页。
② 《建设》,中华书局1962年版,第一卷第一号。

二天，苏维埃政权就宣布废除帝俄时代同被压迫国家签订的一切不平等条约，1918年2月，又宣布废除中俄不平等条约。这些政策给一向被帝国主义奴役压迫的中国人民以极大的鼓舞，也给正在寻求民族解放的孙中山以巨大影响。他欢迎十月革命，把它看作人类解放的伟大希望。孙中山渴望发展两国人民的友好往来，早在1918年1月间就指出："此后我国形势，应注重于西北。若俄国现在之革命政府能稳固，则我可于彼方期大发展也。"① 为了表示对俄国革命的祝贺，1918年夏，孙中山致电列宁和苏维埃政府，电报中说："中国革命党对贵国革命党所进行的艰苦斗争表示十分钦佩，并愿中俄两党团结共同斗争。"②

五四运动后，先进的知识分子广泛传播马列主义和十月革命的经验，尤其是1919年7月和1920年9月，苏俄政府两次对华宣言，重申废除沙俄时代在中国的一切特权，并建议在平等基础上建立两国外交关系，更使孙中山感到唯有俄国"能以平等条件待遇中国"。他赞扬十月革命，敬仰列宁，注意学习俄国革命经验。1921年8月，他在复苏俄外交人民委员齐契林信中热情地表示："我希望与您及莫斯科的其他友人获得私人的接触，我非常注意你们的事业，特别是你们苏维埃的组织、你们军队和教育的组织。"并表示向"列宁以及所有为了人类自由事业而有许多成就的友人们致敬"。③ 他决心以苏俄为榜样，建立新式共和国，他说："法、美共和国皆旧式的，今日惟俄国为新式的，吾人当造成一最新式的共和国。"④ 五四运动对巴黎和会骗局的揭穿，从反面教育了孙中山，使他开始丢掉对帝国主义的幻想；五四运动后十月革命经验在中国的流传以及苏俄政府对中国人民革命的支持和援助，则从正面给孙中山以启示，使他更向往社会主义苏联，并终于形成了孙中山关于中国革命必须"以俄为师"的观念。

总之，五四运动对孙中山的影响是巨大的，集中于一点就是开始动摇了他在中国建立西方资产阶级共和国的信念。如果说1924年，他在总结多年革命经验教训的基础上，由于共产党和苏联的帮助，终于丢掉了对帝国主义和封建势力的幻想，抛弃了西方资产阶级共和国的方案，

---

① 邵元冲：《广州护法日志》，《建国月刊》，第12卷第6期。
② 《孙中山年谱》，中华书局1980年版，第230页。
③ 《孙中山选集》上卷，人民出版社1956年版，第436页。
④ 《孙中山选集》上卷，人民出版社1956年版，第438页。

找到了新的革命道路,实现了他一生中伟大的转变,那么,五四运动则是他这一转变的最初起点。

孙中山从五四运动受到深刻影响开始,到实现三民主义的新发展,说明了"伟大人物之所以伟大……而是因为他所具备的特点使他最能为当时在一般原因和特殊原因影响下产生的伟大社会需要服务"。① 这也完全符合孙中山主观的愿望和努力,"顺乎天理应乎人情,合乎世界之潮流,本乎人群之需要"。

孙中山的思想所发生的这些新变化,实际上正是他在反思和探索中对自己过去革命活动的缺陷的发现和抛弃。他就是这样自觉地接受实践的检验,并从而改进和提高自己的。孙中山继续前进了。

二、革命思想的重要发展

陈炯明的叛变,促使孙中山总结第二次护法斗争的经历,进一步思考了中国革命的途径、目标等重要问题,并在已有认识的基础上又有前进。陈炯明的叛变,使孙中山对依靠少数人再走护法的老路不再抱有希望。同时,在北洋军阀的支持下,旧国会在天津重新召集会议,公开为北洋军阀帮腔的举动,也使孙中山下决心抛弃护法主张,改用革命手段解决国内问题。

孙中山对帝国主义及其与中国革命的关系,也有了新的认识。第一次护法失败时,孙中山已看到反动军阀是中国的祸患,但他对站在军阀势力背后的更大祸害——帝国主义,看得仍不那么清楚。五四运动发生后,群众强烈的反帝情绪,感染了孙中山,他对帝国主义侵略中国的野心和他们与中国反动势力的关系,已有比较清楚的认识,态度也变得强硬起来,但这主要还只是限于日本。对英、美等国,孙中山扔抱有幻想。但以后的现实,却使孙中山大失所望。当他就任非常大总统时,港英当局竟然阻挠群众集会庆祝和捐款支持新政府。英、美等国拒绝承认孙中山领导的广州政府。而在段祺瑞之后控制了北京政府、继续与孙中山为敌的以曹锟、吴佩孚为首的直系军阀,却受到英、美的多方支持。为了解决北伐军所需费用,孙中山曾要求列强将粤海关关余(指扣除

---

① [俄]普列汉诺夫著,王荫庭译:《论个人在历史上的作用问题》,北京:商务印书馆2010年版,第55页。

475

偿付赔款、外债后的关税余款）拨付广州军政府，但外国驻华使团以孙中山领导的军政府权力只及广东为借口，予以拒绝，并将保管的关余二百五十万两划归北洋政府。孙中山针锋相对地作出反应，准备收回海关。港英当局闻讯，公然派遣炮舰抵粤巡弋，以武力相威胁。与孙中山离心离德的陈炯明部，则袖手旁观，拒不听从孙中山的领导，致使这次关余之争不了了之。这些严酷的现实，促使孙中山对英、美的认识有所转变。总的说来，这一时期孙中山对帝国主义与中国革命关系的认识，基本上还处于感性认识阶段，对公开支持北洋政府与革命力量为敌的日本政府，孙中山的认识已相当深刻；而对敌对立场尚不那么明显的英、美等国，孙中山的认识还是比较模糊的。尽管孙中山对帝国主义的本质还缺乏全面的认识，还没有清楚地意识到要拯救中国，首先必须推翻帝国主义在中国的统治，但是他在当时的一些言行，特别是他对日本帝国主义的揭露与抨击，表明他在帝国主义与中国革命关系的认识上，已经有了很大的前进，随着斗争的开展和英、美等国政府破坏中国革命真实面目的日益暴露，孙中山的认识在继续提高。

孙中山对学习苏维埃俄国和争取得到苏俄的帮助，以推进中国革命开展的态度更加坚定。十月革命发生后，孙中山立刻表示了深切的同情，但对它的了解还很少。到1920年，情况有所变化。一是年初外国干涉十月革命的军队在俄国人民的抗击下，被迫从西伯利亚撤退，远东共和国在赤塔成立，改变了苏俄同中国原来那种阻隔的状态，使孙中山有可能对苏俄的真实情况有更多的了解。二是这年的9月27日，中国收到了苏俄的第二次对华宣言，郑重宣布放弃沙俄政府在中国攫取的一切侵略权益。这对极端憎恨外国帝国主义把不平等条约强加给中国的孙中山，自然有巨大的吸引力，使他对苏俄产生更多的亲近感。1921年12月，共产国际代表马林在中国共产党人张太雷陪同下，在桂林与孙中山进行了三次长谈，向孙中山较详细地介绍了苏俄的情况，其中包括从战时共产主义到新经济政策的重大转变。这使孙中山对苏俄的了解，更加深了一步。不久，他明确表示打算与苏俄建立关系。但苏俄距离广东毕竟太远，而华南和长江流域却是英帝国主义的势力范围，孙中山顾虑过早与苏俄建立关系会激怒英国，于革命不利，打算待北伐军占领汉口后再正式承认苏俄。以后，当孙中山对英、美等国政府尚存的一点幻想一破灭，他便坚定地公开地作出了联俄的决定。

孙中山在革命斗争中，开始注意发挥人民群众特别是工人群众的力

▲ 1921年12月,共产国际代表马林在中共党员李大钊介绍下,由中共党员张太雷陪同,专程赴桂林会见孙中山,建议孙中山组建新政党,建立革命武装,并要首先创办军官学校。图为马林照。

量。过去,孙中山的追随者中也有不少工人,但他对中国的工人运动却没有表现出多少热情。这一方面固然由于独立的工人运动还没有发展起来,另一方面也是因为孙中山对下层群众政治觉悟的保守估计。1922年初掀起的规模空前的香港海员大罢工,引起孙中山的重视。这次大罢工最初虽由增加工资、改善待遇等经济要求所引起,但很快就把斗争的矛头集中指向外国帝国主义。当时正在桂林准备北伐的孙中山,积极给予了支持,并要廖仲恺在广州筹款支援。同年5月1日,许多共产党员参加的第一次全国劳动大会在广州召开,并举行了有广州数万工人参加的大游行。这些都对孙中山的思想产生了影响。在马林同孙中山的会见中,两人曾讨论了群众运动和在工人群众中进行宣传的必要性等问题。说明这个问题在孙中山思想上逐渐占有重要的位置。孙中山因陈炯明叛变而抵沪后,曾有31个工会团体的代表前往拜访,表示声援,两者间的关系进一步密切。

孙中山思想的这些引人注目的发展,是继十月革命、五四运动以后他对中国革命一系列重要问题重新认识、思考的结果,也反映了他对革命实践的及时总结。同时,这些发展也得到他周围一些国民党人的推动,实际上也反映了廖仲恺、朱执信等相当一部分居于领导地位的国民党人的思想发展历程。基于上述认识,孙中山等人对1921年成立后即积极组织人民群众开展反帝反封建斗争的中国共产党人抱有好感,并开始考虑通过采取国共合作的方式,恢复和增强国民党的活力。孙中山在

桂林时，曾与陪同马林前往的中国共产党人张太雷详细讨论了如何动员中国广大青年更加积极地参加革命运动的问题，希望在这项工作中能得到中国共产党人的帮助，表示了愿与中国共产党人合作的积极态度。

正是经过了较长时间的了解、比较和思索，在十月革命和五四运动的影响和推动下，以孙中山为代表的一批国民党人，开始树立了改变以往的斗争方式，走新的革命道路的愿望。陈炯明的叛变和第二次护法运动的失败，促使他们最终下了决心。与此同时，苏俄、共产国际和中国共产党在经过一段曲折后，对孙中山和他所领导的中国国民党，也有了符合实际的正确认识。于是，苏俄及共产国际与孙中山的接触开始增多。1922年，中国共产党也作出了国共合作的决议。

▲ 陪同马林与孙中山会谈的张太雷。

中国共产党成立伊始，对中国国情和中国革命一些基本问题的认识，还是相当幼稚的。1921年党的第一份决议中，曾规定"只维护无产阶级的利益，不同其他党派建立任何关系"。但孙中山等民主革命派的救国热忱和不懈努力，以及苏俄及共产国际与孙中山的日益接近，促使中国共产党对中国革命有了新的认识。1922年6月15日，共产党的中央执行委员会发表对于时局的主张，认为"依中国政治经济的现状，依历史进化的过程，无产阶级在目前最切要的工作，还应该联络民主派共同对封建式的军阀革命，以达到军阀覆灭、能够建设民主政治为止"。陈炯明叛变事件发生后，中国共产党对孙中山更明确地表示了支持的态度。7月发表的中国共产党的"二大"宣言明确指出："只有无产阶级的革命势力和民主主义的革命势力合同动作，才能使真正民主主义革命格外迅速成功。"8月下旬，中共中央在杭州西湖举行特别会议，通过了国共合作的有关决定。

也是在 8 月下旬，孙中山在上海会见了李大钊，就怎样开创中国革命新局面的问题，进行了多次深入的讨论。孙中山非常感谢中国共产党人的真诚帮助，对李大钊丰富的学识和关于中国革命的卓越见解十分钦佩。两人"畅谈不倦，几乎忘食"。一天，送走李大钊后，孙中山兴奋地对宋庆龄说，共产党人是他的真正的革命同志，在今后的革命斗争中他能够依靠他们的明确的思想和无畏的勇气。他诚挚地希望李大钊加入国民党，帮助他一起完成通过振兴国民党来振兴中国革命的任务。在孙中山的热情邀请下，李大钊、

▲ 1922 年 8 月，中国共产党委派李大钊到上海与孙中山商议谈改组国民党事宜。图为李大钊。

陈独秀、蔡和森和张太雷等一批中国共产党人，先后以个人名义加入了国民党，为实现第一次国共合作，提供了条件。孙中山的革命生涯，进入了一个崭新的阶段。

三、完善三民主义

1919 年，孙中山根据革命形势的发展和需要，对所倡导的三民主义的内容予以丰富和发展。他撰写的《三民主义》一文，虽仅是一个概要，内容却简明扼要，是他第一次对三民主义作了较前更深入系统的理论说明和界定，进一步完善了"三民主义"。

三民主义是孙中山的革命理论，也是他在民主革命阶段政治思想的基本内容。民族主义所宣布的目标，在辛亥革命前，是要通过武装斗争，推翻腐朽卖国的满清贵族集团所把持的清朝反动统治，重建汉族人当权的政府。也就是说它的主要内容就是反满，因此被人称之为"反

满民族主义"。经过民国建立后的多次挫折，孙中山对民族主义有了新的理解与认识，那就是对外民族自求解放，摆脱列强的瓜分和统治，对内中国境内各民族则一律平等。他提倡种族融合以形成近代国家的大民族的问题，并举美国为例，说明由多民族融合而成为一个国家的民族，是民族发展的必然。他认为，中国"汉族当牺牲其血统、历史与夫自尊自大之名称，而与满、蒙、回、藏之人民相见以诚，合为一炉而治之"，也应实行民族大融合，"以成中华民族之新主义"。只有如此，方是达到"民族主义的积极目的"。①

民权主义是三民主义思想的核心内容，它所宣布的目标，在辛亥革命前，是要铲除封建君主专制政治制度，建立民主共和国。经过十多年在欧美诸国参观访问的丰富阅历，孙中山在总结革命经验时对民权主义理论的阐述，随之进一步深入。他说："民权者，民众之主权也。"指出人民享有主人应有的权力，民权日益发达，乃是"世界进化之潮流，而非人力所能抵抗者"。十分赞同美国林肯所说的："为民而有、为民而治、为民而享者，斯乃人民之政府也。"认为"有如此之政府，而民者始真为一国之主也"。②

孙中山自创了行政权、立法权、司法权、考试权和监察权的"五权宪法"，又参照瑞士的"直接以行民政"的宪法，提出"国民有选举之权，有复决之权，有创制之权，有罢官之权，此所谓四大民权也。人民而有此四大权也，乃能任用官吏，役使官吏，驾驭官吏，防范官吏，然后始得称为一国之主而无愧色也"。③

民生主义是三民主义的归宿。孙中山认为民生问题，"就是人民的生活，社会的生存，国民的生计"，因此它就是社会问题。在辛亥革命前，它所宣布的目标，是用"平均地权"的办法，以防止资本主义制度下贫富分化的对立。到1919年时，孙中山对贫富日益悬殊的根源，认识更为深刻，进一步强调"中国之行民生主义，即所以消社会革命于未然也"。并提出中国革命的思想预防的办法是："防止少数人之垄断土地、资本二者。"④

孙中山的主义和理想的最终目的，是要建设成为一个强盛发达的中国，进而促使人类成为一个大同世界。

---

① 黄彦编：《孙文选集》中册，广东人民出版社2006年版，第615页。
②③④ 黄彦编：《孙文选集》中册，广东人民出版社2006年版，第615、617、621页。

第二节　开辟国共合作之路

一、联合苏俄

多年来，孙中山和中国共产党人及共产国际代表建立了联系和交往，苏俄革命成功和国内群众运动的发展，使孙中山深受鼓舞，也促使他从深深反省过去一再失败的经验和教训后，看到了新的希望。

早在辛亥革命后不久，列宁曾在《涅瓦明星报》及《真理报》上，连续发表有关孙中山和中国辛亥革命的文章：1912年发表过《中国的民主主义与民粹主义》和《新生的中国》两文；1913年发表了《中华民国的巨大胜利》《中国党派的斗争》和《落后的欧洲和先进的亚洲》诸文，赞扬和高度评价孙中山和他领导的革命运动，说孙中山的思想"是真正伟大人民的伟大思想"，他所领导的辛亥革命的胜利说明"四亿落后的亚洲人已经从酣睡中清醒，走向光明、运动和斗争了"。这些，曾对于中国民主革命起了有益的推动和鼓舞作用。

俄国十月革命后不久，1917年12月，苏俄政府就宣告废除沙皇与其他各国缔结的一切不平等条约，放弃在外国的一切特权，表示了对一切被压迫民族的友好态度。1919年7月25日和1920年9月27日，又先后两次发表对华宣言，一再重申沙俄、临时政府对外签订的不平等条约、密约"立即作废"，无代价地放弃沙俄夺取的在华权益，还提议在完全平等和互相尊重的基础上正式恢复两国人民的友谊，互相提携，"为自由而战"。这一切举措使孙中山进一步受到极大鼓舞，得到了热烈欢迎。

如前所述，孙中山很早就向往十月革命，希望学习俄国的经验。这时，又受到苏俄连续发表对华宣言的鼓舞，迅速地把企望的目光转向苏

俄,更日益密切地注视和研究十月革命的发展及苏维埃政权的各项政策,还准备派廖仲恺、朱执信、李章达去苏俄学习,并曾特为他们请了俄语教师学习俄文。

孙中山的联合苏俄主张以及学习苏俄的愿望,通过此后的与苏俄代表、记者和使节们的通信、会晤和恳谈,就逐渐萌发了。

1920年秋,经陈独秀介绍,孙中山在上海会见了共产国际远东局派到中国来的第一个使者维金斯基(1893—1953年,中文名字吴庭康,有时使用"魏琴"的笔名),这是共产国际使者同孙中山的第一次会见。维金斯基后来回忆说:"孙中山在自己的书房里接见了我们。孙中山没有搞那套中国的习惯性礼节,他立即请我们在桌子后坐下,接着便开始询问关于俄国和俄国革命的情况。"维金斯基对这些一一作了介绍。孙中山"对一个问题极感兴趣,那就是:如何将刚刚从盘踞广州的反动桂军手里解放出来的华南斗争与遥远的俄国的斗争结合起来?"孙中山抱怨说:"广东的地理位置无法使我们同俄国建立联系。"他要求与苏俄建立电台联系,"一直询问是否能在符拉迪沃斯托克(即海参崴)或满洲里建立一个你们可以与广州联系的大功率电台",从而使苏俄能够同广州通讯。孙中山还说,他希望通过中国南部军事胜利,在中部、北部各省发展革命运动。

在孙中山被非常国会推举为非常大总统后,1921年4月的中、下旬,他在广州接见远东共和国通讯社(简称"远东社")驻广州记者斯达扬诺维奇和俄罗斯通讯社、远东社北京分社社长霍多罗夫,表述了对苏维埃俄国的所有问题的关注。这是孙中山唯一的一次同苏俄记者的谈话。

斯达扬诺维奇和霍多罗夫在事后写的一篇《和孙中山的一次谈话》中这样记载:"孙中山博士体格健壮,身材匀称……他举止文雅,镇定自若,使人觉得他是一位坚强的人,是一位对自己的一言一行都很自信的人。孙中山个子不高,容貌整洁,圆脸庞,身穿着一件很普通的灰色短上衣。"孙中山在回答他们的问题时说:"中国人民对连绵不断的纷争和内战早已厌倦,并深恶痛绝。他们坚决要求停止这些纷争,将中国成为一个统一、完整的国家。因而,我们正在尽力完成赋予我们的这一艰巨的历史使命。"并指出:"中国人民再也不能容忍别人瓜分自己的国家,他们希望统一,成为一个强大的和不可动摇的民族。"孙中山在谈到苏俄问题时,明确说:"我对俄国和远东发生的事情很感兴趣。请问，苏维埃俄国与远东共和国不同之处何在？远东共和国到底是什么样的国家？"采访者写道："俄国各阶层人民在'不许干涉'的口号下团结一致，给孙中山留下了非常深刻的印象。孙中山对有关远东共和国的所有问题都极为关注。"

孙中山在加紧进行北伐准备工作的同时，也加强了同苏俄的联系，并注意研究十月革命后苏俄成功的经验。1921年8月28日，他在答复苏俄外交人民委员会委员齐契林的信件中，介绍了自辛亥革命以来中国政治情况和自己的艰难遭遇，切盼加强接触，同这个新生的社会主义国家取得联系，以便了解它在政治、军事、教育等方面的经验。他恳切地说："我希望与您及莫斯科的其他友人获得私人的接触。我非常注意你们的事业，特别是你们苏维埃的组织、你们军队和教育的组织。"在信中他向"列宁以及所有为了人类自由事业而有许多成就的友人们致敬"，还提出今后通信联系的意见。这封信，表达了孙中山要同苏俄建立联系的愿望。

同年6月3日，列宁指派共产国际代表马林来到上海，会见了张继，同国民党总部建立了联系。之后，他在年底由张太雷陪同到广西桂林会见了孙中山。

孙中山和马林进行了三次长谈，谈了有关十月革命和中国的情况，双方讨论了中俄联盟的可能性。据马林回忆说："我与孙讨论了群众运动和在工人阶级中进行宣传的必要性等等。我告诉他爪哇民族主义性质的群众组织——伊斯兰教联盟的发展；孙则向我讲述了国民党的策略、它的历史、袁世凯时期在国外的非法活动、与太平洋各国华侨的联系和他们对国民党的帮助。"孙中山对苏俄实行新经济政策特别感到兴趣，并把这种政策同他的民生主义政策误解为一体。

事后，孙中山在给廖仲恺和汪精卫的电报中谈到这一问题时说："苏俄革命后实行马克思之共产主义，余甚滋疑。以现世界正在资本主义旺盛时代，俄国工商业不甚发达，共产主义不能单独成功，其去实行之期尚远。今闻马林言，始悉苏俄行共产主义后，以深感困难，乃改行新经济政策。此种新经济政策，其精神与余所主张之民生主义，不谋而合。余深信苏俄能先实行与余之主义相符之政策，益信余之主义切合实行，终必能成功也。"尽管这是一种误解，但正是从这个基本点出发，孙中山萌发了联合苏维埃俄国的念头。

当时，马林研究了中国政局，认为香港英国政府一定不允许广州革

▲ 1922年8月，孙中山委托廖仲恺到日本与苏俄代表越飞会谈合作问题。图为同年冬廖仲恺等人在日本时的合影。

命政府发展，陈炯明与孙中山也不能相容。他还向孙中山提出了关于中国革命问题的两点建议："第一，要进行中国革命，就要有好的政党，这个政党要联合各界人民，特别是工农大众。第二，要有革命的武装核心，要办军官学校。"这几句话正说到孙中山的心坎里。经过多少次革命的失败，孙中山的确也感到这两个问题的重要。他所领导的革命党，经过几次改组，名称换了好几个，最后叫作中国国民党。但是这个政党的力量很薄弱，起的作用不大。他曾经联络过南方地方军阀的军队，但是一再被利用和被驱逐。因此，孙中山十分赞同这两点建议，深感这次会见使他"心上非常高兴"。

1922年3月，少共国际代表C. A. 达林到达上海，随即被任命为苏俄政府全权代表同孙中山谈判。4月27日，他在瞿秋白、张太雷的陪同下，由上海到广州会见了孙中山。据达林记述：从4月27日至6月16日，孙中山同达林每周至少会谈两次，每次会谈都有两小时左右。孙中山向达林介绍了华南情形，并了解了苏俄的情况，对红军的规模、组织和政治教育很感兴趣。孙中山充分表达了自己"对苏俄的友好感情"，并"说明他打算与苏俄建立联系"。

通过上述这些活动，孙中山对苏俄有了进一步的认识，从而考虑以俄国为榜样来促进中国革命的发展，并希望在今后的革命事业中能够得到苏俄的帮助，从此，他决意要走联俄师俄的道路。

二、联合中共

1922年，由于陈炯明的叛乱，使心情十分沉重的孙中山重新思索革命的出路，寻找新的同盟者。当孙中山在这一年8月14日再次回到上海时，中国共产党已于6月15日发表了《第一次对于时局主张》，又于7月在上海举行了第二次全国代表大会。《第一次对于时局主张》向人民指出，中国祸乱的根本原因，在于帝国主义与封建军阀。提出了"打倒帝国主义""打倒军阀"的革命口号。它对孙中山领导的中国国民党作了公正的评价，同时也坦率地批评了国民党的错误，指出："中国现存的各政党，只有国民党比较是革命的民主派，比较是真正的民主派"，但是"他们党内往往有不一致的行动及对外有亲近一派帝国主义的倾向，对内两次与北洋军阀携手……这种动摇不定的政策，实有改变的必要"。并表明中国共产党愿与孙中山联合。还提出了和国民党民主派及其他革命团体建立民主主义的联合战线，向帝国主义和封建军阀作坚决斗争的具体主张。

中国共产党第二次代表大会发表的宣言中，对中国社会的基本政治、经济状况和当前的革命任务等问题，作了详细的阐述，规定了党的最高纲领和最低纲领。指出中国人民革命的当前的基本任务是："（一）消除内乱，打倒军阀，建设国内和平；（二）推翻国际帝国主义的压迫，达到中华民族完全独立；（三）统一中国……为真正民主共和国。"代表大会还明确提出同国民党及其他社会组织建立联合战线的主张，并作出了《关于"民主联合战线"的决议案》，指出殖民地国家的无产阶级"必须暂时联合民主派才能够打倒公共的敌人——本国的封建军阀及国际帝国主义——之压迫"。

这些文件中，提出的中国民主革命的内容及对国民党的批评和建议，对于正处在苦闷彷徨中的孙中山是有力的帮助，使他对时局有了更清楚的认识。他回顾自己多年来和封建军阀斗争的亲身经历，开始认识到南北军阀的背后，有帝国主义在那里操纵，逐渐体会到中国共产党的反帝反封建革命口号提得正确。

早在1922年初，马林经过调查认为孙中山的国民党是一个在中国可以联合的革命党后，便向中国共产党中央提出同国民党联合的建议，并主张共产党员和社会主义青年团员以个人身份加入国民党，同国民党建立党内联合的统一战线。在共产国际的指导下，同年8月下旬中国共产党中央在杭州西湖召开特别会议（即西湖会议），作出了部分共产党人加入国民党的决议。同月25日，马林在上海法租界孙中山住所再次会见了孙中山，向孙中山介绍了共产国际关于中国共产党人加入国民党的决定，积极促成国共合作。他还劝告孙中山不要单靠军事行动去收复广州，而要以上海为基地开展群众性的宣传活动。与此同时，陈独秀和李大钊等分别拜会孙中山，对他表示慰问和支持；还同张继就两党合作问题交换了意见，直接给孙中山等国民党领导人以积极影响和帮助。

当时，中共早期领导者李大钊为促成第一次国共合作作出了重要的贡献，他在参加西湖会议之后，于8月底到上海莫利爱路孙中山寓所和孙中山进行多次交谈，讨论了"振兴国民党以便进而振兴中国"的"种种问题"。有一次，他们专门就振兴中国问题畅谈了好几个小时。孙中山对这种真诚的帮助感到非常兴奋，和李大钊"畅谈不厌，几乎忘食"。并当即提议李大钊加入国民党。当李大钊表示自己是第三国际的一个党员时，孙中山回答说："这不打紧，你尽管一面做第三国际的党员，尽管加入本党帮助我。"明确地表达了党内合作的愿望。此为国民党容纳共产党员之始。

孙中山对李大钊十分尊敬，"他认为这些人是他的真正的革命同志。他知道，在斗争中他能依靠他们的明确的思想和无畏的勇气"。李大钊也常到孙中山家里去做客，就革命工作交换意见。李大钊根据中共的提示，同意了孙中山的提议，他由张继介绍、孙中山主盟最先加入国民党。这也为此后的中共党人加入国民党开了先河。接着，有陈独秀、蔡和森、张太雷、张国焘等一批共产党员以个人身份陆续加入国民党。孙中山进一步得到了中国共产党人的帮助。

为了促进国共合作统一战线的实现，中国共产党还通过同年9月创刊的机关报《向导》周报发表文章，对孙中山提出善意的批评和忠告。

例如蔡和森的文章就指出：如果一味依靠帝国主义与封建军阀，进行纵横捭阖，用这个办法来抵抗暴力，将会失掉革命的生命。要使革命成功，便要一面"与民众为亲切的结合"，一面与列宁的苏维埃俄国携手，"大着胆子明白地反抗……两种恶势力（按：指帝国主义和封建势力）"。又如，在《国民运动、革命军和革命宣传》一文中，指出孙中山"只是时常依靠别的有力分子对他的感情为转移，那些有力分子昨天还是他的好朋友，今天能够翻脸，明天或成仇敌"。对他幻想利用军阀力量，企图从联络一派打倒一派中取得胜利的严重错误，提出了善意的批评。要他依靠民众，组织真正革命的军队。再如，在《羞见国民的中国国民党》一文中，针对国民党历来偏重于军事活动，忽视对群众的宣传工作与组织工作的缺点，指出：这是国民党自辛亥革命以

▲ 1922年11月15日，孙中山在上海。

来12年奋斗一无所成的最主要原因。李大钊还在《普遍全国的国民党》一文中，呼吁："中国现在很需要一个普遍全国的国民党，国民党应该有适应这种需要努力于普遍全国的组织和宣传的觉悟。"

同年8月，苏俄政府为与北京政府商谈外交、商务关系，特命副外长越飞以全权大使身份来华。越飞在北京一面进行紧张的外交活动，一面于同月下旬派代表携函到上海与孙中山接洽。孙中山与越飞的代表进行了会晤，回答了所问的"远东大局问题及解决方法"，并请其先派与越飞同行的军事工作者到上海来，以便详细了解军事问题。这一会晤更加强了孙中山前进的决心，他满怀喜悦地认为："从此彼此（已）通讯，凡事当易商量矣。"又在致蒋介石函中说："兄前有志于西图。吾近日在沪已代兄行之矣。吾幸得彼津梁，从此可日相接近。"

接着，孙中山同越飞直接通讯联系，商讨有关革命的各种迫切问题。在1922年8月至12月间，他们曾往来信件七次（越飞写信四封，孙中山复信三封）。在通信中，越飞向孙中山介绍了苏维埃共和国的国内与国际的状况，介绍了他与北京当局就同中国建交问题而进行的谈判和他所遇到的困难。孙中山也向越飞介绍了中国内部的政治形势，讲述了自己的政治、军事计划，尖锐地批评了北京政府，说它是"某个外

国的代理人"。孙中山写道："这个评语用在同苏俄的谈判上和关系上是特别正确的。十分清楚，有些国家不愿中国和俄国达成协议，除非它们先从莫斯科得到经济投降的条件。与此同时，它们也不欢迎我们两国有达成能促进中国摆脱它们的政治和经济压制的任何协定的前途。"通过信函的不断来往，孙中山与越飞之间的关系日益密切。同年12月，孙中山又派张继去北京会见越飞，商谈他要与越飞亲自会晤的问题。

当时蓬勃发展的工农群众运动，对于孙中山的思想的转变，也起了促进作用。

中国共产党成立不久，在各地先后建立起领导工人斗争的各种组织；很快地掀起了轰轰烈烈的1922年1月至1923年2月的中国第一次工人运动高潮。在一年多的时间内，全国各大城市和工业中心，有三十多万工人进行了多次的罢工。1922年1月香港六万多海员为反抗英国资本家的压迫，要求增加工资，举行了坚持八个星期之久的大罢工。支持这一斗争的，遍及香港全市的所有工人，参加斗争的达十多万人。在毛泽东领导下，湖南地区到1922年秋，就建立了二十多个工会，会员有四万余人，先后举行了著名的安源路矿（安源煤矿和株萍铁路）工人、粤汉铁路工人、长沙泥木工人、水口山铅锌矿工人等十多次罢工斗争。在斗争胜利后，于11月成立了湖南全省工团联合会。1923年初爆发了震动中外的京汉铁路工人"二七"大罢工。

与此同时，中国共产党领导的农民运动也发展起来了。1923年，在毛泽东领导下，湖南衡山县成立了岳北农工会。同年1月，广东海丰县成立起总农会，会员达十万人，对地主阶级进行了减租斗争。接着广东各地农民也组织起来，不少县成立了农会，会员增加到二十多万人，形成了一支强大的农民革命队伍。还有很多地区的农民反抗统治阶级的自发斗争，也风起云涌，绵延不绝。

孙中山从这些工人、农民群众运动中，特别是从香港海员大罢工和"二七"罢工的伟大斗争中，受到了深刻的教育和启发。他逐步觉察到工农阶级和中国共产党的伟大革命力量，从而促使他在思想上和革命实践上的重大转变，在迂回曲折的革命进程中走出了死胡同，找到了正确的出路。从此，孙中山迈上了联俄联共的崭新大道。

孙中山虚心接受中国共产党和苏俄代表所提出的建议，决心采取联合共产党的政策，对国民党进行改组，使它成为国共合作的统一战线的组织形式。

三、筹备改组中国国民党

广州革命政权重新建立和广东革命根据地基本稳固之后，孙中山在整军北伐的同时，积极进行改组中国国民党的准备工作。在中国共产党和国际无产阶级的真诚帮助下，孙中山很快完成了中国国民党改组的一切准备。

中华革命党改组为中国国民党以来，内忧外患，国无宁日。客观形势的发展对资产阶级革命党的要求越来越高，然而中国国民党的组织状况远远不能适应革命发展的要求，除少数党员尚能以三民主义为行动指南，跟随孙中山奔走革命，屡仆屡起外，大多数党员放任自由，没有指导。由于缺乏坚强的组织和统一的领导，虽有数十万党员，但不能收到统一行动的效果。孙中山认为只有重新组党才是补救之策。他为着改善国民党存在的"组织未备、训练未周""分子此刻过于复杂、党内的人格太不齐"的现状[1]，孙中山在共产国际和中国共产党的帮助下，从1922年9月开始进行改组国民党的准备工作，为实现国共合作创造条件。

9月4日，孙中山在上海召开了研究改进国民党计划的首次会议，与会者有张继等53人。孙中山即席解释了联俄联共政策。马林应邀参加并讲了话。会议一致赞同孙中山改组国民党的主张，并初步成立了改组工作的机构。9月6日，孙中山指定茅祖权、覃振、丁惟汾、张秋白、吕志伊、田桐、陈独秀、陈树人和管鹏九人为中国国民党改进案起草委员会委员，陈独秀为党务改进计划起草委员。[2] 不久，起草委员会起草的改进案初稿完成。11月15日，孙中山又召集国民党代表59人开会，审议经过修订的中国国民党改进案，并推胡汉民为宣言起草员。至12月16日，他再次召集各省代表65人开会，讨论修改已起草的中国国民党改进案宣言以及党纲党章。正如孙中山稍后在答复山西国民党人陆世益的信中所表示的那样，他是在积极地进行

---

[1] 《国民党员不可存心做官发财》《中国国民党改组宣言》，《孙中山选集》下卷，人民出版社1956年版，第460、473页。

[2] 王章陵：《中国共产主义青年团史论（1920—1927）》，台北：黎明文化事业公司1973年版，第89页。

着"改组党务"的工作①。

中国共产党采取了许多实际步骤帮助孙中山，如派代表参与研究国民党改组计划，草拟宣言和党纲、党章，并接受孙中山的邀请，派出共产党人以个人身份加入国民党，以增强国民党的进步力量，同时帮助他建立组织，开展工作，从而使这个衰老的政党由于得到新鲜的革命血液而有了生机。

所有这些，说明孙中山确已迈开了前进的步伐，踏上了革命的新征途了。

在上述三次改进国民党会议的基础上，1923年1月1日，孙中山发表了《中国国民党宣言》。宣言中强调今后革命必须依靠民众力量，提出："今日革命则立于民众之地位，而为之向导。"革命事业应"由民众发之，亦由民众成之"。并且"依三民五权之原则"，提出了"国家建设计划及现所采用之政策"。民族主义方面：由于中国仍然"陷于为列强殖民之地位"，所以，必须"内以促进全国民族之进化，外以谋世

▲ 孙中山任命包括共产党人在内的国民党参议人员名单。

---

① 陆世益：《孙中山先生兵工政策论》，上海北新书局1929年版，第135页。

界民族之平等"。要求"厉行普及教育，增进全国民族之文化"；"力图改正条约，恢复我国国际上自由平等地位"。这是第一次提出了修改不平等条约的纲领。民权主义方面：鉴于"现代代议制度，已成民权主义之弩末，阶级选举，易为少数操纵"，因此，应当"实行普选制度"，使群众"直接行使创制、复决、选举、罢免各权"，并"确定人民有集会、结社、言论、出版、居住、信仰之绝对自由权"。民生主义方面："由国家规定土地法、使用土地法及地价税法"；"铁路、矿山、森林、水利及其他大规模之工商业应归于全民者，由国家经营管理，并得由工人参与一部分之管理权"。此外，还包括"制订工人保护法"，"改良农村组织，增进农人生活"[①] 等等。从这里可以看出，孙中山的思想正由于接受共产党人对他的影响而发生明显的变化。

《中国国民党宣言》的发表，标志着国民党政策上有了重大的转变，成为国民党改组的先声。接着，孙中山又于2日召开中国国民党改进大会，公布了《中国国民党党纲》；3日，公布了《中国国民党总章》。同月下旬，他还以总理名义任命了国民党本部各部部长：总务部正副部长是彭素民、林祖涵（伯渠）；党务部正副部长是陈树人、孙

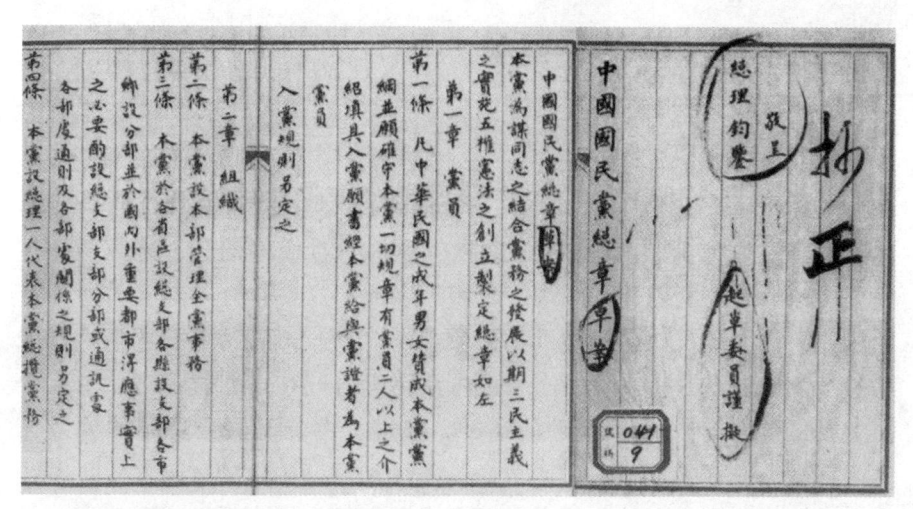

▲ 1923年1月2日，孙中山在上海召开中国国民党改进大会，通过了修改后的中国国民党党纲，宣布以"三民主义"和"五权宪法"为建国纲领。图是经孙中山批改的党纲草案（部分）。

---

① 上海《民国日报》，1923年1月1日增刊版。

▲ 1923年1月,孙中山与苏联共产党代表越飞多次商讨两党合作问题,最终确定"联俄"政策。图为越飞。

镜;财务部正副部长是林业明、周佩箴;宣传部正副部长是叶楚伧、茅祖权;交际部正副部长是张秋白、周颂西。又任命廖仲恺、陈独秀等21人为参议。军事委员会委员、本部干事、书记及国内总支部、分部成员,也一律重新委任。

与此同时,由于马林、张继等人的斡旋,终于促成了孙中山与越飞的直接会晤。这年1月17日,越飞由北京南下到了上海,翌日即到莫利爱路29号和孙中山会见。他们接连举行多次会谈,李大钊、宋庆龄等也参加,进一步商讨了中共加入国民党、改组国民党与建立军队,以及苏联[1]与共产国际援助中国革命和反对帝国主义等问题。

1月26日,孙中山与越飞在上海签订了著名的《孙文越飞宣言》。这是孙中山联俄政策的重要文件,它标志着孙中山联俄政策的正式确立。宣言中声明:"中国最要最急之问题,乃在民国的统一之成功,与完全国家的独立之获得。""关于此项大事业……中国当得俄国国民最挚热之同情,且可以俄国援助为依赖也。""俄国政府准备且愿意根据俄国抛弃帝政时代中俄条约(连同中东铁路等合同在内)之基础,另行开始中俄交涉。"它以平等互助的精神,规定了中苏两国人民间的关系。[2]这个宣言,体现了苏联对中国革命的关怀和对孙中山的友谊;反映出孙中山丢掉对帝国主义的幻想,转而寻求国际革命势力援助的愿望。

在宣言签订后,孙中山又指派廖仲恺到日本和越飞继续进行细节商谈,以便把中俄联合的问题具体化。廖仲恺同越飞在热海地区会谈了一

---

[1] 1922年12月30日,苏维埃社会主义共和国联盟正式成立,苏俄改称苏联。
[2] 《孙越宣言全文与国共联合》,《外交月报》第二卷第一期。

个月左右的时间，就学习俄国革命经验，改组国民党和建立革命军队等问题，进一步详细地交换了意见。也正是通过和越飞的相处恳谈，使廖仲恺对苏俄有了进一步了解，开始明确中国革命的一些基本问题，从而使他此后竭诚拥护和全力支持孙中山改组国民党的革命政策。

在这期间，孙中山谋划的另一个重要战斗任务，是致力于收复广东，重建革命根据地。他认为，要使革命成功，"根本之办法，必在吾人稍有凭藉，乃能有所措施"，"欲得凭藉，则非恢复广东不可"，否则，"我不过为一租界之亡命客耳，奚足轻重"。① 所以，孙中山在1922年10月将驻扎福建的北伐军改名为讨贼军，任命许崇智为东路讨贼军总司令；又于同年冬季联络驻留广西的滇军杨希闵、桂军刘震寰和梧州及西江的部分粤军，组成了西路讨贼军。然后，于1922年1月4日，发出通电讨伐陈炯明，命令讨贼军奋勇杀敌，"为国家除叛逆，为广东去凶残"。② 西路讨贼军随即出师梧州沿西江东下，发动了对陈炯明的进攻。

由于粤军第一、三师等的起义响应，陈家军土崩瓦解，迅速溃败。1月16日，陈炯明被逐出广州，退往惠州。

孙中山先生與蘇俄特命全權大使越飛聯合宣言

孫逸仙博士與蘇俄派至中國特命全權大使越飛發表下記宣言。

在越飛君留上海時，與孫逸仙博士爲數度之談話，關於中俄間關係，披瀝其許多意見，對以下各點，尤爲注意。

一、孫逸仙博士以爲共產組織，甚至蘇維埃制度，事實上均不能引用於中國，因中國並無使此共產制度或蘇維埃制度可以成功之情況也。此項見解，越飛君完全同意。且以爲中國最要最急之問題，乃在民國的統一之成功，與完全國家的獨立之獲得。關於此項大事業，越飛君並確告孫博士，中國當得俄國國民最摯熱之同情，且可以俄國援助爲依賴也。

二、爲明瞭起見，孫逸仙博士要求越飛君再度切實聲明一九二〇年九月二十七日俄國對中國通牒列舉之原則。越飛君因此向孫博士重行宣言，即俄國政府準備且願根據拋棄帝政時代中俄條約（連同中東鐵路等合同在內）之基礎，另行開始中俄交涉。

三、因承認全部中東鐵路問題，祗能於適當之中俄會議解決，故孫逸仙博士以爲現在中東鐵路之管理，事實上現在祗能維特現況。同時孫逸仙博士以爲此點應與張作霖商洽。

四、越飛君正式向孫博士宣稱，俄國現政府決無亦從無意思與目的，在外蒙古實施帝國主義之政策，或使其與中國分立。孫博士因此以爲俄國軍隊不必立時由外蒙撤退，緣爲中國實際利益與必要計，中國北京現政府無力防止因俄兵撤退後白俄反對赤俄之陰謀與敵抗行爲之發生，以及釀成較現在尤爲嚴重之局面。

越飛君與孫博士以最銳摯有禮之情形相別。彼將於赴日本之際，再來中國南部，然後赴北京。

一九二三年一月二十六日上海。孫逸仙、越飛簽字。

▲ 1923年1月26日，孙中山与苏俄代表越飞联合发表宣言，宣布实行合作。图为孙、越《联合宣言》。

---

① 毛思诚编：《民国十五年以前之蒋介石先生》（四），第六编，1937年版，第58—59页。
② 上海《民国日报》，1923年1月5日。

▲ 1923年1月26日，孙中山发表《和平统一宣言》，主张"以和平方法促成统一"，反对北方军阀提出的"武力统一"主张。图为《和平统一宣言》。

▲ 1923年1月，孙中山策动粤军和滇桂军队将陈炯明逐出广州。2月15日，孙中山由上海转往广州途经香港。图为2月20日孙中山参观香港大学及向师生演讲后与师生合影。

▲ 1923年2月21日，孙中山在广州就任陆海军大元帅职时检阅军队的情景。孙中山背后左起：程潜、林森、伍朝枢、孙科、廖仲恺。

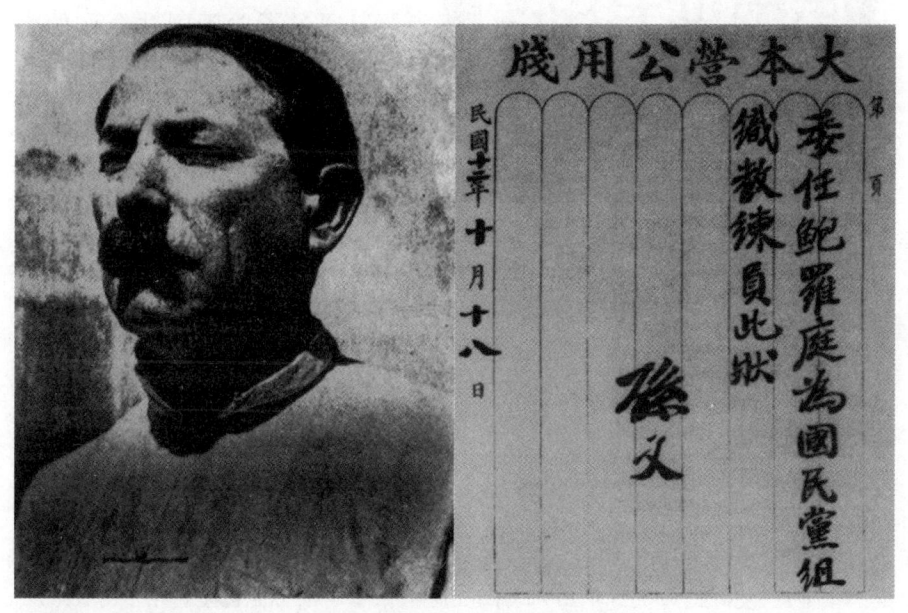

▲ 1923年10月18日，孙中山委任苏联代表鲍罗廷为国民党组织教练员，图为鲍罗廷。

▲ 孙中山任命鲍罗廷为国民党组织教练员的委任状。

2月21日,孙中山由上海又返回广州,第三次在广州建立政权。为了争取与北方的和平统一,孙中山决定不复任总统,以避各方面的猜忌,当即重新成立了大元帅府,就陆海军大元帅职,并委以廖仲恺、伍朝枢和谭延闿开分任财政、外交、内务三部部长。

　　广州革命政权重建之后,孙中山继续积极进行改组国民党的准备工作。他在4月1日指令正式恢复中国国民党广东支部;8月16日应苏联的邀请派出了蒋介石、沈定一、王登云和共产党人张太雷四人组成的"孙逸仙博士代表团"赴苏联考察军事、政治和党务以及洽谈苏联援助问题;还邀请苏联的政治和军事顾问来广州,帮助他进行革命工作。10月6日,苏联政府应邀派出的驻广州常设代表鲍罗廷①到达广州,被孙中山聘请为国民党组织教练员,具体指导和帮助国民党改组。孙中山毅然采取这一行动后,中国国民党的改组工作大大加快了进度。

　　孙中山这些勇敢的步伐,使他晚期的政治生命放出了光辉的异彩。

　　早在1923年1月,共产国际已通过了关于国共合作的决议。5月,马林带来共产国际给中国共产党中央的指示,要求中国共产党进一步加强同国民党的合作。② 6月,中国共产党在广州举行第三次全国代表大会,专门讨论了关于全体共产党员加入国民党、和孙中山的国民党建立统一战线的问题。

▲ 陆海军大元帅印印文。

　　在讨论中,曾出现了两种错误倾向:以陈独秀为代表的右倾机会主义认为,民主革命应当由资产阶级领导,"一切工作归国民党"。这实

---

　　① 鲍罗廷(1884—1951年),俄国威特比斯克省人,1903年加入俄国社会民主工党,1918年在莫斯科从事党的工作。1923年10月应孙中山的邀请到达广州,先后被聘为国民党的组织教练员、国民党中央政治委员会高等顾问和革命委员会顾问等职。在1927年7月汪精卫叛变革命以前,他一直担任国民党的顾问工作。他在帮助国民党改组和创办黄埔军校方面,起了重要的作用。

　　② 道夫·宾:《斯内扶利特和初期的中国共产党》,载《马林在中国的有关资料》,人民出版社1984年版,第45页。

质上是看不清共产党在国民革命中的领导责任。以张国焘为代表的"左"倾关门主义，则否认无产阶级需要有同盟军，反对全体共产党员加入国民党，特别是反对产业工人加入国民党。这实质上是不懂得无产阶级帮助同盟军的重要性。大会经过激烈争论，批判了"左"的和"右"的两种错误倾向，正确地估计了孙中山的民主主义立场和把国民党改造成为革命联盟的必要性和可能性。为了联合革命力量，会议通过了《关于国民运动及国民党问题的决议案》，正式接受共产国际关于同国民党合作的训令，确立了和国民党合作的方针。决定全体共产党员以个人身份加入国民党，同时保持共产党在政治上、思想上和组织上的独立性。决议指出："我们须努力扩大国民党的组织于全国，使全中国革命分子集中于国民党，以应目前中国国民革命的需要。""我们加入国民党，但仍旧保存我们的组织，并须努力从各个工人团体中，从国民党左派中，吸收其有阶级觉悟的革命分子，渐渐扩大我们的组织，谨严我们的纪律，以立强大的群众共产党之基础。"

同年12月25日，中国共产党为帮助国民党改组，发出了《中国共产党中央委员会第十三号通告》，要求全体党员积极参加国民党的改组工作，并具体部署各地党组织保证改组工作的顺利进行。

在中国共产党和国际无产阶级真诚有力的帮助下，孙中山很快完成了国民党改组的一切准备工作。1923年10月19日，他委派廖仲恺、李大钊、汪精卫、张继、戴季陶五人为国民党改组委员，负责筹备改组事宜。24日，又委托廖仲恺和邓泽如召开国民党特别会议，商议改组问题；孙中山特派廖仲恺、胡汉民、林森、邓泽如、杨庶堪、陈树人、谭平山、孙科、吴铁城九人为临时执行委员，李大钊、汪精卫、谢英伯、古应芬、许崇清五人为候补执行委员（同年11月8日，又加派林云陔、冯自由、徐苏中、林直勉、谢良牧五人为候补执行委员），组成新的国民党临时中央执行委员会，作为筹备改组工作的中央机关。

同月25日，中国国民党改组特别会议在广州财政厅举行，讨论改组的必要性和计划。参加者约一百余人，由廖仲恺主持。与会者经过认真讨论后，一致赞同按照所拟定的计划进行改组，并聘请鲍罗廷为政治顾问。这次会议是国民党改组的起点。

三天之后，即28日，临时中央执行委员会正式成立。它自11月1日起，为加快改组的进程，连续召开了多次会议，讨论改组中的若干具体问题，并着手起草宣言、党纲、章程草案。11月12日，临时中央执

行委员会发表《中国国民党改组宣言》，宣言中提出："窃以中国今日政治不修，经济破产，瓦解土崩之势已兆，贫困剥削之病已深。欲起沉疴，必赖乎有主义、有组织、有训练之政治团体，本其历史的使命，依民众之热望，为之指导奋斗，而达其所抱政治上之目的。否则民众蠕蠕，不知所向，惟有陷为军阀之牛马、外国经济的帝国主义之牺牲而已。国中政党，言之可羞：暮楚朝秦，宗旨靡定；权利是猎，臣妾可为。凡此派流，不足齿数。而吾党本其三民主义而奋斗者历有年所，中间虽迭更称号，然宗旨主义未尝或离；顾其所以久而不能成功者，则以组织未备、训练未周之故。夫意志不明，运用不灵，虽有大军，无以取胜。吾党有见于此，本其自知之明，自决之勇，发为改组之宣言，以示其必要。先由总理委任九人，组织临时中央执行委员会，以始其事；行将召集海内外全党代表会议，以资讨论。关于党纲章程之草定，务求主义详明，政策切实，而符民众所渴望。而于组织训练之点，则务使上下逮通，有指臂之用；分子淘汰，去恶留良。吾党奋斗之成功，将系乎此，愿与同志共勉之！"①

改组宣言发表后，迅速进行改组事宜。在广州开始党员重新登记。整顿了市党部、区党部、区分部的组织；调查农民、工人，以及城市各阶层人民的状况；合并大本营党务处、大本营直辖委员会、广东宣传局，统一于临时执行委员会，加强宣传机构，大力开展改组前的宣传工作。为此，对外联络全国同情革命的报社，扩大宣传；对内严格限制党员任意对外发表有关党务的言论和意见。为了对党员干部从严训练，设立讲习所，以培训各区分部的执行委员。还制定召开代表大会议事纲要，推举了说明人；指导大会代表的选举；分别召开党务会议和党员大会，讨论筹备改组的有关事宜等等。

同时，临时中央执行委员会还决定翌年1月在广州召开第一次全国代表大会。并决定每省代表名额为六人（各省党员推举三人，孙中山指派三人），海外总支部、支部代表约12人。

临时中央执行委员会在正常情况下，每周开会两次。当时由于盘踞在东江、潮梅一带的陈炯明叛军不断向广州进攻，孙中山把大元帅大本营移驻东江前线，以便亲身督战，但他有时仍赶回广州主持会议；而经常主持会议的，是孙中山最得力的助手廖仲恺。该会自成立之日起，至

---

① 《孙中山全集》第八卷，中华书局1986年版，第429—430页。

国民党一次代表大会召开前夕止，在两个多月的时间内共开会28次，议决各种案件四百余件，为国民党改组做了大量的工作。

同年11月12日，临时中央执行委员会发表了《中国国民党改组宣言》，同时公布了《中国国民党党纲草案》和《中国国民党章程草案》。

稍后，李大钊也应邀由北京到达广州，积极帮助孙中山完成改组国民党和召开第一次全国代表大会的准备事项。

11月29日，孙中山还委派廖仲恺、胡汉民赴上海与各省支部商讨改组问题，并传达国民党改组的意义及措施，统一大家的认识。他们到上海后，立即召开中央干部会议，出席会议的有谢持、张继、吕志伊、居正、丁惟汾、戴传贤（即戴季陶）等15人，由廖仲恺说明改组的原因在于"党的主张无力"，"本党自同盟会以来，即无精密组织"，"改造中国之责即在吾党，倘非从下层多做工夫，而徒拘泥于上层之干部，必不足以负此伟大责任"。之后，成立了上海临时执行委员会，负责上海的改组工作。

在12月间，孙中山曾连续对国民党员作了三次讲演，表示他改组国民党和学习苏联的决心。他认为："盖以兵力战胜而成功是不足靠的，以党员力量奋斗而成功是足靠的。质而言之，靠兵力不得谓之成功，靠党员方是成功。即以兵力打胜仗非真成功，以党员打胜仗方是真成功。"[1] 并指出："吾党欲求真正的成功，从今以后不单独专靠军队，要吾党同志各尽能力，努力奋斗。而且今后吾党同志的奋斗，不要仍守着旧日人自为战的奋斗，要努力有组织、有系统、有纪律的奋斗。"[2] 还说："吾等欲革命成功，要学俄国的方法、组织和训练，方有成功的希望。"[3] 并明确指出："吾党之改组，乃以苏俄为模范。"[4]

经过了不断的挫折和失败，吸取了无数的经验和教训，在十月革命和五四运动的影响下，在工农群众运动的推动下，在中国共产党的帮助下，忠实于革命民主主义的孙中山终于找到了朋友，找到了真理，找到了革命的唯一出路。

---

[1]《孙文选集》下册，广东人民出版社2006年11月版，第314页。
[2]《孙文选集》下册，广东人民出版社2006年11月版，第320页。
[3]《人民心力为革命成功基础》《孙中山先生最近讲演集》，广州1924年版；《孙中山选集》下卷，第481页。
[4]《党员协同军队来奋斗》，《孙中山选集》下卷，人民出版社1956年版，第484页。

第三节　首次国共合作

一、中国国民党第一次全国代表大会

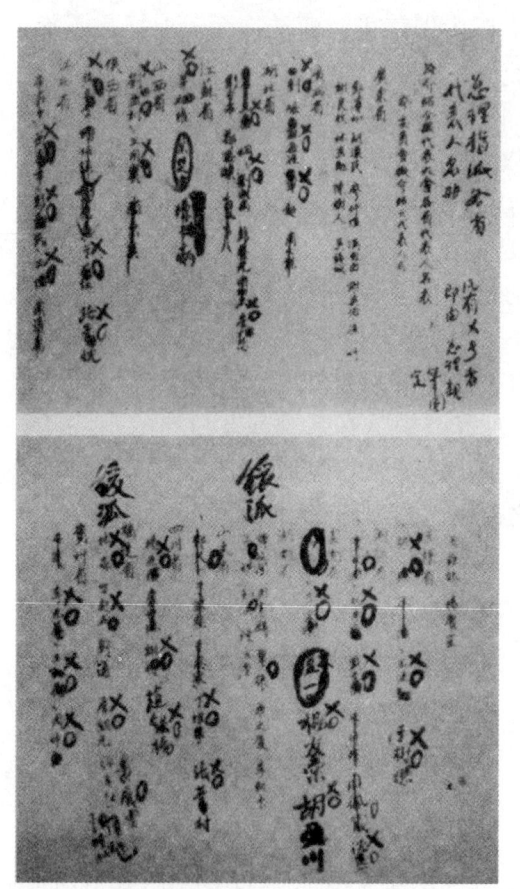

▲ 孙中山审定的中国国民党第一次全国代表大会部分代表名单。

1924年1月20日上午9时，以"改组"为中心内容的中国国民党第一次全国代表大会，在广州珠江南岸国立高等师范学校（1926年7月改名中山大学）礼堂里隆重正式开幕了。这是孙中山在40年奋斗中最能展示其革命抱负的一次大会。

大会的海内外男女代表总数196人，实际出席165人。临时中央执行委员会委员六人也列席了会议。每省的代表中有三人是孙中山指定的，有三人是由各省推选的。海外代表多数由各支部推选。指派陈璧君、何香凝、唐允恭为妇女代表。

大会主席是总理孙中山。在由各省推选和由孙中山指派的代表中，有26名中国共产党人，出席这次大会的有李大钊、毛泽东、瞿秋白、林祖涵（伯渠）、张国焘、李立三、于树德、夏曦和罗迈（李维汉）等24人，李大钊被孙中山指定为大会五人主席团成员之一（另四人是胡汉民、汪精卫、林森、谢持）和章程、宣言、宣传三个审查委员会的委员。大会的几个审查委员会中，也都有共产党员在其中发挥积极作用。

代表大会开幕后，孙中山首先致开幕词，他指出："从今天起，要把以前的革命精神恢复起来，改组国民党。"宣称"此次国民党改组，有两件事：第一件……要把国民党再来组织成一个有力量有具体的政党；第二件就是用政党的力量去改造国家"。同时，还揭示了一

▲ 1924年1月20日，中国国民党第一次全国代表大会在广州召开。孙中山主持了会议，并提名胡汉民、汪精卫、林森、谢持、李大钊五人为大会主席团成员。图为大会会址——广州国立高等师范学校礼堂。

条教训，就是"从前本党不能巩固的地方，不是由什么敌人用大力量来打破我们，完全是由于我们自己破坏自己"。要求大家加以提防、警戒，此后再"不可以以无意识的问题来挑拨意见……生出无谓的争论"。[①] 当天下午，孙中山又作了《中国现状及国民党改组问题》的报告，强调指出，"现在的问题，是国民党改组问题"。认为"此次改组，就是从今天起，重新做过……将13年种种可宝贵最难得的教训和经验，来办以后的事。以前有种种力量来创设民国，以后便有种种力量改造政府"。[②]

[①②] 刘芷芬编：《孙总理在中国国民党第一次全国代表大会演说词》，大会秘书处1924年2月印本。

孙中山为大会的顺利进行倾注了全部心力，他在大会期间作过《关于组织国民政府案之说明》《欢宴国民党各省代表及蒙古代表的演说》《关于民生主义问题之说明》等八次重要讲演。在讲演中，他总结了1911年后的历史经验，再次提到因为没有正确的革命方法，革命也

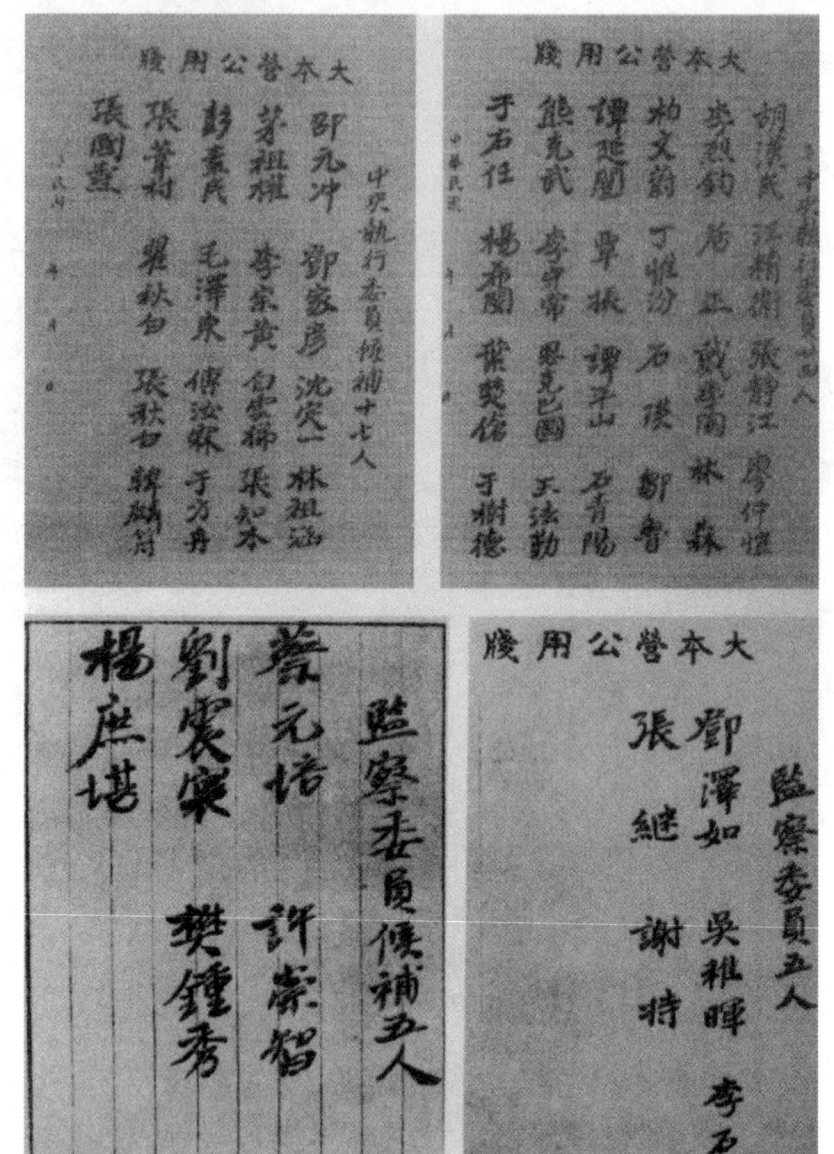

▲ 孙中山手书的国民党中央执、监委员及候补委员名单。

就没有成功。他所说的革命方法，就是革命政策，即"联俄、联共、扶助农工"三大政策。①孙中山又指出，国民党的组织散漫，党内分子不纯，"反对革命之人，均变成赞成革命之人"。因此，他提出改组国民党的组织原则是：淘汰不纯分子，吸收革命分子。

孙中山把混进国民党内的军阀、官僚和腐败分子，斥责为党内"最卑鄙"的人，主张必须加以淘汰，清除出去。他曾不止一次对宋庆龄说："国民党里有中国最优秀的人，也有最卑鄙的人。最优秀的人为了党的理想与目的而参加党，最卑鄙的人为了党是升官的踏脚石而加入我们这一边。假如我们不能清除这些寄生虫，国民党又有什么用处呢？"

同时，孙中山又坚决主张吸收新的分子，接收共产党人和工农分子加入。并决定首先在广州举行党员登记，分头调查广州工人、农民和城市小资产阶级状况。还决定统一宣传机关，限制党员对外发表关于党务的意见；设立讲习所，用以训练基层干部。

在《关于民生主义之说明》中，孙中山针对一些人对联俄、联共持有不同意见，阐明了自己的观点。他说："俄国既为各国所承认，故就利害而言，本党与之联合，将来必能得到中俄互助之益。""此为海外同志所宜放心者也。"孙中山还按照自己的理解，阐述了民生主义与社会主义的关系。他说："本党既服从民生主义，则所谓'社会主义''共产主义'与'集体主义'，均包括其中。""俄国今日所行之政策"，"不过为解民生问题之政策而已。本党同志于此便可十分了解共产主义与民生主义毫无冲突，不过范围有大小耳"。②毫无疑义，这是孙中山对社会主义、共产主义的误解，但这在当时对于说服人们接受他的联俄、联共、扶助农工等重大政策却起了积极作用。

在代表大会上，谭平山代表临时中央执行委员会作了报告，柏文蔚作了军事报告，各地代表作了党务状况报告。大会通过了《中国国民党全国代表大会宣言》《中国国民党章程》《组织国民政府之必要案》《出版及宣传问题案》等重要的议案，还通过了改组国民党使之革命化的各种具体办法。

---

① 在孙中山的著述和国民党"一大"文件中，没有"联俄、联共、扶助农工"三大政策这一概念和提法。但是，由于这一概念所包括的三个方面的内容都是来源于孙中山，所以，它是在特定的历史环境下，从特定的角度对孙中山晚年思想和主张的较为精炼的概括。

② 《孙中山全集》第九卷，中华书局1986年版，第98页。

大会议程,除安排中央和地方关于党务的重要报告外,还要通过下列五项重要决议:

一、中国国民党章程;
二、中国国民党第一次代表大会宣言;
三、组织国民政府之必要案;
四、选举中央执行委员会和候补委员;
五、选举中央监察委员会和候补委员。

大会选举出中央执行委员会和监察委员。委员名单是由多数同志推举、孙中山审定后提交大会通过的。选出24名中央执行委员,他们是:胡汉民、汪精卫、张静江、廖仲恺、李烈钧、居正、戴季陶、林森、柏文蔚、丁惟汾、石瑛、邹鲁、谭延闿、覃振、谭平山、石青阳、熊克武、李守常(李大钊)、恩克巴图、王法勤、于右任、杨希闵、叶楚伧、于树德。选出17名候补中央执行委员,他们是:邵元冲、邓家彦、沈定一、林伯渠、茅祖权、李宗黄、白云梯、张知本、彭素民、毛泽东、傅汝霖、于方舟、张苇村、瞿秋白、张秋白、韩麟符、张国焘。中共党人李守常(李大钊)、谭平山、毛泽东、瞿秋白、林伯渠、于树

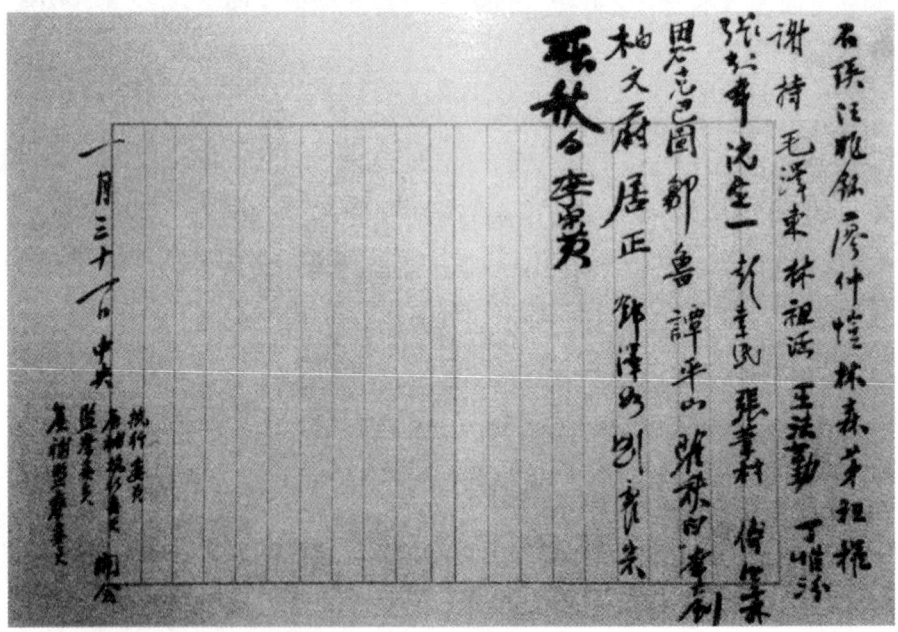

▲ 1924年1月31日,孙中山主持召开中国国民党中央执、监委员会第一次全体会议,讨论决定会后党务工作。图为到会者签到名单。

德、沈定一、于方舟、韩麟符和张国焘十人,被选入中央执行委员会。选出监察委员五人,他们是:邓泽如、吴稚晖、李石曾、张继、谢持。候补监察委员五人,他们是:蔡元培、许崇智、刘震寰、樊钟秀、杨庶堪。大会在保留"总理"的名义下,将选出的领导机构采取委员制。大会于30日闭幕,孙中山致闭幕词。他指出:这次大会"重新来研究国家的现状,重新来解释三民主义,重新来改组国民党"。改组国民党的主要成果,孙中山认为是革命有了"办法"。孙中山所说的革命"办法",就是革命政策,即联俄、联共、扶助农工等。所以,孙中山在大会闭幕时满怀信心地说:"我们从前革命因为没有好办法,所以成功与失败各有一半;从今以后拿了好办法去革命,便可一往无前,有胜无败,天天成功。"他要求大家散会以后"分散到各地方,便要希望一致奋斗"。①

大会进行期间,传来列宁逝世的噩耗。在孙中山的提议下,大会致电莫斯科,表示深切哀悼,并决定休会三天以示悼念,同时宣传列宁的

▲ 1924年2月24日,国民党在广州第一公园举行追悼列宁大会。图为孙中山在主席台上主祭及宣读悼词。

① 《孙中山全集》第九卷,中华书局1986年版,第179—180页。

生平及事业。不久，孙中山又出席了中国国民党在广州举行的追悼列宁大会，亲笔书写了"国友人师"祭帐，并致悼词，再次表示深切哀悼。

这次大会是一次具有重大历史意义的会议。在这次大会上，三民主义有了新的发展，制定出一个反帝反军阀的革命纲领，并在共产党员和国民党员左派的共同努力下，经过与国民党右派分子的辩论和斗争，确定了孙中山提出的"联俄、联共、扶助农工"等重大革命政策，承认共产党员和共产主义青年团员以个人资格加入中国国民党，改组中国国民党为工人、农民、小资产阶级和民族资产阶级四个阶级联盟的统一战线的组织形式。这次大会标志着第一次国共合作统一战线的正式建立。它的胜利召开，国共首次合作的实现，以及大会宣言的发表，是孙中山革命生涯的一个新的里程碑，标志着他的革命思想的发展达到了一个新的高峰。

然而，围绕着这个重大转折展开的斗争也是非常激烈的。早在1923年11月29日，也就是发布中国国民党改组宣言的同一天，国民党右翼势力的代表邓泽如、林直勉等11人向孙中山联名提出反对"联共"政策的书面报告，妄图破坏国共合作。孙中山的立场是坚定的，据林伯渠的记述，孙中山当即"斥责坚决反共的顽固分子说：'你们不同共产党合作，我就解散国民党，加入共产党。'他向那些顽固分子说：'你们仍旧反对同共产党合作吗？'顽固分子回答说，他们不肯放弃自己的主张。孙中山就毫不迟疑地对他们说：'那么好，开除你们的党籍！'"① 孙中山的态度是十分坚定的。在这次大会期间，在1月22日通过《中国国民党章程》时，仍有少数人反对国共合作，制造障碍，以致推迟了章程的讨论表决。1月28日，又有人提出应明文规定"本党党员不得加入他党"的提案，② 其用意是反对共产党员以个人身份加入国民党。对此，李大钊发表《意见书》说："兄弟深不愿在本党改造的新运动中，潜植下猜疑与不安的种子"，"我等之加入本党，是为有所贡献于本党，以贡献于国民革命事业而来的，断乎不是为巧取讨便宜。""所以我们来参加本党而兼跨固有的党籍，是光明正大的行为，不是阴谋鬼祟的举动。"对此若"猜疑防制，实为本党发展前途的障

---

① 林伯渠：《在北京纪念孙中山诞生90周年大会中的讲话》，1956年11月12日。
② 国民党中央执行委员会档案，《中国国民党第一次全国代表大会会议录》第5号，中国第二历史档案馆藏。

碍，断断乎不可不于本党改造之日明揭而扫除之"。① 国民党左派人士廖仲恺等纷纷发表声明，支持李大钊的发言，认为共产党人加入国民党"是本党一个新生命"，是国民革命所必须的。大会否决了国民党员不得跨党的提案，通过了新党章。

中国国民党第一次全国代表大会闭幕的第二天，1月31日，孙中山主持召开了中国国民党中央执行委员会和监察委员会第一次全体会议。会议推定廖仲恺、谭平山、戴季陶为常务委员，组成秘书处，负责处理中央的日常事务，并决定了中央党部的组织机构。2月4日推定了以下各部部长：组织部长谭平山，宣传部长戴季陶，青年部长邹鲁，工人部长廖仲恺，农民部长林祖涵（伯渠），军事部长许崇智。随后，中央党部会议再推定妇女部长曾醒、海外部长林森。后来增设商民部，部长为伍朝枢；增设军事委员会，蒋介石等为委员。会议考虑到上海、北京、汉口、哈尔滨、四川等地远离广州中央，当地的政治环境比较复杂，决定派遣中央执行委员前往组成执行部，指挥、监督这些省、市党务的开展。随后分别成立了北京、上海、汉口三个特别区的执行部。

国民党"一大"会议，是一次具有重大历史意义的会议。它制定了一个反帝反军阀的三民主义纲领，并在共产党员和国民党左派的共同积极努力下，通过与国民党右派势力的辩论和斗争，确定了推进革命的政策，确认了共产党员和社会主义青年团员以个人资格加入国民党，从而完成了国共合作的组织形式。从此，孙中山的联俄、联共、扶助农工的三大政策得到确立。

会后，各省、市的国民党部大部分也以共产党员和国民党左派为骨干进行了改组。

国民党第一次全国代表大会在1月30日②通过的著名的《中国国民党第一次全国代表大会宣言》，是在孙中山亲自主持下，由国民党员汪精卫、胡汉民、廖仲恺及苏联顾问鲍罗廷、加入国民党的中共党员瞿秋白参与起草。因此，可以这样说：这一宣言是由中国国民党、中国共产党与共产国际代表共同制定的。宣言草案经专门委员会审查修改后，

---

① 国民党中央党史史料编纂委员会编：《革命文献》第9辑，台北1958年版，总第1234—1236页。

② 此据代表大会对宣言最后一次表决日期而定。

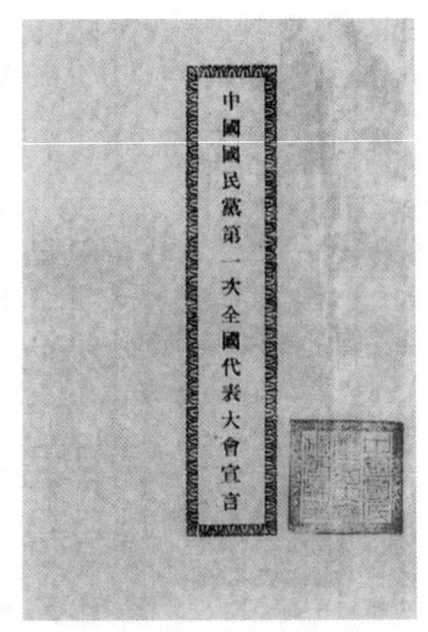

▲《中国国民党第一次全国代表大会宣言》是具有重大历史意义的文件。它反映了孙中山对三民主义的新发展，成为民族民主统一战线的纲领。图为文件封面及大会宣言（局部）。

于23日大会表决通过。24日又由孙中山委托汪精卫提出增加宣言中"对内政策"第五条的动议，经大会表决通过。30日又由孙中山授意廖仲恺提出增订"对外政策"内容的动议，经大会表决同意，委托孙中山修正有关文字条款。

大会宣言总结了过去革命斗争的经验（特别是辛亥革命的教训），分析和批判了当时社会上流行的各种错误的、反动的政治流派——立宪派、联省自治派、和平会议派及商人政府派，认为那不过是"空谈"或"恶意的讥评"。指出只有实行国民革命和三民主义，才是中国的"惟一出路"。确定了民主革命的纲领，以打倒帝国主义、打倒军阀作为奋斗的目标。还提出了取消不平等条约，废除军阀所借的外债和确定人民的自由权利，改善人民生活等为主要内容的内政外交政策，作为国民党的政纲。并决定欢迎农民工人参加国民党，"相与为不断之努力，以促进国民革命运动之进行"。

这样，改组以后和共产党合作的国民党，就改变了原来的面貌，不再是一个单纯的资产阶级政党，而基本上成为工人、农民、小资产阶级和民族资产阶级的民主革命联盟。《中国国民党第一次全国代表大会宣言》就成为这个统一战线的共同纲领。

在这次大会上，三民主义有了新的发展，制定出一个反帝反封建的革命纲领，并在共产党员和国民党左派的共同努力下，经过与国民党右派分子的辩论和斗争，确定了孙中山提出的"联俄、联共、扶助农工"等重大革命政策，承认共产党员和社会主义青年团员以个人资格加入中国国民党，改组中国国民党为工人、农民、小资产阶级和民族资产阶级四个阶级联盟的统一战线的组织形式。这次大会标志第一次国共合作统一战线的正式建立。它的胜利召开，国共首次合作的实现，以及大会宣言的发表，是孙中山革命生涯的一个新的里程碑，标志着他的革命思想的发展达到了一个新高峰。

从此，中国革命迅速出现新的高潮，兴起了中国近代民主革命历史上空前的反帝反封建的大革命。正是这样，才使孙中山"致力国民革命凡四十年还未能完成的革命事业，在仅仅两三年之内，获得了巨大的成就"。

▲ 国民党"一大"通过的《国民政府建国大纲》，是孙中山建国治国思想的重要体现。

二、发展三民主义

1924年1月27日至8月24日期间，孙中山在广州文明路国立高等师范学校亲自开辟了一个系统讲述三民主义的讲座。据他在《民族主义》自序中说，"兹值国民党改组，同志决心从事攻心奋斗，亟需三民主义之奥义、五权宪法之要旨为宣传之资"，才专门安排这个系列讲座的。演讲在学校礼堂，党、政、军人员和学校教职员学生等都来参加，

鲍罗廷和苏联顾问也来参加。每次演讲，黄昌谷做笔录，邹鲁读校。

孙中山原定民族、民权、民生每个主义六讲，共18讲，但从1924年1月27日至8月24日一共只作16讲，8月24日以后，因对付广州商团叛乱及准备北伐而中辍，民生主义部分未讲完。从河南省士敏土厂大元帅府到广东高师，往返路程有五华里。开始时，孙中山是乘三部汽车，后来孙中山问过庶务，知道每次往返车费需15元。他嫌花费太多，以后每次都是率领着副官卫士步行前往。

孙中山的演讲笔记稿经他本人多次校改，并且，每讲完一个主义后，再经他本人修改审定记录稿，初于国民党中央机关刊物《中国国民党周刊》逐讲发表，继由国民党中央于同年分三册陆续编辑印行，年底又出版了合订本，作为对党员和民众"宣传之课本"。很显然，孙中山在国民党"一大"宣言通过后即作系统的三民主义讲演，他的目的是要国民党员正确理解他的学说和思想，按照他的思想路线去从事实践，当然也包含有澄清社会上一些人对他实行联俄、联共、扶助农工三大政策，建立国共首次合作的误解有关系。

三民主义是孙中山在19世纪末年走向革命后逐步形成的革命思想，是孙中山最重要的革命学说和政治纲领。自从1905年10月在《〈民报〉发刊词》提出"民族、民权、民生"三大主义后，便正式开始了

▲ 孙中山书赠宋庆龄的《国民政府建国大纲》（局部）。

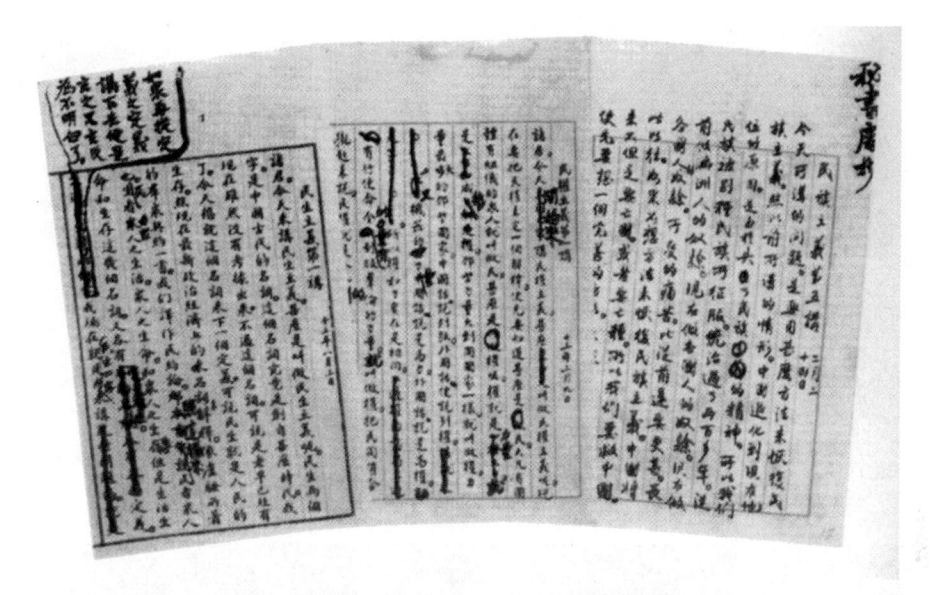

▲ 孙中山批改的"三民主义"演讲记录稿。

三民主义思想发展史。在漫长的斗争岁月里，孙中山根据客观形势的变化及其本人认识的提高，曾经多次对它的内涵作过阐释。这次演讲词，是孙中山历来阐述三民主义中最系统、最详尽和篇幅最大的一种。孙中山感到以前所讲的三民主义，不够明确，也不够彻底。在这次演讲中——特别在同一时期发表的《中国国民党第一次全国代表大会宣言》中，孙中山根据当时中国的历史条件，"适乎世界之潮流，合乎人群之需要"，对拯救中国和改造中国社会提出了新的认识，重新解释了三民主义，使三民主义有了发展，注入了反帝反封建的新内容，使它在新的历史时期获得新的革命内容。使它对当时的中国政治产生了深刻影响。它成为中国民族民主革命统一战线的政治基础和共同纲领。中国民主革命的胜利，在一定意义上也可以说是革命的新民主主义的三民主义的胜利。

国民党"一大"宣言重新加以解释的三民主义，克服了原三民主义的根本弱点，以与前不同的崭新面貌出现。

发展后的三民主义中的民族主义是反对帝国主义的民族主义。国民党"一大"宣言说："国民党之民族主义，有两方面之意义：一则中国民族自求解放；二则中国境内各民族一律平等。""中国民族自求解放"就是要从帝国主义的压迫和奴役下解放出来，摆脱半殖民地的地位，争得独立自由。而"中国境内各民族一律平等"也只有推翻帝国主义及其走狗大地主大资产阶级的统治才能实现。

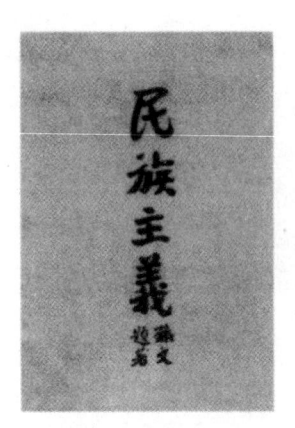

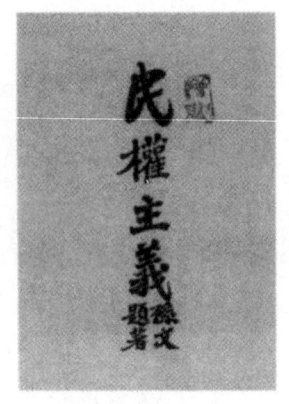

▲ 1924年1月至8月，孙中山在广州演讲三民主义，对三民主义的内容与涵义进行系统地阐述，演讲的笔记稿经孙中山修改后出版发行。

▲ 1924年5月5日，国民党上海执行部在孙中山寓所举行庆祝孙中山就任非常大总统三周年纪念会合影。前排左起：邓中夏、喻育之、孙铁人、茅祖权、张继、胡汉民、汪精卫、谢持；前排左十：向警予。

原三民主义的民族主义并非不包含反帝的内容。"中国人所以要革清朝的命，是因为清朝是帝国主义的走狗。"孙中山和他的同志反复强调，只有推翻卖国的清朝政府，才能避免列强瓜分的厄运。但是，旧的民族主义只有反清口号，没有反帝口号，没有正面提出反对帝国主义的任务。革命派以为推翻清朝，中国自强起来，帝国主义也就会刮目相待了，这自然是个幻想，殊不知帝国主义决不允许一个独立而强大的中国存在。这种幻想使他们的斗争屡次为帝国主义及其走狗所绞杀。新三民主义的民族主义则摆脱了这种幻想。它指明帝国主义是中国革命的最主要的敌人，"中国内乱，实有造于列强"，因此确定"民族解放之斗争，对于多数之民众，其目标皆不外反帝国主义而已"。在1924年的《北伐宣言》中，孙中山还强调说："此战之目的不仅在推倒军阀，尤在推倒军阀所赖以生存之帝国主义。"① 他把反帝看作革命的首要目的。正因为具备了这种认识，新的民族主义举起了反对帝国主义的旗帜。

　　发展后的三民主义中的民权主义是反对地主资产阶级专政的民权主义。国民党"一大"宣言规定了这样的原则："近世各国所谓民权制度，往往为资产阶级所专有，适成为压迫平民之工具。若国民党之民权主义，则为一般平民所共有，非少数者所得而私也。"这里说的"为资产阶级所专有"的民权制度，指的是欧美的资产阶级民主即资产阶级专政，它是在资产阶级世界革命中兴起的，旧民主主义追求的"国民的国家"，实质上就是这种模式的国家。但是半殖民地半封建的历史条件决定了中国资产阶级不可能建立自己的专政，资产阶级如果要抛弃其革命盟友，只能和帝国主义、封建势力联合，造成大地主大资产阶级的专政，也就是说使革命前功尽弃。无产阶级领导的新民主主义革命兴起后，更不允许这种情况出现。孙中山看到这一点，因而强调：我们"所主张的民权，是和欧美的民权不同……不是要学欧美，步他们的后尘"。他主张建立一个"最新式的共和国"。按照民权"为一般平民所共有，非少数者所得而私"原则建立的共和国，实际上是一个各革命阶级联合专政的国家。在这种专政下，"凡真正反对帝国主义之个人及团体，均得享有一切自由及权利；而凡卖国罔民以效忠于帝国主义及军阀者，无论其为团体或个人，皆不得享有此等自由及权利"。新的民权主义作为建立各革命阶级联合专政的新型共和国的理论虽然还不完备，却无疑是反对地主资产阶级专政的有力武器。

　　发展后的三民主义中的民生主义是反对地主资本家"操纵国民生计"的民生主义。国民党"一大"宣言说："国民党之民生主义，其最要之原则不外二者：一曰平均地权；二曰节制资本。""平均地权"针

---

① 《孙中山选集》，人民出版社1981年版，第944页。

对地主"操纵国民生计","节制资本"针对资本家"操纵国民生计"。

"平均地权"是在原来三民主义的民生主义中提出的口号。前后三民主义都认为"酿成经济组织之不平均者,莫大于土地权之为少数人所操纵"。这一认识如果指的封建、半封建社会则是正确的,如果指的资本主义社会则不符事实,因为那里"酿成经济组织之不平均者"是少数资本家占有大部分生产资料,而工人阶级则被剥夺了一切生产资料,不仅土地。旧民生主义的"平均地权"所针对的是资本主义制度下利润、利息与地租的分割。孙中山有鉴于欧美"社会革命其将不远",企图补以"平均地权",通过将资本主义制度下土地所有者独占的地租收归国有的办法,调节资本与土地私有权的矛盾。他自以为这样做,可以"举政治革命、社会革命毕其功于一役",这纯然是主观社会主义的幻想。旧"平均地权"提倡的核定地价、增价归公,针对着从属于资本主义生产的地主土地所有权,因而消灭不了中国的封建土地所有制,所以说,旧三民主义没有消灭封建土地所有制的纲领。新三民主义的"平均地权"提出了新的方针,即"宣言"所说"农民之缺乏田地沦为佃户者,国家当给以土地,资其耕作"。这一方针,孙中山后来又将其归纳为"耕者有其田"。他指出,"农民问题真是要完全解决,是要'耕者有其田',那才算是我们对于农民问题的最终结果"。"如果耕者没有田地,每年还是要田租,那还是不彻底的革命。"① 确定了"耕者有其田"的方针,三民主义才有了消灭封建土地制度的纲领。

"节制资本"的"要旨"是:"凡本国人及外国人之企业,或有独占的性质,或规模过大为私人之力所不能办者,如银行、铁道、航路之属,由国家经营管理之,使私有资本制度不能操纵国民之生计。""节制资本"并不反对"不能操纵国民生计"的私人资本主义的发展,但要用"国家资本"来掌握"国民生计"的发展方向。"国家资本"性质当然取决于国家政权的性质和社会基本生产关系的性质,如果将三民主义作统一的理解,国家是"为一般平民所共有,非少数人所得而私"的国家,执政党是联俄、联共、扶助农工的党,其"国家资本"当然具有进步的性质,它将能够防止私有资本制度操纵国民之生计,也就是说将使革命的前景不是资本主义的社会。

---

① 《孙中山选集》(合订本),人民出版社1981年10月第二版,第937页。

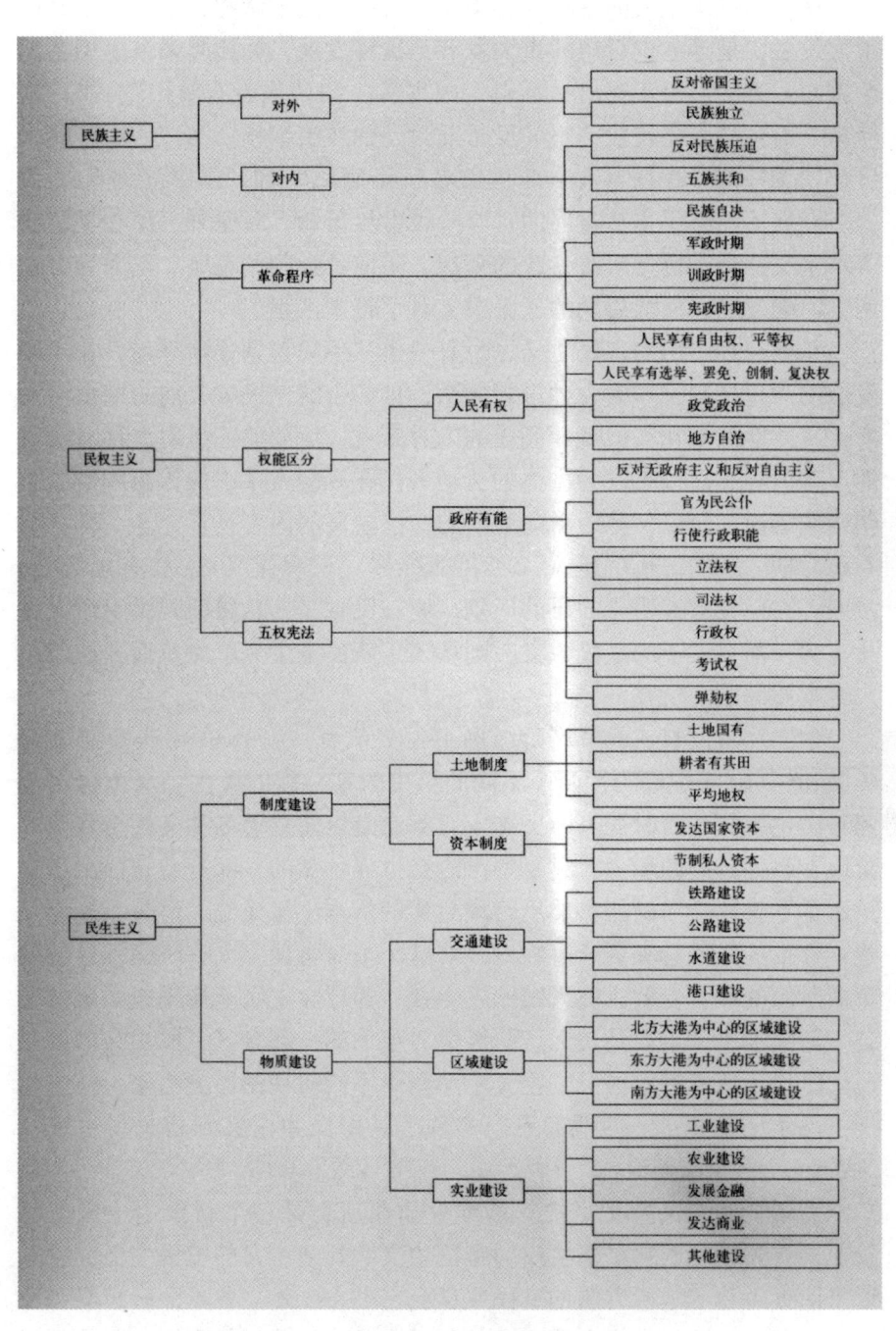

```
                                    ┌─ 反对帝国主义
                         ┌─ 对外 ───┤
                         │          └─ 民族独立
          民族主义 ──────┤
                         │          ┌─ 反对民族压迫
                         └─ 对内 ───┼─ 五族共和
                                    └─ 民族自决

                                    ┌─ 军政时期
                         ┌─ 革命程序 ┼─ 训政时期
                         │          └─ 宪政时期
                         │                      ┌─ 人民享有自由权、平等权
                         │                      ├─ 人民享有选举、罢免、创制、复决权
                         │          ┌─ 人民有权 ┼─ 政党政治
          民权主义 ──────┼─ 权能区分┤           ├─ 地方自治
                         │          │           └─ 反对无政府主义和反对自由主义
                         │          └─ 政府有能 ┌─ 官为民公仆
                         │                      └─ 行使行政职能
                         │                      ┌─ 立法权
                         │                      ├─ 司法权
                         └─ 五权宪法 ───────────┼─ 行政权
                                                ├─ 考试权
                                                └─ 弹劾权

                                                ┌─ 土地国有
                                    ┌─ 土地制度 ┼─ 耕者有其田
                         ┌─ 制度建设┤           └─ 平均地权
                         │          │           ┌─ 发达国家资本
                         │          └─ 资本制度 ┴─ 节制私人资本
                         │                      ┌─ 铁路建设
          民生主义 ──────┤          ┌─ 交通建设 ┼─ 公路建设
                         │          │           ├─ 水道建设
                         │          │           └─ 港口建设
                         │          │           ┌─ 北方大港为中心的区域建设
                         └─ 物质建设┼─ 区域建设 ┼─ 东方大港为中心的区域建设
                                    │           └─ 南方大港为中心的区域建设
                                    │           ┌─ 工业建设
                                    │           ├─ 农业建设
                                    └─ 实业建设 ┼─ 发展金融
                                                ├─ 发达商业
                                                └─ 其他建设
```

▲《三民主义》主要内容示意图。

从上述三民主义的基本内容来看，我们不能不认为它是三民主义的重大发展，是孙中山思想的重大发展。这种发展，概括起来，集中在两个方面：第一，由于提出"反对帝国主义"和"耕者有其田"的口号，使新三民主义有了比较完整的反帝反封建的政治纲领。第二，由于提出民权"为一般平民所共有，非少数者所得而私"和"节制资本"的内容，发展了的三民主义对旧的资产阶级世界革命，对原来三民主义建立资本主义社会和资产阶级专政的理想，采取了批判的态度。正因为有这两方面的发展，使前后期的三民主义有了根本区别。

总之，孙中山的三民主义思想有一个从不完善到逐渐完善，并不断发展的深化过程，作为一种思想体系，孙中山的三民主义前后期都没有发生实质性的变化，但就其涵盖的内容来看，后期的三民主义具有明确的反帝内容和对以工农为主体的劳动人民在社会变革中的作用和地位有明确的解说。所以，孙中山前后期的三民主义的内容是不完全一样，是有前后期之别的。也就是说，二者都统称"三民主义"，具有延续性。然而，它们又有着明显的质的区别。原三民主义，从属于旧民主主义革命范畴，而发展了的三民主义，则从属于新民主主义革命范畴，这就是二者本质区别之所在。

中国反帝反封建的资产阶级民主主义革命，从1840年开始到1949年胜利，110年中经历了两个不同的历史时期，即旧民主主义革命时期和新民主主义革命时期。旧民主主义革命是以建立资本主义社会和资产阶级专政为目的的革命，它是资产阶级世界革命的一部分。新民主主义革命是不破坏任何尚能参加反帝反封建的资本主义成分，但其目标不是建立资本主义社会和资产阶级专政。这个革命将建立无产阶级领导的各革命阶级的联合专政，即人民民主专政，为社会主义革命完成必要的准备。新民主主义革命乃是无产阶级世界革命的一部分。三民主义的两个历史时代正适应着中国民主主义革命两个不同时期的历史需要。孙中山把三民主义发展了，使他的思想实现了从旧民主主义到新民主主义的飞跃。

发展了的三民主义，按其基本性质来说，是一个新民主主义的纲领，这首先表现于它是坚决反对帝国主义和封建主义的三民主义，它是要求消灭封建土地所有制的三民主义，它是主张建立各革命阶级联合专政而避免建立资产阶级专政国家的三民主义。但美好的理想、明确的目标，还不足以决定事物的全部本质。理想的实现，目标的坚持，有赖于正确的政策。发展了的三民主义之所以具有新民主主义革命性质，就是因为它有联俄、联共、扶助农工三大政策为其成功的基本保证。

孙中山重新解释三民主义，就是在确定实行联俄、联共、扶助农工三大革命政策的基础上进行的。这三大革命政策是三民主义不可分割的部分，决定着三民主义的社会内容和阶级内容，决定着三民主义究竟能否真正实行。如果不把三民主义的新解释同三大革命政策联系起来作统一理解，就不可能认识到发展了的三民主义是新民主主义的三民主义。因此，三民主义的新与旧之争，真与假之争，革命与反革命之争，向来都集中于对三大革命政策的态度上。一切仍然想打"三民主义"招牌的三民主义的叛徒，都千方百计地割裂三大革命政策和三民主义的本质联系。后来成为民族败类的汪精卫在其背叛革命时就制造了一个理论，说什么三大政策是"为应付时代与环境的一种政策，不能与三民主义有同样长久的时间性"。这完全是掩饰其叛徒面目的诡辩。一切愿为三民主义彻底实现而奋斗的革命者，都坚持三大革命政策与三民主义的本质联系。

三大政策在三民主义中之所以具有如此重要的地位，不是偶然的。

发展了的三民主义是坚决反对帝国主义的，它必然为帝国主义所不容，而只能得到社会主义国家（当时只有苏联一个）、国际无产阶级和被压迫民族的同情和支援。对此，孙中山最后有了清醒的认识。他指出："我国革命，向为各国所不乐闻，故尝助反对我者以扑灭吾党。故资本国家，断无表同情于吾党。"只有"俄国及受屈之国家、受屈之人民"，方才是中国革命真正可靠的朋友。为此，他确定了联俄的政策，要求"联合世界上以平等待我之民族共同奋斗"，要求在"完成其由帝国主义制度解放中国及其他被侵略国之历史的工作"中同苏联密切合作，要求中苏两国"在争世界被压迫民族自由之大战中，携手并进以取得胜利"。联俄政策的确定与坚持，表明了孙中山是如何努力使中国革命同世界无产阶级社会主义革命及世界各被压迫民族的解放斗争联合起来。这正是新三民主义得以实现的一个基本的国际条件。

"所谓新民主主义的革命，就是在无产阶级领导之下的人民大众的反帝反封建的革命。"这里，决定性的因素是无产阶级的领导。近代历史已经证明，中国革命如果没有无产阶级的领导，就不能取得胜利。自从中国无产阶级登上政治舞台，无产阶级的政党——中国共产党诞生

后，领导中国新民主主义革命和无产阶级社会主义革命的双重使命便落在了中国无产阶级和中国共产党身上。中国共产党成立后，便在列宁关于民族和殖民地革命理论的指导下，从中国实际出发，自觉地投入民主主义革命斗争并承担起领导责任。孙中山倡导并坚持联共政策，将实现新三民主义的希望寄托于中国共产党这一"新鲜血液"，尽管他本人思想上并没有意识到，他的实践正适应了由中国共产党承担起领导民主革命职责这一历史性的转折。我们不能忘记这一历史事实：《中国国民党第一次全国代表大会宣言》这一国民党发展史上划时代的文献，便是由中国共产党著名理论家瞿秋白同国民党"左派"代表廖仲恺及国民党顾问鲍罗廷等人，参照共产国际执委会提供的一个俄文草稿共同拟定的。共产党人的帮助和孙中山自身认识的飞跃，二者的结合和统一，产生了后期的三民主义。没有国内国际无产阶级的直接的具体的帮助，就没有新三民主义。当时，国民党内的右派以此为口实，企图推翻这个宣言，孙中山立即批驳了他们，确认这一宣言"我加审定"，告诫他们"切不可疑神疑鬼"。他并在演说中明确指出："此宣言将国民党之精神、主义、政纲完全发表，并应使之实现。"这是孙中山在实践中接受中国共产党帮助与适应中国共产党对中国革命的领导的突出表现。事实表明，孙中山在思想上、组织上都正是依靠了中国共产党人的帮助，才完成了国民党"一大"的历史任务，实现了国民党的改组，方才使得国民党在思想上、政治上、组织上获得新生，成为工人、农民、小资产阶级、民族资产阶级的统一战线组织。

"联共"在三大政策中是一个关键。三大政策是统一不可分的。没有"联共"，"联俄"便将失去其与世界无产阶级社会主义革命和世界各被压迫民族的解放斗争相联合的本质。没有"联共"，便不可能做到"扶助农工"。只有"联共"，反帝反封建才能坚决彻底。只有"联共"，才能使"为一般平民所共有，非少数者所得而私"的民权主义，由一般平民享有民主权利的问题，上升为"国体"问题，上升为国家政权的阶级结构问题，从而使三民主义同决定中国民主革命前途的社会主义因素的发展联系在一起。因此，没有"联共"政策，三民主义的性质就会改变，其实现也只能徒托空言。

国民党"一大"宣言在解释三民主义的民族主义时写道：反对帝国主义、以求中国民族之解放，"其所恃为后盾者，实为多数之民众，若知识阶级、若农夫、若工人、若商人是已"。这里所说的实际上是工

▲ 1924年1—8月，孙中山在广州系统地讲述了"三民主义"，把民族、民权、民生主义充实以时代精神，使之达到前所未有的高度。图为孙中山在广州高等师范学校演讲三民主义时的情景。

人、农民、小资产阶级和民族资产阶级四个阶级。民族解放斗争的本质上也是阶级斗争，这里将这四个阶级看作反帝斗争的主要阶级基础，显示了这一斗争的新的社会内涵。"宣言"在说明民权主义时，特别强调了国家权力"为一般平民所共有"，在说明民生主义时，特别强调了"反抗不利于农夫、工人之特殊阶级，以谋农夫、工人之解放"，并宣布"为农夫、工人而奋斗，亦即农夫、工人为自身而奋斗"，目的都是一个，即动员最广大的工农群众起来为完成中国革命而奋斗，并使这一革命真正能给广大工农带来解放，使这一革命的内容和前途不为民族资产阶级一个阶级所决定。"宣言"的这些规定，以及孙中山重视工农力量，给工农运动以积极支持的实际行动，使新三民主义的实现获得了广大的群众基础和强大的动力，而这又正是新三民主义之所具有新民主主义性质的又一个重要标志。

孙中山对三民主义的解释，他的实际行动，以及三民主义实践的历史，都证明了这样一个真理："这种新时期的革命的三民主义，新三民主义或真三民主义，是联俄、联共、扶助农工三大政策的三民主义。没有三大政策，或三大政策缺一，在新时期中，就都是伪三民主义，或半

三民主义。"①

新民主主义革命与旧民主主义革命相比,有一个极为重要的特点,这就是它所完成的虽然只是资产阶级民主主义革命任务,但它同时又在给社会主义创造前提,并以社会主义革命为其必然趋势。孙中山的新三民主义在这一点上同中国共产党的革命纲领有着显著不同,它没有建立社会主义和共产主义的纲领,就民主革命纲领而言,也没有中国共产党的纲领那么彻底。这是孙中山作为一个伟大的革命民主派,由历史所造成的局限,我们不能苛求。然而,尽管如此,新三民主义由于它是三大革命政策的三民主义,由于它因三大政策而与无产阶级世界革命和中国共产党领导的新民主主义革命联系在一起,因而它的实现,在客观实践中,也不可避

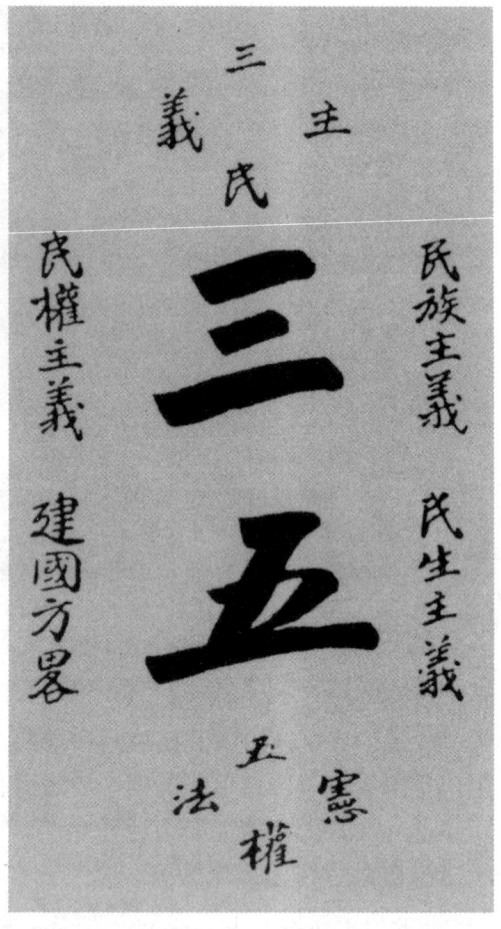

▲ 孙中山关于"三民主义"和"五权宪法"的手书。

免地会为中国避免资本主义的前途,实现社会主义的前途,提供极大的可能性。这是已经获得证明的不以人们意志为转移的历史真理。

三民主义的发展,是孙中山的丰功伟绩,也是中国共产党和中国国民党经过国民党第一次全国代表大会而共同作出的决定。

革命的三民主义,即新民主主义的三民主义,因其政治原则和中国共产党的最低纲领基本相同,被正在领导人民大众进行民主革命的中国共产党宣布为民族民主统一战线的政治基础,并以自己的实践为其彻底实现而奋斗。廖仲恺、宋庆龄、邓演达、何香凝、柳亚子、彭泽民等忠

---

① 毛泽东:《新民主主义论》,《毛泽东选集》第二卷,人民出版社 1991 年 12 月版,第 690 页。

▲ 孙中山著《三民主义》合订本封面及其扉页。

实于孙中山革命事业的国民党左派人士，为了实现发展了的三民主义，同中国共产党人并肩进行了战斗。国共两党共同努力，发动了1924年至1927年的大革命，使新三民主义逐步被推广到民众之中，在全国很大一部分地区得以实行。

发展了的三民主义的目标是推翻帝国主义、封建主义在中国的统治，改变中国半殖民地、半封建社会的性质，它从一产生起，就被帝国主义和中国的大地主大资产阶级所仇视。他们在国民党内外的代表人物从一开始就或者公开地、或者隐蔽地反对对三民主义的重新解释。1927年，正当在革命行将胜利之时，一部分国民党人便公然背叛革命的三民主义，破坏了国共合作，使革命遭到了失败。

自从那时以来，中国共产党人、中国人民和国民党内孙中山的忠实追随者同大地主大资产阶级，围绕着信仰不信仰、实行不实行革命的三民主义这一问题，进行了长时期的斗争。十年内战时期，国民党当局把三民主义变成了一个抽象的概念，在实践中完全反对实行国民党"一大"宣言所解释的三民主义，结果建立了大地主大资产阶级新军阀统治，招致外患乘机而入。这时，只有中国共产党，根据马克思主义的原则，继续坚持并发展了革命的三民主义。日本帝国主义悍然发动旨在灭亡中国的侵华战争后，在中国共产党、中国人民和国民党内有识之士的推动下，实现了国共两党的第二次合作。当时全国人民、中国共产党人和其他民主党派，都对国民党政府寄予极大的希望，就是说，希望它乘此民族艰危、人心振奋的时机，厉行民主改革，将孙中山先生的革命三

民主义付诸实施。可是，这个希望是落空了。在解放区内，中国共产党忠实地实践了"孙中山先生的三民主义为中国今日之必须，本党愿为其彻底实现而奋斗"的宣言，而在国民党统治区，国民党内的主要统治集团则顽固地同革命三民主义反其道而行之，坚持独裁统治，继续反共反人民，并在抗日战争胜利后，不惜发动反革命的内战。他们终于自食其果。

历史发展充分证明了一个真理："中国共产党人是革命三民主义的最忠诚最彻底的实现者。"为了建立一个革命三民主义性质的独立、自由、民主、统一和富强的新中国，中国共产党人领导广大的中国人民，包括忠实于孙中山革命三民主义的那些国民党人在内，英勇奋斗，许多先烈为此而付出了自己的鲜血和生命。在孙中山死后中国革命继续发展过程中，中国共产党新民主主义革命的理论、纲领及其实践，有了极大的丰富与发展，这正是中国人民解放事业获得成功的可靠保证。

三、向往社会主义

孙中山是一位伟大的民主主义者，同时又是一位大力宣传社会主义的社会主义先行者。

孙中山毕生都在学习西方，博采众长，早期仿效西方共和政治，晚年主张以俄为师，他的思想志趣，是吸纳世界一切先进的思想为我所用。他对社会主义的向往表现得尤为显著。

根据历史资料的记载，早在1903年12月，孙中山就提出走社会主义道路的问题，企盼建设中国式社会主义。之后，他终其一生向往并大力宣传社会主义，还曾努力号召以社会主义理想建设国家。

什么是社会主义呢？孙中山一再声称：他的"民生主义就是社会主义，又名共产主义，即是大同主义"。① 又指出"社会主义的范围，是研究社会经济和人类生活的问题，就是研究人民生计问题"。他认识到马克思对社会问题研究得"最透彻和最有心得"，"专从事实与历史方面用功，原原本本把社会问题的经济变迁，阐发无遗"，"集几千年人类思想之大成"，把社会主义从空想变成了科学，因而叫"科学社会主义"。但是他不赞同马克思以"物质为历史的中心"，而认为美国学

---

① 《孙中山选集》，人民出版社1981年版，第802页。

者摩里斯·威廉所称:"社会问题才是历史的重心,而社会问题又以生存为重心",才和他的主义"若合符节"。孙中山说,民生主义的"大目的,就是要众人能够共产"。他的三民主义的意思,"就是国家是人民所共有,政治是人民所共管,利益是人民所共享"。即"人民对于国家不只是共产,一切事权都是要共的。这才是真正的民生主义,就是孔子所希望的大同世界"。①

> 余之谋中国革命,其所持主义,有因袭吾国固有之思想者,有规抚欧洲之学说事迹者,有吾所独见而创获者。
> ——孙中山

▲ 孙中山语录。

这里,孙中山正确地理解了中外古今的社会主义理想中的共同特征,即"共产",亦即实行政治、经济、文化所有权和分配的平等,特别是实行"土地公有"和"资本公有",即实行主宰国民经济命脉的土地、森林、矿山、铁路、电气、邮政等部门和主要企业的国有制,在这一基础上实行"分配之社会化,就是合作社",以"消灭商人的垄断"。②他认为这是马克思的"资本公有"和亨利·乔治"土地公有"二者的综合,以补救欧美社会因未及早解决土地问题而生的日后财富垄断之弊。他赞赏欧洲空想社会主义、中国黄老所说的华胥氏之国和太平天国领袖洪秀全有过的共产主义理想,但那时没有力量去改良社会,"所以只好说理想上的空话",因此他强调当今之世必须大力发展生产,搞近代化,谋求"社会的文明的发达,经济组织的改良和道德进步",走"社会进化"、国强民富的路。他认为民生主义"不但是最高的理想,并且是社会的原动力",通过它,"社会问题才可以解决","人类才可以享很大的幸福"。③ 这里,仅就上述理想本身而言,应该说是高出于中外乌托邦理想,其中实行公有制、发展社会生产力是实现社会主

---

① 《孙中山全集》第九卷,中华书局1986年版,第394页。
② 《孙中山全集》第九卷,中华书局1986年版,第368、378页。
③ 《孙中山全集》第九卷,中华书局1986年版,第360—361页、381页、386页。

义理想的必备条件，尤中肯綮。他所提出的以社会经济发展程度来决定能否实行社会主义的论点，也发人深思。

如何实行社会主义呢？

孙中山是不赞成马克思的"阶级战争是社会进化的原动力"的理论，"他主张解决民生问题的方法，不是先提出一种毫不合时用的剧烈办法，再等到实业发达以求适用；是要用一种'思患于未然'的预防办法来阻止私人的大资本，防备将来贫富不均的大毛病"。① 孙中山主张分阶段采取不同的方针和办法，即主张用革命手段解决政治问题，用和平手段来解决经济问题，"改良社会"。应该说，这一想法是颇具匠心和卓识的。

孙中山所以能有如此深刻的认识，绝非偶然。它既与20世纪初的思潮特点和资本主义周期性经济危机有着联系，又是他经过长时期学习和研究的结果。

孙中山早在1897年在伦敦时，就着手"研究了马克思、乔治、穆勒、孟德斯鸠以及其他人"。② 曾对各派社会主义学说做过一番苦心研究。孙中山曾自称此时"始知徒致国家富强、民权发达如欧洲列强者，犹未能登斯民于极乐之乡也；是以欧洲志士，犹有社会革命之运动也"。③ 之后，孙中山在1897年至1903年旅居日本期间，与社会主义思潮有了更多的接触。他在国际社会主义运动的强烈刺激下，开始了解到什么是阶级斗争，什么是社会革命，对社会主义及马克思主义进一步有了一些认识。

1902年，孙中山旅居日本时，在与章太炎讨论为何改革中国土地制度时，还曾批驳社会主义者的主张，说："彼工商废居有巧拙，而欲均贫富者，此天下之大愚也。"④ 其后，随着对社会主义学说了解渐多，特别是通过"与日本平民社领导人幸德秋水交往，就社会主义的实行问题交换意见"。⑤ 1903年9月，孙中山离日赴檀香山；同年12月，他从那里致函国内，明确表示他对社会主义的态度，提出了走社会主义道

---

① 《孙中山全集》第一卷，中华书局1981年版，第580页。
② [美]史扶邻著，丘权政等译：《孙中山与中国革命的起源》，中国社会科学出版社1981年版，第119页。
③ 《孙中山全集》第六卷，中华书局1985年版，第232页。
④ 章太炎：《定版籍》，《訄书》修订本。
⑤ 《孙中山年谱》（中华民国史资料丛稿），中华书局1980年版，第59页。

路的问题。他说:"所询社会主义,乃弟所极思不能须臾忘者……欧美之富者富可敌国,贫者贫无立锥……夫欧美演此悬绝之惨境,他日必有大冲突,以图适剂于平。盖天下万事万物无不为平均而设,为教育,改以平均知识,宫室衣服,所以平均身体的热度,推之万事,莫不皆然。则欧美今日之不平均,他时必有大冲突,以趋剂于平均,可断言也。然则今日吾国言改革,何故不为贫富不均斗,而留此一重罪业,以待他日更衍惨境乎?此固仁者所不忍出也。故弟欲于革命时一起做起。"① 之后,他还曾努力号召以社会主义理想建设国家,呼吁国际社会党执行局协助他"把中国建立成全世界第一个社会主义国家"。

1905年初,孙中山由美抵欧在中国留学生中从事革命宣传组织活动。同年2月,他曾在布鲁塞尔专程到第二国际书记处访问社会党国际局主席王德威尔德和书记胡斯曼,要求加入第二国际。孙中山在与他们谈话中曾反复表示,"中国社会主义者要采用欧洲的生产方式,使用机器,但要避免其种种弊端"。中国要吸收西方文明的精华,而决不成为它的糟糕的牺牲品,这样,"中世纪的生产方式将直接过渡到社会主义的生产阶段,而工人不必经受被资本家剥削的痛苦"。孙中山说:他要与第二国际社会党的原则"更趋一致,防止往往一个阶级剥削另一个阶级,如像欧洲国家曾发生过的那样"。②

孙中山是为着救国而虚心向外国学习,力图适应世界新潮流,而外国繁多的社会主义流派又各有长短;并且中国近代社会特别是五四运动前后所具有的多种经济成分、多个阶级、多种思想、多条道路并存的过渡社会特征又特别显著,有如孙中山深切感受的:当时各种新思潮、新出版物"纷纷应时而出。扬葩吐艳,各极其致,社会遂蒙绝大之影响"。③ 孙中山从来以人民全体的代表自任,这时更提出"全民政治"的政治观,因而更重视当时在中国有影响的一些社会主义流派的思想,以便容纳更广泛的主张,争取更多的人支持自己的事业。

孙中山从西方的社会主义思潮中接受了哪些影响?

按照孙中山的说法,他已知道有关世界各国的社会主义派别起码有57种之多,研究学者有千百家,出版的研究著作也有千百种,而当时

---

① 《警钟日报》,1904年4月26日。
② 伯纳尔:《孙中山访问第二国际书记处》,《近代史资料》1979年第三期。
③ 《孙中山全集》第五卷,中华书局1986年版,第210页。

"普通人对社会主义无所适从"。

孙中山对马克思主义诚然有不少误解，但他不仅对它有所了解，而且确因涉猎过其他一些社会主义学说，并且对各种名目的共产党、社会党进行了比较、分析和研究。比如：他对出现于社会主义运动初期的"均产派"提出的"合贫富各有之资财而均分之"的主张并不赞同，认为它虽激烈却很粗浅，"于事理上即未能行，而徒然肇攘夺变乱之"。他也不赞成"乌托邦派"，说他们都是一些悲天悯人的道德家，只寄托于子虚乌有的安乐世界，讲些"理想上的空话"，而丝毫没有提出"消灭人类的痛苦"的具体方法。应该说这对于极"左"和无政府主义的认识是很到位的。孙中山最为推崇的是马克思的"科学派"，即"科学的社会主义"，认为马克思是"社会主义中的圣人"，"专从科学方法去研究社会问题之解决，所著的书和所发明的学说是集几千年来人类思想的大成"，各国社会主义学者"都是信仰他"，"炭炭提倡麦克司（即马克思）之学说，主张平均分配，求根本和平之解决"。①

他对感兴趣的各种社会主义理论并未全部照搬，而是有所取舍增删。例如他曾强调"以俄为师"，但不赞成俄国用革命手段来解决经济问题。他欣然引美国学者摩里斯·威廉的《社会史观》为其民生史观的同调，并把其消费论纳入民生主义的范围，但他并未像威廉那样采取反马克思主义的立场。他读过柯尔等宣扬基尔特社会主义、费边主义、工团主义的论著，并称赞罗素为深知中国的大哲学家。他们的某些思想资料，也被孙中山用于适应国际和中国劳工运动的新变化，把革命运动与工农运动直接联系，但他不赞成基尔特的"产业自治制"，坚持节制私人资本、发展国家资本的主张。他肯定俾斯麦的国家社会主义经济政策，但他认为俾斯麦使用铁血的手腕是世界民权的大障碍，而以在民主政体下实行社会主义为得当。他不满足于"悲天悯人的道德家"恢复古代的共产制度的愿望，而是追求在"工业发达，机器创出"、物质财富日增、"人与人争的极剧烈时代"产生能消除不平的"新共产时代"。

1911年，孙中山在辛亥革命胜利回国时，专门带回了多种"欧美最新社会主义名著"，准备要"广为鼓吹"。1912年孙中山辞去临时大总统职后，曾应社会党邀请，在中国资本主义经济最发达、工人阶级最集中的上海，连续三天演讲社会主义各派学说。他不仅向社会党，而且

---

① 《孙中山全集》第二卷，中华书局1982年版，第520页。

向各行各业群众宣传民生主义和社会主义。这是孙中山一生宣传民生主义、社会主义最多的时期。1924年,他在广州所作《民生主义》演讲,则是他再度谈论社会主义最多也是最后的一次。

孙中山一再告诫国民党人:"我们对于共产主义,不但不能说是和民生主义相冲突,并且是一个好朋友。"① 这既是出于对世界社会主义运动有较好的了解的肺腑之言,也是确实适合中国人民的需要和世界潮流发展的至理名言。

当然,孙中山向往的社会主义及其实现办法,具有不少空想的成分,它本身也存有矛盾及与现实的差距,它同今天中国大陆的中国特色的社会主义也有差别。但是,要求生产力高度发展,政府对国民经济进行宏观控制,国家经营的事业居于主导地位,生产的成果为全体民众所共享等等,都表现了同西方自由资本主义或垄断资本主义不一样的发展路线和发展方向。孙中山看到了中国在建设具有自身特点的现代化时,自觉地吸收和利用外国资本主义既有物质生产成果的必要性和可能性,这就为解决所遇到的难题开辟了一条新的道路。孙中山是为谋求中国现代化和社会主义相连接的工作作出最多、最可贵探索的杰出先进人物。

孙中山对社会主义的热切向往,大力宣传,完全是出于对苦难大众的深切同情和实现祖国现代化的善良愿望。毫无疑问,这是非常可贵的思想和活动,值得人们学习和研究。

四、黄埔建军

武装斗争是革命斗争的最高形式。在半殖民地半封建社会的旧中国,帝国主义及其走狗都握有庞大的反革命武装,人民大众要达到革命的目的,就必须建立自己的军队,采取武装斗争的形式,这是马克思列宁主义的国家学说里早已指明了的普遍真理。

孙中山在拯救中国的漫长历程中,虽直觉地看出武装斗争是中国革命的特点,但对依靠什么性质的武力分辨不清,他先从联络旧军队搞军事冒险,后到依靠军阀武力,因而屡遭失败,辛亥革命后表现得尤为显著。他经历了一个艰难曲折的历程,直到晚年,通过事实的教训,在十月革命的影响和中国共产党的帮助下,才醒悟到组建革命军队的特殊意

---

① 《孙中山全集》第九卷,中华书局1986年版,第386页。

义，提出了革命必须有武力，而武力必须和人民相结合的正确论断，并努力地进行建设革命武装力量的工作，取得了突出的成果。

走武装革命斗争之路，必须有一个基本条件，那就是要有一支强有力的物质力量——军队。孙中山对依靠什么性质的武力进行武装斗争，不仅在辛亥革命前分辨不清，并且在辛亥革命后也是教训至深的。他从事武装斗争的中前期，是依靠联络会党、吸收绿林势力和改造、利用旧有的军队。后来，又把军阀武装当作依靠力量。结果事与愿违，遭遇到一次比一次惨重的失败。

利用军阀的结果，反为军阀所利用。客观形势表明必须有坚强的革命武力，才能挽救革命政权被颠覆的危险。现实的惨痛教训，促使孙中山深感组织革命军队的特殊意义及其极端的重要性。他认真总结了过去的斗争，认为革命没有成功的原因之一是"党基未固"；进而明确指出："党之基础何在，在于军队。"并举苏俄共产党为例，说明他们能在"三数年间将内乱外患依第勘定者"，就因为有为主义而战斗的革命军队的缘故。强调"应效法俄人"。稍后，他还说："大凡建设一个新国家，革命军是万不可少的。有了革命军，我们的革命事业，便可以成功；如果没有好革命军，中国的革命永远还是要失败。"[①] 由于有了这样的认识，孙中山在1924年国共合作前后，便毫不犹豫地采取苏俄红军的经验，着手开办军校，创建自己的革命武装力量。

黄埔军校的原名是"中国国民党陆军军官学校"，1926年1月改名"中央军事政治学校"。它是孙中山在中国共产党以及列宁、斯大林派遣的顾问人员帮助下，国共合作创办的为培养革命军事干部建立起来的军事政治学校。校址设在广州市南二十多公里的黄埔岛上的长洲岛，小岛方圆约10平方公里，依山傍水，树木葱茏，岛上要塞炮台环列周围，如一道天然的屏障。

这里，原先是清朝水师学堂旧址，后曾经办过广东陆军学校和海军学校。黄埔长洲岛四面环水，进退自如，地当枢要，不失为军事要地。孙中山认为，在这里兴学讲武，可谓闹中取静。便指定该地为陆军军官学校校址。因为校址始设于黄埔岛上，一般通称为黄埔军校。

早在1923年8月，孙中山就决定，组成"孙逸仙博士代表团"，赴苏联考察军事、政治和党务。团长由蒋介石担任，其中有沈定一、张太

---

① 《孙总理讲演录》，广州国民书局1927年版，第3—4页。

▲ 1924年6月16日，孙中山主持黄埔军校开学典礼后，同蒋介石（中）、何应钦（左）、王柏龄（右）在军校办公楼的走廊合影。

雷、王登云等共产党人参加。该代表团在苏联考察了三个月，参观了苏联红军和各种军事学校，学习了赤卫军的训练和组织，了解到建军的一些经验。

1923年10月15日，国民党党务讨论会通过了"设陆军讲武堂于广州"的提案。接着，办理国民党改组工作的临时中央执行委员会批准了这个方案，决定命名为"国民党军官学校"，呈请孙中山亲任校长。孙中山毫不犹豫地决心采纳苏联红军的经验，着手建设自己的武装力量。指派廖仲恺和鲍罗廷一起具体筹划开办学校和选定教职人员。

1924年1月，国民党第一次全国代表大会召开期间，孙中山便下令筹办中国国民党陆军军官学校，指派蒋介石为筹备委员会委员长，委员有邓演达、王柏龄、沈应时、林振雄、俞飞鹏、张家瑞、宋荣昌七人。

孙中山又在会议闭幕后，于百忙中约见鲍罗廷和苏联顾问，告知："我们的首先任务是按照苏联式样建立一支军队，准备好北伐的根据地。"

大会结束后一周，2月6日，孙中山下令于广州南堤设立黄埔军校筹备处，积极进行具体的筹建工作。

孙中山把办好黄埔军校视为大事，并为此做了大量有效的工作。他原决定亲自担任校长，负责领导工作，后来另派蒋介石专任校长职务，

自兼军校总理。① 任廖仲恺为驻校的国民党代表。

为了使黄埔军校的各项工作尽快落实，孙中山一方面请马坤等人向英、美、加各国聘请教官，一方面打电报给驻北京的苏联大使，请他协助延聘苏联顾问。当时，列强各国只承认北京军阀政权，不承认孙中山先生的革命政权，因此，从英、美等国招聘教官很困难，只有鲍罗廷率领了一批苏联顾问来到了广州。

从军校筹备处成立到开学，历时三个多月，先后召开了32次会议，议定了计划、编教材、布置校舍、制定校章、任命教员、进行招生等工作。

▲ 黄埔军校校长蒋介石。

关于军校的招生工作，廖仲恺明确提出，选拔学生要特别注意，"要其人明白本党主义，且诚实可靠，能做事，方可入选"。当时，除广东可以公开招生外，其他各省都在军阀控制下，只能秘密招生或动员青年到广州投考。中国共产党和共产主义青年团的各地组织也注意选送党、团员和进步青年投考。北京、上海、武汉、长沙、济南等地区的党组织，介绍了大批党团员和青年工人前来投考，其人数之多，占了应考生的一大部分。

3月27日，各地前来报考的考生集中在广东高等师范学校参加总复试。4月28日揭晓，在1200多名考生中，录取正取生350人，备取生120人。稍后，四川省继续送来20人，军政部长程潜办的讲武堂又来了100多名学生。

5月5日，军校正式开学上课。6月16日，军校举行了隆重的开学

---

① 《临时中央执行委员会报告概要》，《中国国民党第一次全国代表大会纪事录》，广州1924年印本，第53页。

典礼。是日清晨6时，孙中山偕夫人乘"江团"号炮舰由"江汉"号军舰护卫从大本营出发，前往黄埔，参加军校开学典礼。

整个黄埔洋溢在一片欢乐的气氛中，当孙中山、宋庆龄款款地登上长洲岛时，恭候已久的全体师生，早已列队在校门两旁奉迎。学生们一律穿着中山装式的黄色咔叽布军装，一个个精神饱满，朝气蓬勃。孙中山、宋庆龄在校长蒋介石、党代表廖仲恺的陪同下兴致勃勃地参观了教室、宿舍、办公室、图书馆，接见了各队教官及队长。11时，举行开学典礼，宋庆龄陪同孙中山登上主席台，旁边是蒋介石和廖仲恺。

开学典礼在操场举行，主席台上放着一张铺着白布的长方桌，国民党党旗和中华民国国旗交叉竖立在主席台正面，正中央挂着军校校训："亲爱精诚"。两边的对联是："养天地正气""法古今完人"。身穿白色中山装的黄埔军校总理孙中山亲自主持开学典礼。先请党旗、校旗就位，大家向党旗三鞠躬后，兴致勃勃地一起唱校歌。歌词曰：

> 莘莘学生，亲爱精诚，三民主义，是我革命先声。革命英雄，国民先锋，再接再厉，继续先烈成功。同学同道，乐遵教导，终始生死，毋忘今日本校。以血洒花，以校作家，卧薪尝胆，努力建设中华。
>
> 怒潮澎湃，党旗飞舞，这是革命的黄埔！主义须贯彻，纪律莫放松，预备做奋斗的先锋！打条血路，引导被压迫民众。携着手，向前行；路不远，莫在惊。亲爱精诚，继续永守，发扬本校精神，发扬本校精神。

之后，由总参议胡汉民代孙中山宣读了"国民党总理孙中山的训词"。胡汉民双手捧训词，肃立在孙中山身边大声宣读。训词曰：

> 三民主义，吾党所宗。
> 以建民国，以进大同。
> 咨尔多士，为民前锋。
> 夙夜匪懈，主义是从。
> 矢勤矢勇，必信必忠。
> 一心一德，贯彻始终。

孙中山这一黄埔军校的训词，后作为了黄埔军校的校训，后来又成了为国民党的党歌和中华民国的国歌。

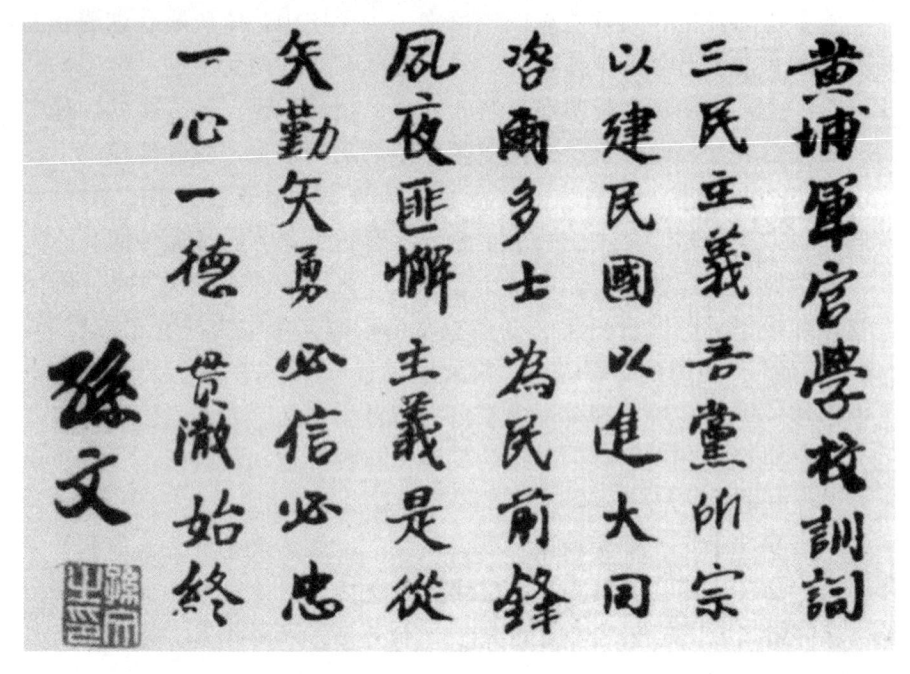

▲ 孙中山手书的黄埔军校校训。

面对热烈赤诚、抱着救国大志的军校学生，孙中山充满激情地作了《革命的基础在高深的学问》演讲。他指出创办军官学校"独一无二的希望，就是创造革命军，来挽救中国的危亡"。"在这13年中没有一种军队是革命军！现在广东同我们革命党奋斗的军队，本来不少，我都不敢说他们是革命军。要从今天起，重新来创造革命的基础，另外成立一种理想上的革命军。"强调要接受俄国革命的经验教训，学习苏联的榜样，建设革命军队，我们便可以大告成功，中国便可以挽救。

演说中，孙中山特别要求学生要有高深的学问做根本，"造就高深学问的方法，不但是每日在讲堂之内，要学先生所教的学问，还要举一隅而三隅反，自己去推广。在讲堂之外，更须注重自修的功夫，把关于军事学和革命道理的各种书籍及一切杂志报章，都要参考研究。研究有了心得之后，一旦融会贯通，自然可以发扬革命的精神，继续先烈的志愿，舍身流血，造成中华民国的基础，使三民主义完全实现。革命大告成功，像俄国一样，我们中国才可以同世界各国并驾齐驱，中国的民族才可以永远的生存于人类"。

▲ 黄埔军校毕业证。

苏联政府按照孙中山的请求，也先后派遣了数十名军事干部组成顾问团到黄埔军校工作。第一批应邀到黄埔军校工作的苏联军事顾问小组成员有：捷列沙托夫、捷尔曼、波良克、契列帕诺夫。1924年初，他们由鲍罗廷介绍给孙中山。据契列帕诺夫的回忆，当时孙中山坐在沙发椅上，手杖放在两膝间，双手交叉，正在和军事部长谈话，当苏联军事顾问小组的成员走进屋时，孙中山站了起来，他没有任何"中国礼节"，而是像慈父一样简单地向大家问好。孙中山在接见苏联军事顾问小组成员时十分高兴，他说："我们要按照苏维埃的军事制度来组织革命军队。要在南方建立北伐战略基地。你们在从国内驱逐帝国主义及其走狗的斗争中得到了丰富的经验，我们希望，你们能够把这些经验传授给我们的学员——革命军队未来的军官们。"之后，苏联的军事顾问们以他们丰富的作战实践经验和军事理论，积极开展了教学活动。

黄埔军校早期的编制，设总理、校长和党代表，组成校本部。总理是学校最高领导，统理一切。校长在总理之下处理校务事项。党代表对学校实行监督和指导，务使学校人员遵守革命政策，凡属学校书文、命

令，没有党代表附署一律无效，从而保证党的主义和政策得到了贯彻。后来党代表和政治制度一起推行到国民革命军各级部队中去，成为国民革命军区别于过去一切旧军队的主要标志。同时，也是使部队能够有旺盛的战斗精神，并能同工农群众打成一片，深得群众拥护的一个重要因素。

军校总理孙中山，校长蒋介石，副校长李济深，党代表廖仲恺。政治部主任戴季陶（不久离广州，邵元冲代理），副主任周恩来（1925年3月擢升主任兼军校军法处长），政治秘书聂荣臻、鲁易。教练部主任李济深，副主任邓演达。教授部主任王柏龄，副主任叶剑英。军事总教官何应钦，学生队总队长邓演达，副总队长张治中。政治教官有恽代英、萧楚女、包惠僧、周逸群、韩麟符、熊雄、胡公冕、高语罕等。国民党政治总顾问鲍罗廷、军事总顾问加伦将军也参加军校的工作。军校总顾问是契列帕诺夫，政治顾问是喀夫觉夫，步兵顾问是白里别列夫，炮兵顾问是加列里，工兵顾问是互林。他们都是苏联派来的政治、军事干部。

孙中山、何香凝、鲍罗廷、毛泽东、刘少奇、邓中夏、苏兆征、吴玉章等都曾到军校讲演，向学生进行反帝反封建民主革命思想教育。

黄埔军校的创立，在中国历史上是第一次出现的新事物。早在19世纪60年代，中国就出现了仿效外国方法培养近代军事人才的学校。与黄埔军校同时，几乎较大的南北军阀都有自己的军校，如北方的保定军官学校和南方的云南讲武堂等，但是黄埔军校的办学宗旨和其他军校有着根本的不同。孙中山说："北方的官僚军阀老早便办得有保定军官学校和北京陆军大学。用我们这个学校和他们的学校比较，他们之位，都是比他们差得远"；可是，旧式的军队、军校的官兵"不是为升官发财，就是为吃饭穿衣，毫没有救国救民的思想和革命的志气"。孙中山的这番话明确地指出了黄埔军校区别于其他军校的根本所在。黄埔军校和其他旧的军事学校有本质的不同，它是中国历史上的第一个革命军事学校，是国民党和共产党同心协力的国共合作的产物。它的创设，为建立革命军队打下了基础。

黄埔军校的特点，是吸取了列宁建立红军的经验，贯彻执行政治与军事并重、理论与实践相结合的方针，政治课程有三民主义、社会主义、苏联研究、社会发展史、各国政党史、各国革命史、帝国主义侵略中国史、工人运动、农民运动、政治学、经济学、军队政治工作等26

门政治教育的目的，是使学生确定革命的观点，不仅知道枪是怎样放法，而且知道枪要向什么人放。

军事教育方面，黄埔军校作了较大的革新。缩短了学习时限，除了借鉴日本士官学校的教练方法，参合保定军校的经验，主要讲授苏联红军经验的新战术。军校的军事教官有保定军校毕业的，有从日本士官学校毕业的，还有苏联的军事顾问。学生的教材都是从日本、德国、法国翻译过来的军事理论和军事技术。

▲ 1924年11月，任职黄埔军校政治部副主任的周恩来。

孙中山认真研究了苏联的革命经验，认为建设军校，必须有革命的制度，所以在黄埔军校中实行了党代表制度，建立了军队的政治工作制度，形成了孙中山在那个年代的比较完备的建军思想。

黄埔军校成立后，军校枪支很少，只够守卫学校用。在这种情况下，苏联顾问团电请苏联政府赠送一批军械。

1924年，苏联政府派遣一艘六千吨级的由商船改装的巡洋舰，装满了弹药武器，为了避免帝国主义的耳目，绕道来中国，进入珠江，停泊在学校附近江面。当军校师生们听说苏联赠送的军械来了，无不欢欣雀跃。

为了办好军校，孙中山竭尽全力。当时，黄埔军校的学生学费、宿费、伙食费，甚至连服装费、书籍文具费用，都是政府供给，而这些经费的筹措，成了孙中山和廖仲恺最棘手的问题。因为广东财政部和广东兵工厂，都在滇系军阀杨希闵手中。杨希闵表面上虽然接受孙中山指挥，实际上把持财政，多方面阻挠黄埔军校的创建。为了军校的经费，廖仲恺不得不与广东军阀周旋。他为黄埔军校倾注了大量心血。黄埔军校，正是在这样艰难困苦的条件下，成长起来的。

1924年10月,黄埔军校根据孙中山"兵员当向广东之农团、工团并各省之坚心革命同志招集,用黄埔学生为骨干"的指示,设立了军校教导队共两个团。教导队如黄埔军校一样实行党代表制。至此,创建革命军的工作粗具规模。据曾经担任过孙中山的上校副官、加拿大人马坤回忆:黄埔军校创办的时候,广州流传着这样一句话:"一个滇军抵得两三个粤军。"可是,当黄埔军校训练出来的军官分配到各营团去担任教官之后,人们看法就改变了,开始传颂"一个粤军抵得两三个滇军了"。

　　黄埔军校,不仅仅是把一个普通人训练成了一名军官或士兵,还在于它对士官们进行了有关军人职责以及为什么作战的政治教育。第一期不分科,学制为六个月,第二期以后分步兵、工兵、炮兵、辎重、政治等科。正式学制分别是6至9个月。

　　黄埔军校第一期学生共645人,同年11月毕业后,孙中山以他们为骨干组织革命军队,规定部队的所有成员要从"广东之农团、工团并各省之坚心革命同志中招集,用黄埔学生为骨干"。[①] 这是一支以共产党员为核心的部队,每连的军官中有近半数是共产党员。[②] 这支部队,后来逐步发展为国民革命军,成为后来统一广东革命根据地和进行北伐战争的基本力量。

　　黄埔军校在广州共办了四期,培养学生近五千人。他们大都成了创建和壮大国民革命军的中坚力量,有的后来成为中国共产党军队的领导人。

　　综上所述,概括言之,孙中山这次黄埔建军有三个突出的特点:

　　首先,是在学校建立革命的政治工作,设立了党代表和政治工作制度,并于5月7日委派廖仲恺为驻黄埔军校的国民党代表,周恩来、叶剑英、恽代英、萧楚女、聂荣臻等先后在该校负责政治工作和担任其他重要职务,以革命精神培养了大批革命骨干。后来党代表和政治工作制度一起推行到国民革命军各级部队中去,成为国民革命军区别于过去一切旧军队的主要标志。

　　其次,教学内容的改变是军校的另一个突出特点。它"是军事和政治的训练并重,目的在使武力为主义所驱使,而妨碍(止)脱离群

[①] 《致蒋介石书》,黄季陆编:《总理全集》下册,成都近芬书屋1944年版,第218页。
[②] 覃异之:《黄埔建军》,《文史资料选辑》第二辑,第11页。

众的弊病"。① 在中国共产党的帮助下，军校极其重视对学生的政治思想教育，除正式课程外，经常举行各种内容的讲演会，努力提高学生的政治觉悟和战斗意志。正如当时一个军校干部所说的："革命军必拥护工农利益——最大多数被压迫民众的利益，必须打倒帝国主义。必须打倒军阀！革命的策略，必须唤起民众，联合世界上以平等待我之民族——苏俄、各国无产阶级及被压迫民族，共同奋斗。我们每天讨论的问题，都不外工农问题，联合战线问题，党的组织问题。"② 当时讲演者除孙中山、廖仲恺外，周恩来、恽代英、萧楚女、张太雷等共产党人最受学生欢迎。在军事教育上，遵循红军建军的经验，安排各项军事科目的进度和日程，定出详细实施办法，重新编订了典、范、令和战术、兵器、筑城、地形及交通通讯等教程，要求军事训练后"能够有充分作战的能力，为党的主义有切实把握能杀敌致果"。③

第三，学生阶级成分和政治质量的大变化是军校的又一突出特点。它选拔学生的要求是严格的，"要其人明白本党主义，且诚实可靠，能做事"；④ 文化程度上，"投考资格是限中学毕业，身体强壮的，而大学专门生很多，日、德、法的留学生也有"。⑤ 当时，全国各省都在军阀势力控制下，招生工作除广州外，只能秘密地进行。中国共产党和社会主义青年团的各地组织，对这一工作起了很大作用。应考者大部分是共产党的北京、上海、武汉、长沙、济南等地区组织所遴选介绍的党团员和青年工人、学生。1924年入学的第一、第二、第三期学生共2259人，他们多是农民、工人的儿子，穷苦的中学生、大学生，被压迫而跑上革命道路的知识分子。并且，其中的中国共产党员和共产主义青年团员占相当大的比重，如第一期学生六百来人中就有共产党员八十多人。⑥ 当时蒋介石也承认："在事实上说，共产分子是本校本军为最多。"

上述诸特点使黄埔军校和其他旧的军事学校有根本性质的不同，

---

① 《陆军军官学校特别党部复驻比支部信》，广东黄埔陆军军官学校特别党部编：《革命军》，第9期，1925年10月25日，第107页。
② 懋廷：《引言》，黄埔军民联欢大会编：《武力与民众》，第112页。
③ 恽代英：《党纪与军纪》，《革命军》第10期，1926年2月20日，第20页。
④ 《中国国民党第一次代表大会会议录》，广州1924年印本，第99页。
⑤ 《革命军》第9期，第107页。
⑥ 覃异之：《黄埔建军》，《文史资料选辑》第二辑，第9页。

它是中国历史上的第一个革命军事学校,是共产党出力很多的国共合作的产物。它的创设,为建立革命军队打下了基础。在1924年6月黄埔军校举行的开学典礼上,孙中山指出,创办军官学校"独一无二的希望,就是创造革命军,将来挽救中国的危亡"。当军校第一期学生毕业后,便以他们为骨干正式组织革命军队,规定部队的所有成员要从"广东之农团、工团并各省之坚心革命同志中招集,用黄埔学生为骨干"。这是一支以共产党员为核心的部队,每连的军官中有近半数是共产党员。① 这支部队,逐步发展为国民革命军,成为后来统一广东革命根据地和进行北伐战争的基本力量。

历史证明,黄埔军校,以首创了崭新的革命制度,建立了反帝反封建的赫赫战功,培养了大量的军事政治人才,以及校内存在着国民党与共产党的两种思想和势力的激烈斗争,而扬名中外。它在我国近现代革命史上占有重要地位,产生过深远的影响。②

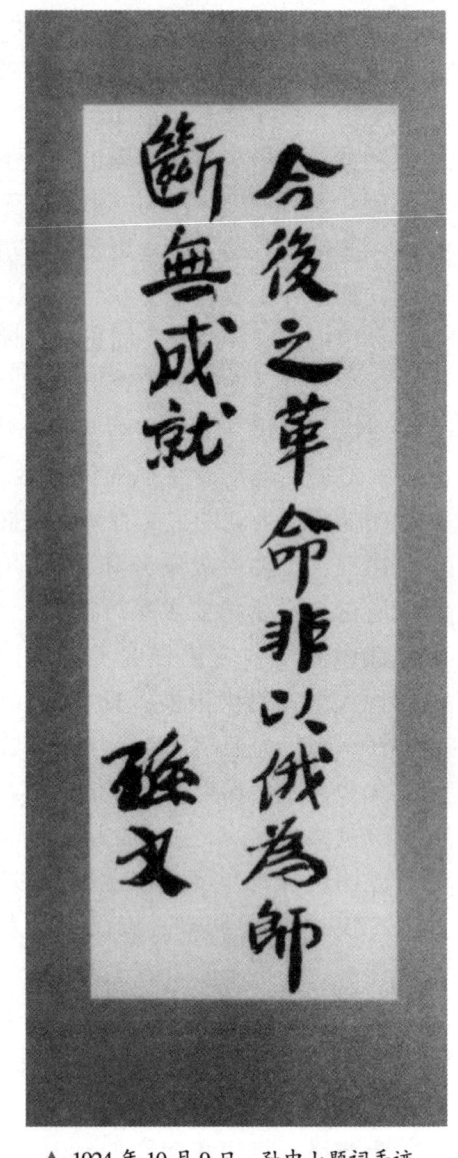

▲ 1924年10月9日,孙中山题词手迹。

与此同时,孙中山还注意改造旧有军队的工作。他认识到"良好之农民化而为强暴之兵匪"的根源,是中国"近代受经济的帝国主义

---

① 覃异之:《黄埔建军》,《文史资料选辑》第二辑,第11页。
② 黄埔军校从第五期随北伐军迁至武汉。1927年蒋介石发动"四一二"政变后,1928年3月,黄埔军校又迁至南京,改名"中央陆军军官学校"。

之压迫及国内军阀官僚之剥削，遂致失业日多，饥寒所迫，或行劫掠，以图苟全，或入行伍，以求幸存"。① 所以，主张要以全力对游民土匪及军队宣传革命的主义。国民党第一次代表大会对此问题通过了专案，要求"努力宣传于一切军队中，使了解于其（自）身之地位，变反动之兵力为革命的兵力"。②

在改造旧有军队具体措施上，先整顿军纪，限制扩充军队和取缔有名无实的军队番号。在1923年一年中，解散广州市内挂牌的各路司令、支队六十余处。1924年2月，又命令未被核准的各种名目（如游击、别动、挺进、梯团、支队等）的部队，统统予以整编。

由于孙中山当时没有完全放弃"来者不拒"的收编军阀部队的老办法，因此，拥挤在广州的部队达20万人之多，他们名为革命政府下的军队，实则各自为政。为使这些军队变成革命队伍，孙中山于同年七月命令设立军事训练委员会，加强部队的军事和政治训练工作。并亲自对各军官兵讲演三民主义及救国救民的道理，进行了大量的宣传工作。但是，他还没有派遣革命的骨干力量去作深入的政治工作和细致的组织工作。后来，在中国共产党的帮助下，各军中都派去党代表，设立政治部，许多共产党人在各军政治工作中担任重要职务，对改造旧军队起到了一定的作用。但由于国民党右派的阻挠破坏，也未能从根本上改变那些旧军队的素质。

五、首次国共合作的积极捍卫者

国民党内部的成员颇为复杂，思想有激进、保守的明显分歧，特别是一些资深党员更是反对国共合作，反对孙中山的革命政策。所以，在推行国共合作和"联俄、联共、扶助农工"三大政策上，并不是一帆风顺的。

在国民党改组前后，党内积极拥护和赞助孙中山的干部，只有廖仲恺、宋庆龄、何香凝等一部分极少数左派。而反对这一主张的却为数甚多，有冯自由、邹鲁、张继、邓泽如、胡汉民等右派势力的代表人物。他们极力反对国民党的革命化，反对国共合作。

这些右派分子是要把中国引向资本主义道路（实际上是殖民地半

①② 《中国国民党第一次全国代表大会会议录》，广州1924年印本，第84—85页。

殖民地道路）的。他们不顾孙中山的多次告诫，在各地蓄意制造矛盾，兴风作浪。这批人，有的是公开反对，使用无理取闹、联名上书、组织小集团、制造反革命舆论、争夺代表席位等种种卑劣手法，进行阻挠和破坏；有的则阳奉阴违，消极怠工，表面随和，暗中反对。这批右派在国民党内有相当影响，并且包围着孙中山。孙中山每前进一步，都要经过艰巨的努力。

孙中山不愧为一个站在时代前列的伟大人物，他一旦认清了什么是正确的潮流，就坚定不移地顺着潮流前进，其革命的决心并没有因此而动摇。他和国民党右派势力进行了激烈、尖锐的斗争。

当右派分子提出反对联合共产党的主张时，孙中山指责他们说：你们"站在革命队伍的后面，革命的青年前面去了，你们还在说他们什么呢！"[①] 他联共的主张既诚恳又坚定。1924年1月，在回答宋庆龄提出"为什么需要共产党加入国民党"的问题时，他明确地指出："国民党正在堕落中死亡，因此要救活它，就需要新血液。"[②] 他坚决主张吸收革命分子，欢迎中共党人大批加入广州革命根据地的党政军机关工作。当右派分子以退党来要挟孙中山取消决定时，孙中山勃然大怒，厉声说道："你们不赞成改组，可以退出国民党！"

孙中山充分认识到要救治正在堕落中的国民党就需要新血液。在他看来，共产党人就是使国民党起死回生以推进国民革命的新血液，所以孙中山视国共合作如生命，用一切办法来维护国共之间的团结，捍卫两党的革命联盟。

早在国共合作酝酿的过程中，孙中山对右派分子曾多次进行批评。1923年11月间，他就对邓泽如、林直勉等11人弹劾共产党的上书作了批示，说明了国民党改组和联合苏联的必要，告诫他们"切不可疑神疑鬼"。[③] 后来，又发表了《致全体党员书》，详细解释联俄、联共的必要和重要，指出那些散布谰言的人，"不是出于敌人破坏的行为，就是属于毫无意识的疑虑"。[④] 为了排除右派顽固势力的干扰，在代表大会前夕，孙中山除严厉驳斥了他们的反动谬论外，并且把阻挠改组、在会

[①] 恽代英：《孙中山先生逝世与中国》（1925年3月14日），载《孙中山先生与中国》，民智印刷所1925年5月版，第27页。

[②] 《儒教与现代中国》，《宋庆龄选集》上卷，人民出版社1966年版，第109页。

[③] 邓泽如：《中国国民党二十年史迹》，上海正中书局1948年版，第301—308页。

[④] 孙中山：《致全体党员书》，上海《国民日报》，1924年3月16日。

议上无理取闹的张继驱逐出会场，加以囚禁；代表大会后，又把破坏联共政策的代表人物冯自由等开除出党。

在国民党第一次代表大会之后，右派仍然顽固不化，不断挑起事端，以致斗争一直持续不断。1924年6月1日，黄季陆、孙科向中央党部递交提案，要求"制裁"共产党。18日，曾受孙中山严厉斥责而有所收敛的邓泽如，违背大会决议，伙同张继等人以监察委员名义，向孙中山和中央执行委员会提出"弹劾书"，攻击共产党并要求"从速严重处分"，掀起了一次反共恶浪。接着，8月1日，上海有一批国民党员致电孙中山，请求"命令该共产党员全数退出本党，并予倾向共产党者以严重制裁"。在此期间，上海、北京、武汉、广州、香港、澳门等地右派分子，相继提交"弹劾"共产党的议案达一百余件，并印发了反对国共合作的《护党特刊》；广州《民国日报》《民权旬报》及北京《民生周报》等报刊上，也纷纷出现"清党"文章。国民党中央监委会1924年提交中央执委会的十件议案中，竟有四件是反对国共合作的。

孙中山为解决联共政策所引起的各种误解、反对和纠纷，曾经多次坚定表明要维护国共合作的决策。

早在1924年3月初，孙中山就发表《通告党员解释本党改组意见书》，指出国民党和共产党"彼此既志同道合，则团体以内无新旧分子之别，在党言党，惟有视能否为本党、为主义负责奋斗而定其优劣耳"。到7月初，又发表《中国国民党关于党务宣言》，再次重申联共主张，郑重声明："本党既负有中国革命之使命，即有集中全国革命分子之必要，故对于规范党员，不问其平日属何派别，惟以其言论行动能否一依本党之主义政纲及党章为断。"明确指出要"推诚延纳"一切革命分子，要求全体党员"摒除疑惑"。

在8月间，孙中山还当众训斥了主张解除国共合作的张继，甚至断言说："我们的同志，还有我们的军队，只有当命令对他们有利时才服从，反之往往拒绝服从。如果所有的国民党员都这样，那我将抛弃整个国民党，自己去加入共产党。"[①] 在同月中旬，他还特别召开国民党一届二中全会，专门讨论维护国共合作问题，并审定和发表了《中国国民党中央执行委员会全体会议对于全体党员之训令》。《训令》中再次

---

① 中共中央党史研究室第一研究室译：《苏联（布）、共产国际与中国国民革命运动》(1920—1925)，第一卷，北京图书馆出版社1997年版，第526页。

肯定了代表大会决定的联共政策,明确指出:国民党联合共产党是为了团结和集中革命的势力,共产党员加入国民党也是为了团结和集中革命的势力;国共两党都是为着完成国民革命事业、目标一致而合作的;所谓"因为共产党员之加入,而本党主义遂以变更者",是极端错误的。他告诫全体国民党员应当对于"前此争议,付之淡忘,惟相与努力于将来以完成国民革命的工作"。

这一时期,孙中山再三强调说明三民主义与共产主义是好朋友,国民党员不能反对共产党员。他清楚地认识到共产党人加入国民党是国民革命的迫切需要,也是完全符合各族人民共同愿望的。因此,他坚定地维护国民党的革命方针,维护国共两党的合作,在同国民党右派势力进行斗争中,态度鲜明,毫不动摇。孙中山多次对宋庆龄说:"国民党里有中国最优秀的人,也有最卑鄙的人……最卑鄙的人为了党是升官的踏脚石而加入我们这一边,假如我们不能清除这些寄生虫,国民党又有什么用处呢?"这些话反映了孙中山反对右派分子和其他败类的坚定立场。

孙中山还针对右派队伍的复杂情况,利用历史的渊源、自己的威望和政治经验,采取了区别对待的办法,以利于争取团结和分化。从而使一些矛盾得以缓和,一些斗争暂不激化,遏止了右派势力的猖狂进攻。

也正是孙中山对革命的坚定信念和在党内长期形成的权威,在复杂的斗争中,维系着左右派之间的平衡,从而指导国民革命能在惊涛骇浪中向前推进,保证国共合作得以顺利向前推进。

孙中山的国共合作主张,在当时得到了许多国民党人的拥护。廖仲恺在这一场激烈斗争中,竭力协助孙中山,同国民党右派势力进行了不断的斗争。他"很勇敢很坚决地去干",毫不妥协与动摇,在国民党改组的整个过程中,"是始终赞助最力的一人",[1] 堪称国民党改组的坚强支柱。

廖仲恺曾理直气壮地说:"应该懂得只有联合其他革命政党的力量,我们才能实现革命!"并宣称:为了国家,"无论何人反对,我都不怕,就是击我杀我,也在所不惜"。[2] 他竭力促成并忠实执行孙中山的联俄政策,歌颂列宁"是打破帝国主义的实行家","他所做的事都

---

[1] 邹鲁编:《中国国民党史稿》第六册,中华书局1960年版,第1590页。
[2] 何香凝:《在粤军追悼廖陈二公大会演说词》,《廖仲恺先生纪念集》,1927年版,第17页。

是为被压迫民族奋斗，为无产阶级奋斗"；①并亲切地接待苏联派来帮助中国革命工作的友人，诚恳地和他们共事。同时，他坚决执行孙中山的联共政策，排除掉右派顽固势力的种种诬陷和破坏，真诚地和共产党人维系着良好的合作关系，全力推行国民党第一次全国代表大会所决定的政纲。

当时，宋庆龄、何香凝、柳亚子等，都深知国共合作是中国革命所必需，因而坚决拥护，大力赞助。宋庆龄为帮助孙中山推行三大政策，真诚地对待中国共产党人和苏联友人。鲍罗廷夫人鲍罗廷娜非常赞扬宋庆龄对苏联友人的真诚和热情。她这样追忆说："孙中山的妻子宋庆龄对我们以及对所有的苏联同志很热情友好，她一直积极参加她丈夫的政治活动。我们与她来往同样也可不用翻译，因为她的英文相当好。宋庆龄向我讲述了很多关于中国妇女的饶有趣味的事情，介绍我认识了社会各阶层的很多女代表，我后来曾不止一次与她们见过面。"② 历史证明，宋、廖、何、柳等是坚定的国民党左派。

此外，还有不少人，眼见国民党处在危难之中，如果没有来自国内和国外革命的支援，确实难以有所作为，因而在某种意义和角度上（如希图外援）也都赞成孙中山的联共政策。

至于在反对国民党改组、抗拒三大政策的人当中，也有不少人接受了孙中山的教导，承认错误，赞成三大政策。只有那些虽经孙中山反复理喻，却死硬到底的人，后来才跟着蒋介石公开走上了背叛人民、背叛革命的道路，最终导致第一次国共合作统一战线的破裂。

这次国共合作，不仅推动了革命的大发展，实现了北伐大业，还为此后的中国革命和建设树立了一面两党并肩战斗的旗帜，成为后继者借鉴的楷模。

1937年，在日本帝国主义入侵之时，中国国民党和中国共产党再次携手，从而实现了抗日救国大业，有力地促进了民族的进步。

今天，当亿万炎黄子孙正在为完成祖国统一、振兴中华大业而奋斗的事业中，首次国共合作的经验与教训，依然有着重要的现实意义。国共两党合作，共谋祖国统一，实行一国两制，乃是今天的大势所趋，人

---

① 《追悼列宁大会演说词》，《廖仲恺集》，中华书局1963年版，第241页。
② ф.C. 鲍罗庭娜：《孙中山的顾问》，载《孙中山诞生一百周年纪念（1866—1966）论文、回忆录和资料记编》，莫斯科1966年俄文版。

心所向。所有热爱祖国的人，都应当学习孙中山，继承和发扬他的国共合作思想，积极谋求尽早实现统一祖国、振兴中华的大业，以完成历史赋予我们的使命。

首次国共合作，还是半殖民地半封建国家中的无产阶级政党和资产阶级革命民主派结成统一战线的最早的范例之一。它在世界的革命人民中也产生了强烈的反响，特别是为许多世纪以来遭受着同中国类似的苦难，进行着类似的斗争的亚、非、拉的广大人民，提供了可供参考的经验与教训。

第六章

呕心沥血献身国家和平统一（1924年前后）

第一节 "永绝反革命的根株"

一、国共合作后的胜利斗争

国民党的改组,国共合作的建立,不仅推动了国民党的革命化,而且为中共公开组织领导工农运动创造了条件,促进了全国各地工农组织和革命群众运动的迅速发展,促进了全国革命形势的高涨,中国革命运动随之出现崭新的局面。

在孙中山的领导下,国民党工人部和广州革命政府发布了一些有利于开展工人运动,建立工人组织的法令。在扶助农工的政策指导下,1924年5月上旬,召开了广州工人代表会,会上通过12个决议,成立了广州工人代表会执行委员会。7月15日,中国共产党领导沙面工人举行大罢工,参加罢工的工人达数千人,此次工人罢工完全是政治性的,是由于英、法帝国主义不许中国工人自由出入沙面租界的所谓新警律而引起的。工人罢工后,中国籍的巡捕也罢了岗。罢工坚持一个多月,迫使英、法帝国主义取消了新警律,罢工取得了胜利,打击了帝国主义在中国横行霸道的嚣张气焰。这个胜利,鼓舞了全国工人阶级的斗志,推动了各地工人运动的进展。到1925年2月7日,也就是"二七惨案"两周年纪念日,在郑州召开了全国铁路工会第二次代表大会,有十二路的代表共45人参加,响亮地提出工人阶级参加国民革命、参加国民会议运动等口号,恢复了被封闭的京汉铁路总工会。3月1日,各地工会派代表参加了国共合作后在北京召开的国民会议促成会。

沙面和郑州工人运动的高潮,促进了上海、唐山、杭州、武汉、北京、淮南、青岛、广东等地工人运动的高涨。

在工人运动迅速发展的同时,农民运动也积极开展起来。在国民党改组后短短的一年里,国民党农民部在共产党员林伯渠主持下,派出彭湃、阮啸仙等人于1924年7月在广州创办农民运动讲习所,培训农民运动的骨干力量,很快在广东省有22个县成立了农会组织,有组织的农民多达21万人以上。继沙面事件成立广州工团军后,广州郊区农民也组织起自卫军。其他各县也有农民自卫武装的出现。1925年5月1日,广东省召开了第一次农民代表大会,成立了省农民协会。其他各县也有农民自卫武装的出现。

工人运动和农民运动的蓬勃发展,进一步推动了孙中山的进步。他从国共合作后革命力量的显著增长上,更加坚定地认识到工农是革命的基础,坚定地实行扶助农工政策。1924年"五一"劳动节时,他在广州工人代表大会和广州工人庆祝国际劳动节大会上说:中国工人"要担任提高国家地位的责任","做全国人民的指导,做国民的先锋,在最前线的阵地上去奋斗"。[①] 同年7月28日,国民党中央执行委员会农民部召集广州近郊农民一千余人和军界代表共两千余人在广东大学礼堂举行农民联欢会,孙中山出席了这次盛会并发表演说。当孙中山看到许多农民穿着破旧衣服,携带箩筐和扁担,打着赤脚来到会场,深受感动地对宋庆龄说:"这是革命成功的起点。"孙中山对农民说:"本党今日开这个农民联欢会的目的,就是在提醒你们农民,要你们回乡之后更提醒大众,大众都联络起来,结成团结","大家去奋斗。大家能够奋斗,就可以成大功!"8月22日,孙中山又出席国民党中央执行委员会举办的广州农民运动讲习所第一届学生毕业典礼,并发表讲话。他号召广州农民运动讲习所的学员积极宣传、发动农民参加国民革命的斗争,说:"农民是我们中国人民之中最大多数,如果农民不来参加革命,就是我们革命没有基础。"[②]

国共合作与工农群众运动的高涨,使孙中山增强了信心和力量,加上他提高了对帝国主义及其走狗的深刻认识,一改过去对中外反动势力的幻想和妥协。在1923年12月,孙中山领导的广东革命政府就扣留了

---

① 《孙中山全集》第十卷,中华书局1986年版,第149页。
② 《孙中山全集》第十卷,中华书局1986年版,第555页。

帝国主义把持的粤海关"关余"①，并要求收回海关权益。他不顾北京外交使团要采取强硬手段的威胁和帝国主义各国派军舰集中黄埔施加压力，坚决予以回击。他命令广州政府外交部复照北京外交使团并驳斥其谬论，指出："'关余'完全是中国内政问题，无与列强之事"，② 严厉谴责帝国主义的侵略行为。同时，一再通令担任税务司的帝国主义者：如违令不交"关余"，即行另委税吏接替其工作。在广大群众的支持下，孙中山取得"关余事件"的重大胜利。1924年4月1日，帝国主义各国驻北京的外交使团终于被迫同意，将粤海关的"关余"1000万元拨交广东革命政府。

同是"关余"问题，孙中山的态度与1920年时相比，明显的果敢、坚定，斗争的结局也大不相同。这是与孙中山在这一时期革命思想所经历的重要发展直接联系在一起的，也是和华南政治局势的变化密切相关的。1920年，孙中山在领导第二次护法运动时所依靠的力量，主要是陈炯明的粤军，与人民群众还相当疏远。而他的收回关余的要求，并没有得到居心叵测的陈炯明的支持，终于不敌帝国主义的武力恫吓而告失败。而1923年的情景就大不一样。这时，孙中山已决定采取联俄、联共、扶助农工的方针，并且得到人民群众和中俄两国共产党人的有力支持，成为他的坚强后盾，终于取得了斗争的胜利。

在工农运动空前高涨的形势下，孙中山决定先讨伐盘踞在广东省东江一带的陈炯明叛军，巩固国民党广东革命根据地，然后再挥师北伐，消灭曹锟、吴佩孚直系军阀。1924年9月，孙中山在广州召开北伐第五次军务会议，决定国民党所能指挥的滇、桂、湘、豫、山、陕各军于两周内一律出师北伐。这时，孙中山亲临部队检阅，鼓舞士气，发表讲演，勉励全体官兵成为一支坚强的革命军，要"为三民主义去牺牲，不要为金钱去牺牲"，肩负起救国救民的重任。此时，有人建议孙中山宽恕陈炯明，允许他悔过自新，出师北伐，将功补过。孙中山采纳这个建议，于9月13日以大元帅名义，令东江叛军陈炯明悔悟自新。汪精

---

① 关税余款。指帝国主义控制中国海关，在将大部分关税收入截留为抵付赔款后，才分给中国当局的剩余部分。

② 《关于海关问题之宣言》（1923年12月），胡汉民编：《总理全集》第二集，上海民智书局1930年版，第37页。

卫执意规劝陈逆归来。于是，他派其妻陈璧君赴沪请吴稚晖出面从中斡旋，说服陈炯明出兵福建一致北伐。吴稚晖对孙中山说明此意，但孙中山坚持要陈炯明写悔过书，承认所犯罪行。吴稚晖赶赴汕头见陈炯明，然而陈炯明执迷不悔，虽说服再三，仍为敌到底。

这时，北京政府仍由曹锟、吴佩孚所控制。1923年10月，曹锟贿选总统；孙中山同月通电全国，宣言讨曹。曹锟就任总统后，浙江卢永祥通电宣告不承认曹锟为总统；汪精卫、姜登选带头以各省联席会议代表的名义宣布反曹通电。一些没有参与贿选的议员和黎元洪派的政客群集广州、上海，拟在杭州拥黎另组政府，以卢永祥为反直中心。这时，孙中山认为革命事业已经发展到一个新的阶段，不宜再用"护法"作号召，更不宜再拥戴黎元洪当总统，应该彻底打倒北洋军阀。

他决定遵守先前他为推翻直系军阀吴佩孚、曹锟的统治，与奉系军阀张作霖、皖系军阀段祺瑞所达成的三角联盟协议，出师北伐，"与天下共讨曹、吴诸贼"。

孙中山与奉系、皖系军阀之间的三角联盟关系，有一个发展、演变的过程。

第一次护法运动后期，桂系军阀架空孙中山，与直系军阀暗中联络，酝酿南北议和；而直系军阀不满于段祺瑞的排斥，企图通过与桂系军阀的勾结，加强与皖系抗衡的实力，并进一步打击孙中山。段祺瑞为减轻直、桂军阀联合的压力，有意与孙中山接触。在这种情况下，受西南军阀排挤愤然离粤的孙中山，于1919年秋电召革命党人宁武到上海，指示说："我们要分化北方军阀，利用直系与皖系的利害冲突，联络段祺瑞，特别是关外实力派张作霖，三方合作声讨曹（锟）、吴（佩孚）。"他具体要求宁武利用东北籍贯的身份，"回去做张作霖的工作"。宁武领命后，北上游说张作霖。正欲经营关内的张作霖，表示愿意考虑。到了1921年间，孙中山逐走桂系势力，在广州第二次建立起了革命政权，并积极准备北伐。为了对付把持北京政府的直系军阀，孙中山也希望继续利用北洋军阀的内部矛盾，争取北伐成功。国民党"一大"前后，孙中山仍没有彻底放弃这种想法。

当时，孙中山对北伐是抓得很紧的。他于9月10日召开国民党政治委员会会议，研究北伐问题。接着，又召集政务、军事联合会议，任命

▲ 1924年9月20日，孙中山在韶关北伐军誓师典礼主席台上讲话的情景。

唐继尧为副元帅，并电促唐就职，率师北伐。18日，以中国国民党名义发表《北伐宣言》。

在《北伐宣言》中，孙中山明确指出：

> 革命政府已下明令出师北向，与天下共讨曹锟、吴佩孚诸贼。于此有当郑重为国民告且为友军告者：此战之目的，不在覆灭曹吴，尤在曹吴覆灭之后永无同样继起之人，以持续反对革命之恶势；换言之，此战之目的不仅在推倒军阀，尤在推倒军阀所赖以生存之帝国主义。①

9月20日，孙中山在韶关举行北伐誓师典礼。秋高气爽，军容威壮，孙中山发布帅令道：

---

① 《孙中山全集》第十一卷，中华书局1986年版，第76页。

民国存亡，决于此战，其间绝无中立之地，亦绝无可以旁观之人！凡我各省将帅，平时薄物细故，悉当弃置，集其精力，从事破贼。露布一到，即当克期会师。①

各军随即分两路向湘、赣出发。之后，孙中山又到处奔走，为北伐军筹措军费、枪械，并勉励各军将士，尽早出师，指出这次北伐，是"重新筹备革命，完成过去斗争未了之功"。孙中山对于北洋军阀的罪恶统治，已深恶痛绝。

▲ 1924年9月18日，孙中山在韶关发表《北伐宣言》。图为《中国国民党北伐宣言》（局部）。

二、平定广州商团叛乱

收回"关余"风暴过后不久，孙中山平定了商团叛乱。这是孙中山又一次坚决反帝、反军阀的光辉业绩。

从1924年开始，中国的新民主主义革命进入了第一次国内革命战争阶段。在孙中山所主持的革命政府所在地——广东，酝酿着一场大革命的风暴。这场波澜壮阔的反帝反封建革命运动，当时还处于萌发状态。

事出有因。它是源于孙中山在1923年初重返广州第三次建立政权时期的作为，使得广东成为当时的革命策源地，全国革命形势随之出现澎湃发展的高潮。广东革命形势的大发展，必然引起国内外一切反动势

---

① 胡去非：《孙中山先生传》，商务印书馆1937年版，第153页。

力的不安、阻挠和破坏。作为中国民主革命的主要敌人，帝国主义——首先是英帝国主义伸出了反革命的触角。这是完全合乎逻辑的，因为"……广东接近香港，差不多什么都受英国的支配"。广东地区的革命化，不仅意味着它对这个富饶和重要的省份丧失了控制权，同时，也威胁到了它侵略中国和亚洲的重要据点之一的香港。所以，英帝国主义积极支持窃踞东江地区的陈炯明，"从香港暗输军械给陈炯明，以香港为陈炯明阴谋密探的中心地，想颠覆广州革命政府"。同时，又加紧勾结和利用依附于它的广东买办阶级，把他们控制的商团、商团军变成一支反革命别动队，以便在革命策源地的心脏——广州策动反革命叛乱。

▲ 1924年8月初，英帝国主义支持广东商团私运大批武器到广州。图为反动商团团长、武器走私者陈廉伯。

广州商团，原本是广东商人为自卫而组织的武装，它早在1911年夏季便在省城广州组织建立。后来成为了英帝国主义、国民党右派和乡村地主勾结在一起的一支反革命别动队。商团军共有10个分团，连同后备力量，约达6000人。团长陈廉伯是英国汇丰银行广州分行的买办。少数商团则同豪绅充当头目，佛山商团团长陈恭受是曾担任过省警察厅秘书长的恶霸地主。从20年代初（特别是陈炯明被逐出广州后），英帝国主义便积极扶植并控制商团。原有商团多以"自卫"为名大加扩充。他们不仅配备着长短枪，而且还置办了机枪。他们反对孙中山制定的革命的三大政策，攻击"联俄""联共"是"赤化"，污蔑"扶助农工的政策是挑起工人和资产阶级的恶感，来坐收渔人之利"。商团头子听命于港英政府，英帝国主义分子曾经教唆陈廉伯

说:"如果你能够运动商团从中反对政府,我们英国便帮你组织商人政府,你陈廉伯就是中国的华盛顿。"他们还同反动军阀狼狈为奸,"北通曹吴,东连陈炯明"。此外,他们又与国民党右派相勾结。尽管孙中山和廖仲恺曾经对商团进行过教育和争取,但其领导人的反动本质促使这个组织走上"与帝国主义列强军阀相勾结,直接阻止国民革命之进行"的反革命道路。总之,这个反动武装集团,依靠英帝国主义和国民党内部反动力量,图谋在革命根据地广州发动反革命军事叛乱,颠覆还处在摇篮中的广州革命政府。

他们擅自在广州成立全省商团联防总部,以陈廉伯为总长,邓介石和陈恭受为副总长。他们还私自向香港南利洋行定购近万支枪支和三百余万发子弹,企图通过欺骗手段运进广州,发动叛乱。

1924年8月10日,当偷运这批军火的悬挂着挪威旗的丹麦商船"哈佛"号驶进广州时,就被广州革命政府的军舰截获,全部军火被扣留,"扣械潮"就此引发。

当时,蓄意叛乱的商团,遂以此为借口出动了两千多名团丁包围了孙中山的大元帅府,叫嚣发还枪械,进行捣乱。他们大肆散发反动传单,叫嚣什么"赤化亡党""共产在即",千方百计扩大事态,并一方面同军阀和国民党右派勾结,加紧策划武装暴动;一方面又煽动和胁迫商民罢市。在他们的威逼和煽惑下,广州商人掀起罢市风潮,反对革命政府,动乱陆续蔓延到全省各城镇一百多处。

变生肘腋的商团叛乱,对孙中山和他主持的广州革命政府无疑是一场严峻的考验。作为革命民主派的领袖,孙中山经受了斗争的磨砺。在中国共产党的积极帮助下,在广大工农群众和革命军人的推动下,在国民党左派的支持下,孙中山对商团采取了坚决的态度。虽然,他在这场尖锐复杂的斗争过程中曾经有过犹豫和动摇,甚至一度作出过失误的北伐决策——这主要是国民党右派、中派对他实行包围和施加压力的结果。然而,重要的是孙中山及时克服了这些消极因素,在关键时刻接受了中国共产党和革命人民的主张,对商团叛乱进行了镇压,巩固和发展了革命策源地,从而,为北伐战争根据地的巩固作出了贡献。

孙中山对帝国主义的走狗——商团采取了坚决的态度和手段,决不是偶然的。这反映了他后期思想的深刻变化和发展,也体现了中国共产党和广大工农群众、革命军人对他的支持和促进。还在商团叛迹初露的时候，共产党人就指出不可"姑息养奸"，"对广东政府对待商团的优柔政策，老早就表示警告"；认为"革命政府军事计划，第一步是解散商团军"。在后来的事变进程中，共产党人多次要求孙中山排除国民党右派的包围和干扰，振奋大无畏的革命精神，对猖獗一时的商团给予迎头痛击！① 广大工农群众对商团的倒行逆施义愤填膺，积极支持孙中山的革命行动，决心组织、武装起来，同商团"决一死战"！总工会在罢市开始后，立即发表《劝告商民复业书》，诫以"勿为谣言所惑"，要求"先行复业"。广州工代会在通电中声讨了商团的累累罪行，表示"誓为政府之后盾"，要求将所扣枪械"全数没收，拨为组织工团军农团军之用"。为了发动更多的工人共同向商团斗争，还组织了"劳工同盟救国会"。8月26日，工团军首次进行编制和训练。"人数有300人，直接受工人部的指挥。"广州附近各属农会纷纷组织农民自卫军，配合和参与了反商团斗争。这支同反动乡团相抗衡的农民武装，共有枪3000支。广东农民运动讲习所的学员也建立了农民自卫军，警卫廖仲恺主持的省长公署。工团军和农民自卫军八百余人在29日向孙中山请愿，要

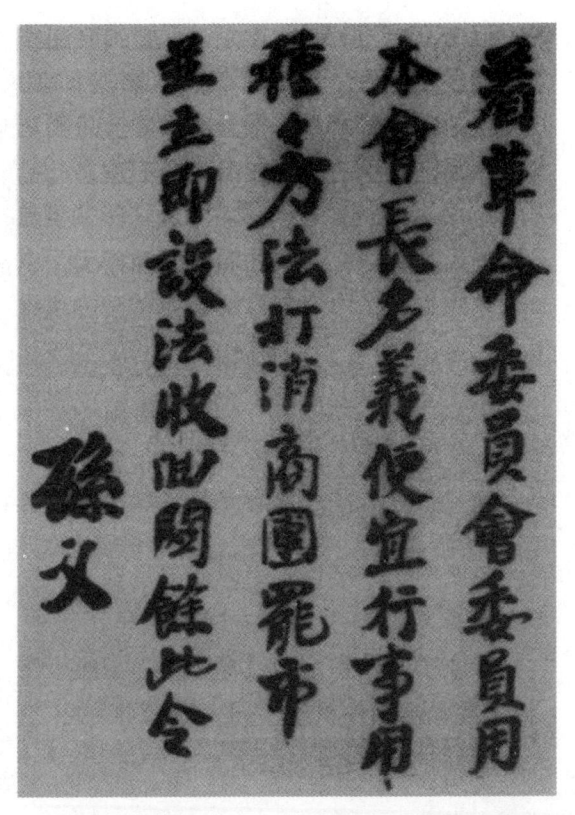

▲ 1924年10月10日，广州商团实行罢市。次日，孙中山授权革命委员会取缔商团罢市及收回"关余"。图为孙中山的手令。

---

① 参阅《向导》第79—92期和一系列相关的论文和述评。

求明令讨伐商团。广州革命政府掌握和影响的四所军官学校的二千余名学员们大都斗志昂扬,特别是黄埔学生军更为爱憎分明,扣械事发后,"全体学生表决将其扣留,并准备与商团作战"。广州的市民则组织了平粜委员会,准备接管粮店和罢市的商铺。广大革命群众纷纷集会游行,支持孙中山对商团的果决措施。8月26日,工农群众还组织宣传队前往佛山。显然,中国共产党和革命群众的积极支持,给予孙中山以力量和信心,促进他对国内外反动派的进攻采取反击的态度。

事与愿违。商团的胁迫并没有吓倒孙中山和广州革命政府,反而激起群众斗争的新浪潮;陈廉伯之流的处境十分孤立,面临着溃灭的命运。在这种形势下,英帝国主义不得不从后台走到前台。狡猾的英帝国主义早已通过陈廉伯等紧密控制着商团,并在幕后操纵其活动。他们把沙面提供给陈廉伯作为罢市指挥机构的驻所,并参与了商团的一系列"秘密策划"。然而走狗黔驴技穷,孙中山宣布"要以武装削平祸乱",于是主子被迫登台——英帝国主义采取传统的炮舰政策,公然出面干涉中国的内政。他们在8月28日,派出九艘军舰集中于白鹅潭,将炮口对准中国军舰进行恫吓。当天晚上,列强领事团向广东省长廖仲恺提出"警告"和"抗议"。29日,英国驻广州总领事向大元帅府发出最后通牒,竟然蛮横地宣称"奉香港舰队司令之命,如遇中国当道有向城市开火时,英国海军即以全力对待之"。[①] 但是,英帝国主义的张牙舞爪并没有达到预期的目的。9月1日,孙中山为抗议英帝国主义支持商团叛乱发表对外宣言,尖锐地指出"试观二十年来,帝国主义各强国于外交上,精神上,以及种种借款,始终一致的赞助反革命……盖今有对我政府之公然叛抗举动,其领袖为在华英帝国主义最有力机关之一代理人。我政府谋施对付此次叛抗举动之惟一有力办法,而所谓英国工党政府者,乃作打倒我政府之恐吓!此是何意味乎?盖帝国主义所欲毁坏之国民党政府,乃我国中惟一努力图保持革命精神之政府,乃惟一抗御反革命之中心,故英国之炮欲对之而发射"。明确表示:"从前有一时期,为努力推翻满清;今将开始一时期,为努力推翻帝国主义之干涉中国,

---

① 《广州英领事致傅交涉员函》(8月29日),香港《华字日报》编:《广东扣械潮》,卷二(文件),1924年印本,第91页。

扫除完成革命之历史的工作之最大障碍。"① 同时，对英国麦克唐纳政府"干涉中国内政提出严重抗议"。在这期间，孙中山还在同外国记者的谈话中重申："帝国主义……不仅是我们走向独立自由的道路上的主要障碍，而且是我国的反革命中最强有力的因素。"② 孙中山义正词严的声明维护了中华民族的尊严，体现了广大人民反帝的意愿，因而，也赢得了国际无产阶级和世界人民的支持。在不屈的革命人民面前，英帝国主义的政治恫吓和军事讹诈遭到破产。

在整个商团叛乱过程中，国民党右派充当了商团的内应。他们之间或是勾勾搭搭，或是"心有灵犀一点通"。"扣械潮"起，右派政客就反对孙中山对商团采取的果决手段，要求"和平审慎"，鼓吹"和平解决"。伍朝枢等还阻止工团军、农民自卫军的建立，不同意群众革命组织或省署接管粮食贸易商店而罢市。握有兵权的右派——驻在广州的滇系军阀范石生、廖行超和盘踞广州河南地区的李福林等，更直接同商团相勾结。借"调解"为名，向革命政府施加压力。驻扎广州地区的范石生部（第二军）和廖行超部（第二师），则是滇军的主力。他们盘踞河南地区的李福林部，成为广州的军事统治者。除警卫军、豫军和许崇智部外，各军大都不听孙中山的调遣。他们"假革命之名，以行盗贼之实"，以致"革命政府不特不能资以为用，且受其牵制，使一切革命政策无由实行"，右派军阀在商团叛乱中的作为，完全属于这种性质。

正在这时，成为奉系、皖系军阀联合反对直系的军阀大战先声的江浙战争于9月3日爆发。卢永祥在浙江发难，揭开反直战争的序幕。9月17日，直奉战争开始。由于孙中山同皖系、奉系订立过反直联盟，所以决定参与讨直战争。他发表了讨伐曹吴宣言，积极出师北伐。

在当时的形势下，孙中山的北伐决策无疑是缺乏积极因素的。显而易见，这是右派包围和影响的结果。"右派因为恐怕孙中山与英国帝国主义冲突而打破他们的巢穴，因为要成功与陈炯明的调和以巩固他们与左派对抗的武装势力，因为要讨好段、张、唐继尧等军阀以遂其蝇营狗苟奔走南北升官发财的勾当。"所以，他们竭力怂恿孙中山北伐。这项

---

① 《孙中山选集》下卷，人民出版社1956年版，第870—871页。
② 《广州公报》，1924年9月8日。

▲ 1924年9月1日，孙中山为商团事件发布对外宣言和通电，抗议英帝国主义的干涉行为。图为《为商团事件对外宣言》及《抗议电》（部分）。

决策的制定不仅是仓促的，而且具有"孤注一掷"的性质："急撤东江防军，不惜舍弃广州要地。"中国共产党当然不能赞同北伐的决策，并且对这种战略部署作了详尽的分析，说明不可通过北伐实现"推倒军阀"及其"所赖以生存的帝国主义"，而只会给当前的反帝反封建斗争带来严重的消极后果。

从北伐战争本身说来，这次军事行动不可能具有鲜明的反帝反封建性质。北伐是为讨直，盟友则是皖系、奉系军阀和唐继尧等西南军阀。然而，直、皖、奉和西南军阀之间的争端，不过是为了地盘和权力的角逐，并且反映了帝国主义之间的在华矛盾。孙中山固然是为了反对封建军阀和帝国主义而参战，但并没有真正的"革命军"作为基本力量，所以不能从根本上改变战争的性质，却在相当程度上削弱了自身的革命影响。甚至，在某种意义上"只能助日本帝国主义及反直军阀张目呐喊"。至于战争的结果，也是可以预期的。不论何方胜利，窃踞北京政府首脑的只能是军权在握的"武人"。辛亥革命后十余年的政治、军事史，已经明显地昭示了这条规律。孙中山希望"此次一出"，"中原可为我有"，"百年治安大计，从此开始"，显然是难以实现的幻想。可以断言，孙中山的北伐本身是不会获得什么积极成果的。

需要着重指出的是：北伐加剧了广州局势的逆转。孙中山在离开广州前，向广东人民宣告实行三项重大措施，除北伐外，其他两项是广东"自治"（包括广州市长"民选"）和免除"一切苛杂捐税"。他希望由此得以"改弦更张，以求与人民合作"。但是，三项措施并未改善广州的形势。孙中山计划"悉调各军，实行北伐"，实际上只有警卫军、湘军、豫军和朱培德部的直属滇军随行。滇、桂军和李福林部继续盘踞广州，扰害人民，与商团相勾结。以广州市长"付之民选"作为"全省自治之先导"，也是没有实际意义的。李福林和范石生、廖行超已经控制了广州的军政大权，"自治""民选"完全有名无实。归根结底，"一切改组商团民选市长等条例便在他们手里"。因此，"所谓以广东还诸广东人民便是以广东还诸英帝国主义的走狗陈炯明及买办阶级"。至于免除"苛杂捐税"，则是根本行不通的。尽管孙中山三令五申，廖仲恺积极"整顿财政"，但"……饷源在握的各军长不但不能遵令取消，且更借北伐巧立名目，加抽各种捐税。滇军军阀如是，粤军、桂军、湘军等军阀亦莫不如是"。9月17日，廖仲恺被迫辞去军需总监、财政部长和财政厅长等职。可见，孙中山离穗前的措施未能稳定、改善广州的局势。反之，由于孙中山"全力用于毫无结果的军事行动上面，党务以及在民众间的发展完全因此停止"。

更为严重的问题是商团本身。北伐并未打消其反革命叛乱的谋划。恰恰相反，这种决策所包含的回避、退让和妥协的因素在客观上纵容了商团头子们。事实上，孙中山在右派、中派的包围和影响下高估了帝国主义和国内反动派的力量，以为广州"不能一刻再居"，原因有三：

"英国的压迫"；"东江敌人之反攻"；"客军专横，造成种种犯孽"。结论则是"宜速舍去一切，另谋生路"，而"现在之生路，则以北伐为最善"。正是在这种思想状态下，孙中山把他认为十分棘手的商团问题交由胡汉民、汪精卫处理，因为他们"长于调和现状"，"现在之不生不死局面，有此二人，当易于维持"。孙中山在此期间对有关商团问题也作出一系列不明确的、乃至前后矛盾的指示——时而认为商团接受"民团条例"、报效北伐军费后可以发还扣械，时而又命令以部分扣械武装北伐部队。至于留守广州的右派和中派，对于商团更是采取纵容的政策。9月18日，胡汉民派代表偕同商团头子前往黄埔军校察看扣械。20日，政府取消了对陈廉伯等的通缉令。30日，范石生、李福林将部分扣械从黄埔运回广州，存放江防司令部，准备发还商团。只是在获悉商团接济陈炯明军费并唆使其进攻广州的消息后，才暂中止。

广州当局的这种"柔软"态度，招致了商团的益发猖獗。9月14日，商团散发反动传单，叫嚣"赤化亡党""共产在即"，并酝酿第二次罢市。10月初，商团以扣械未还作为扩大事态的借口。4日，全省188个商团在佛山开会，决定举行大规模罢市和停止纳税，准备以"直捷手段"对付革命派和广大群众。在此前后，地主阶级、买办阶级和各种反动势力纷纷出笼，建立形形色色的组织，大造反革命声势。"广东商业联合会"通电海外，煽惑华侨反对孙中山。买办豪绅们拼凑的"广东省临时大会"甚至乞怜于国联，控告孙中山为"破坏国际善意之叛徒"。9日，商团发出了总罢市的通牒。一场反革命叛乱，已经迫在眉睫。

10月10日，中共广东区委发动广州的革命群众在第一公园举行武昌起义纪念大会。

与会者有工人、农民、革命军人、学生和市民。会场上高悬着"打倒帝国主义""打倒军阀"等标语。群众团体的代表们在发言中声讨了帝国主义和封建军阀的罪行，揭露了商团的反革命面目，共产党人周恩来代表民族解放协会讲话，强调指出"团结起全中国的革命民众向反革命派进攻，也就是团结起今日到会的工人、农民、兵士、学生、商人向四周围的反革命派进攻"，就能够实现"真正独立，真正共和"。会后，数千群众举行了示威游行。当队伍行至太平路时，预伏的商团突然开枪扫射，前后夹击，四面追袭，甚至凌辱被难者的尸体，残暴地斩首剖心。革命群众当场死伤数十人，落水失踪者为数甚多。现场正是李福林和廖行超所部的防区，在场的福军竟然会同商团兜捕游行群众。帝国主义走狗一手制造的血淋淋的惨案，就在光天化日之下发生在革命策源地的心脏！

"双十"惨案的枪声，立即激起了革命人民的极大义愤。中国共产党广州地方执委会和中国社会主义青年团广东区执委会发表《告民众书》，号召人们进一步认清反革命势力的狰狞面目，团结起来，彻底革命，"抗军阀，抗帝国主义，抗一切反革命派"。并且要求国民党"扫除向日妥协的空气"，积极领导广大群众英勇奋斗，"解除商团武装，实行国民革命"。参加10月10日游行的16个团体组织了工农兵学革命大联盟，坚决要求解散商团，严惩凶手。并在宣言中指出"双十"惨案是英帝国主义、买办阶级、商团军、陈炯明以及广州反动军阀制造的，号召群众"与反革命决以最后死战"。广大工农群众和革命军人一致要求以严厉手段镇压商团。甚至小商人也起来反对商团"胁迫"罢市，要求"打倒陈逆"。

在中国共产党的帮助下，在广大革命群众的推动下，孙中山面对反革命叛乱的严重威胁，终于下定了镇压商团的决心。10月10日，孙中山在给胡汉民和各军司令的电报中指出："商人罢市，与敌反攻（指陈炯明部的蠢动——引者），同时并举，叛迹显露。"所以"万难再事姑息"，"惟有当机立断"，"切勿犹豫，以召自杀"。同日，孙中山成立了镇压商团叛乱的革命委员会，作为镇压反革命叛乱的权力机构，以取代广州当局，孙中山担任会长，以鲍罗廷为顾问，特派廖仲恺、谭平山等人为全权委员。11日，孙中山在获悉"双十"惨案的消息后，当即电饬胡汉民"立即宣布戒严，并将政府全权付托于革命委员会，以对付此非常之变，由其便宜行事以戡乱"。致电广州四十余个群众团体，告以"已令省长、许总司令、民团统率处处长严行查办"。在批示蒋介石来电中，重申对商团"严行查办"。但是，孙中山当时还没有认识到必须回师讨逆，仍然以为"北伐重要，不能回省戡乱"。他指示蒋介石收束军校，将扣械和苏联支援的武器运韶。

然而，广州形势急剧地恶化。右派和中派虽然对事态的发展也感到震动，不愿意商人政府和陈炯明取代现在的广州当局，但依旧"奔走

调停",以为"双十"的屠杀是什么"误会",公然警告革命群众"不得借端生事",否则"定必按法严惩"。这种对策助长了商团的气焰。他们继续罢市,张贴"驱除孙文""打倒孙政府"的传单和标语,封锁市区,构筑工事,沿街布防,武装巡行。12日,商团发出最后通牒。13日,陈廉伯指使其弟陈廉仲在沙面召集商团头子开会,策划扩大叛乱,决定"新老城团友一律于14日下午5时,集中西关待命",以便"15日拂晓开始行动,收复省署、公安局及各财政机关"。陈廉伯则在香港策动陈炯明进攻广州,要求英帝国主义出面干预。与此同时,陈炯明部驱使石龙土匪进窥石滩。大局的趋势已经十分明显:"不出两途:一是政府塌台,一是商团解散,绝对没有妥协的余地。"① 孙中山面临着最后的抉择——或是回师广州,全力扑灭商团叛乱;或是放弃广州,使煞费心血经营的革命策源地毁于一旦。形势要求立即作出答案,容不得任何犹豫和拖延。

中国共产党的态度是非常鲜明的,在这紧要的关头更是主张当机立断:"立即以少数可靠的革命军力向一切反革命的商团和军阀下总攻击,以决最后的死战。"② 工农群众和工团军、农民自卫军斗志昂扬。黄埔军校学员"全体决议出发广州作战",决心"与帝国主义者和军阀拼一个你死我活"。国民党左派则是一贯支持孙中山对商团采取果决手段的。正是在这种情势下,孙中山下了极大的决心:坚决消灭反革命商团,保卫革命策源地。12日,他命令黄埔军校当局"立即起义杀贼,绝无反顾";"必尽灭省中之奸兵奸商,以维持革命之地盘"。13日,根据孙中山的手令,革命委员会饬令胡汉民解散广州商团机关,并将商团军缴械。同时,警卫军及湘、粤军各一部连夜回师广州。14日,再次电令胡汉民及驻广州各军迅速"收缴商团枪支"。15日凌晨,商团首先向警卫军射击。警卫军还击,工团军、农民自卫军、黄埔学生军以及粤、湘、桂、赣军纷纷投入战斗。滇军的范石生、廖行超部迫于形势,也不得不向商团开火。各军分五路将商团麇集的西关区团团包围起来,勒令商团缴械。商团凭借铁木栅栏和高楼抵抗,各军于是分头进攻。在工团军、农民自卫军和广大人民积极支持下,疾风扫落叶,仅仅经过几个小时的战斗,就以摧枯拉朽之势一举把

---

① 惠仙:《广州革命派与反革命派的大激战》,《向导》第89期。
② 伍豪:《最近二月广州政象之概观》,《向导》第92期。

耀武扬威的商团军全部歼灭。少数流窜郊区，也未逃脱覆亡的命运。叛乱的头子则狼狈地逃进了英国租界。

商团事件的解决，粉碎了英帝国主义及其走狗的颠覆阴谋，消除了广州革命政府的心腹之患，同时，也意味着对英帝国主义和军阀、右派的沉重打击，显示了广州革命政府的决心和力量，使国民革命的主要根据地得以巩固和发展，并为广东地区的统一创造了条件。孙中山对此十分欣悦，更增长了对革命事业必胜的信心，从而进一步推动了国民革命运动的蓬勃发展。

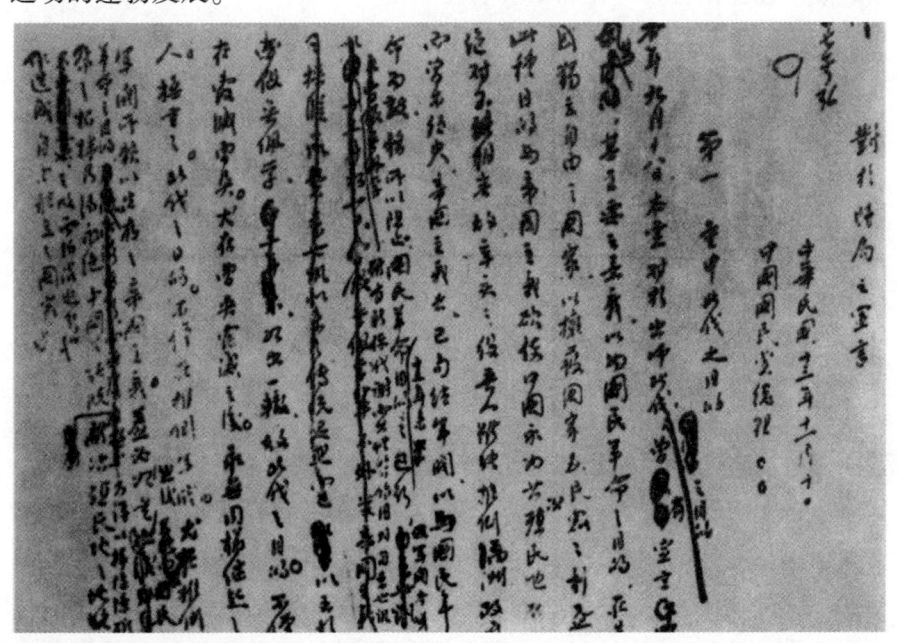

▲ 1924年11月10日，孙中山发表《北上宣言》，重申反帝、反封建的主张，号召召开国民会议和废除不平等条约。图为《宣言》原稿（局部）。

三、废除不平等条约

1840年中英鸦片战争后，帝国主义列强通过战争威胁或政治讹诈，迫使清政府签订了各种名目的一系列不平等条约。① 这些数百计的不平

---

① 据研究者统计，1840年至1949年的109年中，中国同21个国家签订了745个不平等条约。这在世界殖民主义历史上可以说是绝无仅有的怪事。参见高放：《近现代中国不平等条约透视》。

等条约,几如重重枷锁,紧紧地束缚着中国,使其失去了独立和统一。因此,反对帝国主义的侵略和欺凌,修改或废除奴役中国的不平等条约(以下简称"废约"),成为中国走向国家统一和独立于世界强国之林的一项重要任务。

孙中山毕生为中华民族的振兴和富强而奋斗,他始终强烈反对不平等条约,并把它视为自己谋求祖国独立和统一斗争中一个不可或缺的活动。但是,在"废约"问题上呈现的是一个颇为曲折、复杂和矛盾的逐渐推移过程,有着明显的演进阶段。

孙中山生活的1866年至1925年间,正是帝国主义侵略中国最酷烈的年代。从1884年中法战争中国"不败而败"的《中法新约》,到1901年八国联军践踏北京的《辛丑条约》,一个个丧权辱国的不平等条约,犹如台风所引起的割地、赔款的狂潮,将中华民族推向苦难深渊的同时也摧醒了广大中国人民——特别是部分先进的爱国志士投身到反抗斗争中。

面临着国家权益被列强分割、祖国陷于灭亡的局面,孙中山在19世纪酝酿民族主义时,就知道中国是受着"五洲列强"各种不平等条约的束缚,中国在国际上是处于"奴隶"的不平等地位。正是在这种帝国主义侵略所造成的民族屈辱和苦难、国家的贫弱和残破的激发下,促使他走上挽救祖国危亡的道路,所以当其革命活动开始后,就揭露和抨击帝国主义列强利用不平等条约对中国进行的侵略及其危害。1894年11月,孙中山在《檀香山兴中会章程》中指出:"我中华受外国侵凌,已非一日",大声惊呼:"方今强邻环列,虎视鹰瞵,久垂涎于中华五金之富、物产之饶,蚕食鲸吞,已效尤于接踵;瓜分豆剖,实堪虑于目前。"[①] 从反抗帝国主义侵略、实现祖国的独立富强为出发点,他提出了"专为振兴中华、维持国体起见",[②]而组织起革命团体兴中会,以求摆脱中国在国际上处于"半独立国"的不平等地位,从外国侵略、压迫下解放出来。

甲午中日战后,帝国主义侵略一步步加紧的现实,使孙中山反对帝国主义侵略的意识更加明确,他揭露和谴责帝国主义侵略中国和破坏中

[①②] 《孙中山全集》第一卷,中华书局1981年版,第19页。

国革命的阴谋活动，驳斥帝国主义的侵略论调，警告帝国主义者如胆敢瓜分中国，中国人民定会"同仇敌忾"，奋起"自卫其乡族，自保其身家"，使它们"无安枕之时"。①他联络爱国志士，"合成大团"，要立志"拯斯民于水火"，"扶大厦之将倾"。孙中山的炽热爱国和坚决反侵略思想，为他以后"废约"思想的形成和发展提供了最直接的主观条件。

在进行革命斗争实践中，随着革命斗争的深入，孙中山进一步认识到不平等条约是帝国主义用以干涉中国内政、破坏中国革命的主要工具，指出："数十年来，中国与外国所结条约，皆陷于分割中国主权及利益之厄境。"②他基于对不平等条约的切肤之痛，明确地表示了对清政府与列强签订的不平等条约的愤慨和批判。他说："今有满清政府为之鹰犬，则彼外国者欲取我土地，有予取予携之便"，使其能"今日签一约割山东，明日押一约卖两广"，③造成了中华民族陷于任人宰割的悲惨命运。孙中山称喻不平等条约为"卖身契""铁锁链"，他在探析国家民众危机严重的原因时，便与不平等条约联系起来，认识到是各国的不平等条约使中国落到"半独立国""次殖民地"的境地。因此，他将"外邦逼之"和"异种残之"二者，并列为欲实行民族主义"殆不可须臾缓"④的内容。可以看出，孙中山甫踏上民主革命的征途，即对帝国主义列强对华侵略的危害性具有一定的认识，表示出要求国家独立自主的愿望，对不平等条约是甚为不满，欲以去之而后快。

孙中山的"废约"反帝思想究竟始于何时？

往昔论者多认为产生在20世纪20年代，即1923年以后。从现有史料来考察，我认为孙中山在辛亥革命时期已具有"废约"思想是符合实际的。

在辛亥革命时期，孙中山曾接连发表了一些反对不平等条约和列强在华特权的言论，他进一步痛切地指出："中国向来与外人所订条约不

---

① 《孙中山全集》第一卷，中华书局1981年版，第223页。
② 《中国国民党对中俄协定宣言》，《国父全集》第二册，台湾近代中国出版社1989年版，第151页。
③ 《孙中山全集》第一卷，中华书局1984年版，第224页。
④ 《孙中山全集》第一卷，中华书局1984年版，第288页。

良，丧失主权",①致使其"外交之棘手，系因条约"。②基于国家独立自主的原则，孙中山提出了反对不平等条约和"除去"列强在华特权的要求，并宣称将要求各国同意重订海关税则，取消治外法权，收回租界，以"得世界各邦敦平等之睦谊"。迨辛亥革命既起，孙中山对于中国国际地位的前途，怀着十分乐观的希望。国家过去屈辱既因清廷的腐败积弱自招其祸，则推翻清廷后一个新的中华民国自然要独立自主于世界之林。他在辛亥年返国前，11月23日，与法国东方汇理银行总裁谈话中，明确指出：要"重新掌握海关及其税收"，实现近代中国"早想抹掉的屈辱历史"。③中华民国甫告成立，孙中山在《临时大总统宣言书》中提出：务要"一洗而去""满清时代辱国之举措"。④南京临时政府外交部曾对"废约"问题进行了研讨，商议如何进行的对策。它在发布的《中华民国对于租界应守的规则》中，针对列强根据不平等条约在中国租界内强行设立审判机关会审公堂一事，提出了要求收回管理权，以维护司法主权独立的主张。⑤1912年1月6日，孙中山在答复南京《大陆报》记者问及"领事裁判权其将撤废乎？"时，毫不犹豫地决断指出："自当撤废，一俟改革既定，即须实行此事。"⑥他已认识到中国之所以至今仍为"半独立国"，"盖以中国现在尚未收回领事裁判权也"⑦，提出在"各种改革完成时，政府当立即取消领事裁判权"。⑧他还强调要除去通商口岸、收回租界，严词拒绝了外国在上海扩张租界的企图，认为"此乃华人之意志，谓吾人必要独立者，更不愿在中国而归洋人统辖也……洋人欲拓上海租界，惟吾人不允，此乃当然之理也"。⑨

值得提出的是，1912年3月，孙中山又以"力谋国际平等"作为《同盟会总章》中政纲之一，积极地谋求摆脱中国在世界上所处的不平

---

① 《孙中山全集》第三卷，中华书局1984年版，第18页。
② 《孙中山全集》第三卷，中华书局1984年版，第49页。
③ 《孙中山全集》第一卷，中华书局1981年版，第564页。
④ 《孙中山全集》第二卷，中华书局1982年版，第2页。
⑤ 《中华民国史档案资料汇编》第二辑，江苏人民出版社1981年版，第10—11页。
⑥ 《孙中山集外集》，上海人民出版社1990年版，第160页。
⑦ 《孙中山全集》第二卷，中华书局1982年版，第499页。
⑧ 《孙中山全集》第一卷，中华书局1981年版，第592页。
⑨ 《国父全集》第二册，台湾近代中国出版社1989年版，第805页。

等地位。他还多次要求废除侵略者在华特权和不平等条约，一再强调："将条约修正，将治外法权收回";① "中国政府将取消各口岸（之租界）"；"吾人将取法日本。日本所有之外国人，皆受日本管辖"。②

与此同时，孙中山1911年冬在上海与外报记者谈话，1912年8月9日在北京与报馆记者谈话，同年9月29日在济南与报馆记者谈话等，均有类似争取国家权益的要求。

上述种种表明，孙中山在辛亥革命时期，从总体上看，对帝国主义侵略本质有了初步认识，对修改、废除不平等条约问题作了考虑，打算俟革命成功之后进行"废约"之事。当时，尽管他尚未明确提出"废约"这一概念，但是他萌发了除掉不平等条约的初步设想，并提出了一些收回国家权益的具体主张，冀求逐步砸碎列强套在中国人民脖子上的"铁锁链"。这虽然只能说是孙中山"废约"思想的萌芽阶段，却已明确地显示出他的"废约"思想初露端倪，从而为后来提出成熟的"废约"主张奠定了思想基础。

后来，在20世纪初，随着民族危机的更加深重，孙中山对于不平等条约的危害认识日渐深刻，处处表现出切肤之痛，政治态度日趋明朗。照常理推论，他在南京登上中华民国的舞台后，本应为中国废除不平等条约带来希望，有所作为。但是，当时政局极不稳定，南京临时政府时期列强都未承认中华民国，在清帝退位后它们也仍只承认与袁世凯发生事实上的外交关系，孙中山所预期的借款和取消不平等条约的谈判，自然无法进行，客观形势使他也无暇顾及"改约"和"废约"的设想。

不仅如此，当时孙中山不但未能提出反帝"废约"口号，却反其道而行之，出现言行差距甚大，认识与行动相互矛盾的情况。

1912年1月5日，孙中山在发表的《对外宣言书》中公开声明：革命前清政府与各国"缔结之条约""所借之外债及所承认之赔款""让与各国国家或各国个人种种之权利"，"民国均认为有效"，"亦照旧尊重之"，并"承认偿还之责，不变更其条件"。③ 实际上，早在《中国

---

① 《孙中山全集》第二卷，中华书局1982年版，第340页。
② 《孙中山全集》第二卷，中华书局1982年版，第368页。
③ 《孙中山全集》第二卷，中华书局1982年版，第10页。

同盟会革命方略》中,他便明确宣布:"所有中国此前与各国缔结的条约,皆继续有效";"所有外人之既得权利,一体保护"。① 迨辛亥革命爆发后,又通过《通告全国书》等方式,表示:"满政府于我军起事以前与各国所有之条约,皆作为有效";"所借外债,一概承认偿还";"各国租界,一律保全……"② 在就任临时大总统之后,他不过是重申前义而已。

孙中山辞去临时大总统后,在不平等条约问题上,思想仍是矛盾的,具有两面性。1912年5月,他曾提出取消各通商口岸的租界,这自然是中国主权独立完整的合理性要求。然而,6月他在提出废除通商口岸制度时,又表示愿以"开放中国各方"来作为代价实现这一要求。他说:废除通商口岸制度,"此乃华人之志意,谓吾人必要独立者,更不愿在中国而归洋人统辖也。然吾人将必开放中国各方,以为酬偿"。并说:"此事非欲即行,吾人将必先行自立妥善,使欧洲诸国满意,然后请其裁去口岸。"③ 这里,虽仅只涉及不平等条约的一个局部问题,孙中山的态度也是软弱无力,毫无显示出坚强的原则立场。与此同时,在公开的宣言和讲演中,再也见不到孙中山反帝"废约"的激烈文字,而代之的是妥协退让的言论了。

对于孙中山出现的这种仓皇反复、认识与行动相互矛盾的现象应该怎样理解?

过去,许多论者指出是由于孙中山对帝国主义本质缺乏认识,以及资产阶级的软弱性所使然。毋庸讳言,孙中山承认不平等条约,固然包含有他的妥协软弱和对帝国主义的幻想,但仅此笼统的解释,既不够全面,也难以对事实的原委阐释清楚。我认为,若将这一矛盾变化过程,置于具体的历史背景上进行考察,对辨析孙中山的这种现象产生的原因及其真正动机是有帮助的。

参阅孙中山一生的革命奋斗史,可以看出:他在相当长时间的革命活动中,一直没有将主要精力放在发动和组织国内人民的斗争上,同时也找不到怎样才能把广大人民群众唤醒并组织起来的方法,而是过于重

---

① 《孙中山全集》第一卷,中华书局1981年版,第310—311页。
② 《孙中山全集》第一卷,中华书局1981年版,第545页。
③ 《孙中山全集》第二卷,中华书局1982年版,第389页。

视列强诸国对待中国革命的态度。所以，从他革命活动一开始起，就不断想方设法地寻求和争取外国朋友和组织的支持及援助，并且得到过日、英、美等国进步势力和人士的较大援助，但他不能把这些进步势力同这些国家的反动的帝国主义政府及其实行的反动政策区别开来，甚至对待后者还寄予着种种不切实际的幻想，期盼凭借帝国主义的支援和谅解来取得革命的胜利和民国的建立，来完成自己拯救祖国的重任。而事实上，在辛亥革命时期，革命与反革命力量极为悬殊，特别是对待帝国主义列强，革命势力根本不能与之抗衡，处于弱者的地位。因此，孙中山不能不担忧列强对中国革命的干涉，同时又不能不幻想外援，以及争取各国的支持和承认。特别是民国初年的政局，是特殊复杂和极端不稳定，亟须千方百计地去谋求自立。在这一历史的具体情况下，孙中山面对现实，思绪纷繁，既要"维持国体"，保护祖国的领土完整，又要使"艰难顿挫"的革命能够成功，如此双管齐下显然力所不逮，难以兼顾。在这种形势下，他认为，只有先清内自立，再图御外"废约"，待"内治一定，则以一中华亦足以衡天下矣"。① 所以，孙中山权衡利弊，便作出了先自立再"废约"的抉择，而使用克制的态度，在制定政策时采取了应变政策和措施。他企图在"各种改革完成时"，"俟大局底定"，再着手"废约"的计划。因此，他不敢与帝国主义列强公开抗争，不仅没有在收复主权方面采取积极行动，而且也不敢明确提出"废约"口号，以避免引起帝国主义列强的敌意。

当时，南京临时政府外交部在商议"废约"问题时的态度，可以从一个方面佐证孙中山采用妥协措施的缘由。外交部官员们指出："查自海禁开后，始与各国互订条约，……各种失败，日久变成例案，言之殊可痛心。新政府兴，自当亟图挽救。"② 但又认为，新政府刚成立，各国没有承认，它们通过不平等条约夺取的权利"我们倘宣布取消，它就完全帮助清方，我恐怕就站不住了"。并明智地认识到："对于废约或修正，总须国家完全统一，国内有相当办法。"所以，只有打倒清廷建立统一政府后，"合力建设，再谋对外"。当前"对于各国外交，

---

① 《孙中山全集》第一卷，中华书局1981年版，第182页。
② 《中华民国史档案资料汇编》第二辑，江苏古籍出版社1986年版，第9—10页。

不得不容忍迁就"。①

　　当然，孙中山用承认不平等条约及列强既得权利的妥协，以求达到自立目的的行为，与他自己倡言的维护祖国的领土、主权完整和"维持国体"的愿望相去甚远，它既偏离了拯救祖国的伟大奋斗目标，也同当时中国人民从帝国主义枷锁下迅速解放出来的迫切愿望相悖，不利于调动而且可能挫伤人民的积极性。但是，这种具有明显的策略意义的妥协和退让，是孙中山在没有找到可靠支持力量情况下所产生的一些迷误、幻想和不适当的策略运用，是受当时历史条件所制约的。众所周知，历史发展本身就充满着矛盾，经常呈现着多样性和复杂性，而人本来也是复杂和矛盾的，甚至在某些问题上一人一身同时就包含着互相排斥的对立面，因而人们当处于客观形势复杂多变之时，他们的思想行动一时间出现了复杂多变——特别是内心世界十分丰富、感情十分敏锐、阅历不凡的孙中山，在思想上呈现出多元性和矛盾性也就不足为奇了。依据具体的历史背景，阐明矛盾变化的原委及其内心世界，是可以理解的。

　　实际上，孙中山的这种妥协和退让，也是有条件、有限度的。他宣布承认不平等条约，是以列强放弃支持清廷、不干涉中国革命为前提的。同盟会《对外宣言》中声明："所有清政府与各国所立条约、所许各国权利与各国所借外债，其事件成立于此宣言之后者军政府概不承认。"② 1908年孙中山发动云南河口起义，革命军向各国发表宣言，表示承认已有的条约，但同时声明："外国人若有援助清政府妨害革命军者，革命军即将其认作敌国。"③ 起义爆发后，以孙中山名义发布的《通告各国书》，在表示条约有效的同时宣布清政府于革命军起义以后与各国所之条约、租界及借款，"一概永不承认"；各国如有助清政府以攻革命军者，"即视同敌人"。南京临时政府成立后发表的《对外宣言书》中孙中山也表示了同样的态度，申明条约"认为有效，至于条件期满为止"，以及其他诸条"都含有不是完全承认的意旨"。从这里可以清楚看出，孙中山虽然出于策略需要而承认了不平等条约，但他却

---

① 杜春和等编：《北洋军阀史料选辑》上册，中国社会科学出版社1981年版，第146页。
② 《孙中山全集》第一卷，中华书局1981年版，第311页。
③ 《革命文献》六十七辑，台北1974年版，第63页。

根据形势发展灵活应变，既有妥协又有斗争，防止外人与清廷的勾结，以尽量减少对中国革命的危害。

概而言之，孙中山在辛亥革命时期的"废约"思想和行动，在认识上具有正确与失误并存，坚强性与软弱性兼备的两重性，而尤以失误与软弱占主导。他这样做，尽管是出于策略上的考虑，企图用"忍让""妥协"的办法，来作为摆脱当时困境的出路，是不得已而为之，但这一策略明显地具有着严重的缺陷。孙中山自视到力量不足与列强相抗衡，但却意识不到若宣布代表人民心声的"废约"主张，将会激起多么巨大的一股反帝力量。"妥协""忍让"的结果，自然事与愿违，使他的美好愿望始终不能成为现实。

在辛亥革命后的十年中，孙中山经历了一段艰难的斗争、苦闷和探索的坎坷旅程。他的"废约"思想也是在曲折中向前发展的。

从"二次革命"到护法斗争，孙中山在承受挫折和极大痛苦中，曾不遗余力为争取列强的外援而多方活动。然而，对于他争取外援的呼声，帝国主义各国政府反应十分冷淡，孙中山得到的只是一次次的嘲弄、轻侮和吃亏上当。相反，列强还支持袁世凯篡权和极力扶持南北军阀。正是在中外反动势力的相互勾结、共同绞杀下，辛亥革命的果实丧失殆尽，中国出现了军阀割据、长期混战的局面。随着痛苦教训的积多，和当时国际国内形势的变化（或者说时代的变化）的助力，诸如1917年俄国十月革命的成功、1919年中国五四爱国运动的爆发和1921年中国共产党的成立，都给了孙中山以积极的影响。孙中山从不断地接受新思想中，促使他的思想跟着迅速发生变化，对列强和人民的认识和态度逐渐明朗，认清了帝国主义的真面目，看到了人民群众力量的伟大，从而对敌友我三方面力量对比的认识逐步提高，开始改变过去对列强不敢抗衡和对群众不信任、不依靠的态度，增强了斗争的信心和决心。也正是在这一认识和态度逐步提高后，孙中山随之转变了对"废约"的态度，最终形成和提出了自己的"废约"主张。

早在1918年夏季，孙中山开始对废除不平等条约一事提高了认识，已流露出要废除一切不平等条约的意向，他曾断然宣称："救国，须救

到无条件收回青岛及其他一切领土主权为止。"① 并于翌年初嘱告参加巴黎和会的国民党人说：在和会上"宜提出取消中国与列强所订之一切不平等条约，收回被侵掠之各地"。② 同年5月的《护法宣言》中，孙中山就明确提出了要解除"一切有损主权危及国脉之条约"。1920年12月，孙中山再次严正宣告："对外必须使卖国条件悉行废。"③ 在中共党人积极帮助和人民群众运动的推动下，1923年1月发表的《中国国民党宣言》中，他第一次公开以宣言的形式提出"废约"的主张，宣布对外要"力图改正条约，恢复我国国际上自由平等之地位"。④ "废约"这一振奋人心口号的提出，标志着孙中山对"废约"问题认识和态度的重大转折。

1924年1月，孙中山在国民党"一大"宣言里，以纲领形式重申坚决废除不平等条约的主张，认为"盖民族主义，对于任何阶级，其意义皆不外免除帝国主义之侵略"，⑤ 在所通过制定的七条《对外政策》中，主要的前五条都与"废约"有关，明确宣布要废弃列强在华一切特权和不平等条约。这表明孙中山"顺应时代潮流，适乎人群需要"，对帝国主义本质和对不平等条约的认识出现了历史性的飞跃，已达到了一个光辉的高度。他的"废约"思想作为一个完整的政治概念，至此已经正式形成。

孙中山的"废约"活动，不仅限于言论上的一般理论批判和道义上的谴责、反对，以及积极地提出"废约"的要求；而且，又进一步将其发展为"废约"的口号，坚决地将其作为政纲之一列入国民党"一大"宣言之中。与此同时，他还勇敢地转入了采取进行斗争的实际行动，并以此为中心组织和发动千百万人民群众掀起了广泛的"废约"运动的高潮。

在实际行动中，孙中山先是积极地参加了反对"二十一条"的斗争，他在1920年8月的一次谈话中说："我已经看出了如何才能够停止

---

① 中国第二历史档案馆编：《中华民国史档案资料汇编》，第4辑（上），江苏古籍出版社1986年版，第7页。
② 蒋永敬：《胡汉民先生年谱》，中国国民党中央党史委员会1978年版，第232页。
③ 《国父全集》第一册，台湾1973年版，第841页。
④ 《民国日报》，1923年1月1日增刊。
⑤ 《孙中山选集》下卷，人民出版社1963年版，第525页。

中国现在的混乱。这个问题的关键，就是废除二十一条款。"并坚定表示："我们革命党，一定要打到一个人也不剩，或者'二十一条款'废除了，才歇手"；① 之后，他又多次深入人民群众之中，号召群众参加"废约"的斗争。孙中山号召工人组成一个"大团体"，"和外国交涉，废除一切不平等的条约"；② 号召学生"我们要以后不做各国人的奴隶，要废除一切不平等条约"，并强调："这就是做人的、做学生和做一般国民的，对民族主义应该有的责任。"③ 而1923年冬的"关余事件"，则是孙中山"废约"斗争实践方面的一件最为突出的事例。当时，帝国主义国家不仅不承认广东政府，而且也不容许它留用西南各省应得的"关余"。孙中山面对北京外交使团扬言将以强硬手段对付，甚至还派出二十余艘外国军舰集结广州威胁恫吓而毫不动摇，他针锋相对的宣告："中国海关始终为中国国家机关，本政府辖境内各海关，自应遵守本政府命令"；所采取截留关余的行动，"乃完全中国内政问题，无与列强之事"。④ 由于孙中山毅然给予坚决回击，以及全国人民的合力抗争，终于使外交使团被迫作出将海关关余拨给广东政府的决定，打击了美、英、法、意、日、葡等帝国主义的反动气焰。斗争实践进而促使孙中山懂得了只有坚决进行"废约"斗争，才可能"除去"帝国主义横加给中国人民的"卖身契"，清算历史的旧账，挽救中国的危亡。

孙中山为着完成自己的"废约"夙愿，进行了艰苦不懈的斗争，堪称殚精竭虑，鞠躬尽瘁；直到他生命弥留之际，还特别将其作为政治遗训，语重心长地嘱告国人：对于"废除不平等条约，尤须于最短期间，促其实现"。⑤

怎样认识孙中山的"废约"思想与实践的作用，它对当时及后来的影响如何？

过去，在一段时期中，我们对于孙中山思想的科学性和实践的先进性，欠缺了恰如其分的评价，以致未能充分认识到它的历史地位和作

---

① 《孙中山全集》第五卷，中华书局1985年版，第296—300页。
② 《孙中山选集》下卷，人民出版社1956年版，第840、第835页。
③ 《孙中山选集》下卷，人民出版社1956年版，第891—892页。
④ 胡汉民编：《总理全集》第2集，上海民智书局1930年版，第37页。
⑤ 《孙中山全集》第十一卷，中华书局1986年版，第640页。

用。孙中山与"废约"之事同样存在着这个问题。实事求是的考察,斯事的主要作用和影响是清楚的:

首先,孙中山的"废约"思想和实践,超过了他的前人和同时代人。在旧民主主义革命阶段的早期改良派,对于不平等条约的认识往往都停留在感性阶段,所作的批判缺乏理论高度,较为肤浅或存有谬误。如改良派代表人物王韬曾将领事裁判权说成是"时势所逼,未尝不可"。[①] 何启等则称赞英人把持控制下的中国海关"颇有成效","无可疵议",甚至还说"未有洋人,虚耗实多;既用洋人,虚耗则少"。[②] 维新派梁启超曾提出:愿"将全国之地尽为通商口岸","即与各国订约通商",并"保持西人洋行教堂",[③] 等等。并且,他们对于不平等条约,企图以和平方式或寄希望于利用列强之间的矛盾来解决问题,对"废约"之事并无高明对策,很少甚至没有采取过任何"废约"的具体行动。就是孙中山同时代的某些人,如邓泽如、胡汉民等,也竟提出收回租界、海关和"废约"等内容,不要"太明显的提出来",不列入国民党的政纲,免得影响国民党自身的地位。[④] 而孙中山的"废约"主张和态度,则是大大高明于早期改良派和他同时代的民主革命派人物,达到了旧民主主义革命时期反对不平等条约的最高水平。

其次,孙中山的"废约"思想与实践,经过曲折演进臻于完整成熟,不仅留给了后人一份值得继承的珍贵遗产,而且它揭开了中国新民主主义阶段"废约"斗争的第一页,是新民主主义时期"废约"斗争的开端,并对当时和以后的中国人民的"废约"反帝斗争有着很大的影响。

孙中山晚年对"废约"的主张和行动,益发坚定和勇敢,他果决地抛弃了对帝国主义的幻想,改变了以往的软弱态度,敢于和西方列强进行面对面的坚决斗争。他明确提出要尽一切力量收回租界、海关和领事裁判权,废除中外一切不平等条约,"中国人民早已不能忍耐外国侨

---

① 王韬:《韬园文录外编》。
② 何启、胡礼垣:《曾论书后》。
③ 丁文江等编:《梁启超年谱长编》,上海人民出版社1983年版,第124页。
④ 黄季陆:《划时代的民国十三年》,载香港《掌故》,第41—42期。

民在中国领土上飞扬跋扈"。① 1924年11月，他在《北上宣言》中郑重宣布，召集国民会议和废除不平等条约是自己到北京去的主要任务。这一主张，表达了全国人民的迫切愿望，因而得到包括中共党人在内的全国各阶层人民的热烈欢迎和响应。正是在他的号召之下，一场轰轰烈烈的"废约"运动在全国范围内迅速掀起。以后，又在此基础上，开始了以打倒帝国主义和军阀反对并阻挠"废约"为目的的北伐战争。

孙中山的"废约"思想与实践，为中国人民艰辛的"废约"斗争开了一个好头，提供了经验及教训的警策和启迪，并促进和推动了以后的"废约"斗争的发展。近代中国的"废约"斗争，经历着一个艰难坎坷且又长期、渐进的过程，是随中国人民和国家力量的愈益强大而逐步完成的。在孙中山辞世后的长达八十余年的时间里，他的"废约"的"未竟之业"，在中华民国时期，不论一直以孙中山继承者自居的南京国民政府，还是具有更大妥协性的北京政府，都对"废约"工作进行过不断努力，逐渐收回了一些丧失的国家主权；之后，是孙中山事业名副其实的继承者、以坚决反帝而著称的中华人民共和国政府，担当起了彻底扫除近代一切不平等条约的历史重任。1997年和1999年，香港、澳门的相继回归，标志着毕其全功，圆满地实现了长期以来几代中国人收回领土、挣脱全部枷锁的共同愿望，洗雪掉百年国耻，最终圆了国家民族统一的跨世纪的美梦。

---

① 广州《民国日报》，1924年11月19日。

第二节　为谋和平统一离粤北上

一、北京政变

商团叛乱被平定后，广东依然阴霾重重，形势并无根本的好转。陈炯明仍盘踞东江，虎视眈眈，滇、桂军对北伐态度消极，而且北伐军费仍是很大的问题。在孙中山发布北伐令后，身为大本营财政部长兼军需总监的廖仲恺曾要求滇、桂等军核实兵额，交还财权，但均无效，廖仲恺遂被迫辞职。因此，尽管孙中山决定督师北伐，积极地进行部署，但仍然困难重重，举步维艰。孙中山这时虽然已认识到依靠工农群众开展革命斗争的重要性，但对他说来，具体怎样去做，还是较生疏的，也还没有来得及去认真地考虑，而他面对国内战乱频仍、百业凋敝的严酷现实，早日实现祖国和平统一的愿望又特别强烈，就在这时传来直系将领冯玉祥反戈，在北京发生政变的消息。

原来，当孙中山回师广州镇压商团暴乱的时候，直皖江浙战争很快结束，皖系军阀卢永祥被直系军阀齐燮元、孙传芳击败，于1924年10月12日通电下野，与何丰林等逃亡日本。第二次直奉战争于同年9月开始，是奉系军阀张作霖为响应皖系而发动的。第一次直奉战争失败后，张作霖撤回东北，苦心经营，以谋再起，同时与浙江卢永祥、广东孙中山结为同盟，待机共伐直系军阀曹锟、吴佩孚。江浙战争开始后，张作霖起兵入关，于是在热河、冀东一带第二次直奉战争正式开始。

战事初开时，直系军阀吴佩孚自任总司令，冯玉祥、彭寿莘、王怀庆分别任三个军的总司令，于9月18日发布讨伐张作霖令。正当直奉两军在榆关一带激战的时候，在孙中山的革命思想和国民党新的方针、政策影响下，直系军阀内部发生分化，冯玉祥突然由前线兼程回京，于

10月23日发动了北京政变,推翻了曹锟、吴佩孚控制的北京政府。

北京政变是冯玉祥联络胡景翼、孙岳(二人均系国民党员)等人发动的。冯玉祥原是吴佩孚的部属,在第一次直奉战争后被北京政府任命为河南督军,由于驻防洛阳的吴佩孚反对,免去豫督要职,改任有名无实的陆军检阅使。当时正值革命统一战线建立,全国革命形势高涨,反对曹、吴的呼声响遍南北,冯玉祥在这种形势的推动下,开始倾向孙中山领导的革命运动。于是,冯玉祥与驻喜峰口的直系辖军第二路司令、陕西军第一师师长胡景翼,联合京畿副司令孙岳,秘密计划倒戈反曹驱吴。10月19日,冯玉祥率部队由古北口回北京,23日凌晨到达,立即占据北京城内城外各重要据点和交通通讯机关,接管北京城防,派兵包围总统府,软禁曹锟。北京政变得手后,冯玉祥、胡景翼、孙岳、米振标(热河都督)及所属师长、旅长等,立即联名通电全国,主张和平停战,表示同"弄兵好战,殃吾民而祸吾国者"相周旋。24日,曹锟被迫下令:停止战争;撤销讨逆军副总司令等职衔;免去吴佩孚本兼各职,改任为青海屯垦督办。

冯玉祥发动北京政变,直军士气一蹶不振。吴佩孚原想以全力对奉作最后一战,但因未能挽回败局,乃于10月25日在秦皇岛通电讨冯。此时日本天津驻屯军司令官吉冈显作通知直军不得使用秦皇岛码头,吴佩孚只得将军队集中于天津一带,企图回救北京,同时电苏、浙、鄂等省求援。但直军在北被奉军张宗昌部所截,几乎全军覆灭;在南苏、浙、鄂直军齐燮元、孙传芳、肖耀南等部因鲁督郑士琦宣布武装中立,不允许直军过境。此时,阎锡山派兵抢占石家庄,截断京汉路交通,湖北、河南直军不得北上。吴佩孚讨冯计划落

▲ 直系将领冯玉祥在北京发动政变,邀请孙中山北上和平解决国事。图为冯玉祥照。

空，11月3日，当奉军进逼天津时，不得不率残部自塘沽入海南下，直系军阀迅速溃败。国内局势发生变化。这样，孙中山挥师北伐的目标——曹锟、吴佩孚，因北京政变已不复存在。

北京政变后，冯玉祥将部队改称国民军，以此表示他拥护孙中山领导的广州革命政府，并于10月25日通电全国：中华民国国民军会议公举冯玉祥为总司令兼第一军军长；胡景翼为副司令兼第二军军长；孙岳为副司令兼第三军军长。31日，曹锟等待吴佩孚率军入卫的希望破灭，按冯玉祥的意图成立以冯系为中心临时内阁后，于11月2日宣布下台。黄郛内阁取代颜惠庆内阁。

北京政变后，冯玉祥、胡景翼、孙岳、续相溪、刘守中、蒯定煜、凌毅、李石曾、李含芳、岳维峻、张之江、李鸣钟、鹿钟麟、邓宝珊等29人，联名电邀孙中山北上指导，共商国是。电报中说："辛亥革命未竟全功，致令先生政策无由施展。今幸偕友军，戡定首都，此后一切建设大计仍希先生指示。万望速驾北来，俾亲教诲是祷！"

对冯玉祥，孙中山并不陌生，据冯玉祥回忆，北京政变之前，他与国民党人就有来往；孙中山还曾托人将自己撰写的《建国大纲》赠与冯玉祥。所以，当孙中山接到联名的电邀后，觉得这不失为一个实现自己和平统一祖国夙愿的好机会，便很快作出了积极的响应，在韶关复电冯玉祥等人，表示愿意北上。当时与孙中山仍存在联盟关系的张作霖、段祺瑞亦电邀孙中山北上。

孙中山在10月27日分别复冯玉祥、段祺瑞的电中说："义旗聿举，大憨肃清。诸兄功在国家，同深庆幸。建设大计亟应决定，拟即日北上，与诸兄晤商。"① 10月30日，孙中山回到广州，在大元帅府召开会议，讨论处理北方局势的具体办法。一致认为，直系军阀虽然溃败，但绝不可因此而以为全国将和平统一，以致动摇北伐的决心和放弃必要的准备。为此，中国国民党中央执行委员会特向全党发出通告说："总理北上，乃应北方各同志之要求，期于北方党务之进行，有所发展，并非转与各派求妥协。盖关于建国北伐之举，政府既有命令及宣言，并建国大纲25条之颁布；本党复有北伐目的之宣布；方针既定，决不游移，惟当悉力以求贯彻。但目前本党势力，尚未充足；掌握政权，贯彻党纲，尚须有待。凡我同志，当及时努力以宣传组织，以期团体日固，势力日充，万不可

---

① 《孙中山全集》第十一卷，中华书局1986年版，第252页。

以时局小变,致摇素志。尤当随时留心总理之言论行动,得所师承;并随时遵依党令,为主义而奋斗,毋蹈分歧零乱之习,是为至要。"

孙中山为了实现全国的和平统一,不顾个人安危,毅然决定应邀北上。然而,北京的政局,在冯玉祥、张作霖、段祺瑞三方共同支配下,却充满矛盾和斗争。为揭露段祺瑞政府的阴谋诡计,宣传孙中山应邀北上的政治目的和革命主张,中国共产党对当时在北京出现的复杂形势,于1924年11月发表了《第四次对时局的主张》,再次明确指出召开国民会议的必要。召开国民会议,反映了广大人民的要求,这是中共在1923年7月发表的《第二次对时局的主张》中提出来的,如说:"由负有国民革命使命的国民党,出来号召全国商会、工会、农

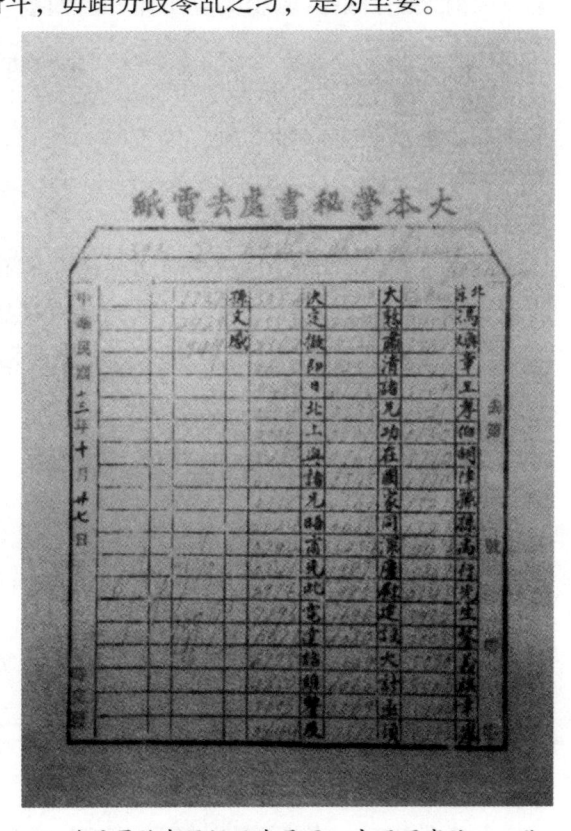

▲ 为尽早结束军阀混战局面,实现国家统一,孙中山决定应邀北上。随后返回广州,为北上作准备。图为1924年10月27日孙中山致冯玉祥应邀北上的电文。

会、学生及其他职业团体推举多数代表在适当地点,开一国民会议","只有国民会议才真能代表国民,才能够制定宪法,才能够建设新政府统一中国"。就是说,辛亥革命后,孙中山提出以资产阶级国会制度代替封建君主专制制度,并于1913年4月在北京正式成立的国会,随着袁世凯的篡权早已变成了军阀践踏民主、统治人民的工具,根本不能代表人民的利益。"在北京之国会已成封建军阀的傀儡,国民否认其代表资格。"中国共产党的主张立即得到孙中山的赞同。事实上,孙中山在长期的斗争实践中已经认识到,原来的国会制度已经失去人民的信任,所以他在《北上宣言》中,欣然采纳中共的建议,明确提出北上的目的

是"召集国民会议谋求中国之统一与建设"。为此，孙中山提出召集国民会议以前，先召集由现代实业团体和反对曹、吴的各军及政党、社、团等的代表组成的预备会议，"决定国民会议之基础条件及召集日期、选举方法等"。中国共产党和孙中山提出的主张，得到全国人民的热烈拥护，很快在全国掀起对内要求成立民主共和政权，结束军阀统治；对外要求废除不平等条约，反对帝国主义侵略的群众运动。从1924年底开始，正当各系军阀混战的时候，上海、南京、广州、北京、天津等城市人民团体纷纷发表宣言、电报，拥护中国共产党和孙中山的主张，支持孙中山北上召开国民会议，并分别成立国民会议促成会，参加的人员达几十万人之多。孙中山是在国民革命高涨的形势下起程北上的。

二、抱病北上

为了迅速实现全国的和平统一，同时也为了"拿革命主义去宣传"，孙中山于1924年11月20日毅然决定接受了冯玉祥等人的邀请。他认识到当前"根本之图，尤在速谋统一，以从事建设。庶几分崩离析之局，得以收拾；长治久安之策，得以实施"。所以经过"权衡轻重"，决定冒着生命危险，到北京"共筹统一建设之方略"。

此时，孙中山已略感身体不适，但是，为了国家的统一和人民的幸福，他决心不惜牺牲个人的一切，抱病北上，尽个人的最大努力。在决定于北上的次日，他便到黄埔军校辞别，并发表讲话论述北上目的，认为"从前革命，都是在各省，效力很小，要在首都革命，那个效力才大"。并指出北京政变后，政权不是在革命党之手，还是在一般官僚军人之手，同时并无革命的迹象。既然如此，自己为什么还要北上呢？孙中山解释说，这主要是为了扩大革命的宣传，将革命的种子传播到北方，壮大革命的力量，着眼于将来，为"一个大规模的中央革命"作准备。他强调，此行的结果究竟怎样，尚难预料，但为革命前途发展考虑，仍应北上。这些话，说明孙中山对政变后的北京政局，是有清醒认识的，对这次北上能否实现自己的目的，并不抱盲目乐观的态度。

鉴于张作霖、段祺瑞等人反复无常、居心叵测，有一些国民党人担心孙中山北上的安全，劝他取消此行。但孙中山向来以民族利益为重，早把个人安危置之度外，他既然觉得北上对革命事业有利，就不管有多大的风险也决定前行。他对周围的人说："我这次赴京，明知异常危险，将来能否归来尚不一定，但我之所以北上，是为革命，是为救国救民而奋斗，又怕什么危险呢？"

同时，孙中山并未因决定北上而停止北伐的军事部署。他指派胡汉民留守广州代行大元帅职权，谭延闿为北伐联军总司令，负责大本营事务，驻守韶关，主持北伐军事。11月初，进入江西的北伐军接连攻占大庚及赣州，并向吉安推进。

11月12日，孙中山出席广州各界欢送会，发表演说，再次阐述他对北方时局的认识和对这次北上的考虑，表示尽管道路坎坷，他仍决定到北京去，"拿革命主义去宣传"，推进革命的发展。并勉励大家"同心协力把广东的基础弄得巩固，做一个革命的好策源地"。

同年11月13日，孙中山偕宋庆龄及随行人员李烈钧、邵元冲、黄昌谷、朱和中、马超俊等二十余人，乘"永丰"舰离开广州，踏上了北上的旅途。这时，孙中山有了中国共产党和广大革命群众的支持，革命坚定性进一步加强。在当前局势问题上，他主张对内赶快召集有各界人民团体、反对曹、吴的各军及政党参加的国民会议，结束军阀统治，解决中国的统一和人民的自由问题；对外废除一切不平等条约，赶走支持封建军阀的帝国主义，实现中国的民族独立。这些主张，都是中国共产党提出而为孙中山接受的。他在北上前，对外国记者谈话说："帝国主义……不仅是我们走向独立自由的道路上的主要障碍，而且是我国的反革命中最强有力的因素。"公开和明确地宣布了他坚决反帝的立场。离开广州前三日，他又以国民党总理的名义，发表了《北上宣言》，重申反对帝国主义和军阀的主张，指出："对外要消灭帝国主义在中国的势力，使国家独立自由可保；对内要消灭军阀势力，使民治之基础莫能动摇。"要求"召集国民会议，以谋中国之统一和建设"。他在宣言的结尾写道："本党于此，敢以热诚告于国民曰：国民之命运，在于国民之自决，本党若能得国民之援助，则中国之独立自由统一诸目的，必能依于奋斗而完全达到。"这个宣言，表达了全国人民的迫切愿望，受到全国人民的热烈欢迎。

当"永丰"舰于下午3时抵达黄埔时，他再次视察了自己亲手创建并寄予无限深情和殷切希望的军事学校。孙中山到校后巡视一周，并检阅第一、第二期全体学员实战演习，然后乘舰赴香港。行前，孙中山对蒋介石说："余此次赴京，明知其异常危险，将来能否归来尚不一定。然余之北上，是为革命，是为救国救民而奋斗，又何危险之可言

▲ 1924年11月3日，孙中山视察黄埔军校，并作北上前的临别演说。

耶？况余年已59岁矣，虽死亦可安心矣！"蒋介石听罢说："先生今日何突作此言耶？"孙中山又说："余盖有所感而言也。余所提倡之主义，冀能早日实行，今观黄埔军校学生，能忍苦耐劳，努力奋斗如此，必能继吾之革命事业，必能继续我之生命，实行我之主义。凡人总有一死，只要死得其所。""今有学生诸君，可完成吾未竟之业，则可以死矣！"[①]

汪精卫先一日到港。由港改乘日轮"春阳丸"一并起程。

孙中山离开香港经过上海，取道日本到北京。同月17日途经上海时，帝国主义者出于对孙中山领导革命的仇恨和畏惧，妄图阻挠他在上海的活动。孙中山到达上海的前一天，英国的《字林西报》发表一篇短论，竟然叫嚷："上海不需要孙中山，应阻止他登岸。"胡说什么："孙中山是广州大本营的大元帅，一举一动，都负有政治上的任务。上海租界之内，完全是商务性质，负有政治任务的大元帅，住在这样地方，是不是相宜？"英国的《大陆报》更发出恶毒的叫嚣："要驱逐孙中山出上海"；"绝不要理睬孙中山所提出的废除不平等条约的要求"等等。上海群众结队欢迎孙中山时，竟被法租界捕房阻止并捕去指挥者四人。对于帝国主义的这种蛮横干涉我国内政的卑劣行径，孙中山立即给予坚决的回击，指出："上海为中国之领土，吾人分明居主人之地位。住在上海的那些外国人，都是客人。主人在自己的领土之内，无论

[①]《孙中山全集》第十一卷，中华书局1986年版，第312页。

干什么，客人完全不能干涉。"提出要尽一切力量收回租界，"中国人民早已不能忍耐外国侨民在中国领土之飞扬跋扈"。第二天，他在莫利爱路寓所对新闻记者谈话中再次指出："中国现在祸乱的根本，就是在军阀和那援助军阀的帝国主义者。"他说："我们这次来解决中国问题，在国民会议席上，第一点就要打破军阀，第二点就要打破援助军阀的帝国主义者。打破了这两个东西，中国才可以和平统一，才可以长治久安。"又说：军阀与帝国主义"和我们人民的福利，是永远不能并立的！……我这次往北方去，所主张的办法，一定是和他们（按：指帝国主义和军阀）的利益相冲突，大家可以料得我很有危险；但是我为救全国同胞，求和平统一，开国民会议，去冒这种危险"。他宣布决不与北方军阀相妥协，要求全国人民作他的后盾。

▲ 1924年11月13日，孙中山由广州出发至香港，然后转乘"春阳九"北上。图为孙中山、宋庆龄登上"春阳九"的情景。

同年11月22日，孙中山携宋庆龄等一行乘"上海丸"转道日本北上。途经日本时，11月23日，在与长崎新闻记者谈话中指出：帝国主义"共管中国之说，是外国人做梦！"中国人民有能力来解决自己国家的一切大事。25日，他在神户东方饭店国民党欢迎会上的讲演中，还列举了许多具体事实，说明中国革命所以没有成功，是因为反革命的军阀力量太大，并提出解决中国问题的首要条件是打倒帝国主义。他说："为什么军阀有这么大力量呢？因为军阀背后，有帝国主义的援助。""要中国从此以后，不再发生军阀，国民能够自由来解决国事，中国永久是和平统一，根本上便是使在中国捣乱的帝国主义不能活动，便是要消灭在中国的帝国主义。"孙中山指出："革命的力量，无论在古今中外的哪一国，一经发动之后，不走到底，不做成功，都是没有止境的。""要废除中外不平等的条约，还是要开国民会议；要开国民会议，还是要靠国民的大家奋斗，一致去要求。"号召大家支持他北上的革命

▲ 1924年11月17日，孙中山、宋庆龄在上海寓所接见各界欢迎代表时合影。

主张。他立场坚定，旗帜鲜明，与段祺瑞、张作霖的反革命意图尖锐对立。

孙中山在北上途中，到处受到人民的极大欢迎。在上海码头，欢迎的群众有万余人，齐声高呼"打倒帝国主义""打倒军阀"等口号，此起彼伏的热烈的欢呼声震荡着黄浦江畔。路过日本各地，有成千上万的爱国华侨和日本人民，锣鼓喧天地欢迎他。到达天津时，码头上迎接的群众达两万人。很多市民自动为他悬灯结彩，燃放鞭炮。在北京的火车站上，参加欢迎的各界群众有十万人之多，达到空前的规模。孙中山没有辜负人民群众的希望，沿途屡次发表反对帝国主义、反对军阀，谋求全国真正统一的重要言论，反复申述必须废除一切不平等条约、收回租界、消灭帝国主义在中国的势力，并坚信中国人民"有能力来解决全国一切大事"。

中国共产党于孙中山北上的同时，在全国发起了一个召集国民会议和废除不平等条约的人民运动，各地区、各阶层纷纷成立国民会议促成会组织，积极展开斗争，为孙中山北上作后盾。但在孙中山北上途中，北京已成立了以段祺瑞为首的临时执政府。冯玉祥一派受到排斥，力量薄弱。旧的反动统治去了，新的反动统治又产生了。孙中山即将面临的对手，仍旧是八年前的那个"谋危民国者"的段祺瑞。本来，段祺瑞

▲ 1924年11月22日，孙中山在"上海丸"上。

和张作霖邀孙中山北上，是企图利用孙中山来转移全国人民的斗争目标，缓和正在各地展开的国民会议运动，同时也想软化和收买他，使他参加军阀集团，做他们的傀儡。现在孙中山沿途宣传一定要段祺瑞和张作霖服从他的主张，并因此受到全国人民的热烈拥护，这是对这些军阀的阴谋诡计的当头一击。这时段祺瑞集团便索性扯下假面目，公然于12月6日发表致外国使团书，说什么"外崇国信"，就是要尊重历史和各帝国主义所订的一切不平等条约，以此获得主子的欢心，巩固自己的统治地位。为了反对中国共产党和孙中山的主张，同月24日又正式公布，将召开什么"善后会

▲ 1924年11月24日，孙中山与宋庆龄在日本神户合影。

第六章 呕心沥血献身国家和平统一（1924年前后）

585

议"，来解决国家大事，以此反对召开国民会议。这个"善后会议"是一个代表军阀官僚利益的会议，是军阀官僚进行政治分赃和利益合作的会议，其目的在于抵制国民会议。根据《善后会议条例》，参加会议人员分为四类："大有勋劳于国家者二人"（指孙中山和黎元洪）；"讨伐贿选及制止内乱之军事领袖"；"各省区及蒙、藏、青海军事长官"；"有特殊学识、资望、经验者，由临时执政聘请或委派之（不超过30人）"。这样，出席这个会议的代表，几乎都是由段祺瑞政府指派的军阀、土匪、买办、土豪、劣绅和他们的狗腿子，连叛徒陈炯明的名字也列上了。人民团体的代表，一个也不能参加。帝国主义豢养的段祺瑞集团的这些倒行逆施，引起了全国人民的强烈反对。

由于多年艰苦的革命工作，孙中山积劳成疾，已患有胆囊腺癌。他这次是带病北上的。

12月间到达天津时，段祺瑞政府派了叶恭绰、许世英二人为代表到天津假意迎接，孙中山在病榻上接见了他们。当他得知段祺瑞要"外崇国信"和召开"善后会议"时，极为愤慨，怒斥了段祺瑞政府的那些屈膝于帝国主义的荒谬主张，并立即对着两个代表厉声斥责说："我在外面要废除那些不平等条约，你们在北京，偏偏要尊重那些不平等条约，这是什么道理呢！？你们要升官发财，怕那些外国人，要尊重他们，为什么还来欢迎我呢？"在孙中山的凛然正义面前，叶、许二人不敢作声，好久，才又腼颜地劝孙中山不要太过"激烈"，免得激怒了东交民巷的"洋大人"，引起帝国主义干涉。孙中山气愤地回

▲ 1924年12月，孙中山与宋庆龄在天津合影。

答:"假如不打倒帝国主义,我就不革命了!"[①] 孙中山的肝癌因此更加恶化了。

1924年除夕那天,孙中山带病到了北京,随即一再重申了取消不平等条约和谋求国家统一以救中国的意愿。

三、国家统一思想

中国是一个统一的多民族国家。千百年来,中国历史发展的主流和中国人民意向之所趋,就是反对国家分裂,谋求和维护国家的统一。中华民族在几千年的历程中已具备一种统一的胶合力和凝聚力,是能够团结一致的。任何其他内外势力想分裂这个民族,可能在某个时期或某个阶段得逞于一时,但最终定是排除分裂,归于统一。

孙中山的一生中,热诚地追求中国的统一,竭力反对分裂。他为维护祖国的统一进行了不懈的斗争。他谋求和维护国家统一的思想,是其政治思想宝库中的一个重要部分,迄今仍有现实意义,总结和继承这一思想有助于推动现代中国的和平统一伟业。

当孙中山踏上民主革命征途时,中国面临的是帝国主义列强的"瓜分豆剖""蚕食鲸吞"的严重局势。在辛亥革命后,帝国主义各国的矛盾和争夺,在中国划分势力范围,各自扶植军阀充当代理人,割据一方,彼此厮杀,战乱频繁,中国依旧是四分五裂的局面。反对国家分裂,维护国家的完整统一,成了孙中山进行革命斗争的一项首要而迫切的任务。他始终把争取民族独立和捍卫祖国统一紧紧联结在一起,梦寐以求并为之奋斗不懈的就是国家的独立、民主和完整统一。

在1903年至1924年的二十多年中,孙中山先生在《支那保全分割合论》《三民主义与中华民族前途》《临时大总统宣言书》《民权主义》《中国国民党第一次全国代表大会宣言》《和平统一宣言》等专文、宣言、讲演和书牍里,依据当时的斗争形势,作过很多次的论述和阐释。他抨击"分割"中国领土的妄言,反对帝国主义分裂中国。明确指出:"支那国土统一已数千年","支那民族有统一之形,无分裂之势";中华民族是不允许列强"分割此风俗齐一、性质相同"之民族,不允许买办阶级、封建军阀分裂中国。义正词严地说:"为什么要把向来统一

[①] 《入京宣言》,《孙文选集》下册,广东人民出版社2006年版,第639页。

的国家再来分裂呢？提倡分裂中国的人一定是野心家"，并严厉斥责分裂中国的谬论是"卑劣之言"，痛谴制造分裂中国论调者是"中国之仇敌"。他针对某些人主张中国要照搬美国联邦制的谬论，阐明这种联省"学说"不适于中国，"不是有利于中国的"，"中国原来既是统一的，便不应把各省再来分开"；并驳斥："这种见解和思想，真是谬误到极点！"

近代中国社会的动荡和变化，反映在革命党成员之思想中也是错综复杂的。为防止革命党内的分歧和分裂，孙中山又提出建立共和政治，把国家导向独立、民主和统一。他说："今日中国，正是万国眈眈虎视的时候，如果革命家自己相争，四分五裂，岂不是自亡其国？近来志士都怕外人瓜分中国，兄弟的见解却是两样。外人断不能瓜分中国，只怕中国人自己瓜分起来，那就不可救了！"谆谆告诫革命党人警惕"兄弟阋于墙"给国家统一造成的危害。

孙中山把是否维护国家统一的问题作为衡量人们爱国与否的一个标准，又把国家统一与否视为人民能否安居乐业的必要条件。他说："'统一'是中国全体国民的希望。能够统一，全国人民便享福，不能统一便要受害。"他还把政治上的统一和经济上的富强紧密结合在一起。并反复论证了"统一之时就是治，不统一之时就是乱"的道理，把统一作为富强的前提，强调："统一成而后一切兴革乃有可言。"

对造成中国分裂的根源及国家统一的最大障碍，在孙中山早年是认识不清的，曾对帝国主义存在着不切实际的幻想。但是，经过曲折跌宕，到晚年时，他对帝国主义有了深刻的认识，了然帝国主义所扶植的封建军阀割据就是列强"想用中国人来瓜分中国"，从而明确了帝国主义和封建军阀是国家不统一的罪魁祸首。在国家统一的思想上，有着鲜明的反帝反封建的特征。1924年，在《中国内乱之原因》一文中指出："我们中国革命13年，每每被反革命的力量所阻止，所以不能进行，做到彻底成功。这种反革命的力量，就是军阀。为什么军阀有这个大力量呢？因为军阀背后，有帝国主义的援助。这种力量，向来都没有人知道要打破，所以革命13年，至今还不能成功。"他认为，中国内乱的总祸根在各个帝国主义国家，因此，反封建首先必须反帝。中国四分五裂的根源在帝国主义，此一祸根不除，则中国的统一无望。同年，他在上海招待新闻记者时也曾说过同样的话："中国现在祸乱的根本，就是在军阀和那援助军阀的帝国。我们这次来解决中国问题……第一点就要打破军阀，第二点就要打破援助军阀的帝国；打破了这两个东西，中国才可以和平统一。"

随着对帝国主义和封建军阀阻挠、破坏国家统一认识的加深，提高了对人民力量的认识。在五四运动后，孙中山敏锐地感触到工农是"新的力量源泉"，逐渐明确了工农大众为国民革命之主力，转向同民众结合，"合成一大力量"来谋求建立统一的新国家了。要达到国家统一的目的，必须和强大的帝国主义、封建军阀的联盟军作战，必须和国内民主革命力量，特别是工农力量携手合作；必须联合世界上以平等待我之民族共同奋斗。把谋求和维护国家的统一，不仅看作是中国的内政，还看作是中国人民奋斗的目标，并同反帝斗争紧密联系了起来。这就把中国人民争取国家统一的斗争纳入了世界被压迫民族争取独立的斗争范畴之中，这是孙中山对中国革命和世界革命理论的一大贡献。

这些新思想的发展，是伴随世界潮流和人民的需要而产生的，体现了历史发展的必然和中国人民的根本利益。它的主要观点，已和中国共产党人观察和处理当时国家命运的观念基本趋于一致，从而成为实现第一次国共合作的思想基础之一，从一个方面有力地促进了国共两党合作的实现。

孙中山是既有理想抱负，又注重实践的伟大革命家，为实现国家统一的主张，进行了不懈的艰苦奋斗。19世纪90年代起，迈开了探索的脚步，屡仆屡起地进行武装革命，推翻了卖国、专制的清政府，创建了南京临时政府。他在就临时大总统职的宣言中，规定对内施政方针是要实行民族、领土、军政、内政和财政五大统一，要用共和制统一中国，坚决反对任何分裂中国的政治方案。他严正地抨击了当时帝国主义妄图"划中国为二，限制共和政府于江南"的谬论，坚决抵制列强以"把国家划分为二"作为外交承认的条件，果断地驳斥说："不，那不行。我国人民的情绪是一致的。"他在1917年和1921年进行的两次护法运动，系针对国家四分五裂的局势，打倒军阀，削平叛乱，统一中国，实行民主政治。他一再表示，要"竭志尽诚，以救民国，破除障碍，促成统一，巩固共和基础"。"中国人民再也不能容忍别人瓜分自己的国家，他们希望统一，成为一个强大的和不可动摇的民族。""我们正在尽力完成赋予我们的这一艰巨的历史使命。"稍后，他又曾豪迈地宣称："中国是一个统一的国家，这一点已牢牢地印在我国历史意识之中，正是这种意识，才使我们能作为一个国家而被保存下来，尽管它遇到了许

多破坏的力量。"

　　对维护国家统一的途径，孙中山既致力于革命的武力统一，也从未放弃谋求和平统一中国的努力。发动武装斗争也是为和平统一创造条件。他深切了解"中国人民对连绵不断的纷争和内战早已厌倦，并深恶痛绝。他们坚决要求停止这种纷争，使中国成为一个统一、完整的国家"。从国家长治久安的根本大局出发，他于1912年毅然辞去总统职位"为共和"北上，所希图的是换取和平统一的局面；1924年冯玉祥发动北京政变后，他毅然带病再次北上，仍旧是促进迅速实现全国的统一。

　　他为祖国的统一，呕心沥血，鞠躬尽瘁。

　　孙中山曾认为："中国眼前一时不能统一，是暂时的现象"，最后终归是要统一的。当前，统一祖国，实现民族团结，乃是人民的企盼，一股不可阻挡的历史洪流。凡炎黄子孙都应当深思孙中山在世时所揭示的真理，为祖国和平统一和振兴中华民族作出积极的贡献。

第三节 巨星陨落

一、生命的最后时刻

由于长期颠沛流离、艰难困苦的斗争生活，孙中山积劳成疾，患有严重的胆囊腺癌。他离开广州时，身体就觉得不适，但为了谋求中国的统一，毅然勉病躯北上，与段祺瑞等交锋。一路长途跋涉，风浪颠簸，又是严冬季节，促使病情加重，开始恶化，身体极度虚弱。而这时，如上节所述，北京政局又发生了变化，段祺瑞出任临时执政，产生了一个新的反动统治。

当时，段祺瑞一再表示反对孙中山召开国民会议的反帝救国主张，

▲ 孙中山乘车赴北京饭店途经天安门时受到数万群众热烈欢迎的情景。

而是要单方面决定召集军阀、政客们谋求权力分赃的"善后会议",并声称承认与各帝国主义签订的一切不平等条约的"外崇国信"的主张。这与孙中山北上的预期目的,完全背道而驰,更激起了孙中山的愤慨,怒不可遏地痛斥段祺瑞的谬误。至此,和平统一祖国已不可能,孙中山决定抵制"善后会议",以拯救中国。

　　1924年除夕那天,孙中山为着践行对国人的承诺,带着重病离开天津于下午乘专车入京。北京市民听到孙中山到北京的消息,顿时活跃起来。虽是朔风凛冽的冬季,各街道在早晨已悬旗如林,从前门车站以北到东长安街,欢迎的群众有北京各界二百余团体约三万多人,车站附近更是拥挤得水泄不通。欢迎群众人人手执红、绿小旗,上面写着"欢迎首倡三民主义、开创民国元勋、中国革命领袖孙中山先生"等字样,还有写着"欢迎民国元勋、革命领袖孙中山先生""北京各团体联合欢迎孙中山先生"的大幅标语,在人群中迎风招展、鲜明耀目。

　　当时负责警卫工作的北京警备总司令鹿钟麟看到学生和教职员等挤满了站台,担心秩序难以维持,便驱车来到永定门车站,想请孙中山在永定门提前下车免得在东站发生意外。当火车在永定门车站停下来时,鹿钟麟上车谒见孙中山,见面容憔悴的孙中山手里还拿着书在看。握手后,鹿钟麟报告了东站的情况,请求孙中山在永定门站下车。孙中山回答说:"在永定门下车那可使不得,我是为学生为群众而来的,我要见他们。请不必担心,学生们即使挤着了我,也不要紧的。"鹿钟麟只好随车到了东站。出乎意料,当专车入站时,"学生们的秩序,立时就自动整理好了。每个人都严肃而恭敬地站在那里。没有一个人乱动,也没有一个人说话,只听得欢迎他的许多小旗在风中瑟瑟地响"。孙中山亲切地和欢迎者谈了话。鹿钟麟看到的是:"学生和民众,是如何地爱他,他也是如何地爱青年爱民众。"北京国民党支部迎接小组马叙伦等,上车把孙中山搭上了一张藤椅抬下了车,群众的情绪一下激动起来,肃穆的东站立刻呼声震天,欢呼声和口号声持续不断。孙中山发表了简短的书面讲话,说:"此来不是为争地位,不是为争权力,是特来与诸君救国的。""中国的自由平等,已被满洲政府从不平等条约里卖与各国了,以致我们仍然处于殖民地之地位,所以我们必须要救国。"之后,上车到了北京饭店。

　　当天,孙中山发表了《入京宣言》,重申北上入京的目的:"此次来京,曾有宣言,非争地位权力,乃为救国。13年前,余负推倒满洲政府，使国民得享自由平等之责任。惟满清虽倒，而国民之自由平等早被其售与各国，故吾人今日仍处帝国主义各国殖民地之地位。因而吾人救国之责，尤不容缓。至于救国之道多端，当向诸君阐述。惟今以抱恙，不得不稍俟异日。"他并一再重申了取消不平等条约和救中国的愿望。

孙中山在病中，段祺瑞操纵的善后会议更加快了步伐。孙中山入京的第二天，1925年1月1日，段祺瑞就邀他出席会议。段祺瑞急于利用善后会议窃取总统的地位，这与袁世凯想利用筹安会称帝一样。他的野心在全国人民中已昭然若揭，全国人民反对善后会议，要求召开国民会议的运动日益高涨。

孙中山入京后，先在北京饭店延医诊病，由六七位外国医生每日诊视一次，治肝药试验多种都不见效。德国克利大夫建议他去东交民巷的德国医院治疗，孙中山却因东交民巷是外国使馆区而拒绝。德国医院院长特派护士何芬到北京饭店为他进行护理。

孙中山在病重期间，仍然坚持斗争，一刻不放松革命工作。他在天津的病榻上拟订了召开国民会议的草案，派遣干部到各省宣传国民会议，发表声明，接见来访客人，处理公文；到北京后，先后发表了书面谈话和《入京宣言》，经常考虑对付"善后会议"的问题，他虽然遵医嘱宜不会客、不谈话，但由于政局的动荡，使他无法减少思虑。1月17日，他为反对包办善后会议致电段祺瑞："去年11月13日文在广州曾对于时局发表宣言，主张以国民会议为和平统一之方法，而以预备会议谋国民会议之产生。"但段祺瑞却在他北上途中，"于11月21日发表召集善后会议及国民代表会议的主张"，善后会议"于诞生国民代表之外，尚兼及于财政、军事之整理，其权限有较预备会议为宽，而构成分子，则预备会议所列人民团体无一得与"。善后会议"与六年之督军会议，八年之南北会议"，没有什么区别。"会议构成分子，皆为政府所指派，而国民对于会议无过问之权。"因此，善后会议必须做两项改变：一、"善后会议能兼纳人民团体代表，如所云现代实业团体、商会、教育会、大学、各省学生联合会、工商农会等"；二、"会议事项，虽可涉及军政财政，而最后决定之权，不能不让之国民会议"。电文还指出："民国以人民为主人，政府官吏及军人不过人民之公仆……当令人民回复主人之地位，而使一切公仆各尽所能，以为人民服役，然后民国乃得名副其实。"

1月20日以后，孙中山的病势急剧恶化，医生建议住院治疗。当天下午三时由北京饭店医院移至协和医院。医生诊后，告知须立刻施行手术治疗。当天下午六时半，开始进行手术。参加手术的医生有协和医院院长、外科主任邵乐安、德国医生克利以及俄国医生等。腹腔打开后，只见肝部已坚硬如木，一眼就知患的是肝癌，而且已到晚期，无法救治，医生只得含泪将刀口重新缝合。切片化验结果，证明孙中山病症的起源，"远因在十年以上，近因也有两三年之久"，属于晚期肝癌。

　　孙中山的病房在三楼319号，病床上装配有病人看书看报用的悬架，病床右角是一个梳洗台，左角放一个小衣柜。面对着病床的右角，摆一张小桌。320号是孙夫人宋庆龄住的房间。

　　身患绝症的孙中山，因癌病变已蔓延到整个腹腔，引起饮食及大小便困难，全身黄疸，皮肤发痒且有极度的疼痛，但他以极大的毅力尽力忍受。他在与病魔顽强抗争的同时，念念不忘救国大业，床边桌上放了各种书报，精神稍好就随时阅读，并经常召集有关人士，商谈国事。来访的客人向他探询病情时，孙中山多不解释，只谈有关革命事业的问题。在他的心目中没有比拯救祖国更为重要的了。

　　1月29日，段祺瑞在给孙中山的答复中，借口"时机已晚，只能变通办理"，拒绝了孙中山的两项主张。

　　1月30日，孙中山决定国民党拒绝与段祺瑞的黑暗势力妥协，拒绝参加"善后会议"，并积极筹备召开国民会议。国民党中央执委会根据孙中山的指示，及时向全党发出国民党员拒绝参加善后会议的通知。同一天，在中国共产党直接领导下的上海国民会议促成会作出了几项决定：（一）力争人民代表参加；（二）人民代表人数应占全体代表三分之二以上；（三）人民代表须由人民团体直接选派；（四）全国国民会议促成会亦应选派代表参加。

　　在中国共产党帮助下，国民会议促成会全体代表大会于3月1日在北举行，代表20个省120个委员会200名代表出席，极力反对"善后会议"。孙中山在他一生的最后时刻，斗志益发坚定了。

　　当时，有一种用镭锭疗法医治癌症的试验，但疗效甚微，只有千分之一的希望。自2月份开始，孙中山隔日用镭锭疗治。当时的医学试验证明，用镭锭疗治肝癌，疗程过了50小时还无效果，那就是完全绝望了。到2月16日，孙中山用镭锭疗治已近45小时，对于病症除稍微减少痛苦外，根本上没有一点功效。

2月18日，由宋庆龄、俄国医生、护士何芬和马湘四人护陪，用十字车送至铁狮子胡同11号（顾维钧宅，今地安门东大街23号），改由中医治疗。施今墨大夫用黄芪、党参等药补气，用排水消肿药治疗，也都无效。孙中山曾是一个精通医术的医生，明白自己病势已恶化，他以超人的毅力抑制着病痛，仍然保持着"分明的理智和坚定的意志"。每天还要坚持阅读报纸，后来自己不能读了，就由夫人宋庆龄念给他听。其时，宋庆龄在病榻前，日夜侍病，几乎没有正常睡过觉，有时见先生睡着了，她才在沙发上合合眼。先生一醒来立刻侍奉汤水。亲自嘱咐厨房要给先生准备可口的饭菜，不辞劳苦的尽心，大家很受感动。何香凝说："孙夫人日夜地侍病，从没有正常睡过，真使我感动。"

▲ 1925年2月18日，孙中山由北京协和医院移居北京铁狮子胡同。图为铁狮子胡同孙中山行辕门前景象。

在广州的革命同志，得知孙中山病情已重，焦急万分。廖仲恺因党政军务无法分身，特叫何香凝到北京参加护理。苏联顾问鲍罗廷也到了北京，陪侍左右，体现了中苏两国人民革命的深情厚谊。先后到北京参加侍病的还有汪精卫、孔祥熙、李石曾、宋子文、孙科、张继、邵元冲、陈友仁、张静江、宋蔼龄等，共数十人。

由于肝脏已完全毁坏，孙中山全身的浮肿一天比一天严重，"百药罔效，群医束手"，孙中山的生命，已走到尽头。但即使在这种时候，

他仍然念念不忘革命工作。他特让何香凝转告廖仲恺,不要为他的病情分心,并说:"广东现时十分重要,仲恺万不能离开广东。"

3月10日,他逝世前两天,病势危殆,但当获悉广东讨伐陈炯明的东征军①在黄埔军校的学生和东江农民军的配合下,打垮陈炯明叛军,克服潮安、汕头,获得节节胜利后,十分欣慰,立即指示电告广东留守府代行大元帅职权的胡汉民要军队遵纪爱民,"不可扰乱百姓"。他逝世前一天,还强调"开国民会议及废除不平等条约,尤须于最短期间促其实现"。孙中山全心全意地为了革命工作,为着国家和人民,殚精竭虑,鞠躬尽瘁,耗尽了毕生精力。

1925年3月12日上午9时30分。孙中山在临近最后闭上他那渴望中国革命胜利的眼睛时,虽不能连续说出完整语言,仍用断断续续的声音,轻轻呼喊着"和平""奋斗""救中国""国民会议""同志奋斗"等数语,声至朦胧,几不可辨。他在弥留之际,依然在激励后人,继续前进。

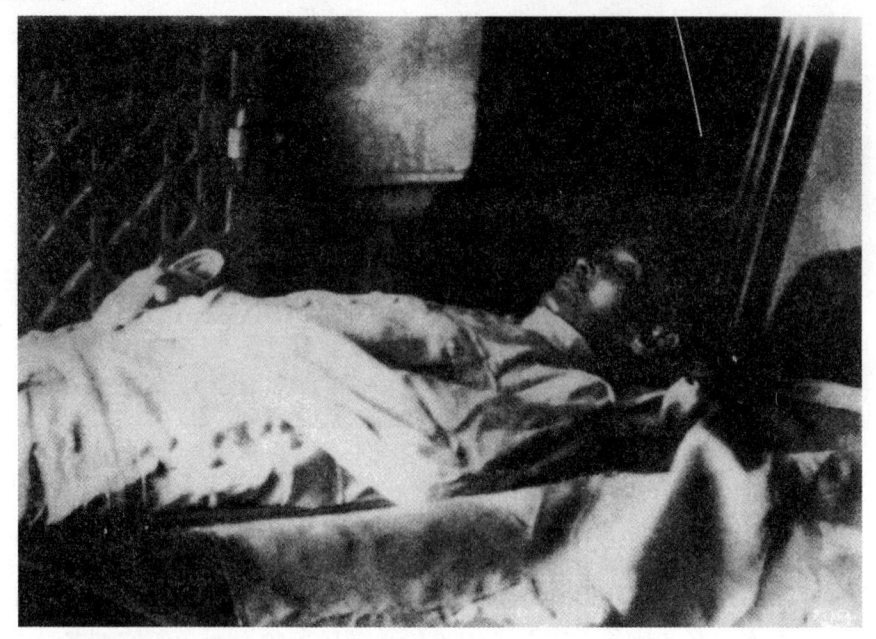

▲孙中山于1925年3月12日,因胆囊腺癌逝于北京铁狮子胡同行辕。图为孙中山遗容。

① 1925年初,帝国主义、国内反动派乘孙中山北上在北京患病之机,怂恿和支持盘踞在广东东江一带的军阀陈炯明进攻广州,阴谋推翻广东革命政府。于是,广东革命政府组织了东征军,举行东征。

他临终时，夫人宋庆龄、孙科夫妇、汪精卫、戴季陶、李烈钧、林森、李石曾、石青阳、于右任、杨庶堪、邹鲁、邵元冲、叶恭绰、黄昌谷等，以及日本友人山田纯三郎、菊池良一、萱野长知、井上谦吉侍立床侧守护。延至9时30分，一代伟人孙中山终因胆囊腺癌晚期①已转移到肝、肺、结肠等处，医治无效，心脏停止了跳动，闭上了他那渴望看到祖国独立富强的眼睛，离开了他所热爱的世界，在北京东城区铁狮子胡同（今地安门东大街23号"孙中山逝世纪念室"）住处溘然长逝。终年59岁。

在黑暗的中国上空，一颗巨星划出一道灿烂夺目的光彩后陨落了。天凄海咽，地黯天愁，海内共泣，寰宇同悲，中国人民无限悲痛。举国上下，大江南北，长城内外，人们深切哀悼这位为着中国的独立、民主、统一和富强而奋斗不息的伟大革命家。

二、三个遗嘱

一代巨人孙中山在临终时，发出了"革命尚未成功，同志仍须努力"的号召，激励后人，继续前进。还给革命同志留下了遗嘱，谆谆教育人们继续奋斗，希望他的革命主张能坚持下去、革命主义得到实现。早在孙中山住进协和医院时，为了应付时局，汪精卫、陈友仁等在北京设立了国民党中央政治委员会。政治委员会曾多次开会研究过孙中山遗嘱的草稿。2月24日诵读征得孙中山同意。3月11日晚9时，宋庆龄含泪抬起了孙中山颤得不能自持的手腕执钢笔在遗嘱书上签了字。孙中山口授的遗嘱中，原来是"联合世界上被压迫民族，共同奋斗"。担任笔记的汪精卫因段祺瑞代表许世英曾来劝说不要得罪帝国主义，竟把这句话篡改为"联合世界上以平等待我之民族"。《遗嘱》的全文是：

> 余致力国民革命凡四十年，其目的在求中国之自由平等。积四十年之经验，深知欲达到此目的，必须唤起民众，及联合世界上以平等待我之民族，共同奋斗。

---

① 长期以来，一些史书都认为孙中山是因为患肝癌而逝。近年通过复查孙中山病案中他的尸体解剖的病理证实，原发并不是肝癌。实际上是胆管腺癌，然后因胆囊有梗阻，转移到肝、肺、结肠等地方，是因胆管腺癌转移到肝部而逝世的。

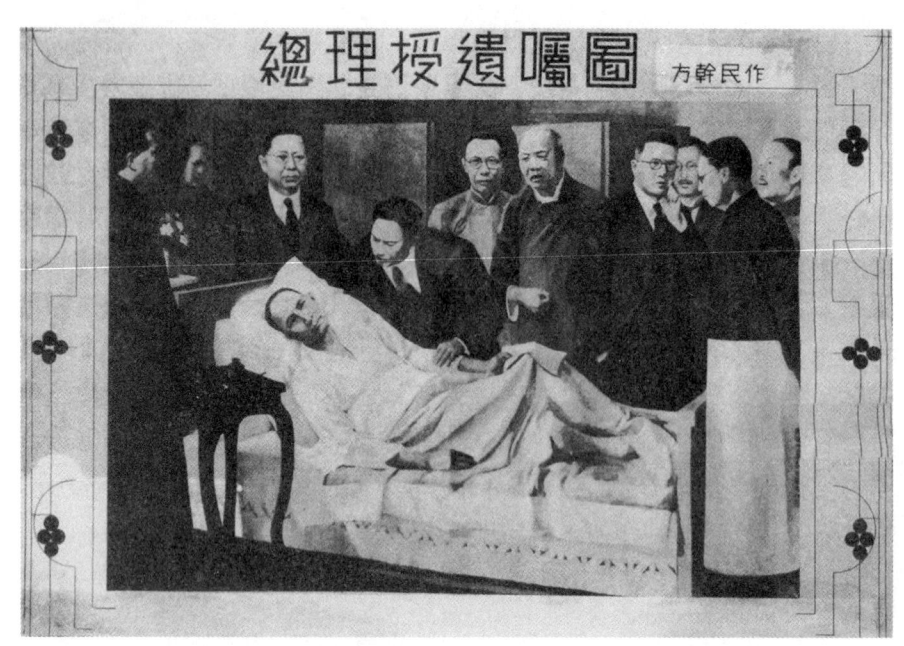

▲ 孙中山的病情不断恶化，1925年2月24日，汪精卫代孙中山草拟遗嘱的画像。

现在革命尚未成功。凡我同志，务须依照余所著《建国方略》《建国大纲》《三民主义》及《第一次全国代表大会宣言》，继续努力，以求贯彻。最近主张开国民会议及废除不平等条约，尤须于最短期间，促其实现。是所至嘱！

孙　文

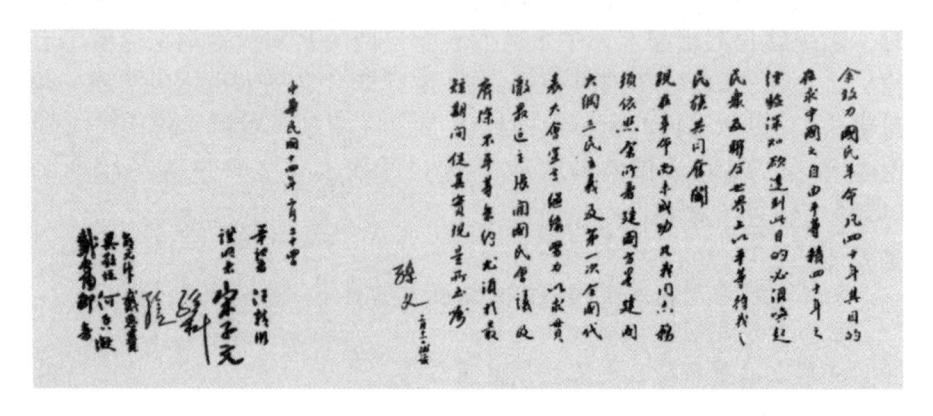

▲ 孙中山的国事遗嘱

孙中山在《遗嘱》里指出的："必须唤起民众，及联合世界上以平等待我之民族，共同奋斗"，是孙中山一生革命斗争的经验总结，也是一位真诚的爱国者，在长期革命实践中，经过反复、认真探索，不断前进而得出的正确结论，是孙中山留给中国人民的宝贵历史遗产。它直到今天，从某种意义上来说，对于那些正在为维护本国民族独立和自由，而与帝国主义和殖民主义进行英勇斗争的亚洲、非洲和拉丁美洲革命人民，仍有着重大的现实意义。

孙中山在特意留给苏维埃社会主义共和国联盟中央执行委员会的遗书中，也阐明他实行三大政策的坚定信念。表示"希望不久即将破晓，斯时苏联以良友及盟国而欢迎强盛独立之中国；两国在争世界被压迫民族自由之大战中，携手并进以取得胜利"。同时，要求宋庆龄代替他访问莫斯科，以实现他的未遂愿望。《致苏联遗书》系在孙中山病危期间由陈友仁、鲍罗廷等用英文起草，3月11日孙中山亲笔在遗书上签署英文名字。《致苏联遗书》①的全文是：

苏维埃社会主义共和国大联合②中央执行委员会亲爱的同志：

我在此身患不治之症，我的心念此时转向于你们，转向于我党及我国的将来。

你们是自由的共和国大联合之首领。此自由的共和国大联合，是不朽的列宁遗与被压迫民族的世界之真遗产。帝国主义下的难民，将借此以保卫其自由，从以古代奴役战争偏私为基础之国际制度中谋解放。

我遗下的是国民党。我希望国民党在完成其由帝国主义制度解放中国及其他被侵略国之历史的工作中，与你们合力共作。命运使我必须放下我未竟之业，移交于彼谨守国民党主义与教训而组织我真正同志之人。故我已嘱咐国民党进行民族革命运动之工作，俾中国可免帝国主义加诸中国的半殖民地状况之羁缚。为达到此项目的起见，我已命国民党长此继续与你们提携。我深信：你们政府亦必继续前此予我国之援助。

亲爱的同志，当此与你们诀别之际，我愿表示我热烈的希望，希望不久即将破晓，斯时苏联以良友及盟国而欢迎强盛独立之中国；两国在争世界被压迫民族自由之大战中，携手并进

---

① 此遗书系同月14日在莫斯科《真理报》译成俄文发表。当时《向导》周报（杭州）和《真光》（广州）、《新民国》（北京）等刊物所载同一中译文皆本文。此据《孙中山全集》第11卷，中华书局2006年第2版，第641页。

② "苏维埃社会主义共和国大联合"，今译"苏维埃社会主义共和国联盟"，简称"苏联"。

以取得胜利。

　　谨以兄弟之谊祝你们平安！

孙逸仙

　　孙中山的《遗嘱》和《致苏联遗书》，显示了孙中山爱国反帝，坚持三大政策的革命精神。它具有强烈的号召力，不仅在当时产生了积极的政治作用，在以后还成为中国人民反击背叛孙中山革命事业的叛徒们的重要武器。

　　此外，孙中山还给家人留下了遗嘱，说明将遗物留给夫人庆龄作为纪念，要求儿女们"各自爱"，继承他的革命遗志。《家事遗嘱》的全文是：

▲孙中山的《致苏联遗书》（部分）。

　　余因尽瘁国事，不治家产。其所遗之书籍、衣物、住宅等，一切均付吾妻宋庆龄，以为纪念。余之儿女已长成，能自立，望各自爱，以继余志。此嘱。

孙　文

　　孙中山把自己的一切都献给了祖国和人民，除了一些书籍和简单衣物，自己一无所有。有人统计过，就物质来说，孙中山所遗给宋庆龄的"一切"，只有两千多本书，一所有五个房间的住宅和一些还未用完的日用品。就连在上海的这所住宅，也是由海外华侨集资捐助的。为了革命的需要，这所房子曾先后典当过三次，最后才赎了回来。

　　孙中山身后不名一文，这件事，震动了当年中外各界人士。一家报纸惊呼："近从事政事者，孰不以金钱为鹄？一县知事，一税所长，且面团团作富家翁。督军省长，又遑论乎？先生民国元勋，久膺大政，设欲聚敛，宁患无术？而竟身后萧条，不名一文。"孙中山一生艰苦朴素，廉

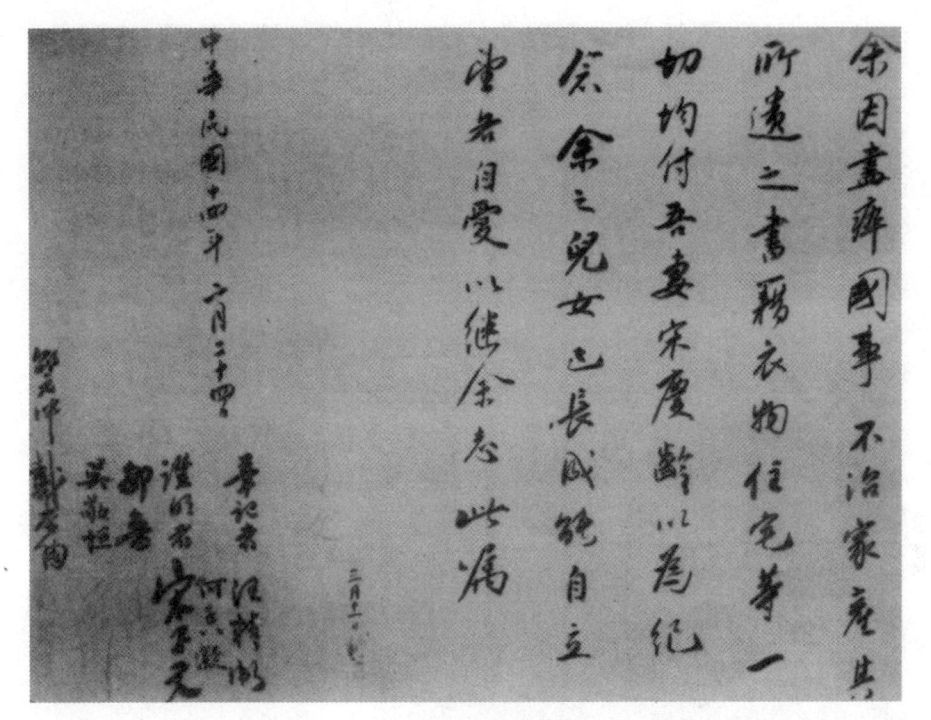

▲ 孙中山的家事遗嘱。

洁奉公，不谋私利，一心为国的优秀品质，从其身后遗产亦可昭揭明白。

孙中山为了拯救和发展祖国，奔走革命数十年，一生艰苦朴素，廉洁奉公，不谋私利，一心为国，从不治办家产。可是，他却给中国人民留下了弥足珍贵的政治思想遗产和革命精神遗产。这笔遗产是无价的巨大财富，后继者认真继承、发扬这笔遗产，必将会成为世界上最为富有的人。

三、举世哀悼

孙中山为民族的解放事业，为国家的富强和统一，数十年中始终奋斗不息，直到生命的最后一刻。他逝世的噩耗传出，全国人民万分悲痛。所有炎黄子孙不分政治派别、不分阶级地位、不分信仰主张，除一撮反动分子外，同感悲痛。全世界进步人士也为中国失去这位伟大的思想家、政治家、革命家而哀悼。

中国共产党和各界人民群众，纷纷发来唁电，举行集会，深切哀悼，无限缅怀。苏联的劳动群众和旅居海外各地的华侨，也以各种方式，表达他们的哀思。

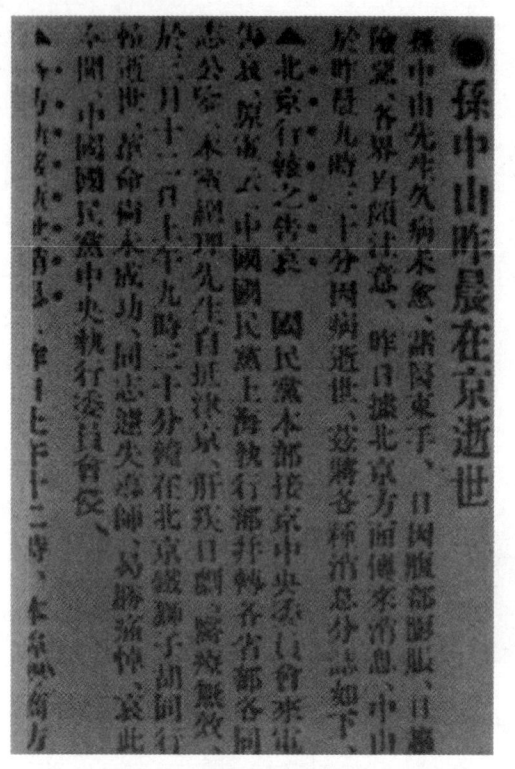

▲ 中国国民党中央执行委员会为孙中山逝世发布的《讣告》。

▲ 中国国民党中央执行委员会上海执行部为孙中山逝世发布的讣告。

中外各报纸纷纷发表悼念文章。诸如：北京《明天时报》评论说："先生之于中国全体，其影响也至大。其于政治影响之重大无伦矣，即一般社会亦靡不受其极巨之影响；以先生之名，无异新中国创造之纪念碑也。窃以先生之去世，其为国民党一大损失定论矣；然此非必为吾人之所介意者；其能唤起吾人注意之处，在一般政界及一般社会受损失是也。何则？与其视先生为国民党之总理，转不若视中山为新中国创造伟人之为适当。"上海《申报》评论说："中国数十年来为主义而奋斗者，中山先生一人而已。中国政界中之人格，不屈不变，始终如一者，中山先生一人而已。中山先生真爱国者也；不顾成败，不问毁不问誉，可谓勇往之实行者。"上海《商报》评论说：先生"不知有身，不知有家，不知有敌人，不知有危害，不知艰难，恕于待人而严于责己，敏于观事而忍以图功。寝馈食息，必于救国；造次颠沛，不忘奋斗。"等等。

在国外，美国有报刊评论说："30年来，孙逸仙博士之声名，一经报章不断显扬，再经华侨狂热之崇拜，世界留心时事之人，几已无不认孙逸仙博士为近代民族自决运动史上，独一无二之突出人物。"英国有报刊评论说："凡熟知孙逸仙博士艰难多故之生涯者，对于孙氏如此失败以终，必掬诚哀惜之。"日本有报刊评论说："孙氏为一近代杰出之革命思想家。其革命主义，不仅是法兰西式之政治革命，且进一步以达到经济的社会革命之路。今不幸而逝，民国前途，将起波涛乎？抑暂时安堵乎？此不得不令人忧虑者也。孙氏晚年之主张，绝对反抗英美帝国主义。"

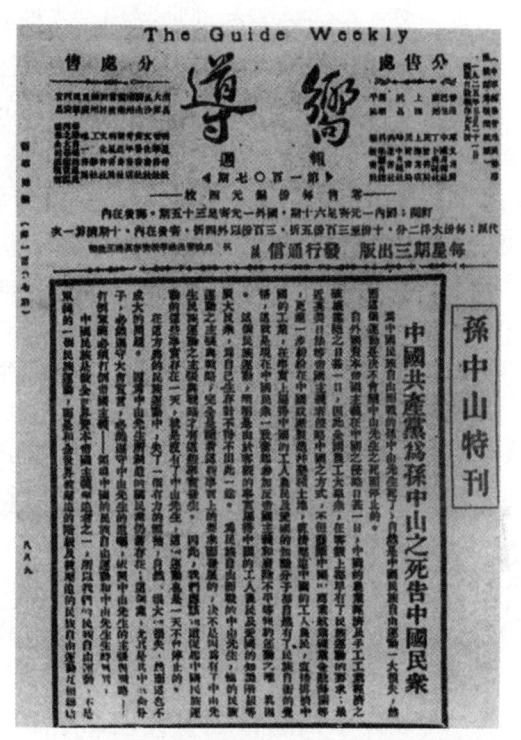

▲ 1925年3月15日，中国共产党为孙中山逝世发布的《告中国民众》。图为《向导》所刊《告中国民众》（部分）。

孙中山的逝世，更激起人民群众反对军阀及帝国主义统治的决心。3月15日，中国共产党中央委员会在《中国共产党为孙中山之死告中国民众书》里沉痛而庄严地指出："为中国民族自由而战的孙中山先生死了，自然是中国民族自由运动一大损失，然而这个运动是决不会随孙中山先生之死而停止"，号召"全国民众，因为中山先生的死所给予我们的绝大刺激，大家更要加倍努力，一方面猛烈地继续国民会议及废除不平等条约的运动，反抗帝国主义工具段祺瑞、张作霖在北方对于这些运动的进攻；一方面保卫南方的根据地——广东，肃清陈炯明、林虎、唐继尧等及其所勾结之买办地主的反动势力。因为这些都是廓清目前横在我们自由之路所必去的障碍"[①]。同一天，中共中央又向国民党发出

---

① 《向导》周报，第107期。

唁电,要求革命阵营内部加强团结,防止敌人的分裂阴谋。电文指出:"内部的统一,是孙中山死后防御敌人进攻的必要保证。然而这种统一必须是不违背中山主义或修改中山主义的统一,而是真正建立在中山革命主义之上的统一;也必须这样的统一,才是防御敌人进攻的真正担保和完成中山志愿的真正前提。"

国际工人阶级政党对孙中山的逝世也表示深切的哀悼。斯大林以苏联共产党(布)中央委员会名义于13日发来唁电说:"孙中山的伟大事业是不会随着孙中山一同死去的,孙中山的事业将铭记在中国工人、农民心中,永远使中国人民的敌人望而生畏。"

苏联《真理报》3月14日刊登了孙中山逝世的消息并发表悼念文章,说:"孙氏生命之伟大,在其不断前进,百折不挠,好学不倦。""(他在)一切被压迫人民心中,永不遗忘。"

北京市民和学生获悉孙中山逝世消息,深为悲痛,不少人悲伤落泪,有的失声痛哭。治丧委员会决定在送殡时,请北京大学学生执花圈,当该校总务处贴出布告后,自愿报名的就有1500人,女生全部报名。

早在孙中山逝世当日,以汪精卫、孔祥熙、李烈钧分领的秘书股、事务股、招待股的"孙中山先生北京治丧处"宣告成立。他们积极地进行着大殓仪式和各项工作。当时,孙中山遗体经过施行防腐手术后,尚在协和医院。治丧处决定3月19日移灵中央公园(后改名为中山公园)。是日上午9时半,由家属及部分特邀人士举行祈祷仪式。11时15分开始移灵,由黄惠龙、马超俊等八人,将遗榇抬出。向社稷坛移灵时,不用杠夫,而由先生的亲属和国民党的党政军政府官员轮班举送。分成三组:第一组为汪精卫、张继、孔祥熙、林森、石青阳、宋子文、喻毓西、石蘅青等;第二组为于右任、李大钊、陈友仁、白云梯、邹鲁、戴季陶、邵元冲、钮永健等;第三组为李烈钧、姚雨平、郭夏初、焦易堂、邓彦华、朱卓文、蒋雨严、蒋雨岩(作宾)、林伯渠等。

移灵时,东单三条、帅府园交通断绝。王府井人山人海。从王府井、东长安街、天安门到中央公园社稷坛灵堂,两旁站立恭迎的群众有12万人。遗榇经过的地方,许多群众争着向前靠近,摸一摸灵柩,不少人流着眼泪哀泣。在前门以西的城墙马道上,由警卫司令部鸣放礼炮,以志哀悼。灵车到中央公园入口处时,宋庆龄从车上走下来,她

▲ 1925年3月19日，孙中山灵柩由协和医院移往中央公园（今中山公园）社稷坛。图为各界群众齐集协和医院门前哀悼的情形。

"头上罩着黑纱，全身丧服，穿着白珠镶边的旗袍，黑鞋黑袜黑手套。透过黑纱看到她面色苍白，紧闭着嘴，微低着头"。当时在公园大门口执行勤务的女师大学生陆晶清回忆当时情形："当她由两个人搀扶着慢步朝社稷坛走去时，偌大的公园里，只听到风声和隐隐啜泣声，成千上万双泪眼直送孙夫人走进灵堂。"

治丧处决定，孙中山灵柩从3月24日开始公祭。首先有几千学生和市民至灵堂志哀。北京临时政府文武官员一百多人前来致祭。

公祭期间，每天到灵堂吊唁的机关团体、各界群众、外国友好人士，从早到晚络绎不绝，大学、中学、小学学生队伍延续不断。北京大学学生抬着花圈走在群众队伍的前列，向伟大的革命家孙中山告别。驻京苏联大使加拉罕，以及德、英、比、丹、法、荷、西、瑞典、葡等国公使，均亲临吊唁，不少国家的政府或友好人士发来唁电。从五色土到停灵的拜殿道路两侧和灵堂内外，布满了挽联和花圈，吊唁者进灵堂先向孙先生的遗体行三鞠躬礼，然后瞻仰遗容绕棺一周。孙中山的遗体安详地躺在水晶棺内，面容慈祥，神态栩栩。留分头，八字短须，身着黑色西式大礼服，系黑色蝴蝶结。棺下部覆盖五色国旗。

▲ 宋庆龄和亲属在社稷坛内的孙中山灵堂守灵。右起：孔祥熙、宋子文、孙科、戴恩赛；左六宋庆龄、左一宋蔼龄、左二宋美龄。

灵前是遗像。两侧是"革命尚未成功，同志仍须努力"的孙中山遗言，横额是"天下为公"。夫人宋庆龄身穿黑礼服，佩戴黑纱，几乎每天守在灵前。从24日到31日，前来吊唁的人们仅签名者就有七万四千人之多。各界赠送的挽联、哀词、祭文横幅达十一万余件。李大钊写的挽联长达248字，概述了孙中山历史功绩，表达了全国人民决心继承孙中山的遗志、完成其革命事业的坚定意志。在挽词中说："四十余年，殚心瘁力，誓以青天白日，满地红旗，唤起自由独立之精神，要为人间留正气。"

北京中国共产党和社会主义青年团组织在李大钊领导下，发动了三十多万人参加悼念活动，并印发了三千多份《政治生活特刊》，宣传孙中山的三民主义等政治主张，把群众悼念孙中山的悲痛心情转化为反帝反军阀的动力，掀起反对段祺瑞的善后会议的新高潮。

4月2日公祭礼成。上午11时，孙中山遗体由中央公园拜殿移往北京香山碧云寺。

▲ 1925年4月2日,孙中山灵柩移往香山碧云寺暂厝,数十万群众肃立道旁哀送。图为灵柩经过西单牌楼时的情景。

▲ 安放在碧云寺内的孙中山灵柩。

▲ 北京中央公园社稷坛悬挂的国民党党旗降半旗以示致哀。

灵柩用汽车运送，亲属等乘马车随灵车后行，经过西华门段祺瑞的善后会议会址时，悲愤的送殡群众将善后会议牌子砸毁，全副武装的反动军警也不敢撄其锋。经西长安街、西单牌楼；出西直门，北京市民、工人、学生、士兵30万人步行送至西直门。他们沿途高呼："打倒军阀""打倒帝国主义""中山主义万岁""国民革命万岁"等口号。有两万多人步行数十里，一直将孙中山的灵柩送到碧云寺。灵车所经过的道路两旁成千上万的群众停立志哀。下午4时25分，灵车到达碧云寺。宋庆龄身穿黑色衣服，面罩黑纱，下车走在送殡人群的前头。她"没有哭泣，没有眼泪，而是更加坚强，显示出内在的毅力"，"脸上流露出无限悲痛而又坚定刚毅的神色"。使人们确信："孙中山先生虽然死了，还有孙夫人在，还有忠实于中山遗教的革命党人在，中山先生的旗帜不会倒下，中国的革命不会中断。"5时30分举行公祭，之后将灵柩厝置寺内最高处的金刚宝塔的石龛中。是日北京各机关一律下半旗志哀。

在宝塔下的普明觉妙殿（今孙中山纪念堂）设立了灵堂。灵堂正中高悬孙中山遗像，上方挂着"有志竟成"的横幅，两旁是孙中山"革命尚未成功，同志仍须努力"的遗言。碧云寺大门口竖起高大牌坊，横额是"天下为公"，楹联是"人群进化""世界大同"。二重门的牌坊上写着"赤手创共和，生死不渝三主义"；"大名垂宇宙，英灵常耀两香山"。

宋庆龄不顾数月来在榻前侍病和操办丧事的疲劳，多次坚持在这里守灵。亲属宋子文、宋蔼龄、孔祥熙、孙科、陈淑英、戴恩赛等也陪同守灵。

广州、南京、杭州、上海、武汉、桂林、昆明、成都、福州、开封、安庆、长沙、天津、青岛、南昌、保定、石家庄、济南等全国各大、中、小城市的群众，在共产党、国民党左派和拥护孙中山革命主张的进步人士组织下，都先后举行了悼念活动，印发悼念刊物，形成一次全国性的广泛深入的政治宣传活动。

▲ 英国伦敦举行孙中山逝世追悼大会。中立者为孙中山的老师康德黎。

▲ 1925年3月24日至31日举行公祭期间，北京各界人士七十多万人、一千二百多机关团体前往中央公园吊唁。

当时还处于外国殖民主义统治下的台湾台胞,更是悲痛万分。各界群众不顾日本统治者的压制,纷纷举行追悼集会。

3月24日夜间,在台北,台湾文化协会举行的追悼大会,有五千人参加。悼词中有这样沉痛的语词:"消息传处,我岛人五内俱裂,如失魂魄。北望中原,禁不住泪泉滔滔。"当时报纸报道了这个情况:"台湾人民被清廷所弃,至今已30年了……可是台湾人民眷恋祖国之心,实在日甚一日,这次孙中山先生讣音传来,台湾岛人尽皆失色落胆,稍有关心进事的人,没有不暗暗洒泪。3月24日,在台湾文化协会开追悼大会,是夜大雨淋漓,街道泥泞不能行,可到会者有5000人之多,会场只能容3000人,于是不得入会场,在场外敬礼叹嗟者,实有2000人之多。"台北的《台湾民报》在悼念文章中说:"呜呼!中山先生逝灵!民国的元勋,汉民族的领袖,东亚的大明星,世界的伟人,这是孙先生可享的荣誉。这回孙先生的讣音传出,中外人莫不神恸心伤,争吊伟人于千古。"

▲ 正在讨伐陈炯明的东征军在广东兴宁举行孙中山逝世追悼大会的情景。图中手持祭文者为周恩来,其前方为蒋介石。

在香港华工工团总会举行的追悼大会上，有一百多个工会团体15万工人参加。在追悼会举行的当天，工厂商店停工、停业一天，以志哀悼。

可以说，在全国中，不论上上下下和男女老幼，对孙中山的病逝都表示沉痛的哀悼，虔诚祝愿其开创事业不朽。这些追悼活动，很快在全国形成一个广泛、深入又规模宏大的政治宣传运动。

与此同时，3月13日苏共中央和第三国际还分别给中国国民党发来唁电及发布告中国民众书，对孙中山的病逝表示哀悼，愿先生开创的事业不朽。此后数日，德、英、比、丹、法、荷等国公使亲临吊唁。在孙中山战斗过的东京、横滨、伦敦、纽约、巴黎、旧金山、新加坡等世界许多地方的华侨和国际友人，也先后举行了追悼大会或进行了追悼活动，追思孙中山为中国革命立下的丰功伟绩，深深地怀念这位卓著功勋的伟大革命家。

孙中山的去世，正如《孙中山评论集》一书的《弁言》所述："无中外亲疏，莫不同声哀悼，叹为中国莫大的损失。"国内外各大报刊和社会各界人士，包括与孙中山政见有异的敌对者，都给予孙中山极高的评价。

▲ 1925年3月，檀香山华侨纷纷举行孙中山逝世追悼会的情景。

共产党人陈独秀评论说："我们没有了为国家为民族刻苦奋斗四十年如一日的中山先生了！……是我们极大的损失。"[①] 李大钊在长达248个字的挽联中盛赞孙中山："四十余年，殚心瘁力，誓以青天白日，满

---

① 伍达光编：《孙中山评论集》，1927年6月再版，第79页。

地红旗，唤起自由独立之精神，诚为人间留正气。"①

　　站在孙中山对立面的章太炎评论说："（孙）先生做事，抱奋斗精神，坚苦卓绝，确为吾党健者。"②梁启超也承认："孙君是一位历史上大人物，这是无论何人不能不公认的事实。我对于他最钦佩的：第一是意志力坚强，经历多少风波，始终未尝挫折。第二是临事机警，长于应变，尤其对群众心理，最善观察，最善利用。第三是操守廉洁，最少他自己本人不肯胡乱弄钱，便弄钱也绝不为个人目的。"③

　　美国一家报纸更将孙中山称赞为"世界现代五大杰之先知先觉者"，把他与印度的甘地、土耳其的凯末尔、俄国的列宁和美国的威尔逊一道，列为世界当时的五大杰人。④

◀ 1925年3月14日，苏联《真理报》刊登孙中山逝世的消息。

---

　　① 伍达光编：《孙中山评论集》，第825页；参见萧超然：《北京大学与近现代中国》，中国社会科学出版社2005年版，第484页。
　　② 伍达光编：《孙中山评论集》，1927年6月再版，第92页。
　　③ 伍达光编：《孙中山评论集》，1927年6月再版，第93页。
　　④ 伍达光编：《孙中山评论集》，1927年6月再版，第9页。

▲ 1929年6月1日，各国专使和参赞参加孙中山灵柩安葬仪式留影。

在所收到的五万九千多幅吊唁挽联和五万余件吊唁横幅中，对孙中山进行了种种评论和认定，其中有五幅具有较大的代表性和典型性：

其一："只手创共和，勋劳不让华盛顿；主义标民生，学理精通马克思。"

其二："推翻专制历史，独为革命导师，伟烈丰功，直驾秦皇明祖而上；扶持弱小民族，抵抗帝国主义，平等博爱，当在列宁林肯之间。"

其三："横览太平洋，宪法五权，补华盛顿所不足；纵谈新社会，民生主义，较马克思为尤精。"

其四："树弱小民族解放先声，列宁而还，公真继者；与帝国主义奋斗救世，斯人已往，谁其嗣之。"

其五："继往开来，道统直承孔子；吊民伐罪，功业并美列宁。"

上述五联，分别出于武昌师范大学学生和张轸、熊希龄、柳亚子、戴季陶之手，既有一般的学人民庶，也有官僚士大夫和社会贤达，还有同盟会、国民党的三朝元老，可谓囊括了近世中国上、中、下等社会方方面面的人士，他们的评论，在一定程度上具有"全民"的意义。五联的内涵，虽然各有所侧重，有所偏颇，研究者见仁见智，可以作出不

▲ 中国国民党所立孙中山遗体安葬位置石碑。

同的诠释，但如果求同存异，确可看出存在不少共通之处，如肯定了孙中山推翻封建帝制、建立民主共和的丰功伟绩、讴歌了孙中山反抗帝国主义、扶持弱小民族的国际意义，特别是共同论定了孙中山的重要历史地位，即在中国历史上高于秦始皇、明太祖之上，是首屈一指的伟大民族英雄；在世界历史上，则处于马克思、列宁和华盛顿、林肯之间，孙中山在无产阶级和资产阶级的两大主义之中，融合创新，自成一统，确立三民主义，成为世界上被压迫民族的一面旗帜。

孙中山的业绩之所以得到了广泛认同，能赢得众多人们对他的无限敬仰与怀念，既因为他为国家和民族立了丰功伟绩，救国救民；还因为他有着高尚的道德和伟大的人格。孙中山在其一生中，洁身自好，艰苦朴素，廉洁奉公，不谋私利，甚至在平易近人等处事待人方面，也堪称世人的楷模和表率。

总之，从孙中山的远大理想与革命实践中，充分说明孙中山是对近代中国与世界作出过伟大贡献、产生过巨大影响的历史人物，是一位伟大的杰出人物。

四、永恒纪念

1929年春，耗资百万，费时三载余，坐落在南京郊外紫金山麓的墓地中山陵竣工。这个墓地是孙中山生前亲自选定的："吾死之后，可葬于南京紫金山麓，因南京为临时政府成立之地，所以不可忘辛亥革命也。"

紫金山原称金陵山、钟山。由于它主要由紫色页岩所构成，在阳光照射下，紫色页岩便能放射出紫色光芒，故称紫金山。

紫金山三峰并峙，蜿蜒如龙，林海浩瀚，气势雄伟。主峰中矛山，海拔448.9米。中山陵就坐落在主峰的南麓，海拔158米，坐北朝南，占地面积两千多亩，四周树木葱茏，景象万千。陵园建设，依山势向上排列，布局整齐，庄严肃穆。它由南往北，逐段升高，共392级石阶。拾级而上，依次建有中国传统民族风格的牌坊、陵门、碑亭，一直延伸到山的半腰，最上面是结构新颖、气势磅礴的祭堂和墓室，给人以高山仰止之感，使人不禁涌现出缅怀这位伟大的革命先行者的绵绵情思。

▲ 1925年4月11日，宋庆龄回到上海。图为宋庆龄在上海莫利爱路寓所留影。

在祭堂墓室的前面建有高大的陵门，它是中山陵陵区的大门，陵门上镌刻着"天下为公"四个字。"天下为公"是孙中山毕生无私奉献革命的基础，他革命的一生也正是身体力行"天下为公"思想的光辉典范。这陵门上孙中山亲手书写的"天下为公"四个大字端庄朴实，雄迈俊逸，发出耀眼的光芒，使"天下为公"的浩然正气升华云天，具有启迪思想，鼓舞精神，净化感情的巨大感召力。

祭堂中间为孙中山石雕全身坐像，展现出他当年推倒帝制，创建共和的勃勃英姿。祭堂后面是球状结构的墓室，正中是大理石矿，中间是长方形墓穴，置有大理石棺一具，棺盖上镌有由当时捷克著名雕刻家高崎所精制的孙中山长眠卧像，庄严肃穆，一代伟人居高临下，长眠在这位于海拔158米的墓穴之中。

▲ 1925年4月20日，宋庆龄携亲友从上海抵南京，21日在紫金山勘察建造孙中山陵墓的墓地。左起：一马坤、四何香凝、六宋庆龄、七倪珪贞、八宋美龄、九宋子安、十一宋子文。

▲ 1929年5月26日，孙中山灵柩移出碧云寺时的情景。

▲ 1928年6月，南京国民政府完成北伐，蒋介石率国民党各军总司令赴碧云寺祭奠孙中山。前排右三为蒋介石，右四为冯玉祥。

整个陵园，苍松翠柏，漫山碧绿，前临平川，背拥青峰，布局严谨，气势磅礴，显示孙中山敢于推倒统治中国几千年的封建王朝，首创民国的凛然正气和非凡胆魄。这座陵墓完全是中国民族风格，庄严，雄伟，独具特色。整个陵墓的外形设计为钟形，取暮鼓晨钟，发人深省之意，让全体国民牢记孙中山"革命尚未成功，同志仍须努力"的著名遗训。形意谐和，意味深长。它是当代所有伟人的陵墓中最宏伟的一座。它既是永垂史册的革命纪念胜地，又是举世公认的建筑艺术的瑰宝。

当时，孙中山遗体由于防腐处理不及时，不宜用水晶棺加以保存，只好实行土葬。虽说是"土葬"，但并不沾土，墓室底部用花岗石铺垫，周围有隔墙，墓室的四周和顶部全部用钢筋混凝土和花岗石为主要材料做成，安放孙中山遗体的石圹深入地下1.6米，外面用很厚的钢筋水泥密封，非常坚固，即使发生地震等自然灾害毁坏了墓室，地下的孙中山遗体也仍然不会受到任何损坏。抗日战争初期南京沦陷前和解放战争时期南京解放前，蒋介石国民党曾想把孙中山遗体迁到重庆和台湾，由于墓圹外面包着一层很厚的钢筋水泥，要把遗体取出来，除用爆破法炸开别无他法，一爆破很可能会使棺柩、遗体受到破坏，所以经过慎重

讨论和听取专家意见以后，只好作罢。所以从 1929 年 6 月 1 日举行奉安大典，将孙中山遗体安葬在紫金山以后，一直完好地保存在庄严、坚实的陵墓里。

▲ 1929 年 5 月 19 日，中国国民党中央党部迎柩宣传列车北上抵达天津车站时的情景。

▲ 1929 年 5 月 26 日，孙中山灵柩被装入迎榇列车，由北京运往江苏浦口。图为迎榇列车。

中山陵落成后按照孙中山生前的遗愿，孙中山灵柩于1929年5月26日自北京西山起运南下，28日抵南京，30日举行公祭，6月1日安葬在中山陵。从此，这位中国历史上的一代天骄就长眠于中山陵园，他的英名永远和祖国的山河同在。这座庄严宏伟的陵墓，便也永远成为人民瞻仰、纪念的圣地。

中山陵自建成以来，接待了无数前往瞻仰的中外政要、各界知名人士。中华人民共和国成立后，孙中山的陵寝一直受到中共中央和各级政府的高度重视和妥善的保护。现在的钟山，山峦起伏，林涛似海。加上经过多次拨款修缮陵园，扩建墓地，中山陵更加雄伟壮观、气势磅礴。

1929年，当移葬新陵时，将孙中山易换下来的衣服、鞋袜等，放入原来用的美国楠木玻璃棺内，被封入北京西山碧云寺石塔中，成为孙中山"衣冠冢"。

由于广州市人民和旅居美洲、南洋等地的华侨对孙中山感情极为深厚，惊闻孙中山逝世的噩耗悲痛万分。他们在哀悼之余，募集到资金300万银元，为孙中山在广州观音山（今越秀山）麓建造了纪念堂，立牌作为永恒纪念。该纪念堂在1929年建成，即今广州中山纪念堂。

▲ 1929年5月17日，宋庆龄从柏林经莫斯科回国参加孙中山国葬和移灵仪式。图为张学良夫人于凤至（左一）将宋庆龄（中）接出沈阳车站的情景。

第六章　呕心沥血献身国家和平统一（1924年前后）

▲ 1938年3月12日,中国共产党在延安举行纪念孙中山13周年暨抗日阵亡将士大会。图为毛泽东在大会上讲话。

▲ 1929年5月28日,孙中山灵车抵达浦口时,宋庆龄、宋子文和蒋介石等在浦口车站迎灵的情景。

▲ 1929年5月28日，孙中山灵车停靠在南京浦口车站时的情景。

▲ 抬运孙中山灵柩上台阶。

为着永久性地纪念孙中山，中国国民党中央委员会于1925年3月21日，决定将"永丰"舰改名"中山"舰，将香山县改名为中山县（4月16日正式改名）；5月16日，国民党一届三中全会决定接受孙中山遗嘱，并发表宣言。在中国共产党人和国际无产阶级的帮助下，孙中山首创的国民党曾一度继承孙中山遗志，完成了统一广东及北伐大业。1940年4月1日，国民政府通令全国"尊崇孙中山为中华民国国父"。①

◀1946年6月，周恩来在南京谒中山陵后留影。

　　中国人民怀着崇敬的心情，深深地怀念着孙中山这位伟大的革命者。他去世后，先后在国内北京、南京、上海、天津、广州、福州、武汉、台北、翠亨村等一百二十多市、县、镇、村分别建立了孙中山的纪念馆、纪念堂、纪念室、竖立纪念塑像；并以其名命名大、中、小学校、纪念公园和纪念路等，不时地举行展览和各种形式的纪念活动。

　　中华人民共和国建立后，每逢他的诞辰和忌辰，从中央到地方，人

---

① 孙锡祺主编：《孙中山年谱长编》下册，中华书局1991年版，第2134—2135页。

民群众都举行隆重集会或纪念活动；每年欢度国庆节以及其他重大节日的时候，中国政府将孙中山的巨幅遗像竖立在北京天安门广场人民英雄纪念碑前，供人瞻仰，借以表达对他的缅怀和思念。

▲ 1953年2月23日，毛泽东瞻仰中山陵留影。

世界各国人民怀着敬仰之情，也以不同形式来表达他们对孙中山的缅怀之情。据不完全统计，从孙中山逝世后起，截至2004年10月，全球设有纪念孙中山的旧址、纪念地及纪念馆、纪念堂等设施共有615处，其中在日本、美国、英国、新加坡、越南、马来西亚等11个国家和地区就设有53处纪念设施。[①] 孙中山是20世纪名副其实的世界伟人。

正是由于孙中山的思想和革命活动，不仅关系到中国，而且具有世界意义，因此，对他一生的探究也就成为了中外学者、亿万人民潜心研究的一个重要课题，也是近代历史人物研究中最具特色、开拓面最宽、成果最多的一个领域。

在中国，无论是大陆还是台、港、澳，孙中山研究都受到重视，在不少地方或单位设立了孙中山研究所、研究室、研究学会、研究中心等

---

① 广东省地方志编委会编：《广东省志·孙中山志》，广东人民出版社2004年版，第237页。

▲ 1956年11月12日，毛泽东在《人民日报》上发表《纪念孙中山先生》一文，纪念孙中山诞辰90周年。

▲ 1956年11月11日，北京隆重举行孙中山诞辰90周年纪念大会。大会由周恩来主持，毛泽东等党和国家领导人出席了大会。图为纪念大会会场。

专门研究机构，汇集了众多研究人员，并发表和出版了大批论著和资料。在世界上，有日本、美国、俄国、波兰、法国、德国、澳大利亚、朝鲜、越南、菲律宾、印度及以色列等十多个国家，都有数量不等的学者长年对孙中山进行研究，有的学者还写出学术水平相当高的论著。孙中山研究成为一门显学，它实际上已经形成了一个独立的史学分支学科——"孙学"（或曰"中山学"）。

中外学者从孙中山的生平、思想和革命实践等各个方面，都对其进

▲ 1956年，宋庆龄手持新出版的线装本《建国大纲》留影。

▲ 北京中山公园的中山堂。

行了研究和探讨，成果也极为可观。据粗略统计，1949年中华人民共和国建国后，仅大陆出版的有关孙中山的研究专著、译著、资料汇编和

相关的图录等，就有六百多本，发表在报刊上的文章、资料等已有一万多篇。在中国近代史、中国近现代史概论、中国近代哲学史、中国近代思想史、中华民国史、辛亥革命史等方面的著作中，对孙中山都有专章专节的论述。研究成果的质量在逐步提高，研究的深度和广度有着明显的加深和扩大，目前正在向进一步深化拓展的方面发展。

▲ 南京紫金山中山陵园全景。世纪伟人孙中山长眠于此。

孙中山的著述为数甚多，如《三民主义》《建国方略》《建国大纲》等，这些著述，在其逝世后多被结集出版，各种文集、选集或全集、丛书等有八十多种不同的版本，1949年以来就有中国社会科学院近代史研究所等合编、北京中华书局1986年、2006年的11卷本《孙中山全集》，台北秦孝仪等主编近代中国出版社等1965、1973、1985、1989年出版的《国父全集》12册等。有的著述，被外国译为日、英、法、俄等文出版。

孙中山将永远受到中国人民的崇敬和怀念。他的名字和成就，已载入史册，永远为中国人民和世界人民所追慕。

真正的伟人属于全人类，孙中山就是这样的伟人。他的千秋功业和崇高思想将被世世代代传颂。

结　语

一

　　孙中山先生是我国民主革命的伟大先驱，是杰出的爱国主义者和民族英雄，是对近代中国的历史发展起过巨大推动作用的革命家，是中国历史上值得充分和深入研究的伟大人物之一。对他的研究，既可按生平的不同阶段去探讨，又可对其革命思想与实践活动的各个方面进行剖析，领域宽广而内容丰富；然而，研究来研究去，所有研究课题综合、集中的结果，则应是有一部比较成熟、近于理想并和孙中山身份相称的全传。

　　重视人物传记研究，是我国历史学的一个优良传统。从古代司马迁的《史记》起，诸如本纪、世家、列传等，涉及历史人物的传记和对历史人物的评价，无不占有很大的比例。近年来，在我国出版的史学著作和有关史学刊物中，涉及历史人物生平研究的也占有相当篇幅。这说明了历史学家们都十分重视人物传记的研究。至于世纪伟人孙中山，由于是海内外所有中国人共同尊敬的历史人物，在世界上亦享有巨大的声誉；他的革命思想和活动同中国人民的苦难和胜利紧密相连，并在政治思想方面也留给后继者许多有益的东西。通过对他的探究作传，能够使人们深刻地认识近一百年来中国人民争取解放的复杂斗争过程，并从中吸取有益的经验和不断进步的革命精神，从而为实现祖国的统一和促进中国特色社会主义现代化建设贡献力量，因而不少史学工作者满怀浓厚的兴趣相继不断地撰写他的传记。但是，它又比较难写，是一项相当繁难艰巨的工作。

　　传记本来是不易为的。因为既需要充分了解传主的生平、思想和事

业，还需要清楚传主所处时代与环境，以及彼此间的相互影响等等。它责任大，头绪纷繁，实在不易。据我个人的切身体会，撰写孙中山的传记尤其艰巨。这是由于孙中山是代表中国一个历史时代的伟人，他为振兴中华鞠躬尽瘁的一生，反映了一代中国人在最黑暗时代的奋斗历程。他的一生虽只有59年，而在时间和空间上的影响都极为深广，几乎联系着中国近代史的整个过程。他这59年内中国的社会经济、政治、思想文化等各方面都发生了巨大的变化，他处在中国革命已不仅是中国一个国家之事情的时代。他曾和不同地区和国家的数以千计的人士打过交道。因此，写他的传记则须涉及很多方面，涉及很多各种不同类型的人物，内容丰富，头绪纷繁，几乎等于整理一部综合性的中国近代史，要处理恰如其当和评价恰如其分确非易事；并且，还需要在认真进行各个专题研究的基础上，方能写出新意和水平。所以，从20世纪20年代以来，已出版的篇幅不一的孙中山传记和传记性著作多达数十种，其中具有其特色和独见者也不少，并且有的部分写得也很精彩，但迄未见到一部具有较高学术水平、富有创见又全书都很精彩成熟之作；特别是提高与普及相结合，学术性与可读性相结合，能够适合一般读者口味的、大众化的全传作品，更不多见，因此都还不能反映应有学术水平和满足读者的需要。

近数十年来，我先后写过多本孙中山传记类的书籍，或限于简明通俗，或出于深度不足，分量不够，均难以达到预期的要求水准。现将二三十多年前出版的旧稿《孙中山传》《民国之父孙中山》《孙中山的历程》《晚清风云人物孙中山》等书，进行颇大的修订、增补，力求能够成为一本较好的传记新书。

全书按历史顺序阐释孙中山的思想及其生平事业，涉及其一生活动的各个时期和各个方面，举凡他的家世、生活、思想、行为、交往、战斗等包罗无遗。希冀读后能使人深刻而形象地了解到孙中山的革命活动和精神世界，并能从中反映出这位历史巨人毕生主要言行的方方面面，以及其愈挫愈勇、百折不挠的奋斗业绩，从中有所裨益。

二

我们在融会孙中山思想的深刻内涵，梳理过孙中山的丰功伟绩之后，抚案沉思，展望百年来无数英烈与帝国主义、封建势力英勇搏斗的壮丽画卷，孙中山赫然站在最前列，当属第一人。

孙中山仅有59年的一生，是生活在帝国主义侵略中国最酷烈的年代，经历了动荡不宁、颠沛流离的斗争生涯。当他走上中国历史舞台时（19世纪末20世纪初），中国正在一个历史转换的特别时代，那就是古老的中世纪的中国正在死亡，新生的近代化的中国将要诞生。在这一特别时代中，孙中山怀着巨大的爱国热忱和强烈的救国愿望，以澎湃的爱国激情，呕心沥血从事政治活动，最初带有改良主义的倾向，通过实践，逐渐摆脱了改良主义思想的影响，勇敢地举起了革命的大旗。他振臂高呼"振兴中华"这一振奋人心而且影响深远的口号，号召人们起来为摆脱中国的贫穷落后，尽快地从中世纪走到世界先进国家的行列。

孙中山经历了中国民主革命的两个阶段——旧民主主义革命和新民主主义革命的初期。

在前一阶段中，他几乎是孑身一人，从西方文化中引进了共和的火种，领导建立了民主革命团体——兴中会、同盟会，提出和宣传民主革命纲领——三民主义，站在鲜明的革命民主派的立场上，同保皇派进行了坚决的斗争，成为中国革命民主派一面旗帜；并且领导和发动了十多次武装起义，从而划破了黑暗长空，燃起了辛亥革命的烈火，不仅推翻了清王朝，而且结束了中国的两千多年的君主专制制度，创建了新生的民主共和国，开创了一个新纪元；辛亥革命之后，他以坚韧不拔的革命精神，为维护民主政治，又领导了"二次革命"和护法运动，进行了讨伐北洋军阀的斗争。

在后一阶段中，他果敢地吸取历次革命斗争失败的教训，抛弃某些过时的观念，欢迎共产国际和中国共产党对他的帮助，接受中国共产党所提出的关于中国革命的主张，毅然改组国民党，采取了"联俄、联共、扶助农工"三大政策，把过时的三民主义丰富、发展为适合时代要求的崭新的三民主义，开辟国共合作之路，同中国共产党结成反帝、反封建的统一战线，实现了首次国共合作，昭示了新民主主义革命的曙光，促使中国革命走向新的高潮。

孙中山从一个爱国和热衷于社会变革的青年，成长为民族英雄和民主革命领袖，一生经历了近四十年漫长而曲折的革命斗争道路。他在国际国内空前深刻的历史转变过程中，不断总结经验教训，发展自己的革命思想，使思想和行动能够"适乎世界之潮流，合乎人群之需要"，紧随时代潮流不断奋进。形形色色的法规戒律，一切条条框框、桎梏思想

结语

的樊篱,他都以大无畏的英雄气概,勇敢地冲破之、粉碎之、朝着"振兴中华"之路迅跑。

孙中山领导的革命运动,推动了中国近代社会的进步和发展,为中国社会开拓了前进的道路。他是开辟中国进入现代化的先驱,是对中国现代化进行总体规划的开山祖。他所探求和绘制的中国现代化的道路和方案,如和平发展、改革创新、实行开放主义、学习外国的一切先进经验和长处及与世界接轨等思想和策略,以及利用资本主义国家资本、技术、人才以成就中国社会主义事业的战略,既反映近代中国历史发展的客观趋势,反映全国人民的衷心愿望,同时也表达他放眼世界的博大胸怀。此外需要特别指出的是:我们可以通过检视孙中山的思想,发现它同后来历史形成的中国新民主主义及中国特色社会主义的理论实践之间,存在着明显的相通相应的内在脉络。

孙中山是一个真正的爱国者,是中国人民伟大的儿子,为了实现"求吾民真正之幸福"的崇高理想,他不惜失"谋生之地位",去"固有之资财",弄得倾家荡产,长期亡命异国他乡。在个人生活上,他也是一贯以淡泊自持,"简单朴素",廉洁奉公,是当之无愧的中国民族、民主革命的伟大先驱。正像鲁迅先生所称颂的:"孙中山先生的一生历史具在,站出世间来就是革命,失败还是革命;中华民国成立之后,也没有满足过,没有安逸过,仍然继续着进向近于完全的革命工作。""他是一个全体、永远的革命者,无论所做的哪一件,全都是革命。"[①]他的这种为国为民和不断进步的革命精神,是值得人们学习的。

还要提出的是,孙中山之所以伟大,主要源于他把自己的一生同国家的前途、民族的命运联系在一起,自觉地担负救亡图存和振兴中华的重任。为了实现国家的独立、民主、统一和富强,实现中国的现代化,他忘我地奋斗了一生。他用行动证明,他不仅仅是中国民主革命的先驱,而且也是一个不断追求时代前进的步伐、具有强烈民族意识和爱国主义思想的伟大政治家和思想家。孙中山遗留给我们的精神遗产是多方面的,应该全面地理解,正确地继承。只有理解才能继承,也只有正确的继承才能发扬他的精神实质,使我们聪明,更好地为实现中国现代化服务。

孙中山既是中国的世纪伟人,也是世界伟人。他"振兴中华"的

---

① 鲁迅:《孙中山先生逝世一周年》,《鲁迅全集》(七),人民文学出版社1973年版,第713页。

着眼点不仅仅局限于中国，而是把中国革命置于整个历史时代，置于世界大势中，把中国革命与世界革命紧密地联系在一起。他把自己从事和领导的革命，与整个世界政局的变化以及亚洲各民族解放联系起来，不仅使其思想和活动对亚洲各民族解放运动产生了重大而深远的影响，而且使中华民族的独立与解放，从此带有直接的世界意义。孙中山早在1903年就提出了走社会主义道路的问题，企盼建设中国式的社会主义；之后，他还曾努力号召以社会主义理想建设中国，使其成为世界第一个社会主义国家。孙中山在1911年11月的《欧洲的演说》中，还明白地提出了发展工业，对外实行开放，充分利用外资，加速国民经济发展的问题。他把引进外资比喻为是"水之就壑"，是顺理成章之举。随后，他又提出在维护国家主权前提下实行开放主义，把"吸收外资"和"主权在我"联系在一起的英明决策，等等。

不仅如此，孙中山所领导的革命，是亚洲东方各国乃至世界被压迫民族解放运动的重要组成部分，具有着代表和象征意义。正是时代的变化、个人周游世界的阅历和斗争的需求，使孙中山具有超越前辈和同时代人更加广阔的眼界，使他在毕生的革命生涯中，始终满怀热忱地关注世界大势的发展。他把自己从事和领导的革命，融入世界范围内的进步潮流，与整个世界政局的变化以及亚洲各民族的解放事业联系起来，不但使其思想和活动对亚洲民族解放运动产生了重大而深远的影响，促进和推动了诸如越南的潘佩珠、菲律宾的彭西及日本、印度等亚洲一些国家爱国志士的觉醒和民族解放事业的发展，而且使中华民族的独立和解放从此带有直接的世界意义。

孙中山曾多次阐述过，中国与世界的相互关系是双向的。在"世界潮流"中涌现的独立、民主和富强的中国，定将促进世界和平、繁荣和幸福。他认为，遭受西方列强侵凌的贫困、落后和分裂的中国，显然是亚洲和世界的不安定的根源之一。而中国革命和建设的胜利，对亚洲和世界都是最大的积极因素。早在1904年10月，他就满怀信心地预言："一旦我们革新中国的伟大目标得以完成，不但在我们美丽的国家将会出现新纪元的曙光，整个人类也将得以共享更为光明的前景。普遍和平必将随中国的新生接踵而至，一个从来也梦想不到的宏伟场所，将要向文明世界的社会经济活动而敞开。"[1] 他确信摆脱了噩梦般过去的

---

[1] 黄彦编：《孙文选集》中册，广东人民出版社2006年版，第148页。

中国将会对世界承担责任,"使地球上人类最大之幸福,由中国人保障之,最光荣之伟绩,由中国人建树之,不止维持一族一国利益,并维持全世界全人类之利益焉!"① 所以如此,是因为革命后的中国,不仅继承爱好和平的传统,更要"倾弱扶倾"。他坚信"中国人本质上是一个爱好和平而不是好战的民族",② 一直是崇尚和平的。

孙中山坚决反对"强权"和"霸道",他提倡中华民族传统的"王道文化",反对"霸道文化",强调"物质文明"与"心性文明"相待发展,提出了人类文化发展的哲学思辨。他称颂社会互助、呼吁国际互动,主张阶级斗争又倡行阶级调和,他一方面认同资本家、地主剥削工农,一方面又组织工会、农会反抗暴行剥削,即主张对立面在非对抗条件下共容,在某种程度上揭示了调和社会矛盾与和平世界的和谐社会理念。他提出了民族独立,和平外交政策,和平发展等思想;他强调世界不可分性,洞察全球的大趋势,摒弃"荒岛孤人"式的固步自封,主张必须开放又定要"走自己的路",提出世界和平的前提应是中、日、美合作的战略远见,与亚、欧、美三大洲一些国家的政府和友好人士保持密切交往。凡此等等,均具重要又深刻的理论与实际意义。这些,都将会有助于推动我们建设中国特色社会主义和谐社会、统一祖国和促进世界和平与发展事业的前进。

正因如此,孙中山获得了全球不同社会制度和发展层次国家的人们的广泛认同,被称为世界的公民、维护人道和促进人类进步的杰出战士,在世界上亦享有巨大的声誉,受到普遍的尊崇。

三

孙中山为振兴中华鞠躬尽瘁的一生,他的40年的政治活动,集中反映了一代中国人在最黑暗时代的奋斗历程。他一生走过的道路,代表了整整一代先进分子为使国家摆脱贫穷、落后、受人欺凌的悲惨境遇,为实现中国现代化所作的不屈不挠的努力。正因孙中山是联系着中国现代化整个过程的历史人物,认识他走过的曲折道路,回顾中国的昨天,

---

① 《孙文选集》中册,广东人民出版社2006年版,第313—314页。
② 中国社会科学院近代史研究所中华民国史研究室等合编:《孙中山全集》第一卷,中华书局2006年第2版,第211页。

能够使我们深刻地认识近一百多年来中国人民争取解放的复杂斗争过程，有助于认识那个时代的中国和它的发展，有助于了解今天的中国国情。

虽然孙中山领导的革命没有及身而成，并且他离开人世已97年了，但是，孙中山的英名，一直震撼九州大地，受到各界人民的普遍崇敬。人们或尊之为新时代的圣贤天子——"民辟"，① 或誉之为近世中国革命的"初祖"和指引航向的"北辰"，② 或仰之为"中华第一伟人"，③ 或赞之为"中国民主革命的先行者"，④ 等等。特别是，孙中山的思想与实践对后来中国历史的发展和中外关系都产生了重要影响；并且，他在政治思想和理论上也留给后人许多值得回味和思考的宝贵历史遗产。因此，其光辉形象并没有在时光流逝中淡化，直到今天，他的影响依然存在，我们仍然能够感觉到他在中国现实政治生活中的巨大影响力。

孙中山的光辉的名字，鼓舞了不止一代的志士仁人。所有爱国的中国人都是他的事业的继承者。孙中山以其丰功伟绩、杰出思想及高尚道德奠定了自己的历史地位。他的英名已成为中华民族精神的一个伟大象征和增强中华民族凝聚力的一面旗帜。只要是炎黄子孙，不管居住在世界什么地方，也不管政治信仰如何，很少有不崇敬、不尊重孙中山的；孙中山同时也获得世界上不同社会制度和发展层次国家的人们的广泛认同，像他这样受到普遍尊崇的历史人物，确实不多见。

同时，还应该看到，孙中山既是中国的世纪伟人和世界的伟人，但归根结底也是一个凡人，是中国公民中的一员，他同样是血肉之躯，同样是奔流热血的普通生命。孙中山也有自己的喜怒哀乐和鲜明的性格特点，是深深根植于普通人之中的一位"大写的人"。他和任何伟大人物一样，也有他自己的思想和认识的发展过程，也有个人和历史的局限性。不能把他神化或偶像化，更不能供奉到神灵的殿堂。应该抛掉一向把伟人视为完人、圣人，并为尊者讳的习惯思维方式，平心静气地、客观地检讨其思想的新旧、政治的得失，把他置于社会的、个人的矛盾旋涡中进行如实的剖析，理性地评价孙中山这一历史人物的方方面面。

---

① 章炳麟：《孙逸仙·序》，黄中黄（章士钊）译编：《孙逸仙》，光绪二十九年（1903年）刊行。
② 黄中黄：《孙逸仙·自序》，载黄中黄译编：《孙逸仙》，光绪二十九年（1903年）刊行。
③ 张肖鹍：《中华民国大总统当推孙逸仙论》，《中华民国公报》，1911年10月29日。
④ 《纪念孙中山先生》，《毛泽东选集》第五卷，人民出版社1977年版，第312页。

孙中山是一个革命民主主义者，没有能够正确阐述近代中国社会性质以及中国革命的各种根本问题，没有能够科学地概括出中国革命的基本任务，因而，无法给中国人民指出取得彻底胜利的道路，像历史上许多站在正面指导时代潮流的伟大历史人物大都有他们的缺点一样，孙中山在前进的过程中，也有他的缺点。这主要是由于时代的局限性和历史条件的制约，是无法避免的。对此，我们应当正确对待，是不能也不应苛求他十全十美的。世界上任何伟大历史人物（包括"至圣先师"孔夫子在内）都不是十全十美的。

孙中山逝世后，中国和世界在半个多世纪中发生了巨大的变化。中国人民在中国共产党的领导下，经过长期的艰苦卓绝的斗争，终于推翻了帝国主义和封建主义的统治，在1949年取得了民主革命的胜利，完成了孙中山未竟的事业。孙中山的光辉事业为后来者所继承和发展了。

当前，我们继续肩负着"振兴中华"的历史使命和面临着21世纪的挑战，我再次强调：认真地继承和发扬孙中山的爱国主义和革命思想，学习他的与时俱进、不断进步精神，吸取他的思想中的精华，深思他在世时为使中国走向富强所揭示的真理，必将会有助于我们为祖国的统一大业，为建设中国特色社会主义和谐社会，以及促进世界的和平与发展作出积极的贡献。对此，我愿意与读者们一起朝这方面努力并共勉之。

附录一 孙中山年谱简编

说明：

（一）按年、月、日顺序，逐条记事。每年先记与民主革命运动有关或直接间接有影响的国际、国内重要事件，次记孙中山及其有关的重要事迹。所有记事，同一日首条标明时间，其余各条用△标示。

（二）凡在1911年以前需记明日期者，皆附以阴历。国际重要事件则不附记阴历。

1866年（清同治五年 丙寅）诞生

2月7日（清同治四年十二月二十二日），太平军余部谭体元据守的嘉应州（今梅县）失陷，长江以南的太平军完全被清政府镇压下去。

10月20日（九月十二日），捻军在河南陈留、杞县分成东西两支，东捻军转战中原地区，西捻军向陕甘进军。

11月12日（十月初六日），出生于广东省香山县大字都（今中山市南朗镇）翠亨村一个贫苦的农民家庭。

1869年（清同治八年 己巳）3岁

10月9日（九月初五日）祖母黄氏病逝。

是年，兄孙眉到邻乡南蓢村的地主程名桂家做长工。

1871年（清同治十年 辛未）5岁

3月18日（辛未年正月二十八日），法国工人阶级建立历史上第一个无产阶级专政的政权巴黎公社，至5月28日失败。

7月（五月），沙俄侵占我国新疆绥定，旋即宣布永远占据伊犁九城。

9月3日（七月十九日），妹秋绮（1871—1912年）生。

是年，孙眉赴檀香山，在乡人的农牧场做雇工。

1872年（清同治十一年　壬申）6岁

4月（三月），坚持斗争17年的贵州苗族人民起义失败，首领张秀眉被俘牺牲。

8月11日（七月初八日），清廷派第一批学生梁敦彦、詹天佑等30人赴美留学，是为近代中国首批官费留洋学生。

12月23日（十一月二十三日），清直隶总督李鸿章奏请在上海试办轮船招商局，翌年1月正式开局，是为官督商办之近代航运企业。

是年，开始在田间参加农业劳动。

1873年（清同治十二年　癸酉）7岁

是年，西方资本主义世界爆发深刻的经济危机，此后，自由资本主义迅速向垄断资本主义过渡。

是年，侨商陈启源在广东南海县创办继昌隆缫丝厂，民族资本主义近代工业开始出现。

是年，听婶母程氏讲述停泊在金海门海峡（离翠亨村不远）外轮洋人的情况，因而常想"既然洋人使人不安，他一定有什么可以值得研究的事情"。

1874年（清同治十三年　甲戌）8岁

5月8日（三月二十三日），日本派兵侵略台湾。

是年，在游戏中反抗别人的无故欺凌。

1875年（清光绪元年　乙亥）9岁

1月12日（同治十三年十二月初五日），清爱新觉罗·载湉即帝

位,改元光绪。15日,东、西太后再度垂帘听政。(慈禧太后1861年起垂帘听政)

是年,入村塾读书。

1876年(清光绪二年 丙子)10岁
9月13日(七月二十六日),中英《烟台条约》签订。

秋,在村塾读书期间,常与同学杨帝贺等到邻村观看三合会练武。
是年,接孙眉来信,兴出洋之志。
△开始对种种黑暗现象不满,反对给妹妹缠足。
△喜听太平军战士讲述太平天国故事,对太平天国革命产生了朦胧的景仰心情。

1877年(清光绪三年 丁丑)11岁
6月,孙眉回翠亨村完婚。9月返檀香山。
是年,在村塾继续读儒书。对旧的封建传统教育方式产生怀疑,表示了不满。

1878年(清光绪四年 戊寅)12岁
春,继续在村塾读书。4月结束在村塾之学业。
△对社会上一些封建陋习表示不满。反对缠足;反对乡中的蓄奴现象;反对赌博。

1879年(清光绪五年 己卯)13岁
6月(五月),第一次离开家乡,随母亲从香港乘轮船赴檀香山。
夏秋间,到孙眉在茂宜岛茄荷蕾埠开设的商店帮助店务。不久,入盘罗河学校补习算术等科。
9月中旬(七八月间),入火奴鲁鲁(即檀香山正埠)英基督教监理会主办的意奥兰尼书院(男子中学)就读。其生活和学习费用由孙眉供给。

1880年(清光绪六年 庚辰)14岁
是年,继续就读于意奥兰尼书院,课余学习国学,喜读华盛顿、林

肯等人物传记。

1881年（清光绪七年　辛巳）15岁

2月24日（正月二十六日），与俄国签订《中俄伊犁条约》和《中俄改订陆路通商章程》。

是年，继续就读于意奥兰尼书院，开始学习军事体操。目睹国内外的不同情景，产生了改造祖国的念头。

1882年（清光绪八年　壬午）16岁

4月25日（三月初八日），法军侵占越南河内。

7月23日（六月初九日），朝鲜发生"壬午政变"。

7月27日（六月十三日），在意奥兰尼书院毕业。旋到茄荷蕾埠孙眉经营的商店协理店务数月。

秋，入火奴鲁鲁美基督教公理会设立的奥阿厚书院（高级中学）读书。

1883年（清光绪九年　癸未）17岁

3月14日（癸未年二月初六日），卡尔·马克思逝世。

5月19日（四月十三日），刘永福黑旗军在越南纸桥大败法军，击毙法将李威利。

12月（十一月），法军进攻驻守越南北部的清军，中法战争爆发。

7月（六月），因欲受洗入基督教，孙眉着令其回国。回乡途中反对清朝官吏勒索，并向同行乘客宣传中国政治改造之必要。

夏秋，在乡居住，努力改造乡政，向村民抨击清政府之腐败。

秋，与陆皓东捣毁村庙的神像。被迫赴香港。

11月至12月（十月至十一月），入英基督教圣公会所办的拔萃书室（男子中学）读书。

年底，在香港和陆皓东等由美公理会传教士喜嘉理行洗礼，加入基督教。

1884年（清光绪十年　甲申）18岁

10月（八月），法军进攻台湾侵占基隆，攻袭福建马江的水师，清政府下诏对法宣战。

8月至10月（六月至九月），中国各省人民掀起反法国侵略的斗争热潮，给予孙中山极大鼓舞。

10月（九月），为抗议法国侵略，香港船坞工人拒修法国兵舰，各行业工人也纷纷罢工，商人罢市。

4月（三月），入香港英国当局所办的域多利书院（中等学校，1887年改名皇仁书院）读书。

秋，从广大群众，特别是香港工人反法爱国斗争中受到鼓舞，觉得中国人民已经有相当觉悟。

11月（九月至十月），接孙眉函召，在香港辍学再赴檀香山。后到茄荷蕾埠商店当店员。

1885年（清光绪十一年　乙酉）19岁

6月（四月），清政府与法国订立屈辱的《中法新约》。中法战争结束。

10月（九月），清政府决定福建省属台湾府改建行省。

4月（三月），自檀香山经日本回国。

5月26日（四月十三日），在翠亨村与同县外垦村人卢慕贞（1867—1952年）结婚（后于1915年协议离婚）。

8月（七月），去香港域多利书院复学。对当时清政府向法国屈膝求和，感到非常愤恨。

是年，增强改革现状的思想。

1886年（清光绪十二年　丙戌）20岁

7月24日（六月二十三），中英签订《缅甸条约》，法政府承认英国对缅甸的占领。

秋，入美基督教长老会所办的广州博济医院附设南华医学堂读书。常对人抒发爱国情怀和革新政治的抱负。

是年，结识郑士良、九列。

1887年（清光绪十三年　丁亥）21岁

9月（七月至八月）转学香港议政局议员何启新创办的西医书院（即香港大学医学院前身）。在校有五年时间，勤奋学习。除正课外，广泛研读西方国家的各类书籍。在思想上，受到何启所鼓吹的改良主义的一些影响。

△入学后，结识了教务长英人康德黎，师生关系甚密。

冬，父孙达成病危，孙中山及孙眉回乡奉侍。

1888年（清光绪十四年　戊子）22岁

2月（正月），西太后挪用建设海军的巨款修造颐和园，10月（九月）康有为在北京第一次上书清光绪帝，告言时局危急，提出"变成法""通下情""慎左右"。上书因中梗未达。

3月24日（二月十二日），父孙达成病逝。

8月6日至10日（六月廿九日至七月初三日），在香港西医书院通过第一学年考试，在全级同学13人中名列第三。

1889年（清光绪十五年　己丑）23岁

7月14日（六月十七日），巴黎举行国际社会主义者代表大会，第二国际成立。

夏，在香港西医书院通过第二学年考试，成绩列全级9人中之冠。

秋，开始第三年课程，学科渐减，实习增加。

是年，结识陈少白。

1890年（清光绪十六年　庚寅）24岁

夏，在香港西医书院第三学年学习结束。秋季时开始第四学年课程。

是年，上书已退职的香山县籍洋务派官僚郑藻如，就农业、禁烟、教育等问题提出建议，主张效法西方，进行改良。

△课余常往来于广州、澳门等地，发表反清言论，与陈少白、尢列、杨鹤龄等经常聚谈反清言论，被人称为"四大寇"。

1891 年（清光绪十七年　辛卯）25 岁

是年，全国掀起反洋教斗争的风暴，遍及 19 个省区。

3 月 27 日（二月十八日），参加创立教友少年会。

7 月（六月），在香港西医书院通过第四学年考试，成绩列全级 5 人中第一。

10 月 14 日（九月十八日），长子孙科（号哲生，1891—1973 年）出生。

是年，课余写稿投港、沪各报刊，鼓吹改造中国政治。

△结识招商局职员杨衢云，经常交换爱国图强的意见。

1892 年（清光绪十八年　壬辰）26 岁

年初，孙眉寄款回翠亨村兴建新居，返乡设计新居图样。

3 月 13 日（二月十五日），杨衢云等 16 人，在香港成立爱国小团体辅仁文社。

7 月 23 日（六月三十日），在香港西医书院毕业，成绩优异，为全校之冠。获医科硕士学位。

秋，在澳门镜湖医院行医。因医术高明，态度认真，甚受群众欢迎。

12 月 18 日（十月三十日），在澳门开设"中西药局"。

是年，在翠亨试验炸药，炸裂村口闸门"瑞接长庚"石匾。

△郑观应《盛世危言》编成（于次年刊行），其中《农功》系孙中山早期的改良主义文章。

1893 年（清光绪十九年　癸巳）27 岁

是年，遭澳门葡籍医生排挤，转至广州继续行医。在广州和石岐开设"东西药局"和支店，对贫民一概施医赠药。

冬初，首次倡议组织团体，以"驱除鞑虏，恢复华夏"为宗旨，但未正式成立组织。

1894 年（清光绪二十年　甲午）28 岁

7 月 25 日（六月二十三日），中日甲午战争爆发。

中国民族资本创办的近代工矿企业已达七八十家。

1月至2月（癸巳年十二月末至甲午年正月初），在翠亨村起草上清直隶总督兼北洋通商大臣李鸿章的书稿。

2月15日（正月初十日），携上李鸿章书稿从翠亨村返回广州，继续在东西药局开诊。

春夏间，偕陆皓东由粤赴上海，走访《盛世危言》的作者郑观应，并结识改良主义者王韬，找寻上书李鸿章之门径。

6月下旬（五月中下旬），由沪抵天津，上书李鸿章，建议变法自强的主张，未被采纳。

7月（六月），游历京津，以窥清廷之虚实，深入武汉，以窥长江之形势。

秋，从上海经日本抵檀香山，以海外为基地，在华侨中宣传革命，开展反清斗争。

11月24日（十月二十七日），在檀香山组建中国第一个资产阶级革命团体——兴中会，在成立会议上通过所起草的《兴中会章程》。提出振兴中华，挽救危局；以"驱除鞑虏，恢复中国，创立合众政府"为秘密誓词。

冬，组织华侨军操队，为日后归国举义做准备。

△派人到茄荷蕾、百衣（Paia）等地，发展会员，建立兴中会分会。

年底，决定归国实行起义，得孙眉、邓荫南筹捐助经费。

1895年（清光绪二十一年 乙未）29岁

4月17日（三月二十三日），清政府与日本签订《马关条约》。

5月2日（四月初八日）康有为联合各省入京会试举人一千三百余人，上书清帝，要求"拒和""迁都""变法"，史称"公车上书"。资产阶级改良派开始登上政治舞台。

1月下旬（约十一月末正月初），由檀香山返香港，与郑士良、陆皓东、陈少白等人商议，联合革命志士，扩大兴中会组织，准备策划武装起义。

2月21日（正月二十七日），在香港成立兴中会总机关，并修订了《兴中会章程》。设会所于香港中环士丹顿街13号，以"乾亨行"名义作掩护。

3月13日（二月十七日），与杨衢云等在香港连续开会，筹划发动广州起义。

3月下旬（二月末至三月初），偕陆皓东、郑士良等到广州建立兴中会分会，联络会党、绿林、游勇、防营、水师等。

10月27日（九月初十日），第一次武装起义——广州起义因谋事不密，遭到流产，陆皓东等殉难。脱险后，经香港逃亡日本。

11月13日（九月二十七日），抵日本横滨，旋组建兴中会分会。随后前往檀香山。

是年，长女金琰（另作瑗，1894—1913年）出生。

1896年（清光绪二十二年　丙申）30岁

6月（四月），清全权大臣李鸿章与沙俄政府签订《御敌互相援助条约》（即"中俄密约"）。沙俄势力进一步进入东北。

春，在檀香山以《隆记报》报社为据点进行联络活动，并组织兴中会员进行军事操练。

6月18日（五月初八日），从檀香山抵达旧金山，于该地设立兴中会分会。之后，又赴纽约，沿途鼓吹革命。9月下旬，由纽约赴英国利物浦，旋即赴伦敦。

10月11日（九月初五日），在伦敦误入清驻英使馆，遭囚禁。羁囚12天，通过康德黎等积极营救，在伦敦市民和英政府压力下，于10月23日获释出禁。孙中山的名字从此传遍世界。

冬，为披露被绑架事件的真相，开始撰写《伦敦被难记》。又应英格兰医学会之请，译成英国柯士宾著《赤十字会救伤第一法》。

1897年（清光绪二十三年）31岁

11月（十月初七日），山东发生钜野教案。14日德国强占胶州湾。帝国主义列强纷纷效法，掀起瓜分狂潮。

12月，沙俄侵略军强占旅顺。

1月21日（十二月十九日），《伦敦被难记》英文本出版。

1月7日，居伦敦，在大英博物院等处读书，并考察资本主义社会现实。民生主义观念初步形成。

春，复函英国剑桥大学中文教授翟理斯（H. A. Giles），应其所请写了一篇自传。

3月，在伦敦《双周论坛》发表《中国的现在和未来》一文，揭露清朝的黑暗统治，宣传从根本上改造中国的革命主张。

7月至9月，离开英国，先后赴加拿大和日本横滨、东京等地。结识日人宫崎寅藏、犬养毅等。

1898年（清光绪二十四年　戊戌）32岁

3月6日，清政府被迫与德国订立《胶澳租界条约》。

3月27日，清政府与沙俄签订《旅大租地条约》。

5月9日（四月二十日），清政府与英国签订《中英拓展香港界址专案》，将九龙半岛租与英国，租期为99年。

6月11日（四月二十三日），清帝颁布"明定国是"诏令。"百日维新"开始。9月21日戊戌变法失败。

7月21日（五月十三日），清政府与英国订立《租借威海卫专条》。

10月，直隶、山东两省边境地区出现反帝爱国武装——义和团，声势甚盛。

春，在东京进行革命活动，并赴长崎、神户、马关等地吸收一些华侨参加兴中会。

6月，会晤菲律宾革命家马利亚诺·彭西，热情支援菲律宾的民族解放斗争。

8月下旬（七月上旬），由东京移居横滨。

秋至冬，和亡命日本的梁启超就联合反清问题，进行多次会谈。

冬，清政府分别由驻日公使李盛铎通过日本人士、驻美公使伍廷芳通过孙眉、两广督署通过绅商刘学询，以高官厚禄诱孙中山归顺，均被断然拒绝。

1899年（清光绪二十五年　己亥）33岁

9月6日（八月初二日），美国国务卿海约翰（John Hay）提出对中国的"门户开放"政策。

是年，资本主义世界经济危机爆发。

3月，山东义和团朱红灯部起义。

11月，清政府与法国签订《广州湾租界条约》。
是年，张謇创办大生纱厂于江苏南通。

春至夏，在日本东京、横滨、长崎等地，做各种联络和策动工作，准备再次武装起义。

2月（戊戌年十二月间），与彭西会晤，为其代购军械。后所购到的大批军械，租用日轮"布引丸"运菲，该轮于7月21日在浙江海面触礁沉没。

夏秋之交，与梁启超等在横滨继续就合作反清问题进行多次会谈，与维新派积极联络结盟合作问题。秋，派陈少白去香港筹办《中国日报》，并于次年1月正式出版。又命郑士良等在香港设立联络会党的机关，与广东三合会取得联系。

10月11日（九月初七日），兴中会、哥老会及三合会首领在香港成立兴汉会，被公推为总会长。

12月22日（十一月二十日），为亲绘的《支那现势地图》注文。（是图1900年2月在香港发行、7月在东京发行。）秋冬间，再为菲律宾独立军购械，未果。

1900年（清光绪二十六年 庚子）34岁

春，义和团主力由山东向直隶转移。随后进入京、津。6月，反帝爱国运动发展到最高峰。

8月15日（七月二十七日），英、法、德、奥、俄、美、日、意等帝国主义八国联军攻陷北京，西太后挟光绪逃往西安。

1月20日（十二月二十日），被迫停止为菲律宾起义军运送军械。

6月，先后到香港、西贡、新加坡等地，积极组织武装起义。同时，偕宫崎寅藏等人拟同李鸿章商谈"合作"，幻想运动李鸿章在华南组织"独立"政府；7月20日（六月二十四日），偕宫崎寅藏等乘"佐渡丸"离香港赴日本。先后在神户、横滨等地谋划起义，并寻求后援。

8月，在日本东京创办青山革命军事学校，修改兴中会誓词。

8月24日（闰八月初二日），由日本赴台湾。嗣在台北建立起义指挥部，并与日本驻台湾总督儿玉源太郎接触。

645

10月8日（闰八月十五日），命郑士良等于惠州三洲田起义。后因外援无着，弹尽援绝，起义军于10月22日被迫解散。

10月28日（九月初六日），史坚如为策应惠州起义，谋炸粤督德寿未遂，11月9日就义。

冬，研究军事，总结起义失败教训，"对日本朋友和他们的援助大感失望"。

1901年（清光绪二十七年　辛丑）35岁

1月29日，清政府在西安下诏宣布"变法"。

9月7日，清政府与德、奥、比、西、美、法、英、意、日、荷、俄十一国公使签订《辛丑条约》。

1月10日（十一月二十日），杨衢云在香港为清吏所派刺客击伤，次日卒于医院。

春，在横滨赞助留日粤籍学生郑贯一、冯自由等组织广东独立协会。

6月（五月），为秦力山、沈翔云等在东京创办《国民报》月刊捐助出版费1000元。该刊为中国留学生中革命报刊的先驱。

1902年（清光绪二十八年　壬寅）36岁

4月23日（三月十六日），景廷宾以"扫清灭洋"为斗争旗帜，在直隶（河北）巨鹿举行农民起义。

4月27日（三月二十日），自横滨到东京，参加章炳麟等倡议举行的"支那亡国二百四十二周年纪念会"，因日本政府阻挠，纪念会未开成。返横滨后，仍补行纪念会。

8月（七月），应宫崎寅藏之请，为其所著《三十三年落花梦》单行本作序。

12月（十一月），自日本到香港，旋赴越南河内，在华侨中宣传革命，建立兴中会分会，并与法国印支政府官员会晤。

1903年（清光绪二十九年　癸卯）37岁

4月，沙俄背约拒从我国东北撤兵，并向清政府提出七项新要求，妄图永久霸占东北。上海各界在张园召开拒俄大会，通电反对沙俄背约。东京中国留日学生反对沙俄侵占东北，组织拒俄义勇队。

春，化名杜嘉偌，漫游越南、暹罗（今泰国）等地。7月底，抵日本横滨。

5月（四月），邹容著《革命军》一书在上海出版。秋至冬，陈天华著《猛回头》《警世钟》二书在东京相继出版。

8月至9月（约六七月间），在东京青山练兵场附近创设军事训练班，训练干部。入学誓词是"驱除鞑虏，恢复中华，创立民国，平均地权"。

9月21日（八月初一日），撰《支那保全分割合论》一文，发表于东京《江苏》杂志第6期。

9月26日（八月初六日），"为扫除保皇邪说"和"规复革命机关"，离日本赴檀香山。

9月，接待来访的留日学生廖仲恺、何香凝夫妇和马君武等，畅论革命救国的道理和方法。并嘱廖在留学生中物色志士，"结为团体，以任国事"。

10月15日（八月十五日），抵檀香山。旋赴希炉宣传革命，与保皇派开展斗争。

11月（九月中下旬至十月上旬），前往希炉，组织中华革命军。旋由希炉返火奴鲁鲁，到各戏院发表演说，力驳保皇谬论，并改组《檀山新报》作为革命喉舌，亲撰《敬告同乡书》等文，与保皇党展开论战。

11月4日（九月十六日），黄兴等在湖南长沙创立华兴会。

1904年（清光绪三十年　甲辰）38岁

2月8日（十二月二十三日），日俄战争在中国领土上爆发，清政府于12日宣布"局外中立"。

是年，广西农民起义达到高潮，控制数十州县，并分兵三路向广东、贵州、湖南进军。

1月11日（癸卯年十一月二十四日），在檀香山致公堂国安会馆加入洪门，并接受"洪棍"（元帅）之职。

1月（十二月），在檀香山组织中华革命军。

△在《檀山新报》上发表《驳保皇报》一文，批驳保皇党谬论。

4月6日（二月二十一日），离檀香山抵美国旧金山。旋多次发表演说，发动华侨，刊行《革命军》，改组《大同日报》，与保皇派展开论战。

5月至9月，为美洲致公堂重订章程要义，对其进行整顿改造。随后，偕其首领黄三德赴美国各地，进行注册宣传活动。

8月31日（七月二十一日），在纽约报纸上发表《中国问题的真解决》的重要论文。该文呼吁欧美国家对中国革命给予道义上、物质上的支援。

12月14日（十一月初八日），离纽约赴英国伦敦。

冬，章炳麟、蔡元培等在上海成立光复会。

1905年（清光绪三十一年 乙巳）39岁

1月4日，列宁在《前进报》上发表《旅顺口的陷落》一文，揭露日俄侵略中国的罪行。

8月，中美双方签订《收回粤汉铁路美国合兴公司售让合同》，中国人民胜利收回粤汉铁路。

是年，中国民族资本主义企业已达228家，资本额共421090万元。

春至夏，抵比利时首都布鲁塞尔，与中国留比学生就革命方略和依靠力量等问题反复讨论，并组织了革命团体。随后，自英赴德、法等国，向中国留学生宣传革命主张，组织革命团体。

6月3日（五月初一日），宋教仁、程家柽等在日本东京创办《二十世纪之支那》杂志，宣传反清革命。

7月19日（六月十七日），自法国抵日本横滨。旋赴东京分别与黄兴、宋教仁、邓家彦等会晤，建议联合起来，筹建同盟会。

7月30日（六月二十八日），邀约各省有志革命的留学生和旅日华侨共七十余人，在东京召开中国同盟会筹备会议，讨论了结成新团体的名称和宗旨。

8月13日（七月十三日），出席东京留学生举行的欢迎大会，作了长篇演说。他号召到会者摒弃改良主义道路，采取革命手段，推翻清政府，建立民主共和国。

8月20日（七月二十日），中国同盟会在日本东京召开正式成立大会，通过了章程。章程中确定"驱除鞑虏，恢复中华，创立民国，平均地权"十六字纲领为同盟会宗旨。会上并被推举为总理。

9月8日（八月初十日），委派冯自由、李自重二人赴香港、广州、澳门联络同志，并主盟接收会员。

秋，在横滨与越南爱国志士潘佩珠会晤两次，就两国革命的相互支持问题进行笔谈。

10月7日（九月初九日），自横滨赴越南筹款。在西贡成立了同盟会分会。

11月26日（十月三十日），同盟会机关报《民报》在日本东京创刊。为之撰写《发刊词》，文中首次公开提出"民族""民权""民生"三大主义，向广大群众发出民族民主革命的号召。

12月，成立广东募债总局，拟向南洋富有侨商募集革命经费。

冬，领导革命派同保皇派之《新民丛报》进行大论战。

1906 年（清光绪三十二年　丙午）40 岁

9月1日，清政府颁布"预备立宪"。

12月16日（十一月初一日），张謇、汤寿潜等在上海成立预备立宪公会，是为国内立宪派的第一个团体。

1月1日（乙巳年十二月初七日），以总理名义，印制中国革命政府债券。

2月（一月），刘静庵在湖北武昌正式建立日知会，孙武、张难先等百余人入会。

3月至6月，先往欧洲，次由欧洲经南洋到日本，后由日本再赴南洋，进行革命活动。

4月28日（四月初五日），《民报》第三号发行号外，列举《民报》和《新民丛报》根本分歧的十二个问题。革命派同改良派的论战更为激烈。

7月至9月，先自吉隆坡抵芙蓉，与当地华侨座谈，揭露清政府的假立宪骗局。旋赴槟榔屿建立同盟会分会。其后又到新加坡、西贡，前往日本。

秋冬间，与黄兴、章炳麟等在东京制订同盟会《革命方略》，包括

《军政府宣言》《招军章程》等八个文件，以应国内革命运动之需。

12月2日（十月十七日），在东京举行的《民报》创刊周年庆祝大会上，发表《三民主义与中国民族前途》讲演，系统阐述三民主义的思想。

12月4日（十月十九日），萍（乡）浏（阳）醴（陵）起义爆发（是周下旬失败）。孙中山闻讯策划接济，未果。

1907年（清光绪三十三年　丁未）41岁

3月上旬至4月上旬，江苏、浙江、安徽、广东等省一些州县发生"抢米"风潮。

3月至5月，广东钦州（今属广西）、廉州（今属广西）人民在刘恩裕领导下组织"万人会"，举行抗捐起义。

11月4日至11日（九月二十九日至十月初六日），江苏、浙江、安徽三省爆发收回筑路权的群众爱国运动。

1月11日（十一月二十七日），拒绝梁启超停止论战的要求，决心把论战进行到底。

3月下旬（二月中旬），在越南河内设立领导粤、桂、滇三省武装起义的总机关，并在旅越华侨中募集起义经费。

5月6日，派黄兴、胡毅生两次分赴郭人漳、赵声营中鼓吹革命，争取所部新军反正。

5月22日（四月十一日），潮州黄冈起义爆发。27日失败。

6月2日（四月二十二日），惠州七女湖起义爆发。因寡不敌众，起义队伍自行解散。

7月6日（五月二十六日），光复会员徐锡麟在安庆起义，杀毙皖抚恩铭。事败，徐锡麟被捕遇害。

7月13日（六月初四日），秋瑾谋在绍兴起义，未果，被捕，15日遇害。

8月，会党首领张百祥等和与会党有联系的同盟会员焦达峰等近百人，在日本东京成立共进会。

9月1日（七月二十四日），命王和顺起义于钦州王光山。钦州、防城之役爆发。4月占领防城，至17日失败。革命军退入两广交界的十万大山。

9月至10月，派同盟会员赴海防、西贡、新加坡、暹罗、槟榔屿、吉隆坡等地筹集起义经费。

12月2日（十月二十七日），镇南关（今友谊关）之役爆发。3日，孙中山偕黄兴等离河内赴阵地，亲手发炮打击敌人。革命军血战数昼夜，9日撤离镇南关。

是年，在河内与越南爱国志士所办东京义塾成员交往，寻求支持。

几次同义塾教师笔谈，对越南人民反殖民主义的斗争深表同情。

△章太炎、刘师培掀起第一次"倒孙"风潮。黄兴力排众议，风潮得以平息。

1908年（清光绪三十四年　戊申）42岁

11月14日（十月二十一日）清帝光绪（载湉）去世。翌日，西太后那拉氏亦去世。溥仪继帝位，由醇亲王载沣监政。

1月27日（十二月二十四日），离开河内，经西贡抵达新加坡。

3月27日（二月二十五日），钦州马笃山起义爆发。旋失败。革命军退往越南。史称钦廉之役。

4月1日（三月初一日），派人至缅甸仰光建立同盟会分会。至年底，分会遍布缅甸各埠。

4月29日（三月二十九日），命黄明堂在云南河口起义。起义坚持至26日，始退往越南。此役后，孙中山开始放弃以运动会党为主的方略，转而集中力量运动新军。

7月（六月），为日人池亨吉所著《支那革命实见记》作序。回顾从潮州之役到河口之役的斗争历程，对革命前途充满必胜的信心。

秋，在新加坡设立同盟会南洋支部，统一领导南洋各埠同盟会分会及通信处。

9月至10月，在新加坡《中兴日报》连续发表批判保皇党的文章，亲自领导批判改良主义的斗争。

10月至11月，为加强南洋各地同盟会组织的领导以及筹办军饷，偕胡汉民等自新加坡赴各埠活动，对各地组织进行调查和整顿。

11月19日（十月二十六日），岳王会成员、安庆炮营队官熊成基在安庆率马、炮两营士兵千余人起义。翌日失败。

12月，赵声、朱执信等策划在广州起义，事泄流产。

1909年（清宣统元年　己酉）43岁

11月，各省议局要求清政府速开国会，并于上海组成国会请愿同志会。

是年，各省群众自发斗争风起云涌。"闹捐抗税""抢米""教案"不断发生。

1月间，往来于新加坡及南洋各埠，积极筹募起义经费。

5月至10月，由于受到日本、越南、香港等地当局的驱逐，难以活动，便转到欧洲法、比、英等国，进行筹款及宣传活动。

10月（九月），中国同盟会南方支部在香港成立，以胡汉民为支部长，筹划国内武装起义。

11月至12月，由伦敦到美洲的纽约、波士顿等地，在华侨中宣传革命和募款。

是年，章太炎、陶成章掀起第二次"倒孙"风潮，导致同盟会走上分裂的道路。

1910年（清宣统二年　庚戌）44岁

8月29日（七月二十五日），日本正式吞并朝鲜。

4月13日至15日（三月初四至初六日），长沙爆发数万饥民抢米风潮，饥民焚毁巡抚衙门、长沙税关、洋行及教堂等。

5月（四月），山东莱阳数万群众发动大规模抗税斗争。

是年，湖南、湖北、江西、安徽、江苏等省相继出现"抢米"风潮。

广西、广东、云南、浙江、江苏、安徽、河南、直隶等省先后爆发抗捐抗税斗争。

2月（正月），由纽约抵旧金山，在华侨中宣传革命，募集款项，并在美洲十多个城市建立了同盟会分会。

2月12日（正月初三日），广州新军起义爆发。旋失败，倪映典牺牲。

是月，光复会在东京成立总部，推章炳麟、陶成章为正副会长。南洋英、荷各埠亦设分会；4月3日（二月二十四日），出席美洲华侨举行的欢迎大会，并发表演说，鼓吹再次起义。

6月（五月），由檀香山秘密潜入日本，在东京与黄兴、赵声等会见，谋设秘密机关，统一各省革命团体行动。

7月11日（六月初五日），抵新加坡。旋函约各地革命党人前来会商，以便决定今后革命方针。

7月19日（六月十三日），母杨氏病逝于香港，享年83岁。

8月至9月（七至八月），在槟榔屿指导同盟会组织整顿党务，组织筹款，筹划武装起义。

11月13日（十月十二日），在槟榔屿召开同盟会重要骨干和东南各省代表秘密会议。在会上鼓励大家"鼓起勇气，乘此良机，重谋大举"。会议决定积极筹集巨款，准备在广州举行武装起义。

11月中、下旬，派赵声往香港联络广州新军，并派黄兴、胡汉民、邓泽如等分赴南洋各埠募款。

12月6日（十一月初五日），由于日本和南洋的英、法、荷殖民主义者的刁难，不得已离开槟榔屿，再赴欧美各国筹款。

1911年（清宣统三年　辛亥）45岁

5月8日（四月初十日），清政府批准成立"皇族内阁"，由庆亲王奕劻任总理大臣。

5月9日（四月十一日），清政府宣布将川汉、粤汉铁路"收归国有"。旋将筑路权出卖给帝国主义。湖北、湖南、广东、四川人民纷起反对，掀起保路风潮。

8月24日（七月初一日），成都举行万人保路大会，决议全省罢市、罢课、拒纳捐税。党人杨庶堪筹谋重庆起义。

1月18日（十二月十八日），黄兴抵香港，受孙中山委托主持广州起义筹备工作。月底，成立统筹部，黄兴为部长，赵声为副部长，统管一切计划，并在广州设秘密机关，运动新军发难。

1月30日（辛亥年正月初一日），同盟会员蒋翊武在武昌成立文学社。社员以新军为主，达八百余人。

1月至2月间，经欧洲到美国纽约、旧金山和加拿大的温哥华等地，积极筹集军饷。

3月20日（二月十九日），离温哥华前往美国东部，沿途在加拿大

境内各埠演说、募款。于4月19日抵达纽约。

4月27日（三月二十九日），黄兴率"选锋"攻打两广总督衙门，广州起义爆发。黄兴率队与清军大队人马浴血苦战，死难者甚众，因实力悬殊失败。黄兴、朱执信等负伤后化装逃脱。事后，收殓烈士遗骸72人，合葬于黄花岗。

5月（四月），在美洲积极为广州起义死难烈士筹集善后费用，并决心筹巨款以图再举。

夏，多次致函日本宫崎寅藏、萱野长知等旧友，请设法疏通日本政府准其入境，并希望日本政府能"同情"中国革命。

5月至6月（四至五月），先后在芝加哥、波士顿、华盛顿、洛杉矶和旧金山等地宣传革命，筹措经费，发展组织。

7月（六月），在旧金山发起成立美洲筹饷局，拟定并颁布筹饷章程，然后赴美国各埠演说、筹饷。

7月31日（闰六月初六日），宋教仁、谭人凤、陈其美等人在上海成立中国同盟会中部总会。

8月下旬（约七月上旬），湖北文学社和共进会于武昌举行联席会议，成立统一指挥机构，推举蒋翊武为临时总司令，孙武为参谋长，积极筹划起义。

10月10日（八月十九日），武昌起义爆发。是晚，新军工程第八营首先发难，迅速占领楚望台军械库。其他各营兵士纷纷响应，合力攻打湖广总督署。次日正午，武昌全城为革命军占领。旬日之间，全国响应。

10月12日（八月二十一日），在美国科罗拉多州丹佛城，从报纸上得悉武昌起义。经过考虑，决意先从外交方面致力，俟此问题解决然后回国。

10月20日（八月二十九日），经圣路易、芝加哥等埠抵纽约。确定今后革命计划。并向美国朝野人士介绍中国革命宗旨，希望博得他们的同情。

10月28日（九月初七日），黄兴自香港经沪抵武汉。随即出任革命军总司令。

10月下旬（九月下旬），抵伦敦。由美国人荷马里介绍，约英、法、德、美四国银行团主任会谈停止对清政府借款问题，未获结果。又委托维加炮厂经理就此问题向英国外交大臣葛雷（E. Grey）进行交涉。

11月中旬（十月中旬），抵巴黎，会见法国内阁总理克里孟梭（G. Clemenceau）和外长毕盛（S. Pichon），争取其同情中国革命。

11月下旬（十月下旬），由法国乘船回国。

12月中旬（十一月中旬），南北议和开始。革命军方面代表伍廷芳和袁世凯委派的代表唐绍仪在上海英租界举行会谈。

12月25日（十一月六日），抵上海，受到黄兴等的热烈欢迎。在欢迎会上，高举革命旗帜，对和议持否定态度，声言："予……带回者革命之精神耳！革命之目的不达，无和议之可言也。"

12月29日（十一月初十日），独立的奉、直、豫、鲁、晋、陕、苏、皖、赣、闽、浙、粤、桂、湘、鄂、川、滇17省代表，开会于南京，当选为中华民国临时大总统。

12月30日（十一月十一日），召开中国同盟会本部临时会议，改订同盟会暂订章程，发布《中国同盟会意见书》。

1912年（中华民国元年　壬子）46岁

6月（五月），英、美、德、法、日、俄在巴黎会议上决定组成六国银行团，加紧对中国的侵略。

2月12日（辛亥年十二月二十五日），清帝溥仪（宣统）宣告退位。

1月1日（辛亥年十一月十三日），由沪抵宁。宣誓就中华民国临时大总统职，发布《临时大总统就职宣言》和《告全国同胞书》，宣告中华民国成立。

1月2日（辛亥年十一月十四日），通电各省中华民国改用阳历，并以临时大总统就职日（即辛亥年十一月十三日）作为民国元年的1月3日（辛亥年十一月十五日），提出国务员名单，被临时参议院通过，中华民国临时政府组成。

1月5日（辛亥年十一月十七日），发表对外宣言书。

1月21日（辛亥年十二月初三日），主持临时政府第一次内阁会议。

1月22日（辛亥年十二月初四日），中国同盟会在南京举行会员大会，胡汉民代表孙中山提议修改誓词为："颠覆满清政府，巩固中华民国，实行民生主义。"推荐袁世凯继任。15日，临时参议院照议和条件

选举袁世凯为第二任临时大总统。

2月至3月间，南京临时政府陆续发布一系列政治改革和社会改革的法令："解放"蛋户、惰民、丐户、义民、薙发者及优、倡、隶、卒等，一律平等；禁绝贩卖猪仔；赈济灾民；严禁官吏违法；鼓励华侨投资，保护工商业；等等。总计在主持南京政府的三个月中，发布了三十余件有利于民主政治和发展资本主义的法令。

3月3日，中国同盟会本部于南京召开全体会员大会，宣布"巩固中华民国，实行民生主义"的宗旨，并制订政纲九条。会上被举为总理，黄兴、黎元洪为协理。

3月10日，袁世凯在北京就任临时大总统，蔡元培代表孙中山致祝词。

3月11日，在南京颁布《中华民国临时约法》，凡7章56条。申明正式宪法产生前，其效力与宪法相等。

4月1日，正式宣告解除临时大总统职务。辛亥革命果实为袁世凯窃取。

4月，离京，先赴沪，继往武汉，后至福州、广州等地，连续发表关于民生主义和"社会主义"的演说，并进行参观和视察。

6月14日，黄兴交卸南京留守职务，南京留守府撤销。

8月18日，应袁世凯邀请，自上海启程经天津赴北京。于8月24日抵北京后，在京留居近一月，与袁世凯会谈13次。

8月25日，出席国民党成立大会（同盟会联合统一共和党等四个政团组成国民党），发表《国民党政见宣言》，被推为理事长。不久，委宋教仁代理。

9月9日，接受袁世凯任命，"筹划全国铁路全权"。此后，孙中山先后视察北宁、津浦北段和胶济等铁路，多次发表关于修建铁路计划的演说。

10月14日，在上海致电袁世凯并通电各省都督及议会，告以中国铁路总公司已在上海成立，开始办公。

10月14日至16日，应中国社会党本部之请，连续三日发表演说，评论社会主义的学说及其派别。

12月3日，发表通电，倡议钱币革命对抗俄国侵略。

1913 年（中华民国二年　癸丑）47 岁

4月26日，袁世凯与五国银行团订立2500万英镑的"善后"大借款，作为对国民党用兵的经费。

10月6日，国会在便衣军警层层包围和胁迫下，被迫选出袁世凯为正式大总统。

2月至3月间，赴日本考察及接洽铁路借款。先后到达长崎、门司、下关、神户、东京等地，多次发表中日两国"互为提携"的演说。

3月20日，袁世凯指使特务暗杀宋教仁于上海车站。

3月23日，得悉宋教仁被刺后，即由长崎启程回国。提出的对策是"联日""速战"，主张先发制人。

3月底至4月间，为兴师讨袁事，与黄兴等反复磋商。

5月20日，为上海国民党机关刊物《国民》月刊撰写《出世辞》。文中指出："中华民国成立一年，……吾人所抱负之希望，未达其一。"

6月，国民党发表宣言，反对袁世凯违法借款。

7月12日，李烈钧在江西湖口举兵讨袁，"二次革命"爆发。

7月22日，在沪发表讨袁宣言和通电，号召各方促袁辞职，"以息战祸"。

8月，"二次革命"失败，再次逃亡日本。

8月9日，抵日本神户，在萱野长知等协助下，始得前往东京，继续策划讨袁。

11月4日，袁世凯下令解散国民党，并撤销国会中国民党籍议员的资格。

1914 年（中华民国三年　甲寅）48 岁

7月28日，奥匈帝国向塞尔维亚宣战，第一次世界大战爆发。

5月1日，袁世凯颁布新"约法"，废止民国元年之《临时约法》。

1月19日，派陈其美赴大连设立秘密机关，联络东北各省革命力量进行讨袁。

4月，在日本积极筹划组织中华革命党。

春，流亡东京的中国革命党人研讨国民党失败问题。

5月10日，在日本东京创刊《民国》杂志。后为中华革命党机关

刊物。

6月21日，中华革命党在东京召开第一次大会，会上被选为总理。

7月8日，中华革命党在东京筑地精养轩举行成立大会，正式就任总理，并公布手书的《中华革命党总章》。

9月1日，发表《中华革命党宣言》通告海内外，宣布中华革命党成立。

9月20日，在东京主持召开关于中华革命党《革命方略》的第一次讨论会。讨论会前后共开17次。

6月至10月，中华革命党成立前后，在湖南郴县，江苏南通，奉天本溪，浙江杭州，广东惠州、增城、龙门、博罗、南海、顺德等地，相继发动反袁武装斗争，均告失败。

秋，发布《中华革命军大元帅檄》，痛斥袁窃国、卖国、镇压革命、屠戮革命党人等祸国殃民罪状。

11月16日，朱执信等策动驻防广州观音山（今越秀山）的炮兵内应讨伐龙济光，计划未克实现。

1915年（中华民国四年　乙卯）49岁

5月9日，袁世凯政府向日置益复文，承认日本旨在灭亡中国的"二十一条"。

9月15日，《青年杂志》（1916年二卷一号起改名《新青年》）在上海创刊。

12月12日，袁世凯下令接受"推戴"，允诺帝制。改民国五年为洪宪元年。

2月11日，兄孙眉在澳门病逝。

3月10日，指示中华革命党党务部发布第八号通告，揭露"二十一条"交涉真相，要求党人坚决进行反袁斗争。

是月，致书黄兴分析"二次革命"失败原因，对其昔日未能坚持南京讨袁等事颇多指责。

夏末，召集廖仲恺等举行本部部长会议，决定组建大地区中华革命军。同时，密令陈其美、居正、胡汉民和于右任等，在上海、青岛、广州和陕西三原筹设中华革命军东南、东北、西南及西北军总司令部。

9月，派朱执信、胡汉民、邓铿等分赴南洋等地，筹措讨袁军饷。

10月25日，与宋庆龄在东京结婚。

12月17日，李烈钧奉孙中山命，偕熊克武等由香港抵昆明，酝酿起兵讨袁。

12月25日，唐继尧、蔡锷等通电各省，宣告云南独立，并组织护国军出兵讨袁。"护国战争"爆发。

△闻云南起义，立即加紧部署国内起义。此后连续致电旧金山、上海、火奴鲁鲁、香港等地革命党人速起讨袁。

1916年（中华民国五年 丙辰）50岁

3月22日，袁世凯被迫撤销帝制。次日下令取消洪宪年号。6月6日在众叛亲离中愤恚死去。

10月6日，朱执信、陈炯明等率中华革命军在惠州淡水、白芒花等地起义讨袁。11日失败。

2月8日，中华革命军东北军在山东起义讨袁。一周内连克昌乐、安邱、高密等六城。

2月18日，革命党人蔡济民等于武昌南湖策动马队起义，失败。

3月6日至7日，广东中华革命军在黄埔进袭肇和舰，受挫。

4月9日，偕宋庆龄出席在日人田中昂宅举行的小型声讨袁世凯集会，又称帝制取消一笑会。

4月27日，偕廖仲恺、戴季陶等由日本启程返沪。

5月9日，在上海发表《第二次讨袁宣言》。指出：此次斗争"不徒以去袁为毕事"，要不使"谋危民国者，复生于国内"。

5月至6月，中华革命军东北军两次袭击济南。廖仲恺奉孙中山委派到青岛，慰问中华革命军东北军。

6月9日，发表规复约法的宣言。

8月中旬，由上海到杭州、绍兴、宁波等地，出席欢迎会，发表实施民生主义及建设国家等问题的演说。

9月30日，在上海慰问并欢宴全体华侨讨袁敢死先锋队，并发表演说。

10月31日，黄兴在上海病逝。12月中下旬孙中山主持黄兴丧务，并三次致祭黄兴。

11月8日，蔡锷在日本病逝。

1917年（中华民国六年　丁巳）51岁

3月12日，俄国二月革命，推翻沙皇专制政体。

11月7日，俄国十月社会主义革命爆发。10日至11日，上海《民国日报》《申报》《时报》相继登载有关消息。

7月1日，张勋等在北京拥戴溥仪复辟。仅12日即告失败。

2月21日，在上海写成《会议通则》（又名《民权初步》）。书中阐述了民主制度有关会议的各项细则。

3月9日，分电北京参、众两院和英国首相劳合·乔治（D. L. George），反对中国参加欧战。

5月，口授朱执信撰成《中国存亡问题》一书，并印发各地。书中从国家与战争的关系等方面，论述中国绝不能参战。

6月19日，《实业计划》一书的"第一计划"发表。书中阐述了开发中国实业的途径、原则和计划。

5月底至6月初，在沪积极运动海军护法。与南下抵沪的海军总长程璧光商谈护法事宜。

7月上旬，就张勋复辟发表《讨逆宣言》，略谓："此次讨逆之战，匪特为民国争生存，且为全民族反抗武力之奋斗。"7月6日，为进行护法活动，由上海乘军舰赴广州。同行者有朱执信、何香凝、章炳麟等人。

7月17日，抵广州。随即发表护法演说，指出这次斗争为"真共和与假共和之争"。

7月21日，在广东全省学界欢迎会上发表题为《行之非艰知之惟艰》的演说，论述巩固共和与富强之策。

8月27日，国会非常会议在广州开幕，通过《国会非常会议组织大纲》《中华民国军政府组织大纲》，决议组织军政府。

9月10日，军政府成立。就任中华民国军政府海陆军大元帅职，发布受任宣言和就职宣言，表示"当竭股肱之力，攘除奸凶，恢复约法"。

10月6日，通电否认北京段祺瑞政府，命令各陆军出师北伐。南北军鏖战于湖南衡山、宝庆一带。是曰护法战争开始。

11月18日，发出对于时局通电和伸张讨逆护法令。反对南北调和,指出:"舍恢复约法及旧国会外,断无磋商之余地。"

1918年(中华民国七年 戊午)52岁
11月11日,协约国与德国签订停战条约,第一次世界大战结束。
2月,苏俄政府公告废除中俄不平等条约。
3月,日本政府为反对新生的苏维埃政权,和段祺瑞政府互换《中日共同防敌军事协定》公文。
5月,北京大专院校学生2000余人游行示威,反对中日"共同防敌"协定。
11月,徐世昌发布停战令。广州军政府也下令停战。双方商定在上海进行南北议和谈判。

1月,在广州一次宴会上对何某指出:俄国革命的巩固会给予中国革命以积极影响,应当注意与苏俄接壤的西北地区。
2月,为力促西南各省继续护法和争取各方支持,向刘显世、谭延闿等迭发函电。
3月9日,发布《鼓励义军作战电》,勖勉进讨北方非法政府。
4月,揭露西南军阀政客为改组军政府所进行的种种勾当,一再致函、电给陈炯明、唐继尧等,促其阻止非法改组军政府的活动。
5月4日,因桂系军阀操纵国会、决议改组军政府,宣布向非常国会辞大元帅职并发表通电。21日,离粤赴沪,并发布临行通电。
夏,致电列宁和苏维埃政府,祝贺十月革命,并表示"愿中俄两党团结共同斗争"。
8月1日,列宁委托苏俄外交人民委员齐契林复函孙中山,对孙中山的贺电表示感谢,并希望共同进行斗争。
8月30日,通告海外革命党人,表示坚持救国主旨,"重订党章,以促党务之发达"。
11月,就美国政府通过驻广州领事对南方政府施加压力,促其与北方妥协事,致电美国总统威尔逊,申明坚持护法立场,告以中国南北"唯一无二之议和条件,即民国国会享有完全自由行使其正当职权是也",恳予支持。
12月30日,撰成《孙文学说》序。

1919年（中华民国八年 己未）53岁

1月18日，帝国主义分赃的巴黎和会开幕。会议只准中国派代表二人出席。和会于6月28日闭幕。

3月2日至6日，共产国际第一次代表大会在莫斯科举行，宣告列宁领导的第三国际（共产国际）在莫斯科成立。

4月29日，巴黎和会非法决定将德国在山东的权利让予日本。

7月25日，苏俄政府发表第一次对华宣言，放弃在华一切特权。

5月4日，北京大学等校学生举行示威游行，反帝反封建的"五四"爱国运动爆发。

6月3日，上海工人开始大罢工，"五四"运动进入新阶段。

7月10日，广东人民举行国民大会，并罢工、罢市、罢课，要求废除对外秘约和反对桂系统治。

2月4日，复函陈炯明告知和议难成，粤军应整顿内部，充实军力。

3月7日，在上海《民国日报》发表《国际共同发展中国实业计划书》。

春，《孙文学说》卷一"知难行易"（后编为《建国方略》之一，题名《心理建设》）定稿。后于5月20日付印。

5月28日，在沪发表《护法宣言》。认为："今日言和平救国之法，惟有恢复国会完全自由行使职权一途。"

6月8日，指派戴季陶、沈玄庐、孙棣三创办的《民国日报》附刊《星期评论》，在上海出版。后于1920年6月4日宣布停刊，共出53期。

7月18日，致电广东军政府，要求立即释放被捕工、学界代表。

8月1日，指派胡汉民等创办的《建设》杂志在上海出版。并亲撰《发刊词》，说明创办的目的。该刊为月刊，共出13期，1920年12月停刊。

8月底至9月中旬，先后致函廖凤书、于右任、唐继尧等，告以闭门专事著述，"以学识唤醒社会"，"以主义普及国民"。

9月22日，接见北方和议总代表王揖唐，告以必须恢复旧国会，否则和议"无可商量"。

10月8日，在上海青年会举行的武昌起义八周年纪念会上发表演说，指出改造中国的第一步方法"只有革命"。

10月10日，改组中华革命党为中国国民党，并公布规约32条。

10月18日，在上海寰球中国学生会发表"救国之急务"的演说。

11月10日，全国各界联合会在上海成立，派代表出席讲话。与会各团体代表共697人。

1920年（中华民国九年　庚申）54岁

7月19日至8月7日，共产国际在莫斯科举行第二次代表大会，确定关于民族和殖民地问题的方针。

9月27日，苏俄政府发布第二次对华宣言，重申了第一次宣言的原则，表示将竭力促成中俄友谊条约的缔结。

5月1日，北京、上海、广州等地分别庆祝国际劳动节，广州有五万工人参加集会。

7月11日，直皖战争爆发。皖系旋即失败。

1月29日，致函海外国民党人，促请发动华侨捐款，以便筹办英文杂志及印刷机关。

3月1日，所著《地方自治开始实行法》在上海发表。认为地方自治，"当以实行民权、民生两主义为目的"。

5月1日，为《新青年》杂志"劳动纪念专号"题词"天下为公"。

5月16日，在上海国民党本部作"要造成真正中华民国"的讲演。指出："现在的中华民国，只有一块假招牌，以后应再有一番大革命，才能够做成一个真中华民国。"

6月3日，与唐绍仪、伍廷芳、唐继尧四总裁联合发表宣言，指责岑春煊、陆荣廷等"假护法之名，行害民之实"，私自与北京议和，牺牲护法主张，并声明将军政府及国会移往云南。

6月11日，接见《字林西报》记者，表示反对损害中国主权的英日军事政治同盟续盟。

6月29日，派朱执信、廖仲恺到漳州，敦促粤军陈炯明率师返粤驱逐桂系军阀。

7月28日，再度与唐绍仪、伍廷芳、唐继尧发表宣言，重申护法救国主张。

9月21日，朱执信为调停虎门驻军与东莞民军的冲突，在虎门遇难牺牲。

10月5日，复函日本友人宫崎寅藏，谴责日本军阀的侵华政策。

10月31日，苏俄外交人民委员会委员齐契林致函孙中山，建议苏俄和中国恢复贸易往来。

11月20日前后，在上海会见共产国际远东局使者维金斯基，要求同苏俄建立电台联系。

11月4日，召集在沪国民党人，说明修改中国国民党总章及海外总支部章程意义。指出：帝国主义还在"压制"我们，三民主义尚未实现，批驳了"民族主义可以不要"的谬论。

11月8日，与上海通讯社记者谈话，提出取消"二十一条款"有关外交方面的问题，并表示支持朝鲜独立。

11月25日，因粤军攻克广州，乃偕伍廷芳、唐绍仪、宋庆龄等离开上海往广州。28日抵广州，翌日重组军政府。

12月21日，与客人谈关税问题，指责帝国主义控制的中国海关制度和税则。

是年，撰写《中国实业如何发展》一文。

1921年（中华民国十年　辛酉）55岁

11月12日，美帝国主义发起的太平洋会议在华盛顿开幕。

7月6日，中国劳动组合书记部成立，并发表宣言。

7月23日晚8时，中国共产党第一次代表大会在上海法租界开幕。

7月31日移到浙江嘉兴南湖进行。中国共产党宣告成立。

1月21日，军政府发布命令，声明收回海关管理权。

3月6日，在中国国民党广州特设办事处演讲，论述三民主义的内容。

3月，在广州会见苏俄代表阿列格谢夫，交谈相互合作关系以及发动革命运动等问题。

4月7日，广州非常国会通过成立中华民国正式政府，制定政府组织大纲。被选为非常大总统。

4月28日，在广州接见苏俄记者斯达扬诺维奇和霍多罗夫，表述了对苏俄所有问题的关注。

5月5日，就任中华民国政府非常大总统，并发表就职宣言，阐述建设方针。

5月13日，广州政府外交部就港英当局阻挠群众集会庆祝非常大总统就职和捐款支援广州新政府一事，向英驻粤领事提出抗议。26日，港督道歉。

5月，命粤、赣、滇、黔各军准备讨伐桂系军阀陆荣廷。7月，正式下达讨伐令。

7月20日，派廖仲恺、何香凝赴梧州劳军。

8月10日，国会非常会议通过出师北伐案。

8月28日，复函苏俄外交人民委员会委员齐契林，陈述中国近情及通商问题。

10月15日，乘军舰出巡广西，准备取道湖南北伐。北伐军三万人于是日启程。

11月，在广州接见韩国临时政府专使申圭植，表示支持朝鲜人民争取民族独立的斗争。

12月4日，抵桂林，受到群众热烈欢迎。并立即成立北伐军大本营于桂王府。

12月23日，在桂林会见经共产党人李大钊介绍前来的共产国际代表马林，双方商谈多日。马林提出关于中国革命问题的两项建议：组织一个能联合各阶层尤其是工农群众的政党；建立革命的武装核心，应先创办军官学校以培养革命骨干。孙中山十分赞同这些建议。这次会晤为半年多以后孙俄谈判合作奠定了基础。

是年，用英文写成《实业计划》在纽约出版。后译为中文印行。

1922年（中华民国十一年　壬戌）56岁

1月13日，香港中国海员为反对外国资本家的压榨开始举行大罢工。

5月1日，第一次全国劳动大会在广州举行。

5月，第一次直奉战争爆发。5月5日奉军败退军粮城。

7月16日至23日，中国共产党在上海召开第二次全国代表大会，

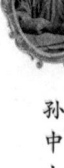

发表了重要宣言。

秋，安源路矿工人、粤汉铁路工人、长沙泥木工人、水口山铅锌矿工人连续发生十多次罢工斗争。

11月，湖南全省工团联合会成立。

1月9日，以大总统名义发布通告，宣布徐世昌、梁士诒罪状并下令通缉，号召全国人民"共诛危害民国者"。

2月3日，以大元帅名义颁发动员令，率各军分路出师北伐。13日，北伐军前锋部队分别进入湘境，抵湘南。

4月8日，大本营由桂迁粤，决定改道北伐。16日抵梧州，召开扩大军事会议。

4月12日，陈炯明调动军队和军舰回省，图阻北伐军回师广州。

4月18日，伍朝枢、廖仲恺等由梧州回广州会晤陈炯明，劝其赴梧州与孙中山面商北伐问题。陈拒不前往，并电辞本兼各职。

4月21日，下令免除陈炯明广东省长兼粤军总司令及内务部长职，专任陆军部长。

4月22日，在广州会见少共国际代表、苏俄全权代表达林。自是日至6月16日，孙中山同达林接触有五六次之多，每次会谈约两小时左右。

5月6日，亲赴韶关督师北伐。宋庆龄率领红十字会人员随行。旋即在大本营发布总攻击令，北伐军分三路向江西进攻。

6月1日，自韶关返回广州。发表《徐世昌退职后对外宣言》，警告帝国主义勿再扶植北洋军阀势力，干涉中国内政。

6月14日，廖仲恺应陈炯明电邀前往惠州，甫抵石龙即被扣留。旋被押送到石井兵工厂，囚禁达62天之久。

6月16日，陈炯明指使部属在广州叛变，炮击总统府及孙中山住所粤秀楼。孙中山脱险后，亲率海军舰队讨伐叛军。

6月19日，电令李烈钧等入赣，北伐军迅速班师回粤，讨平叛逆27日，北伐军班师回粤。

7月10日，亲率永丰等舰队攻击车歪炮台，冲越叛军炮火封锁后进驻白鹅潭。

△抗议粤海关英国税务司的干涉行为，严词驳斥其妄图以白鹅潭为通商港口和毗邻沙面为借口，迫使讨逆舰队离开白鹅潭。指出："此为

我之领土，我可往来自由。"8月9日，北伐军回师失利，孙中山离粤经香港赴上海。

8月15日，发表宣言，宣布陈炯明叛乱始末及解决国事主张，重申为共和国而斗争到底的决心。

8月25日，在上海寓所与苏俄全权大使越飞的代表会晤（李大钊、林伯渠、宋庆龄等在座），就当时远东局势和中国革命等问题进行了商讨。随后，指派廖仲恺和苏俄代表到日本进一步会谈。

8月底，在上海与李大钊会晤，和他进行多次交谈，讨论"振兴国民党以振兴中国"的问题，并介绍其加入国民党。是国民党联合共产党员之始。

9月4日，在上海召开研究国民党改组计划的会议。6日，指定了改进案起草委员会委员，内有共产党人参加。

9月13日，李大钊在北京接受记者访问，转述孙中山关于解决时局的主张。

9月18日，发表致海外同志书，详述陈炯明叛变经过，表示决心继续斗争。

11月15日，在上海召开会议，审议中国国民党改进案。

12月16日至18日，在上海再次召集会议，审议国民党改进案宣言，并审核党纲和党章。

12月30日，苏维埃社会主义共和国联盟正式成立。

1923年（中华民国十二年　癸亥）57岁

1月1日，苏维埃社会主义共和国联盟正式成立。

1月，共产国际作出关于中国共产党和孙中山领导的中国国民党合作的决议。

2月7日，吴佩孚屠杀京汉铁路工人，酿成"二七"惨案。

3月，全国各地人民举行反日集会游行，要求取消"二十一条"及收回旅大。

6月10日，中国共产党在广州召开第三次全国代表大会，确定了和国民党建立统一战线的方针。

9月2日，苏联政府代表加拉罕抵北京。翌日，发表第三次对华宣言，重申前两次对华宣言的原则。

1月1日，在上海发表《中国国民党宣言》，提出"国家建设计划"和目前"采用之政策"，宣布建国主张。

1月9日，通电广州、汕头、香港各报馆转广东全省人民，讨伐陈炯明，宣布陈逆叛国罪恶，痛辟逆军散布流言。

1月21日，以总理名义任命中国国民党本部各部部长，旋又任命廖仲恺等21人为参议（其中有共产党人）。

1月26日，与苏联代表越飞联名发表宣言——《孙文越飞宣言》，奠定了孙中山联俄的政治基础。随即又指派廖仲恺到日本和越飞进行中苏联合的细节商谈。

1月29日，所著《中国革命史》完稿。全文共六节，概述三民主义的基本内容、革命方略及从兴中会成立到护法运动的斗争史。

1月，托越飞致函苏联政府，希望得到声援、支持和帮助。

2月15日，因滇桂联军驱逐了陈炯明，乃偕陈友仁等离开上海返回广州。21日抵广州后，当天即重建大元帅府，就陆海军大元帅职。

4月，接见广州学生反日游行代表，勉励学生"唤醒国民精神"。

5月至6月，为讨伐叛军沈鸿英部，先后赴清远县源潭、三水县河口、英德博罗、惠州、虎门等地，进行巡视和劳军。

7月，批准中国国民党总支部、支部、分部及海外总支部、支部等通则。

8月16日，所派遣的"孙逸仙博士代表团"启程赴苏联考察。在苏联活动三个多月，与苏党、军负责人讨论援助中国革命的问题。

8月23日，迁大本营于石龙，亲自督战，东征陈炯明。

10月1日，在广州大元帅府召开讨论筹饷会议，决定设立筹饷局。

10月6日，欢迎苏联代表鲍罗廷到达广州，详细询问苏联与列宁的情况。旋聘其为国民党组织教练员、政治顾问。

10月7日，中国国民党发表申讨曹锟贿选窃位总统的宣言，号召全国群起讨伐。

10月8日，在大元帅府召开会议，决定下令讨伐曹锟，通缉贿选议员；并通告各国使团，对伪总统不予承认。

10月11日，在国民党广东支部党务讨论会上发表演说，总结过去失败的原因，强调今后应"以党治国"，"效法俄人"。

△改组中国国民党本部。

10月19日，致电国民党上海事务所，请孙洪伊密电北京李大钊赴沪会商国民党改组问题。

10月21日，偕苏联顾问及宋庆龄等，由广州赴虎门要塞巡视威远炮台。

10月24日，委派廖仲恺、邓泽如召集国民党特别会议讨论改组问题。

10月25日，在广州召开国民党改组特别会议，委任廖仲恺、谭平山等九人组成新的国民党临时中央执行委员会，负责筹备改组国民党的工作。28日，临时中央执行委员会正式成立，着手办理国民党改组事宜。

11月12日，发表《中国国民党改组宣言》。同时，公布了《中国国民党党纲草案》，确立了联俄联共政策。

11月16日，致书进入日本内阁的犬养毅，批评日本对华政策，劝告日本"当毅然决然以助中国之革命成功"，并"首先承认苏俄政府"。

11月19日，亲自指挥各军奋勇抵御陈炯明反扑广州省城的叛军，击退陈军进攻，广州转危为安。

11月25日，在广州大本营对国民党员发表演说，说明国民党改组原因，指出革命当以人民之心力做基础；强调要学习"俄国的方法、组织及训练，方有成功的希望"。

11月29日，指派廖仲恺赴沪，与各省支部商讨改组问题。同日，批驳国民党右派邓泽如、林直勉等11人反对改组的谬论。

12月5日，命外交部复照北京外交团并驳斥其干涉广州政府截用"关余"的谬论，指出截留"关余"乃是中国内政。

12月9日，在广州大本营对国民党员发表演说，指出"此次改组，乃以苏俄为模范"，"用党员协同军队来奋斗"，要用党义战胜，达到"根本的革命成功"。

12月24日，以中华民国军政府名义发表《关于粤海关关余问题宣言》，抗议美、英干涉中国内政的行动，详述交涉始末，重申收回关余之理由。

12月30日，在广州对国民党员发表演讲，强调此次改组将变更奋斗方法，注重宣传，要求党员"注重宣传的奋斗，不要单注重兵力的奋斗"。

年底，李大钊到达广州，积极帮助孙中山完成国民党的改组和召开第一次全国代表大会的准备工作。

1924 年（中华民国十三年　甲子）58 岁

1 月 21 日，列宁逝世。

7 月，广州沙面工人为反对英帝国主义的新警律，举行大罢工。

9 月 10 日，中国共产党发表第三次对时局主张，号召反对帝国主义，推翻直系军阀统治。

9 月 17 日，第二次直奉战争爆发。

10 月 23 日，直系将领冯玉祥发动北京政变，囚禁总统曹锟，推翻北京直系政府，并发出和平解决国事通电。

11 月 19 日，中国共产党发表对于时局宣言，支持孙中山关于召开国民会议以解决国事的主张。

1 月 20 日至 30 日，在广州召开中国国民党第一次全国代表大会。以总理身份担任主席。大会通过《中国国民党第一次代表大会宣言》；通过共产党员和社会主义青年团员以个人资格加入国民党；通过《中国国民党章程草案》。选出中央领导机构，在中央执行委员中有李大钊、候补中央执行委员中有毛泽东和林伯渠等共产党人。

1 月 24 日，在国民党代表大会期间，下令筹办陆军军官学校，委派蒋介石为陆军军官学校筹备委员会委员长。28 日，勘定以黄埔岛原有广东陆军学校及海军学校旧址为陆军军官学校校址。后通称黄埔军官学校。

1 月 25 日，为哀悼列宁逝世，建议电唁苏联致哀，并发表了讲话。代表大会决定休会三天，以志哀悼。

1 月 27 日，在广东高师开始系统讲述三民主义。计民族主义六讲，民权主义六讲，民生主义四讲，讲至同年 8 月止。

1 月 31 日，《中国国民党第一次全国代表大会宣言》正式发表。

2 月 22 日，在大元帅府召集重要军务会议，商定东江作战方案，决定限期肃清东、北江残敌，以便北伐。

2 月 23 日，蒋介石呈请辞去黄埔军校筹备委员长职。派廖仲恺代理黄埔军校筹备委员会委员长，负责建校，并开始办理招生事宜。

2 月 24 日，在中国国民党举行的追悼列宁大会上，担任主祭并致悼词。坛上高悬着亲手书写的"国友人师"祭帐。

3月9日，发表告国民党员书，指出"俄共产党六年成功，足为吾党借镜之资"。

3月21日，何香凝主持国民党中央妇女部召开的妇女党员大会，议定组织贫民妇女医院和创办妇女劳工学校。

4月，国民党中央农民部制订农民运动计划，规定组织各种农民团体，积极开展农民运动。

△发表《建国大纲》，全文25条。

5月1日，在"五一"节广州工人代表大会上，发表《中国工人所受不平等条约之害》的演说，号召工人组织大团体，学习俄国工人，做国民的先锋。

6月16日，主持黄埔陆军军官学校开学典礼，并发表演说。讲述创办该军校之目的与希望，强调接受俄国革命的经验教训，学习苏联的榜样，建设革命的军队。共产党人周恩来担任该校政治部主任，恽代英等担任教官。

6月，对国民党右派邓泽如、张继等提出的反对联共案，严加驳斥，坚持三大政策。

7月3日，创办的广州农民运动讲习所开学，共产党人彭湃为主任。

7月7日，国民党中央执委会发表《党务宣言》，指斥党内右派的反共活动，认为党内某些成员对已加入国民党的共产党员产生怀疑及误会，是由于"反对派肆意挑拨"。重申对党员之要求和联合共产党人的原则。

7月15日，下令设立军事训练委员会，加强部队军事和政治训练工作。

7月21日，广州工人团体为实行自卫筹组工团军。

7月28日，在国民党农民党员联欢会上，发表题为《农民大联合》的演说。勉励农民组织起来同革命政府合作，做国家的主人翁。对赤脚农民参加联欢会，视为"革命成功的起点"。

8月10日，饬令黄埔军校，扣留汇丰银行买办陈廉伯为武装商团阴谋叛乱秘运广州的枪械。

8月20日，主持国民党中央政治委员会第六次会议，通过《国共合作草案》及《国民党与世界革命运动草案》。

8月23日，出席农民运动讲习所第一期结业礼，并发表演说。提出"耕者有其田"的口号。

8月24日，调兵入省并宣布广州戒严，以对付商团叛乱。

9月1日，为抗议英帝国主义支持商团叛乱，发表对外宣言。同日，又对英国麦克唐纳政府"干涉中国内政"提出严重抗议。

9月4日，在大元帅府召开筹备北伐会议，决定出师北伐计划及后方留守问题。

9月18日，中国国民党发表《北伐宣言》。申明北伐的目的，"不仅在推倒军阀，尤在推倒军阀所赖以生存之帝国主义"。

9月20日，移大本营于韶关，亲往督师，并在韶关举行北伐誓师典礼。湘、赣、豫、滇、粤北伐各军，随即分两路向湘、赣出发。

10月1日，《向导》周报发表评论，主张对商团采取严厉措施，以消除"政府真正心腹之患"。并号召工农群众赞助政府，解除商团军的武装。

10月9日，致函蒋介石，告应立即成立革命委员会，并指出中国革命应以俄为师。

10月10日，革命委员会在广州成立。自任会长，特派廖仲恺、谭平山等为全权委员，聘任鲍罗廷为顾问。

10月11日至12日，指示蒋介石对商团叛乱采取严厉镇压政策。

10月13日，革命委员会遵照孙中山手令，命胡汉民将商团机关一律解散。北伐军也回师广州戡乱。15日，在工农群众积极支持下，经数小时战斗，迅速平定了商团叛乱。

10月25日，冯玉祥等在北京政变成功后，举行军事政治会议，决定电请孙中山北上主持大计。10月27日，分别致电冯玉祥和段祺瑞等，告拟即日北上入京。

11月10日，发表《北上宣言》。重申反对帝国主义和反对军阀的政治立场。认为实现国民革命的关键在于人民掌握武装，提出废除不平等条约和召开国民会，以谋国家之统一与建设。

11月12日，出席广州各界欢迎会，发表演说。表示决意到北京去，"拿革命主义去宣传"。翌日，偕宋庆龄乘永丰舰离粤北上。

11月17日，抵上海，受到群众万余人的热烈欢迎。旋接见各界人士，宣传召集国民会议及废除不平等条约的主张，回击帝国主义干涉中国内政。

11月23日，抵日本长崎，接见新闻记者时指出：帝国主义"共管中国之说，是外国人做梦！"坚信中国人民"有能力来解决全国一切大事"。并指出中俄革命是一家。

11月28日，出席神户各商业团体和旅日华侨欢迎宴会并发表演说。指出"日本真有诚意来和中国亲善，便先要帮助中国废除不平等条约"。同日，宋庆龄应神户县立高等女校的邀请，发表关于妇女解放问题的演说。

12月4日，抵天津，受到群众两万人的热烈欢迎。当晚，胆囊腺病发作。

12月18日，在天津病榻上接见段祺瑞代表，怒斥段祺瑞政府承认卖国条约的行径。是日，病情加剧。

12月上、中旬，全国各大城市掀起促成国民会议运动高潮。

12月31日，由津扶病入京，受到北京各界群众三万余人的热烈欢迎。发表书面谈话和《入京宣言》。

1925年（中华民国十四年　乙丑）59岁

1月，中国共产党在上海举行第四次全国代表大会，确定关于开展和领导各项群众运动的方针，并决定加强宣传、组织工作。

2月1日，段祺瑞包办的"善后会议"在北京开场。

1月上旬，延医诊治。病中仍考虑如何应对"善后会议"的问题。

1月17日，在病榻上复电段祺瑞，指出其包办"善后会议"的谬误，并提出补救方案。

1月20日，广东国民会议促成会组织十万人游行，反对"善后会议"。

1月26日，病势加重，入协和医院施行手术。确诊为肝癌（后经过复查病历，所患之病系胆囊腺癌）。

1月30日，指示国民党员拒绝参加"善后会议"。国民党中央执行委员会立即根据指示，向全党下达抵制"善后会议"的宣言。

2月1日，广东革命政府发布总动员令，并作东征陈炯明的部署。各军相继出发，第一次东征开始。

2月24日，病危，与汪精卫等谈话。遗嘱定稿。

3月1日，国民会议促成会全国代表大会在北京开幕，对抗"善后

会议"。

3月7日，东征军克复潮安、汕头。陈炯明逃往香港。

3月10日，病状危殆，犹念念不忘革命工作。在获悉东征军克复潮、汕后，指示电告胡汉民"不可扰乱百姓"。

3月11日，签署国事、家事遗嘱及致苏联政府遗书。

3月12日，上午9时30分病逝于北京铁狮子胡同行辕。终年59岁。海内共泣，寰宇内悲。1929年遗体葬于南京东郊紫金山，衣冠葬于北京香山碧云寺。

附录二 参考文献

一、孙中山著作

中国社会科学院近代史研究所中华民国史研究室、广东省社会科学院历史研究室、中山大学历史系孙中山研究室合编：《孙中山全集》（全十一卷），中华书局2006年版。

孙中山：《致同盟会王子匡函》原件（1909年10月22日），中国国家博物馆藏。

孙中山：《复蔡元培函》原件（1912年1月12日），中国第二历史档案馆藏。

邓泽如编：《孙中山先生廿年来手札》，广州述志公司1927年影印版。

佚名编：《总理遗墨》影印本，广东省社会科学院藏。

孙中山著述、甘永龙编译：《伦敦被难记》，商务印书馆1912年版。

吼生笔记：《孙逸仙演说》（1905年8月13日），东京中国留学生欢迎会1905年9月印本。

《孙中山先生在寰球学生会演说辞》（1927年4月1日），上海1919年印本。

刘芷芬编：《孙总理在中国国民党第一次全国代表大会演说词》，中国国民党第一次全国代表大会秘书处1924年2月印本。

《中国国民党第一次全国代表大会宣言》（1924年1月23日），中国国民党第一次全国代表大会秘书处1924年2月印本。

《孙中山先生由上海过日本之言论》，上海民智书局1925年版。

中国社科院近代史所编：《陆海军大元帅大本营公报选编》，中国社会科学出版社1981年版。

黄昌谷编：《孙中山先生演说集》，上海民智书局1925年版。

甘乃光编：《孙中山先生文集》，广州孙文主义研究社1925年版。

《孙总理讲演集》，黄埔军校政治部1926年印本。

《总理遗教谈话》，中国国民党中央党部宣传委员会编印。

胡汉民编：《总理全集》，上海民智书局1930年版。

陆达节编：《孙中山先生逸语》，1935年陆军印刷所发行。

中国国民党中央委员会党史委员会编：《总理全书》，台北1951年版。

黄季陆编：《总理全集》（上、中、下册），成都近芬书屋1944年版。

《孙中山选集》（上、下卷），人民出版社1956年版。

张其昀主编：《国父全集》（全八册），台北1963年版。

秦孝仪主编：《国父全集》（全十二册），台北1989年版。

黄彦编：《孙文选集》（上、中、下册），广东人民出版社2006年版。

二、其他书籍、报刊、资料

罗香林：《国父之大学时代》，重庆独立出版社1945年版。

[美] 史夫邻著、丘权政等译：《孙中山与中国革命的起源》，中国社会科学出版社1981年版。

胡绳：《孙中山革命奋斗小史》，香港海洋书屋1948年版。

陈锡祺主编：《孙中山年谱长编》（上、下册），中华书局1991年版。

冯自由：《中国革命运动二十六年组织史》，商务印书馆1946年版。

《中山陵档案史料选编》，江苏古籍出版社1986年版。

邹鲁编：《中国国民党史稿》，中华书局1960年版。

罗家伦：《中山先生伦敦被难史料考订》，商务印书馆1930年版。

黄昌谷讲演：《孙中山先生北上与逝世后详情》，上海民智书局

1926年版。

郑东梦编：《檀山华侨》，檀香山1929年版。

胡去非：《总理事略》，商务印书馆1937年版。

《孙中山轶事集》，上海三民图书公司1926年编印。

广东省地方志编委会编：《广东省志·孙中山志》，广东人民出版社2004年版。

吴相湘：《孙逸仙先生》第一册，台北1970年版。

《国父九十诞辰纪念论文集》（一），台北1955年版。

陆世益编：《孙中山先生兵工政策论》，上海北新书局1927年版。

黄季陆等：《研究中山先生的史料与史学》，台北1975年版。

郑东梦编：《檀山华侨》，檀香山1929年版。

冯自由：《革命逸史》初集至第五集，商务印书馆1945—1947年版。

郑观应：《盛世危言》，1894年刻本。

《吴稚晖言行录》，上海广益书局1929年版。

广东文物展览会编：《广东文物》，香港中国文化协进会1941年版。

冯自由：《中华民国开国前革命史》，上海中国文化服务社1929年版。

冯自由：《华侨革命开国史》，商务印书馆1946年版。

黄大兴编：《兴中会各同志革命工作史略》，广州南洋华侨真相剧社1929年版。

《毛泽东选集》（第一至五卷），人民出版社1967、1977年版。

《列宁全集》第十七、十八卷，人民出版社1958、1959年版。

《列宁选集》第二卷，人民出版社1972年版。

《斯大林全集》第七卷，人民出版社1958年版。

《鲁迅全集》第七卷，人民文学出版社1973年版。

宋庆龄：《为新中国奋斗》，人民出版社1952年版。

《宋庆龄选集》，人民出版社1966、1992年版。

刘大年：《中国近代史问题》，人民出版社1975年版。

李大钊：《守常文集》，上海北新书局1949年版。

尚明轩、唐宝林：《宋庆龄传》，北京出版社1990年版。

尚明轩主编：《宋庆龄年谱长编（1893—1981）》（上、下卷），社会科学文献出版社2009年版。

尚明轩、魏秀堂：《宋庆龄的后半生》，人民文学出版社2012年版。

《辛亥革命史丛刊》编辑组编：《辛亥革命史丛刊》第二辑，中华书局1981年版。

尚明轩主编：《孙中山的历程》（增订版），解放军文艺出版社2004年版。

广东《孙中山年谱新编》（五册），打印稿。

尚明轩、王学庄、陈崧编：《孙中山先生生平事业追忆录》，人民出版社1986年版。

章开沅、林增平主编：《辛亥革命史》（全三卷），人民出版社1980年版。

徐宗勉、黄春生编：《黎澍集外集》，社会科学文献出版社2003年版。

尚明轩：《孙中山传》（增订版），文化艺术出版社2008年版。

尚明轩：《孙中山及辛亥人物论丛》，东方红书社2001年版。

丁文江编：《梁任公先生年谱长编初稿》油印本。

白蕉：《袁世凯与中华民国》，上海人文月刊1936年版。

张永福：《南洋与创立民国》，中华书局1933年版。

宋教仁：《我之历史》，湖南桃源三育乙种农校1920年石印本。

李观森编：《中国之命运与孙总理》，中华福音台全国总会1946年版。

胡绳武、金冲及：《从辛亥革命到五四运动》，湖南人民出版社1983年版。

中国科学院哲学研究所中国哲学史组编：《中国哲学史资料选编》（近代之部），中华书局1959年版。

孙逸仙博士医学院筹备委员会编：《总理开始学医与革命运动五十周年纪念史略》，广州岭南大学1935年版。

《黄克强先生上总理书》，1933年影印版。

邓泽如编：《中国国民党二十年史迹》，上海正中书局1948年版。

居觉生（居正）：《辛亥札记梅川日记合刊》，台北1956年版。

吴玉章：《辛亥革命》，人民出版社1969年版。

恽代英：《中国民族革命运动史》，上海泰东图书局1927年版。

《张溥泉先生全集》，台北1951年版。

邹佩从编著：《孙中山家世之史料考述与说法辨析》，山西人民出版社2011年版。

王章陵：《中国共产主义青年团史论（1921—1927）》，台北1973年版。

恽代英：《孙中山先生与中国》，民智印刷所1925年版。

《朱执信集》，上海建设社1921年版。

鲁直之等编：《陈炯明叛国史》，上海1922年版。

毛思诚编：《民国十五年以前之蒋介石先生》，1937年版。

中国现代史资料丛刊：《马林在中国的有关资料》，人民出版社1980年版。

中国科学院广州哲学社会科学研究所编：《廖仲恺集》，中华书局1963年版。

蔡尚思等：《论清末民初中国社会》，复旦大学出版社1983年版。

《廖仲恺先生纪念册》，1927年版。

段云章、邱捷：《孙中山与中国近代军阀》，四川人民出版社1990年版。

金冲及：《二十世纪中国史纲》（全四卷），社会科学文献出版社2009年版。

李湄：《梦醒——母亲廖梦醒百年祭》，中国工人出版社2004年版。

段云章：《孙文与陈炯明史事编年》（增订本），广东人民出版社2012年版。

段云章：《放眼世界的孙中山》，中山大学出版社1996年版。

香港《华字日报》编：《广东扣械潮》，1924年印本。

政协全国委员会文史资料研究委员会编：《辛亥革命回忆录》第一、二、六集，中华书局1962—1965年版。

国家档案局明清档案馆编：《义和团档案史料》，中华书局 1959 年版。

陈旭麓：《近代史思辨录》，广东人民出版社 1984 年版。

吴达光编：《孙中山评论集》，1927 年版。

《中华民国开国五十年文献》第一编第十一、十二、十五册，台北 1963—1965 年版。

政协广东省委员会文史资料研究委员会编：《广东辛亥革命史料》，广东新华书店 1962 年版。

中国近代史资料丛刊：《辛亥革命》（一）（二）（四）（八），上海人民出版社 1956—1957 年版。

中国社会科学院近代史研究所编：《五四运动回忆录》（上），中国社会科学出版社 1979 年版。

陈旭麓主编：《宋教仁集》，中华书局 1981 年版。

《临时政府公报》，南京大总统府印铸局 1912 年编印。

《军政府公报》，广州 1917 年印本。

吴相湘：《中国现代史丛刊》第二册，台北 1958 年版。

陈真、姚洛：《中国近代工业史资料》第一辑。

《中国国民党第一次全国代表大会纪事录》，广州 1924 年印本。

纪念孙中山诞辰 130 周年论文集《孙中山与中国近代化》，人民出版社 1999 年版。

纪念孙中山先生诞辰 140 周年学术研讨会《论文集》（上、下），会议 2006 年印刷本。

中国史学会编：《辛亥革命与二十世纪的中国》（上、中、下），中央文献出版社 2002 年版。

《中国国民党第一次全国代表大会会议录》，广州 1924 年印本。

中共中央党史研究室第一研究部译：《苏联（布）、共产国际与中国革命运动（1920—1925）》第一卷，北京图书馆出版社 1997 年版。

中华民国史资料丛稿：《孙中山年谱》，中华书局 1980 年版。

［美］林百克（P. Linebarger）著、徐植仁译：《孙逸仙传记》（*Sun Yat-sen and the Chinese Republic*），上海三民图书公司 1926 年版。

［日］鹈崎熊吉：《犬养毅传》，东京 1932 年日文版。

［日］宫崎寅藏著、P. Y. 校刊：《三十三年落花梦》，上海出版合作社 1933 年版。

［美］詹逊（M. B. Jansen），《日本人和孙逸仙》（*The Japanese and Sun Yat-sen*），美国哈佛大学 1954 年英文版。

［美］亨利·雷斯塔里克（Henry B. Resfarick）：《孙逸仙——中国的解放者》（*Sun Yat-sen：Liberator of China*），美国耶鲁大学 1931 年英文版。

［美］沙曼（L. Sharman）：《孙逸仙的生平及其意义（评传）》（*Sun Yat-sen，His Life and its Meaning，a Critical Biography*），纽约 1934 年英文版。

［苏］叶尔马舍夫：《孙逸仙》，莫斯科 1964 年俄文版。

［苏］C·A·达林：《中国回忆录（1921—1927）》，中国社会科学出版社 1981 年版。

《中国辛亥革命论文集》，莫斯科 1962 年俄文版。

［苏］齐赫文斯基主编：《孙中山诞生一百周年（1866—1966 年）论文、回忆录和资料汇编》，莫斯科 1966 年俄文版。

《近代史资料》，1962 年第一期。

《文史资料选辑》第二、二十四辑。

《李大钊狱中自述》原件，中国历史博物馆藏。

杨连合：《孙中山先生的童年生活》未刊稿，政协广东省委员会文史资料研究委员会藏。

《革命文献》第三、十六辑，台湾国民党史会 1955、1958 年版。

《万国民报》月刊第六十九、七十期。

《民报》第一、十号。

《新民丛报》第九十二期。

《国民杂志》第一、二号。

香港《中国日报》1907 年 9 月。

新加坡《星洲晨报》1910 年 4 月。

上海《民主报》1911 年 2 月、1912 年 9 月、1913 年 7 月。

香港《大公报》1980 年 3 月。

《中共党务月刊》第十二期。

《中国青年》1956年第二十一期。

上海《警钟日报》1904年4月。

《向导》周报，第一、九、二十一、二十九、一〇七、一一〇期。

苏联《历史问题》杂志，1963年第十二期。

《人民日报》，1952年4月，1956年11月。

《逸经》，第四期。

《国史馆馆刊》，第一卷第三号。

《建国月刊》，第一卷三、四期，第二卷一期，第五卷四期，第十三卷五、六期。

《濠头月刊》，第十四、十五期合刊。

《史学译丛》，1958年第三期。

上海《民国日报》，1916年5月，1921年1、3、4、5、6月，1923年1月，1924年11月，1925年4月。

苏联《真理报》，1925年3月。

苏联《远东问题》杂志，1974年第三期。

《先驱》，第九号。

《广州公报》，1924年9月。

《广州民国日报》，1924年2、11月。